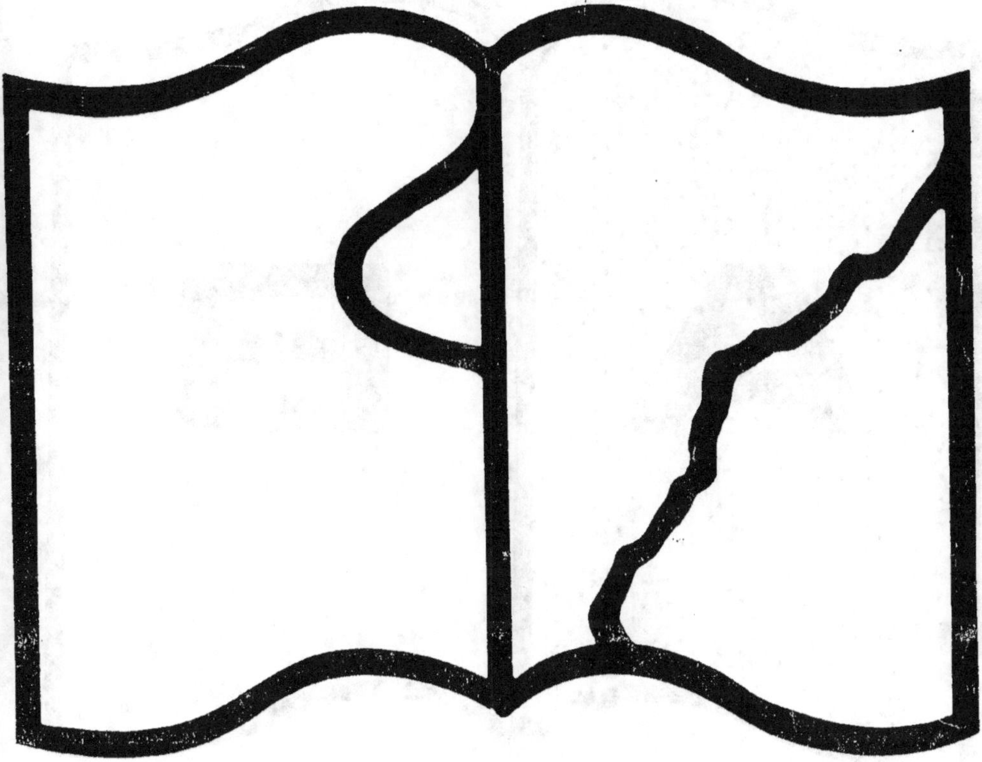

Texte détérioré — reliure défectueuse

NF Z 43-120-11

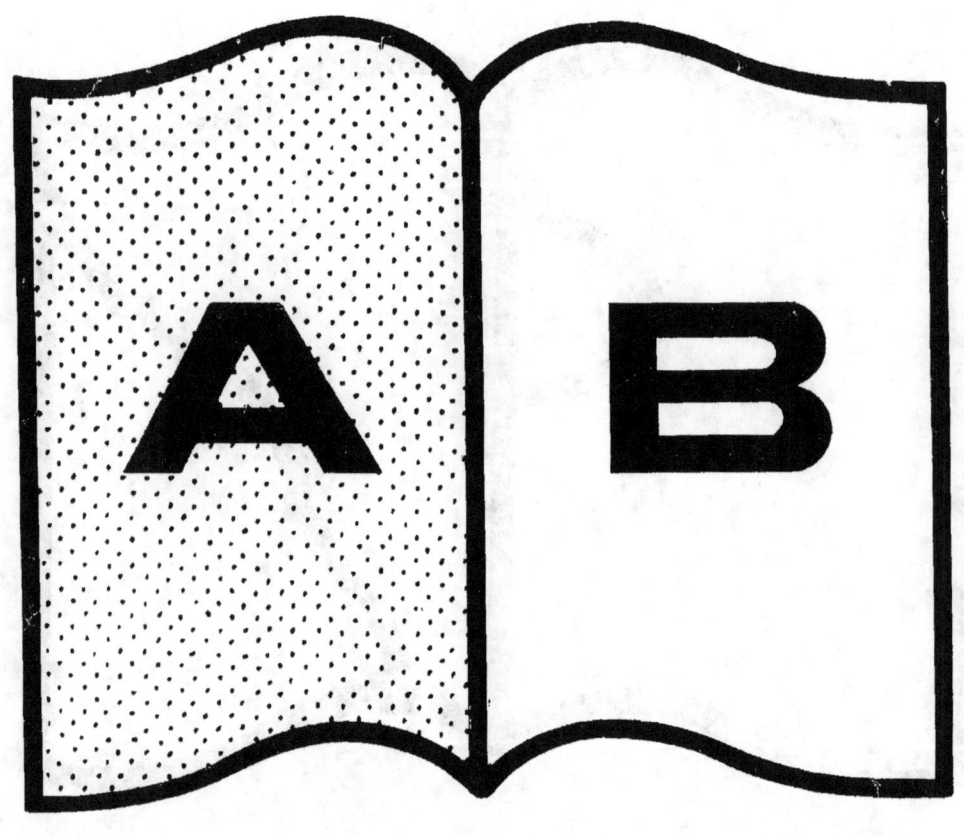

Contraste insuffisant

NF Z 43-120-14

SOCIÉTÉ HELVÉTIQUE DE ST-MAURICE

MÉLANGES

D'HISTOIRE

ET

D'ARCHÉOLOGIE

FRIBOURG (Suisse)
IMPRIMERIE ET LIBRAIRIE DE L'ŒUVRE DE SAINT-PAUL
259, RUE DE MORAT, 259

1897

SOCIÉTÉ HELVÉTIQUE DE St-MAURICE

MÉLANGES

D'HISTOIRE
ET
D'ARCHÉOLOGIE

FRIBOURG (Suisse)

IMPRIMERIE ET LIBRAIRIE DE L'ŒUVRE DE SAINT-PAUL
259, RUE DE MORAT, 259

1897

SOMMAIRE

I. *Les Trappistes en Valais*, par M. l'avocat CHAPPAZ, professeur de droit.

II. *Etude sur un Bon Pasteur et un Ambon de l'antique monastère d'Agaune*, avec une notice historique sur Saint-Maurice d'Agaune (5 planches), par Pierre BOURBAN, chanoine de l'Abbaye de Saint-Maurice, professeur de théologie et archiviste.

III. *Conférence sur la question sociale*, par Jules MICHEL, ingénieur en chef de la Compagnie des chemins de fer P.-L.-M.

IV. *Voltaire et Frédéric-le-Grand*, par le D' TAPONIER, curé-archiprêtre de Carouge.

V. *Inscriptions romaines* trouvées à Ardon, par P. BOURBAN, chanoine.

VI. *Nouvelles preuves de l'indigénat des Celtes dans le Bas-Valais. — Grammaire du patois valaisan*, par Léon FRANC, chimiste, à Monthey.

VII. *Les Prêtres français émigrés à Saint-Maurice, en Valais, pendant la Grande Révolution*, par Alexis ABBET, chanoine de l'Abbaye de St-Maurice, professeur au Collège.

VIII. *L'Eglise et la question sociale*, par P. BOURBAN, chanoine.

IX. *Le Traité de 1365 pour la réparation de l'église de l'Abbaye de Saint-Maurice*, par Jules MICHEL, ingénieur.

X. *Windthorst*, par le D' TAPONIER, curé-archiprêtre de Carouge.

XI. *La Coupe dite de Charlemagne du Trésor de Saint-Maurice*, par le R. P. J.-J. BERTHIER, des Frères Prêcheurs, professeur de théologie à l'Université de Fribourg.

XII. *L'Enseignement à Saint-Maurice, du Ve au XIXe siècle*, par P. BOURBAN, chanoine.

XIII. *Les fouilles sur l'emplacement des anciennes basiliques de Saint-Maurice (suite du N° IX)*, par Jules MICHEL, ingénieur.

LES

TRAPPISTES

EN VALAIS

LES
TRAPPISTES
EN VALAIS

PAR

M. A. CHAPPAZ

PROFESSEUR DE DROIT

FRIBOURG

IMPRIMERIE ET LIBRAIRIE DE L'ŒUVRE DE SAINT-PAUL
259, RUE DE MORAT, 259

1893

LES TRAPPISTES EN VALAIS

LES TRAPPISTINES [1]

A douze kilomètres de Martigny, sur le territoire de la commune de Vollèges, non loin du pittoresque bourg de Saint-Brancher, le voyageur, qui vient de traverser une galerie percée dans le roc, voit tout à coup se dresser devant lui des ruines d'un aspect étrange.

Si, piqué par la curiosité, vous interrogez votre guide, il vous répondra que ce sont là les débris d'un couvent de Trappistes, et c'est à cette seule indication que se borneront ses renseignements.

Lors de mon premier voyage dans l'Entremont, la même question me vint sur les lèvres, et, à travers la neige qui nous cinglait — l'hiver battait son plein — mon compagnon de route me jeta ce mot : « Trappistes. »

Arrivé à Saint-Brancher, j'eus vite fait de me procurer l'*Histoire du Valais* de Boccard et d'y retrouver la page qui m'intéressait :

Aux premières secousses de la Révolution, une communauté de douze Trappistes avait d'abord reçu un asile à Saint-Pierre-

---

[1] Ce mémoire a été lu dans la réunion générale de la *Société helvétique de Saint-Maurice*, le 6 octobre 1892.

des-Clages, dans la ferme de l'évêché. Ils y étaient un sujet d'édification par la sainte austérité de leur vie ; mais l'insalubrité de l'air et surtout de l'eau en ayant fait mourir cinq en moins d'une année, la Diète de décembre 1795 les autorisa non seulement à choisir un autre local, mais même à y bâtir deux couvents, un pour les religieux et l'autre pour les religieuses de la même réforme.

Les retraites les plus sauvages avaient pour eux le plus d'attraits ; or, dans les gorges tortueuses par lesquelles on pénètre dans l'Entremont, se trouvaient précisément au-dessous de Saint-Brancher les ruines d'une mine de plomb abandonnée.

C'est là que, sans autre vue que les rochers qui, fortement rapprochés, dressent des deux côtés leurs flancs perpendiculaires et stériles, sans autre bruit que le roulement rauque et monotone des eaux de la Dranse, qui dispute encore un sol déjà si restreint, au milieu du deuil et du bouleversement de la nature, c'est là que les religieux proscrits, déjà si souvent battus par la tempête, vinrent se préparer à de nouvelles épreuves qui ne se firent pas attendre ; aussi avaient-ils appelé leur nouvel établissement : *Le monastère de la sainte volonté de Dieu* [1].

Honneur au talent descriptif de notre historien national ! Mais comme, à tout prix, je tenais à en savoir davantage, on me conseilla de m'adresser à un octogénaire de l'endroit.

Hélas ! je ne parvins à recueillir que d'infimes lambeaux d'une tradition déjà effacée.

Bien qu'il confonde invariablement alentour avec au travers, je ne manquai pas non plus de consulter notre vieux et naïf Schinner et, après avoir pas mal feuilleté son gros volume, j'y découvris ce qui suit : « En remontant « la route depuis Bovernier, on arrive vers une espèce de « bâtiment allongé et surmonté d'un étage depuis le rez-de-« chaussée, où des Chartreux, lors de leur émigration de « France, semblaient avoir été chercher le terme d'une vie « pleine d'austérités [2]. »

---

[1] *Histoire du Valais*, par M. Boccard, chanoine de Saint-Maurice, etc. (1844.)

[2] *Description du département du Simplon, ou de la ci-devant Répu-*

On conviendra que cette annotation n'était pas précisément de nature à compléter l'enquête à laquelle j'étais en train de procéder !

Le printemps me ramena dans la vallée d'Entremont et c'est avec un indicible plaisir que j'y constatai un merveilleux changement de décors [1].

A ma droite, les débris d'une gigantesque avalanche rappelaient sans doute les rigueurs de l'hiver ; mais, à ma gauche, la vigne commençait à se couvrir d'un vert feuillage.

A l'extrémité de l'horizon, les neiges éternelles s'illuminaient aux rayons d'un soleil d'Italie, pendant qu'à mes pieds la Dranse continuait à rouler avec un terrible fracas ses eaux écumantes.

Les vieux cloîtres, eux-mêmes, m'apparurent moins attristés, moins déserts.

Tout à fait décidé à trouver le mot de l'énigme que me proposaient, nouveaux sphinx, ces vestiges du passé, je finis par où j'aurais dû commencer et, sans désemparer, j'allai frapper à la porte du presbytère.

« Votre cas n'offre rien d'insoluble », me répondit en souriant l'excellent curé de Saint-Brancher, « que n'êtes-vous venu plus tôt ? »

Sur ce, M. le chanoine Tornay s'en alla fouiller dans ses

---

blique du Valais, par M. Schinner, D^r en médecine de la faculté de Montpellier. — Sion (1812.)

[1] Cette partie du pays offre une variété de sites vraiment extraordinaires. On y trouve tout ce qui est propre à étonner, à saisir fortement l'imagination : longs défilés retentissant du fracas des eaux déchaînées, vallons solitaires et pittoresques, bassins abrupts et sauvages, lacs enchanteurs, gouffres horribles, immenses glaciers. Au-dessus de cette région aux contrastes infinis, plane du sommet de ces cimes glacées, comme une suprême merveille plus remarquable encore que toutes les beautés naturelles dont ces Alpes sont si prodigues : l'hospice du Grand-Saint-Bernard.

(*Topographie du Valais*. — Ch.-Ls de Bons.)

archives, et, quelques instants après, j'avais la joie de le voir revenir un carton sous le bras, et un coffret à la main.

« Voici votre affaire, « reprit-il ». Ce carton contient, en « effet, la correspondance de l'un de mes prédécesseurs, « M. le chanoine Ballet, avec Dom Augustin de Lestranges, « Abbé de la Valsainte et fondateur des deux monastères de « Saint-Brancher. »

Comme bien l'on pense, je remerciai avec effusion et m'empressai de serrer le précieux dossier.

« Tout n'est pas là », continua le digne prêtre et, découvrant le coffret, il en retira, à ma très grande surprise, une tête de mort sur laquelle il me fit remarquer l'inscription suivante :

« CETTE TÊTE QUE VOUS VOYEZ »
« FUT EXHUMÉE DU SAINT COUVENT DE LA TRAPPE »
« LE 25 JUILLET 1772. »

Cette relique devait être pour moi un trait de lumière, et je n'eus aucune peine à découvrir que le couvent dont elle faisait mention n'était rien moins que le monastère de la Trappe, près Mortagne, département de l'Orne et diocèse de Séez, célèbre par la réforme de l'Abbé de Rancé et sauvé par Dom Augustin de Lestranges de la tempête révolutionnaire.

C'est à cette époque horriblement tourmentée que nous allons remonter et, pour que cette partie préliminaire de mon récit ne laisse rien à désirer sous le rapport de l'exactitude, j'en emprunterai les principaux détails à Dom Augustin lui-même [1].

---

[1] Règlements de la Maison-Dieu de la Trappe, par M. l'abbé de Rancé, mis en nouvel ordre et augmentés des usages particuliers de la Maison-Dieu de la Valsainte. — Fribourg, 1794.

I

En 1789, l'Assemblée nationale avait prononcé la dissolution des Ordres religieux, et, quelque attachées que leur fussent les populations, un décret spécial ne tarda pas à faire connaître aux solitaires de la Trappe qu'ils ne seraient l'objet d'aucune exception.

Mais si la plupart de ces austères religieux s'étaient endormis dans une trompeuse sécurité, Dom Augustin de Lestranges, dont le nom ne nous est plus inconnu, veillait sur le salut de ses frères.

Au prix d'innombrables démarches, il avait obtenu de ses Supérieurs — qui ne pouvaient se faire à l'idée de la suppression de leurs monastères — l'autorisation de se rendre à Fribourg, où l'évêque du diocèse l'avait reçu à bras ouverts [1]. « Au nom du Dieu Tout-Puissant, de la Vierge Immaculée et de saint Bernard », s'était écrié Dom Augustin en se jetant aux pieds du prélat, « je vous adjure de sauver l'Ordre de Cîteaux et d'accorder un asile à ses enfants persécutés ».

Fortement appuyée par Mgr l'archevêque de Besançon [2] et apostillée qu'elle était par les Nonces apostoliques de Paris et de Lucerne, cette humble requête [3], dont je ne crois pas inutile de détacher quelques passages, ne pouvait être que favorablement accueillie par le Sénat de Fribourg:

Notre demande peut d'autant plus facilement nous être accordée, y était-il dit, que l'objet en est moins précieux : ce

---

[1] Mgr Bernard-Emmanuel de Lenzbourg, évêque et comte de Lausanne, Prince du Saint-Empire Romain, Abbé mitré du monastère de Notre-Dame de Hauterive, de l'Ordre de Cîteaux.

[2] L'évêché de Fribourg relevait alors de l'Archevêché de Besançon.

[3] En s'adressant plus tard à l'Etat du Valais, Dom Augustin en reproduit presque entièrement les termes.

n'est qu'un emplacement dans quelque bois, quelque creux de montagne, en un mot, quelque terrain inculte et stérile que nous fertiliserons par nos sueurs et plus encore par les bénédictions du ciel que nous nous efforcerons d'y attirer.

Il ne faut pas craindre que nous ne soyons jamais à la charge de personne, notre résolution étant de vivre, comme nous y exhorte notre sainte règle, du travail de nos mains. D'ailleurs, il faut bien faire attention que ce qui ne serait pas possible à d'autres religieux, en fait d'économie, nous est facile à cause de la pauvreté dont nous faisons profession, n'étant vêtus que d'étoffes grossières, jeûnant les deux tiers de l'année, et n'usant d'autre nourriture que de légumes ou de racines, sans autre apprêt que du sel ou de l'eau, ou tout au plus, en certain temps, d'un peu de lait, etc.

Mais toutes catholiques qu'elles étaient, Leurs Excellences de Fribourg crurent devoir limiter leur bienfait en fixant à vingt-quatre, les novices non compris, le nombre des religieux qu'elles daignaient couvrir de leur protection et, pour résidence, elles leur assignèrent le monastère de la Valsainte [1].

Rentré à la Trappe, Dom Augustin engagea ses confrères à accélérer leurs préparatifs de départ, et, à travers mille dangers, ils réussirent enfin à fouler le sol de l'Helvétie. A la frontière, il leur fut fait un accueil sympathique, et, dans la protestante petite ville de Payerne, il se trouva même quelqu'un pour leur souhaiter la bienvenue. A l'honneur de nos frères séparés de Vaud, je tiens à mentionner ici qu'en 1834, les Trappistes du Val-Sainte-Marie,

---

[1] La Chartreuse de la Valsainte fut fondée en 1295 par Gérard de Charmey, et les religieux de cet Ordre y résidèrent sans interruption jusqu'au premier septembre 1778. A cette date, sur les instances du gouvernement de Fribourg, une Bulle apostolique supprima ce monastère, dont les biens furent attribués au Collège de Fribourg ainsi qu'à la mense épiscopale. Des fermiers s'y installèrent jusqu'à l'arrivée des Pères de la Trappe. — En 1862, on vendit (!) aux Chartreux leur ancien couvent et, Dieu merci ! ils l'occupent encore.

qui s'étaient réfugiés à Géronde, furent, eux aussi, dans ce canton, l'objet d'une démonstration non moins courtoise [1].

En adressant à leur monastère un suprême adieu, les moines de la Trappe n'en avaient emporté que leurs habits religieux avec *quelques instruments de pénitence* [2]. — On voit par là que la tête de mort pieusement conservée à Saint-Brancher, avait fait partie de ce long voyage.

Mais, avant de poursuivre ce modeste travail, saluons au passage la grande figure de ce nouveau Moïse que Dieu avait suscité pour le salut de son peuple.

Quel était donc, devez-vous, en effet, me demander, ce Dom Augustin dont l'indomptable énergie a frappé d'admiration le monde catholique ?

Dans le monde, Dom Augustin s'était appelé *Louis-Henri de Lestranges* et — on me permettra sans doute de souligner ce détail — il était le quatorzième enfant de parents vertueux.

A peine venait-il d'entrer dans la carrière sacerdotale, que l'archevêque de Vienne le choisissait pour Grand-Vicaire et que, peu après, il l'obtenait pour coadjuteur.

Mais c'en était trop pour l'abbé de Lestranges qui, dès le principe, avait formé le dessein de finir ses jours dans un cloître.

Aussi part-il à l'improviste et, en 1780, à l'âge de 26 ans, il échangeait tous ses titres et dignités contre le froc des Trappistes [3].

A mon humble avis, le XIXme siècle catholique n'a pas rendu à cet homme extraordinaire tous les honneurs auxquels lui donnait droit son immense amour de Dieu et de l'Eglise.

---

[1] *Histoire des Trappistes du Val-Sainte-Marie* (Diocèse de Besançon). — Paris, 1843.

[2] Règlement, etc. Page 35.

[3] *Les Trappistes ou l'Ordre de Citeaux*. (Histoire de la Trappe.) — Casimir Gaillardin. Paris, 1844.

II

Au lendemain des inoubliables désastres qui l'accablèrent en 1870, la France chrétienne tout entière, dans l'un de ces irrésistibles élans dont elle a le secret, se jetait dans les voies du repentir et de l'expiation.

C'est alors que s'élevèrent de splendides basiliques et que, sur toutes les routes de Lourdes, d'interminables files de pèlerins redisaient, le front dans la poussière, le toujours actuel *Parce, Domine, populo tuo*.

Eh bien! sous le coup des effondrements de 1789, déjà, il s'était, d'un bout à l'autre de la nation amie, produit un semblable réveil et, si l'on veut savoir jusqu'à quel point les fils de saint Bernard, réfugiés en Suisse, redoublèrent de ferveur, il n'y a qu'à rapidement parcourir les Règlements de la Valsainte.

Mais, cependant, que devenaient les religieux de la Trappe auxquels Fribourg n'avait pu accorder l'hospitalité ?

Toujours l'exemple des forts entraîne, et sur la fin du mois d'août 1791, soit trois mois après l'installation de leurs frères à la Valsainte, une nouvelle colonie de Trappistes — sous la conduite de Dom Gérard Bollangié — venait demander un asile à Soleure.

Sous date du 1ᵉʳ septembre 1791 [1], le gouvernement de ce canton prenait connaissance de la requête de Dom Gérard et, quelques jours après, on lui accordait, mais pour une période de deux ans seulement, la faveur qu'il avait si vivement sollicitée.

[1] Auszug aus dem Protokoll des Regierungs-Rathes des Kantons Solothurn. — 941-945 et 1039.

Cette décision réduisait à néant les espérances, qu'encouragé par le Nonce apostolique, Dom Gérard avait fondées sur la générosité du Conseil d'Etat de Soleure ; mais, tout en rendant grâces à Leurs Excellences, il se permit d'insister et de leur faire très respectueusement observer :

« Qu'étant donné le peu de durée de leur permis de séjour,
« il serait impossible aux religieux de la Trappe d'affermer
« un immeuble dans leur canton ;
« Que, dans de telles conditions, il n'oserait guère pren-
« dre sur lui d'engager ses confrères à renoncer pour
« toujours à la pension que l'Etat français leur assurait ;
« Qu'enfin le gouvernement pouvait être absolument
« certain que jamais la Communauté ne tomberait à sa
« charge. »

Mais le Conseil d'Etat, tout en consentant à porter à trois ans le délai du permis d'établissement des Trappistes, leur signifia en même temps que c'était la dernière concession qu'il fût disposé à leur octroyer ! — Tant il est vrai, que presque toujours le passé sert à éclairer le présent.

Il ne restait à Dom Gérard qu'à péniblement refaire le voyage de Lucerne et à se mettre sous la protection du représentant du Saint-Siège.

Sa démarche fut couronnée d'un complet succès.

Voici, en effet, la lettre qu'à cette occasion Mgr F. S. Testaferrata [1] voulut bien écrire à l'évêque de Sion [2] et, si nous la reproduisons presque entièrement, c'est qu'elle ne fait pas moins d'honneur à Mgr Blatter qu'aux enfants de Cîteaux :

---

[1] Mgr Fabricius Sceberas *Testaferrata,* archevêque de Beyrouth. — L'abbaye de Saint-Maurice possède également une lettre de ce prélat par laquelle, au nom du Saint-Père, il la remercie de sa générosité envers les prêtres français émigrés.

[2] Mgr Joseph-Antoine *Blatter* (élu le 3 août 1790 et décédé le 19 mars 1807).

Lucerne, 11 décembre 1792 [1].

Monseigneur et très cher Ami,

Vous connaissez de réputation l'illustre maison de la Trappe que la France avait le bonheur de posséder et qui observait la Règle de saint Benoît dans toute sa pureté primitive; l'antiquité ne nous offrait rien, ni dans ses monastères, ni dans ses déserts, qui fût plus édifiant.

Une maison aussi respectable aurait dû, sans doute, échapper à la proscription générale à laquelle tous les Ordres monastiques de France avaient été condamnés.

Elle a cependant subi le sort commun, et un très grand nombre de ces religieux, après avoir renoncé au traitement qu'on leur servait, sont venus se rallier auprès de leurs Supérieurs qui s'étaient réfugiés en Suisse.

L'Etat de Fribourg a accueilli avec bonté 24 de ces religieux et leur a donné une maison avec quelques terres.

Bientôt après, s'est formée à Soleure une nouvelle colonie gouvernée par Dom Gérard, qui vous remettra cette lettre.

Ce religieux d'une vertu éminente et qui a des talents distingués entrera avec vous dans tous les détails nécessaires pour vous faire part de ses vues relativement à la nouvelle colonie qu'il désire établir en Valais. J'espère que vous lui ferez un accueil semblable à celui qu'il a reçu ici : c'est-à-dire que vous le traiterez comme un saint et un ami.

Dom Gérard avait d'abord des vues sur Lucerne, et il n'a pas tenu à moi d'en assurer le succès. La Providence en a autrement ordonné; sans doute parce qu'elle réservait à votre diocèse un établissement infiniment digne, à tous égards, d'être favorisé par un Evêque d'une piété aussi éminente.

J'ai donc lieu d'espérer, Monseigneur et cher Ami, que vous ne négligerez rien pour procurer un asile à cette nouvelle colonie.

Avec quelle satisfaction, le Saint-Père n'apprendra-t-il pas que ces bons religieux ont trouvé un asile dans le Valais, et que votre gouvernement aura conservé à la Religion une portion notable du monastère le plus édifiant de la chrétienté.

[1] Archives de l'évêché de Sion.

Quant à moi, le jour où j'apprendrai que ces pieux cénobites ont enfin trouvé le terme des agitations qu'ils éprouvent et recouvré la paix et la tranquillité de la solitude, sera un des plus agréables de ma vie et je le regarderai comme une des époques les plus consolantes de ma Nonciature.

Vous connaissez toute la tendresse et tout l'attachement que je vous ai voués, etc.

Au printemps, Dom Gérard, muni de cette précieuse recommandation, se rendit à Sion et, comme nous le savons déjà par Boccard, Mgr Blatter s'empressa d'agréer sa demande.

« La haute opinion », lisons-nous à ce sujet dans les intéressants mémoires de M. le chanoine Anne-Joseph de Rivaz [1], « qu'on a partout de la réforme de la Trappe, leur
« rendit tout le monde favorable et aplanit les difficultés
« que j'avais cru voir à cet établissement. Monseigneur
« offrit au Père Gérard de lui céder sa ferme de Saint-
« Pierre-des-Clages — autrefois un prieuré de Bénédictins [2]
« — à deux heures et demie de Sion. Avant que le désir
« de la perfection l'eût fait entrer à la Trappe, le Père
« Gérard était prêtre séculier ; il ne paraît pas moins
« éclairé que fervent. »

---

[1] Vallesium episcopale (Opera historica Annæ-Josephi de Rivaz, Canonici Sedunensis).

[2] Ce prieuré dépendait de l'Abbaye d'Aimay (Diocèse de Lyon) et, au XIIme siècle déjà, des titres assez importants en font mention. Dans un titre postérieur (1413) il est question de *Jean de la Fontaine*, Prieur des Clages, et, en 1447, nous trouvons le nom de *Dom Guigo Baronius, Prior*.

Ce monastère était très renommé et, d'après le chanoine de Rivaz, le cardinal Bernard, se rendant à Sion en 1196, y reçut l'hospitalité. A cette même époque, Saint-Pierre-des-Clages était un lieu de pèlerinage des plus fréquentés. — C'est sur la fin du XVme siècle que les Bénédictines abandonnèrent leur couvent.

(Tiré des écrits du chanoine de Rivaz et du Père Isidore.)

Dans sa séance du 9 mai 1793, la Diète accorda, sans discussion, à Dom Gérard l'autorisation de s'établir en Valais et, le 24 du même mois, Mgr Blatter, assisté de M. de Kalbermatten, son chancelier, lui remettait à bail sa ferme de Saint-Pierre.

Aussitôt informé de l'événement, le Nonce apostolique en manifeste sans aucun retard son entière satisfaction [1] :

Lucerne, 30 mai 1793.

Ce que vous m'annoncez, Monseigneur, sur Dom Gérard, me comble de joie, et je me féliciterai toute ma vie d'avoir été le premier instrument dont s'est servi la Providence pour établir dans votre diocèse ces hommes de foi. Pour vous, à qui est due cette bonne œuvre, vous en recueillerez les fruits et pour vous et pour le troupeau confié à votre sollicitude.

Quant aux vénérables religieux — le frère Mathieu avait accompagné Dom Gérard en Valais — auxquels Mgr Blatter avait fait un si touchant accueil, ils n'avaient pas tardé à regagner le canton de Soleure, et le Père Nicolas-Claude Dargniés [2], qui leur faisait visite dans les premiers jours d'octobre de la même année, en parle dans ces termes : « Nous logeâmes ensuite chez Dom Gérard, religieux de la « Trappe, qui, retiré avec quelques-uns de ses frères dans « une maison près de Soleure, vivait avec son habit reli- « gieux aussi *trappistement* qu'il pouvait le faire. — Il « avait même commencé une espèce d'établissement en « Valais. »

[1] Archives de l'évêché.
[2] Archives de la Valsainte.

III

Encore qu'aux termes de la convention, l'entrée en possession des immeubles affermés ne dût avoir lieu qu'à la « prochaine Chandeleur », Dom Gérard et ses religieux se hâtèrent de quitter Soleure et, le 1er novembre 1793 déjà, ils célébraient, dans l'antique église de Saint-Pierre, la fête de la Toussaint.

La communauté se composait de cinq prêtres, de sept frères convers et d'un novice, et, comme nous l'a pareillement appris Boccard, elle ne tarda pas à ravir d'admiration les habitants de la grande paroisse d'Ardon (Ardon, Saint-Pierre et Chamoson).

De son côté, le chef vénéré du diocèse s'applaudissait de ce que les voies de la Providence eussent amené en Valais les fils de saint Benoît et, malgré l'avis contraire d'un prêtre influent de son entourage, il n'avait fait aucune difficulté de leur donner acte de tous les privilèges que l'abbé de Rancé avait obtenus de la Cour Pontificale.

Mais, à son très grand chagrin, les mêmes causes qui, plusieurs siècles auparavant, avaient sans doute contraint les Bénédictins d'abandonner leur monastère, obligèrent les Pères de la Trappe à se retirer de Saint-Pierre.

Décimée par les fièvres paludéennes [1], la communauté naissante se vit en fort peu de temps considérablement réduite et, le 26 août 1795, Dom Gérard lui-même succombait aux suites de l'impitoyable maladie [2] ! — Ce n'est pas sans intérêt qu'on lira l'acte de son décès.

---

[1] Il n'y a pas longtemps que le Rhône se promenait encore en maître dans cette partie du Valais.

[2] Transcrivons également les deux actes de décès suivants :

1° 1794. — Venerabilis Frater Benedictus, presbyter, in sæculo vocatus

Admodum Reverendus Pater Gérard (in sæculo vocabatur Bollangié) Trappista Ordinis Cisterciensis atque Prior ad Sanctum Petrum Claggiarum, ubi fundamenta coloniæ novæ Trappistarum jecerat, obiit die 26 Augusti, pie receptis sacramentis. Die sequenti retro chorum tumulatus et more Trappistarum, *absque feretro*[1], sepultus. Reverendus ac Venerabilis Abbas Vallis Sanctæ, qui, peacta sepultura, forte advenit, die 29, officia persolvit.

Un hasard providentiel avait donc voulu que Dom Augustin de Lestranges [2] — que nous avons un instant perdu de vue — pût rendre au Supérieur de Saint-Pierre les honneurs que l'Ordre de Cîteaux réserve à ses élus.

Le surlendemain déjà, l'infatigable religieux se transportait à Sion [3] pour s'y concerter avec Mgr l'Evêque sur le sort de ceux de ses frères que le fléau avait épargnés.

Les bienveillantes dispositions de Sa Grandeur envers les Pères de la Trappe ne s'étaient heureusement en aucune façon modifiées, et Dom Augustin put repartir du chef-lieu avec d'autant plus de satisfaction que M. le Recteur

---

Ludovicus Isaac Pinard, Rothomagensis, religiosus Septem-Fontium, et ab aliquot mensibus apud religiosos de Trappa in his regionibus manentes propter persecutionem in Galliis a philosophis excitatam obiit 21 Januarii in prioratu ad Sanctum Petrum Claggiarum munitus Sacramentis.

2° Frater Jacobus, Trappista, in sæculo vocatus Jacobus Fillion, religiosus parochiæ Sancti Deodati (St-Diez), obiit die 16 Junii. Agebat annum 43, etc.

[1] *Absque feretro !* Après les encensements, l'un des religieux descend dans la fosse ; il y reçoit le corps de son confrère et lui place les bras en croix. Puis, ayant recouvert le visage du défunt, il remonte et présente la bêche au Père Abbé, qui jette alors en forme de croix de la terre sur le corps. (*Règlements,* etc.)

[2] Peu de temps auparavant, Dom Gérard lui avait légué tout ce qu'il pouvait avoir de biens. (*Archives de la Valsainte.*)

[3] Sa Grandeur, qu'une récente maladie avait fortement éprouvée, se trouvait encore aux « Mayens », charmant séjour de montagne au-dessus de Sion. (*Vallesium episcopale.*)

Bonivini s'était généreusement offert à recueillir les débris de sa communauté dans sa maison de campagne de Prafalcon, non loin de Sierre [1].

Survint la Diète du mois de décembre et, fort de l'appui de Monseigneur, le P. Abbé demanda au Sénat Valaisan de vouloir bien lui octroyer le droit et la faculté :

1º D'acquérir un terrain pour y fonder un monastère d'hommes, et

2º D'y bâtir également un couvent de religieuses.

De religieuses ! s'était-on d'abord demandé, et pourquoi ?

Par la raison non moins simple que péremptoire, avait répondu l'homme de Dieu, que, chassées et dispersées aux quatre vents du ciel, les infortunées religieuses de France ne savaient où reposer leurs têtes, et qu'en leur accordant un asile coforme à leur vocation [2], les représentants du peuple valaisan accompliraient un acte d'admirable charité.

Voilà bien l'une des plus belles pages de l'histoire de Dom Augustin, et, de son côté, notre chère petite république s'estime heureuse d'avoir servi de berceau aux Trappistines.

Puissent-elles, en retour, ne jamais oublier [3] l'humble vallon où, avec les fruits de la terre, elles s'appliquèrent à faire germer les fleurs des plus belles vertus !

Donnons ici un extrait du protocole de la Diète :

Le Très Révérend Abbé de l'ordre austère de la Trappe demande à la Haute Assemblée, la permission pour son Ordre d'acheter en Valais une terre en friche, libre de toute redevance annuelle, exposant : 1º qu'il la rendra fertile par son travail, et

---

[1] *Vallesium episcopale.*

[2] « Moine hors du cloître », disait-on au moyen âge, « poisson hors de l'eau. »

[3] « Beatus qui intelligit super egenum et pauperem ; in die mala, liberavit eum Dominus. » — Tel est le premier verset du psaume que récitaient tous les jours les Trappistes, pour la prospérité de la Suisse.

2° qu'il ne tombera jamais à la charge de personne, la nourriture des religieux de la Trappe ne consistant qu'en jardinage et herbes apprêtées seulement avec de l'eau et du sel, et rarement avec du lait.

Le Très Révérend Père supplie de même de lui permettre d'ériger un couvent de religieuses, en promettant que celles-ci se chargeront, sans aucune rétribution, de l'éducation de la jeunesse.

A peine avons-nous besoin d'ajouter que la Diète fit le plus favorable accueil à cette demande, et, dès lors, il n'y avait plus pour Dom Augustin qu'à choisir, dans la grande vallée du Rhône, le coin de terre où il planterait sa tente.

Au premier moment, il avait songé à Géronde et même à Tourbillon; mais diverses circonstances s'étant opposées à la réalisation de ces projets, il fut sur le point de se décider en faveur de la paroisse d'Outre-Rhône [1]. — Sous date du 21 juin 1796, il écrivait, en effet, à Monseigneur l'Evêque de Sion [2] :

Connaissant tout l'intérêt que nous porte Votre Grandeur, je crois de mon devoir de vous informer du lieu de notre établissement : c'est la paroisse d'Outre-Rhône que nous avons choisie — au-dessus de la chapelle d'Alesse, une demi-heure plus haut. — C'est un endroit fort solitaire et où le terrain n'est pas pierreux.

Toujours est-il que cette combinaison ne devait pas aboutir et que, fort peu de temps après — le 8 février 1796 — le Révérendissime Père Abbé achetait du banneret Joseph-François Luder [3], ancien châtelain d'Entremont, les bâtiments et terrains — ædes et prædia [4] — que celui-ci possédait

---

[1] Des personnes considérables de Saint-Maurice avaient, non sans raison, insisté pour que Dom Augustin s'établît dans les environs.

[2] Archives de l'Evêché.

[3] Frère du Révérendissime Prévôt du Grand-Saint-Bernard.

[4] Il s'est glissé à ce sujet, dans la narration de Gaillardin, quelques inexactitudes d'autant plus excusables que cet excellent auteur n'avait pas sous les yeux tous les documents nécessaires et que, du reste, le

au lieu dit : « L'Ile-Bernard [1]. » — Les descriptions que nous avons faites de cet emplacement ne permettent pas de douter qu'il ne fût de tout point conforme aux recommandations de saint Benoît [2].

Mais qui l'eût jamais supposé ? Tandis que les honnêtes gens se réjouissaient de l'arrivée des Pères de la Trappe, les jacobins au petit pied des environs s'efforçaient d'exciter contre eux nos braves populations. A les en croire, l'établissement de deux monastères ne manquerait pas d'ouvrir dans le pays une ère de vexations et, avant qu'il fût longtemps, l'Entremont tout entier gémirait sous le joug de ces nouveaux tyrans !

Au gouvernement, on savait à quoi s'en tenir sur cette phraséologie voltairienne, et on le fit nettement comprendre à une délégation d'esprits forts de la contrée.

Quant à l'Evêque du diocèse, il avait, dès le début, adressé aux paroisses de Vollèges et de Saint-Brancher un mandement qui achèverait de prouver — si besoin en était — combien il tenait à cœur de se conformer aux instructions de Pie VI :

Aux Très Révérends Curés et à nos Chers Fidèles des paroisses de St-Brancher et de Vollèges,

Apprenant avec satisfaction que le Révérendissime Abbé de la Valsainte de Notre-Dame de la Trappe a trouvé et choisi dans vos paroisses le lieu d'un établissement, nous nous en félicitons et nous nous réjouissons de l'honneur et du bonheur qui vous

---

Valais était évidemment pour lui l'une de ces « terres inconnues » dont font mention les anciens atlas.

[1] A cette époque, c'est sur l'autre rive de la Dranse que passait le grand chemin, de telle sorte que ce terrain se trouvait réellement isolé et pour ainsi dire séparé du reste de la contrée.

[2] « Ne construisez jamais vos monastères, avait dit le saint à ses disciples, que dans des lieux éloignés de la conversation des hommes. »

sont ainsi réservés. Nous pouvons vous assurer que c'est un trésor spirituel que de posséder ces religieux parmi vous. Chers Fidèles ! nous croirions manquer à la piété en nous dispensant de recommander instamment ces vertueux religieux à vos faveurs, etc.

Donné à Sion, de notre résidence, ce 5me février 1796 [1].

IV

Après en avoir référé au desservant de la paroisse, Dom Augustin avait fixé au dimanche 21 février suivant, la date de son entrée solennelle à Saint-Brancher [2].

Arrivés dès la veille à Martigny, où les religieux du Saint-Bernard les avaient cordialement accueillis, les Trappistes passèrent la nuit en prières, et, le lendemain matin, vers les huit heures, ils partaient pour Saint-Brancher en chantant les psaumes de la Pénitence.

Sur leur passage, à travers Martigny-Ville et Martigny-Bourg, la foule se presse respectueuse, et les mères tendent vers eux leurs petits enfants, que Dom Augustin, s'appuyant sur sa crosse de bois [3], bénissait avec émotion.

C'est ainsi qu'aux périodes héroïques du moyen âge, les Benoît, les Bernard et les Martin s'en allaient jeter les assises de leurs célèbres monastères !

Reçus à la porte de l'église par M. le curé Ballet, qu'entourait un nombreux clergé [4], les Pères prirent place à

---

[1] Archives de la cure de Saint-Brancher.
[2] Archives de la cure de Saint-Brancher.
[3] « Croix de bois, cœur d'or », s'écriait naguère à Aiguebelle, M. le curé de Valence.
[4] Au moment de la Terreur, plus de cinq cents prêtres français se trouvaient disséminés en Valais et, sur ce nombre, une soixantaine au moins avaient trouvé un refuge assuré dans les vallées d'Entremont. —

droite et à gauche du chœur et, bientôt après, le Pain des Forts venait ranimer leurs corps exténués.

Les Vêpres furent dites avec un éclat inaccoutumé et, après la Bénédiction du Très-Saint-Sacrement, le Père Abbé entonna le *Salve Regina*, l'hymne par excellence des fils de saint Bernard [1].

Accompagnés du clergé et d'un très grand nombre de fidèles [2], les Religieux reprirent ensuite processionnellement le chemin de « L'Ile-Bernard » et, lorsqu'ils ne furent plus qu'à deux pas de leur humble demeure, ils plantèrent, au chant des psaumes, la rustique croix de bois qu'ils avaient apportée sur leurs épaules [3].

« Que j'ai de regrets », s'écriait à cette occasion le très respectable curé de Saint-Brancher, « que tout mon peuple n'ait pas été présent à ce sublime spectacle de l'adoration et de l'élévation de cette croix, ainsi qu'à la touchante exhortation que fit à sa communauté le Révérend Père Abbé de la Valsainte. Nous versions tous des larmes et les plus endurcis de mes paroissiens

---

Voici, d'après les documents dont je dispose, les noms des ecclésiastiques qui assistèrent à l'arrivée de Dom Augustin et de ses religieux : MM. le chanoine Jean-Ignace *Massard*, curé de Bovernier, le chanoine Nicolas *Caré*, curé de Vollèges, et MM. les Abbés français, *Chassaignon, Dalbine, Mercier, Cabannes, Jeune, Beigneux, Siquard, Broal, Olivier, Ojardias et Payot*.

[1] A ce que l'on croit, Adhémar, évêque du Puy, serait l'auteur de la sublime antienne que l'Ordre de Cîteaux s'est en quelque sorte appropriée et à laquelle saint Bernard ajouta l'invocation, adoptée plus tard par l'Eglise : « O clemens, ô pia, ô dulcis Virgo Maria. »
(Annales de l'Abbaye d'Aiguebelle, 1863.)

[2] On remarquait parmi eux François-Jacques *Luder*, Gaspard-Etienne *Delasoie*, Etienne-Joseph *Claivaz*, Jean-Joseph *Six*, etc. (Archives de la cure de Saint-Brancher.)

[3] « On construisait à la hâte les bâtiments les plus indispensables », nous dit, en parlant du moyen âge, un religieux de Sept-Fons, « et l'on voyait bientôt arriver les religieux marchant processionnellement au chant des psaumes, suivis de l'Abbé, s'appuyant sur sa crosse de bois. » — Sept-Fons, 1873.

— qui étaient absents — n'auraient pu, eux-mêmes, contenir leur émotion [1] ».

Au cours de son allocution, Dom Augustin avait, avec une sorte d'insistance, recommandé aux Pères de L'Ile-Bernard d'adresser au Seigneur les plus ardentes prières pour les populations si travaillées d'Entremont — on ne saurait prétendre que les temps soient changés — et, comme Supérieur de la nouvelle communauté, il avait désigné le Père *Urbain*.

A trois jours de là, le Père Abbé, rendant compte à son tour à l'Evêque du diocèse des événements qui venaient de s'accomplir, lui mandait ce qui suit [2] :

Malgré tout, nous sommes cependant établis, au nombre de quatorze, dans les bâtiments de l'*Ile Bernard* à l'endroit de la mine de plomb.

J'espère voir prospérer cette communauté.

Dans tous nos établissements, il y a eu des difficultés à vaincre et celui d'*Espagne* [3], qui a eu le plus de contradictions, en a triomphé de la manière la plus glorieuse [4].

A la vérité, les Pères de la Trappe se trouvaient désormais à l'abri des injures du temps ; mais ils n'en vivaient pas moins dans le plus extrême dénûment [5].

Ce qu'ils appelaient leur monastère, n'était pas autre chose qu'une misérable masure, sans cloître, sans réfectoire, sans salle de Chapitre, etc.

---

[1] Archives de l'Evêché et de la cure de Saint-Brancher.
[2] Archives de l'Evêché.
[3] Aujourd'hui encore cet établissement est des plus prospères.
[4] « Vos frères seront si nombreux », avait dit le Seigneur à saint Etienne, « que s'échappant en bourdonnant de leurs ruches trop pleines, ils s'envoleront d'ici pour se répandre en diverses contrées : ils recueilleront partout une ample moisson de saintes âmes dont ils enrichiront les greniers du Ciel. »
[5] Fecunda virorum paupertas.

Il n'en est pas moins vrai que, dès le lendemain de leur installation, ils avaient courageusement entrepris de défricher leur désert et d'y planter les légumes qui devaient constituer leur presque unique nourriture.

Fidèle à l'amitié qu'il leur a vouée, M. le curé Ballet les assiste dans leur détresse et pourvoit à leurs plus pressants besoins. — Le dossier dont j'ai parlé en commençant contient à ce sujet les plus édifiants détails :

30 mars 1796.

Monsieur le Curé,

Puisque vous voulez bien m'honorer d'une amitié toute particulière, je ne crois pas pouvoir mieux m'adresser qu'à vous dans nos besoins si nombreux. Le temps de semer des légumes n'étant pas celui de les recueillir, nous nous voyons obligés d'en acheter et, comme nous en ignorons le prix, vous nous obligerez de nous dire celui des pois, haricots, fèves, pommes de terre, etc.

Votre très humble serviteur,
F. Urbain.

Vient enfin le temps de la cueillette, et voici ce que Dom Augustin, lui-même, écrit au même M. Ballet :

14 juillet 1796.

Monsieur et vénérable Curé,

J'ai l'honneur de vous envoyer la dîme et les prémices des productions de notre désert.

C'est la portion la plus présentable de ce que nous avons pu recueillir.

C'est un véritable dessert à la Trappiste ; mais, puisque vous recevez tous les jours des religieux de notre Ordre à votre table, il est bien juste qu'ils essaient à leur manière de vous témoigner leur reconnaissance.

Les anciens solitaires [1] offraient à leurs hôtes des fruits sauvages parce qu'ils n'avaient rien de mieux ; nous faisons de même, etc.

P. Augustin, Abbé quoique indigne, etc.

On ne saurait, du reste, s'imaginer à quels âpres labeurs s'astreignaient ces incomparables ouvriers [2].

Menacés par un torrent qu'à chaque orage les pluies font déborder, ils mettent aussitôt la main à la bêche, et, en moins de rien, ils l'ont encaissé, pavé et digué ; on s'en souvient encore à Saint-Brancher.

Autre lettre de Dom Augustin :

La Sainte-Volonté-de-Dieu.

Monsieur le Curé,

Nous avons préparé un grand terrain pour y semer des raves ; mais nous nous sommes trouvés à court de graines, Pourriez-vous nous en céder ? Si vous en aviez et que vous vouliez bien, comme je n'en doute pas, nous rendre ce nouveau service, je vous prie de les remettre au porteur de la présente.

---

[1] Au moment où saint Bernard et ses disciples entreprenaient ces défrichements qui devinrent la source de tant de richesses, leur nourriture ne consistait guère qu'en fruits sauvages. On leur servait en été des plats de feuilles de hêtre ; en hiver, des racines et des herbes venues naturellement à l'abri des forêts ; leur plus grand régal était de manger des haricots. *(Etude historique sur l'Abbaye de Sept-Fons.)*

[2] Combien de personnes feignent encore d'ignorer que ce sont les moines qui ont défriché l'Europe ! Ce sont eux cependant qui, la croix à la main, entreprirent tous ces gigantesques travaux. « On les vit « transformer et rendre fertiles, Dieu sait à quel prix, d'immenses « espaces occupés par les bruyères, les marais et les ajoncs. En France, « en Angleterre, en Allemagne, leurs colonies devinrent le berceau d'un « grand nombre de villes, foyers de la civilisation moderne. A la vue des « coteaux riants et des plaines couvertes de riches moissons, combien « ne voient pas l'humble et vaillant cénobite qui donna le premier coup « de bêche, le premier coup de pioche, dont les échos se prolongent « jusqu'à ce jour. »

Le temps le permettait-il ? C'est à pied que le Révérend Père Abbé accomplissait le fatigant voyage de Saint-Brancher à Martigny et à Saint-Maurice [1] ; mais lorsque les routes devenaient décidément impraticables, c'est encore à l'obligeance de son ami le Curé qu'il recourait. — Voyez plutôt :

Monsieur le Curé,

En attendant que j'aille moi-même vous remercier, agréez mille actions de grâces d'avoir bien voulu me prêter votre jument. J'en ai eu tout le soin possible. Je vous avertis cependant de ne plus vous servir de la selle avant de la faire raccommoder, car elle blesse l'animal. Je l'aurais bien fait réparer moi-même, mais j'ai craint de ne pas le faire à votre gré : je l'ai seulement fait retoucher.

En passant à Saint-Maurice, j'ai vu Monseigneur l'Evêque du Puy [2].

Veut-on pénétrer plus avant encore dans l'intimité des relations que les Pères de la Trappe entretenaient avec leur bienveillant voisin ? Qu'on lise la lettre suivante ; de même que les précédentes, elle est absolument inédite :

---

[1] L'aménagement de ses deux monastères obligeait Dom Augustin à multiplier ses voyages en Valais.

[2] « Monseigneur l'évêque du Puy, qui est un prélat d'un rare mérite et d'une « prestance fort distinguée », relatent les mémoires du chanoine de Rivaz, reçoit depuis quelque temps l'hospitalité de l'Abbaye de Saint-Maurice.

« Accompagné de son Grand-Vicaire, il est venu faire visite à Monseigneur de Sion, qui lui a donné à dîner.

« Il a témoigné à l'Evêque toute sa reconnaissance de la protection que Sa Grandeur accorde aux prêtres français émigrés. Il a aussi fait visite à M. le Grand-Doyen, à M. le Bourgmestre et à M. le Curé. — En retour de mon dévouement à ces infortunés ecclésiastiques, il m'a pareillement honoré de sa visite.

« L'Evêque est reparti hier accompagné d'une cinquantaine de prêtres français qui lui ont fait cortège jusqu'au pont de la Morge. »

Monsieur le Curé,

Je vous suis on ne peut plus reconnaissant des bontés sans nombre dont vous m'avez comblé et en particulier des honnêtetés que j'ai reçues pendant le temps que j'ai demeuré chez vous. Mais c'est surtout de la bienveillance avec laquelle vous avez accueilli et gardé chez vous mes sœurs [1] pendant longtemps, que je veux vous remercier. Je désirerais vous témoigner combien je suis sensible à toutes ces attentions et n'ai rien à vous offrir qu'un exemplaire de nos Règlements [2]. La reliure ne correspond pas sans doute à nos sentiments de gratitude et au respect profond que je vous porte. Néanmoins, je me flatte que vous aurez pour agréable ce petit présent, quoiqu'il soit marqué au coin de notre pauvreté.

N'oublions pas non plus de rappeler que, dans le courant du mois d'août 1796, Mgr l'Evêque de Sion, alors en tournée pastorale, daignait honorer de sa précieuse visite le monastère de la Sainte-Volonté-de-Dieu, auquel, peu de temps auparavant, Sa Grandeur avait renouvelé la confirmation de ses privilèges [3].

CHAPPAZ, *avocat*.

---

[1] Mme S. Bernard de Lestranges, qui avait été pendant trente ans religieuse chez les Bénédictines de Saint-Pierre-de-Sion, et sa sœur Marie de Lestranges. *(Note de M. le curé Ballet.)*

[2] On conserve religieusement au Grand-Saint-Bernard ce souvenir de Dom Augustin.

[3] Voici le texte de la lettre par laquelle le Père Abbé avait sollicité cette faveur : « Les privilèges des Souverains-Pontifes exemptent, comme Votre Grandeur ne l'ignore pas, nos monastères de la juridiction de l'Ordinaire. Cependant, pour lui témoigner le respect profond que nous avons pour elle et combien nous sommes jaloux de toutes les marques de protection qu'elle voudra bien nous donner, j'ose la prier de vouloir bien confirmer ces privilèges, etc. » *(Archives de l'Evêché.)*

V

Dans la nuit du 29 avril 1796, Mme Louise-Adélaïde de Bourbon-Condé [1], qu'accompagnaient M. l'abbé Louis-Armand Le Juge de Bouzonville, son aumônier, la Sœur Aimée, religieuse Ursuline, et un domestique, arrivait à Saint-Brancher et descendait dans l'unique auberge de la localité.

L'approche des troupes françaises avait contraint son Altesse de quitter Turin et, le jour même, elle avait franchi le Grand Saint-Bernard.

Depuis longtemps déjà, la princesse avait formé le dessein de se vouer entièrement à la vie religieuse, et, comme elle n'était pas sans avoir entendu parler des monastères de Dom Augustin, elle s'était décidée à passer quelques jours à Saint-Brancher [2].

Informé de ses intentions, M. le curé Ballet s'était empressé de lui offrir le plus bel appartement de son presbytère et la princesse en avait aussitôt écrit au prince de Condé, son père :

Arrivée ici vendredi au soir (par conséquent le 29 avril) et descendue dans une assez mauvaise auberge, je croyais devoir passer outre, ne croyant pas qu'il y eût manière de se pouvoir

---

[1] *Louise-Adélaïde de Bourbon-Condé* (1757-1824), fille de *Louis-Joseph de Bourbon*, prince de Condé, s'était de bonne heure distinguée par sa piété. Diverses circonstances s'étant opposées à son mariage avec le comte d'Artois, depuis Charles X, elle fut élue abbesse de Remiremont (Vosges). Ce monastère — coïncidence singulière — avait été fondé par un religieux de l'Abbaye de Saint-Maurice, saint Amé, celui-là même qui érigea le sanctuaire de *Notre-Dame du Scex*.

[2] « Les succès et l'approche des patriotes (lettre du 24 avril 1796) me déterminent à quitter Turin et à gagner le côté de la Suisse qui

loger; le samedi matin, je sus cependant que cette possibilité existait chez le Curé qui, fort obligeamment me fit offrir d'assez jolies chambres... Si vous avez la bonté de m'écrire, vous pourriez adresser vos lettres directement à Mme d'Erken (c'est le nom qu'elle prit dans ce voyage), à Saint-Brancher, près Martigny (Valais) ou, pour plus grande sûreté, mettez une seconde enveloppe à M. l'abbé de Lazaris [1], à Martigny.

Mais, contrairement à ce qu'avait espéré la princesse, le bâtiment destiné aux religieuses n'était pas achevé à beaucoup près. Aussi, dans une lettre qu'elle adresse à Sa Majesté la reine de Sardaigne [2], en parle-t-elle en ces termes : « On commence à élever le mur de clôture d'une « espèce de petite bicoque qui doit devenir le premier « monastère des religieuses Trappistines. — L'établissement « n'en est que là. »

Le séjour de la princesse à Saint-Brancher se prolongea pendant près d'un mois et, comme on aurait pu y voir une portée politique, le prudent M. Ballet n'avait pas manqué d'en informer l'Evêque du diocèse, qui lui avait aussitôt fait répondre [3] :

Sion, 2 mai 1796.

Vous pouvez être assuré que les chefs de l'Etat désirent avec vous que les Illustres Personnes dont vous nous parlez, trouvent un asile assuré et qu'elles soient traitées avec les égards qui leur sont dus.

Je dois seulement vous faire remarquer que M. de Bouzonville est prié de se conformer au rit romain, particulièrement pour la

---

l'avoisine le plus... Je pars donc et vais me rendre d'une manière sûre dans le Valais, car la princesse de Piémont me donne un guide pour la montagne. »

[1] M. le doyen de *Lazaris* était chargé des affaires du roi de Sardaigne dans notre canton.

[2] *Marie-Clotilde,* sœur de Louis XVI.

[3] Archives de la Cure de Saint-Brancher.

Messe, au cas où il serait intentionné de continuer son séjour dans le diocèse.

J'ai l'honneur, etc.   VALLERAN, a Sacris.

Sur la fin du mois de mai, Mme de Condé quitta Saint-Brancher pour se rendre à Saint-Maurice [1] et, à peine arrivée, elle écrit à son père « qu'elle habite maintenant la « petite ville de Saint-Maurice, à cinq lieues de Saint-« Brancher et qu'elle y a trouvé un petit logement qui, « étant solitaire et rapproché de l'église, lui convient fort... « C'est un émigré qui a bien voulu le lui céder. »

Toujours au fait des événements, M. le chanoine de Rivaz s'empresse de signaler l'arrivée de la princesse : « On dit que la princesse Louise, fille du prince de Condé, « que la descente des Français en Piémont vient de chasser « de Turin [2], réside en ce moment à Saint-Maurice, chez « le curé [3], où elle garde le plus strict incognito et où elle « vit en sainte. »

Le 30 mai, la princesse écrit encore à son père et, sous date du 2 juin, elle adresse à son aumônier, qui était parti pour Fribourg, une lettre dont il me paraît intéressant de détacher les passages suivants :

On m'a annoncé hier la visite du Bailli et du Châtelain [4], et j'ai dit que je les verrai.

Si vous voulez une petite nouvelle politique, je vous dirai qu'à la Diète du Valais, il ne s'est rien passé contre les émigrés.

Nous avons été hier aux Capucins, nous y allons encore aujourd'hui et, demain matin, nous y retournerons.

---

[1] Ce fut M. Félix Piota, père de M. le commandant Charles Piota, de Martigny, qui y conduisit la princesse.

[2] *Vallesium episcopale.*

[3] M. le chanoine Emmanuel *Gard*, de Bagnes.

[4] MM. Léopold de *Sépibus*, capitaine du dixain de Rarogne, et Jacques-François de *Quartéry*.

Le 19 juin, la princesse n'a pas encore quitté Saint-Maurice et, le même jour, écrivant à son frère le duc de Bourbon [1], elle lui annonce qu'elle est absolument décidée à se consacrer pour toujours au service de Dieu, sans que « cette résolution altère le moins du monde les tendres, « bien tendres sentiments qui l'attachent à sa famille ».

Tout en reconnaissant que la vocation de sa pénitente l'appelait à la vie religieuse, M. de Bouzonville n'entendait nullement que Mme de Condé entrât à la Trappe [2]. Aussi s'efforçait-il de l'amener à partir pour Augsbourg où de jeunes ecclésiastiques français — M. l'abbé de Broglie en tête — se proposaient de fonder un établissement en l'honneur du Sacré-Cœur.

« Le projet de la princesse d'entrer à la Trappe n'aboutit « pas pour lors, relate à ce propos l'annaliste valaisan [3]. « Mme de Condé, en effet, alla peu après rejoindre son père, « et elle est en ce moment en Allemagne — je ne sais où. »

Nous laisserons un instant la noble fille des Condé poursuivre ses voyages et nous remonterons, pour nous arrêter au monastère de la Sainte-Volonté-de-Dieu, les gorges tortueuses de l'Entremont.

VI

A peine venaient-ils de s'installer à la Valsainte que, comprenant toute l'importance de l'éducation de la jeunesse, les Pères de la Trappe ouvraient aux enfants les portes de leur monastère et que déjà Dom Augustin entretenait du

---

[1] Louis-Henri-Joseph de *Bourbon,* duc de Bourbon et le dernier des princes de Condé (1756-1830).
[2] *Il prétend que cela me tuerait.* — (Correspondance de la princesse.)
[3] *Vallesium episcopale.*

fond de la Gruyère une correspondance des plus actives avec son futur ami, le curé de Saint-Brancher. La lettre suivante contient à ce sujet quelques détails édifiants :

Abbaye de la Valsainte (Fribourg).

Monsieur le Curé,

Toute espèce de recommandation sera toujours bien reçue de moi quand il sera question de mettre un enfant à l'abri du monde ; mais une recommandation aussi puissante que la vôtre ne peut qu'augmenter de beaucoup notre zèle.

Aussi, Monsieur le Curé, ne doutez pas que je ne prenne tous les soins possibles des jeunes enfants [1] en faveur desquels vous avez bien voulu m'écrire. — Leurs parents nous ont fait espérer que nous pourrions bien être honorés de votre visite et nous regarderions cela comme un très grand bonheur.

Quoi qu'il en soit, je me réjouis d'avoir pu trouver l'occasion de vous témoigner combien je suis pénétré de reconnaissance pour l'hospitalité que vous avez bien voulu exercer envers nos frères qui allaient en Piémont [2].

Mais aussitôt que la nouvelle de l'arrivée de Dom Augustin en Valais se fut répandue, il ne se passait pas de jours qu'on n'amenât à Saint-Brancher des enfants que, la plupart du temps, les Pères étaient condamnés à renvoyer, faute de place. « Nous ne savons plus où les coucher », s'écriait Dom Urbain.

L'insistance des parents était telle que M. le curé Ballet

---

[1] Malgré toutes mes recherches, il m'a été impossible de reconstituer l'état nominatif des nombreux enfants de l'Entremont qui entrèrent chez les Pères de la Trappe.

[2] Au commencement de 1794, Dom Augustin s'était décidé à fonder une Trappe en Piémont, et il y envoya Dom François de Sales avec deux autres religieux.

s'en déclarait émerveillé [1]. « Ce qu'il y a d'inconcevable, « écrivait-il à Mgr Blatter, c'est que, pendant que certaines « gens voudraient refuser aux Pères même le bois dont ils « ont besoin, on leur amène en foule des enfants à nourrir « et à élever [2]. »

Le billet suivant [3] nous permettra, du reste, de juger du degré d'affection que portaient à leurs élèves ces austères éducateurs :

La Sainte-Volonté-de-Dieu.

Monsieur le Curé,

J'ai oublié hier de vous demander quelques poignées de ce chanvre que vous donnez à votre canari : c'est pour faire un remède à l'un de nos chers enfants. Je me permets de prendre cette liberté, parce que je ne sais comment me procurer cette graine.

Voudriez-vous en donner au porteur de la présente ? J'en aurais toute reconnaissance ainsi que de tant d'autres services que vous ne cessez de nous rendre.

J'ai l'honneur d'être, etc. F. Augustin.

Aussi, lors de leur départ pour la Russie — nous ne tarderons pas à en parler — un très grand nombre d'enfants se refusèrent [4] à abandonner les Pères et voulurent à tout prix les suivre dans ce lointain voyage.

A cette occasion, Gaillardin rapporte un trait que tout Valaisan doit connaître [5] :

---

[1] Si, comme le prétendait l'orateur de Romans, l'anticléricalisme n'est pas un article d'exportation, nous connaissons pas mal de gens qui n'admettent pas davantage que cette marchandise de pacotille soit destinée à faire le bonheur de l'enfance.
[2] Archives de l'Evêché.
[3] Archives de la Cure de Saint-Brancher.
[4] Dom Augustin avait informé les familles de son prochain départ.
[5] *Histoire de la Trappe.*

Un habitant du Valais était déjà venu plusieurs fois pour reprendre son fils et ses démarches avaient été inutiles.

L'enfant n'avait que dix ans ; mais il se plaisait si fort dans la société des religieux qu'il ne voulait pas les quitter.

Cependant le père fit une dernière tentative et il n'omit aucune des raisons qui pouvaient faire fléchir une volonté contraire à cet âge. Mais l'enfant de répondre énergiquement : « Je ne veux « pas partir ; je veux rester ici avec les Pères. — Mais les Pères « s'en vont. — Eh bien, je les suivrai. — Mais ils vont trop « loin, tu ne pourrais pas faire un aussi long voyage. »

Et l'enfant d'insister et de démontrer par beaucoup de bonnes raisons que ses forces étaient suffisantes.

A la fin, le père fatigué lui dit en colère : « Fais donc comme « tu voudras ; je ne suis plus ton père. »

Très sensible à ce cruel reproche, l'enfant resta quelques instants absorbé dans sa douleur et parut vaincu. Mais, ranimant dans la foi sa première résolution, il saisit le petit crucifix qu'il portait sur sa poitrine et, le montrant à celui qui le menaçait de ne plus l'aimer : « Si vous ne voulez plus être mon père, dit-il, « voici celui qui le sera. »

Déconcerté par cette réponse, cet homme n'eut pas la force de le presser davantage et se retira en admirant l'œuvre de la grâce.

Ajoutons cependant que la mère, qui n'avait point été témoin de cette scène et dont l'affection n'entendait pas raison, fit enlever son enfant.

VII

Ainsi que nous l'avons dit, Mme de Condé, cédant aux instances de son aumônier, s'était mise en route pour l'Allemagne ; mais la marche des armées françaises, là aussi, avait été si rapide que force lui avait été de pousser jusqu'à Vienne.

Si je ne craignais de m'écarter de mon sujet, je ne résisterais pas au plaisir de reproduire ici les appréciations singulièrement remarquables de la princesse sur la capitale de l'Autriche.

Mais, pour la suite de ce récit, il suffira de constater qu'il n'eût guère été facile à la pieuse voyageuse de suivre sa vocation dans un pays :

« Où, comme elle nous l'apprend, l'on avait détruit tous
« les couvents, sauf ceux qui n'avaient pas d'autre but que
« l'éducation des jeunes personnes élevées pour le monde;

« Où les agissements de l'empereur Joseph avaient forcé
« les maisons conservées à faiblir sur beaucoup de points,
« sans quoi elles eussent été supprimées comme les
« autres, et

« Où l'état de la religion était tel qu'à peine y avait-il un
« assez grand nombre de prêtres, et que, peut-être, ce
« nombre était-il encore trop grand. »

Aussi la princesse expose-t-elle à sa royale cousine de Sardaigne qu'il ne lui reste que deux partis à prendre : se retirer aux Annonciades de Turin, ou partir pour le Valais et entrer à la Trappe de Saint-Brancher « où, à la misère près, le monastère paraît prendre une assez bonne tournure. »

Quelques jours après, écrivant à Mme de Vibray, elle laisse échapper ce cri du cœur :

Sachez donc, et ne vous récriez pas comme les gens du monde, que mon vœu le plus intime, le plus réel et le plus constant est d'embrasser l'étroite et stricte observance de Cîteaux dans l'Ordre de la Trappe.

Peut-être ne saviez-vous pas encore que l'on a commencé d'établir à Saint-Brancher un monastère de filles.

Tandis que j'étais l'année dernière en Valais, on travaillait au mur de clôture de ce couvent, tout auprès de l'endroit où j'habitais, et je savais déjà quel était le projet du Révérend Père Abbé de la Valsainte.

Eh bien, je vous avoue que je brûlais du désir d'y entrer une des premières !

Après cela, ne nous étonnons pas que, dans la seconde quinzaine de septembre, M. de Rivaz ait complété ses mémoires par l'annotation dont voici la teneur : « La « princesse de Condé vient d'entrer à la Trappe de Saint-« Brancher en qualité de postulante, se dévouant ainsi, « victime innocente, pour le salut de la France et de son « auguste famille. »

Le 28 juillet 1797, en effet, la princesse, que le monde avait connue sous le nom de Louise-Adélaïde de Bourbon-Condé, avait mandé à son aumônier « qu'elle avait sollicité « la grâce de prendre le dimanche suivant, avec quelques-« unes de ses sœurs, le saint habit de l'Ordre et que cette « faveur lui avait été accordée. »

Notons que, peu auparavant, la supérieure du monastère des Trappistines, Mme de Chabannes [1], s'y était installée avec les sœurs de Dom Augustin, cinq autres religieuses et deux jeunes élèves.

Veut-on maintenant savoir comment s'accommodait de l'austère régime de la Trappe la délicate princesse ?

C'est Sœur Marie-Joseph, elle-même, qui va nous renseigner :

Je me porte bien [2], je mange et dors bien ; j'ai faim justement ce qu'il faut pour dîner, et je suis tout étonnée de m'être crue si longtemps obligée de déjeuner et de souper.

Quant aux *fricassées*, je les trouve très bonnes ; elles ne sont point malsaines et ceux qui en disent du mal font des calomnies.

Dans une autre lettre que, peu après, elle expédie à

---

[1] Née en Gascogne de parents nobles et riches, elle avait reçu une brillante éducation qui lui eût assuré l'estime et l'admiration de la haute société. Mais elle préféra embrasser la vie monastique dans l'Abbaye de Saint-Antoine, à Paris, et, expatriée par la Révolution, elle contribua beaucoup par ses instances auprès de Dom Augustin à la fondation des Trappistines. *(Histoire de la Trappe.)*

[2] Lettre du 28 septembre 1797 à M. l'abbé de Bouzonville.

l'archiduchesse Marianne, Sœur Marie-Joseph exprime également, avec de véritables cris de joie, tout le bonheur qu'elle éprouve à Saint-Brancher :

Ah ! Madame, quel bon air on respire à la Trappe et comme tout y rappelle, à chaque instant, le but pour lequel on y est venu.

La journée est si bien réglée qu'elle ne paraît qu'un instant ; on n'y peut connaître l'ennui et, pour ce qui est de cette austérité que l'on croit si repoussante, je ne sais où la trouver ; il me semble que j'ai toutes mes aises.

Le silence, le recueillement et la paix sont ce que je trouve de plus touchant dans cette maison si *régulière* et si *fervente* !

Tel était le jugement que portait sur les religieuses, ses sœurs, la très perspicace princesse et, pour que l'on ait sous les yeux un tableau complet de l'intérieur du monastère, nous continuerons à compulser sa correspondance :

Quarante à cinquante personnes, tant religieuses qu'enfants, élevées dans la piété, occupent cette petite maison, dont les quatre murailles sont partagées dans l'intérieur par des planches de sapin qui forment les principaux lieux réguliers du couvent, entre autres, le chœur.

Mais on y est tellement pressé et à l'étroit que bientôt il sera impossible de s'y retourner et d'y faire l'office d'une manière convenable. Une grille sépare d'un autel — le plus pauvre possible — et cette sorte de chapelle a au moins l'avantage de rappeler celle de Bethléem.

Tout cela, il est vrai, convient parfaitement aux saintes religieuses qui habitent ce lieu et l'on est loin de se plaindre pour soi ; mais ce qui est infiniment plus pénible, c'est de se voir au moment de refuser les postulantes qui se présentent en si grand nombre.

Non seulement ce qu'on nomme le dortoir est rempli, mais déjà des tables du réfectoire servent de lits.

Tout le monde a un air de santé, et, quant au moral, tant de régularité, de ferveur et de recueillement vous toucheraient !

Avec quelle ardeur ne chante-t-on pas le jour et une partie de la nuit les louanges de ce Dieu si offensé et si outragé dans notre malheureux siècle.

Et que l'on ne dise pas que les âmes occupées à la prière sont inutiles, comme le prétendent les coupables philosophes de nos jours; Moïse, implorant le Seigneur, les bras tendus sur la montagne, était-il donc inutile aux Israélites ?

VIII

Mais il était dit que Trappistes et Trappistines ne jouiraient pas longtemps de notre modeste hospitalité.

Les troupes du Directoire, en effet, se disposaient à envahir la Suisse et n'auraient certes pas respecté sur la terre étrangère cette religion que la Révolution croyait avoir à tout jamais bannie de France.

Il fallait se résigner à fuir pour la seconde fois!

Aussi, dès le lendemain des fêtes de Noël, Dom Augustin se transportait à Saint-Brancher et, après en avoir délibéré longuement avec le prieur Dom Urbain, il signifiait aux deux communautés qu'à raison des circonstances les Trappistes iraient chercher un asile en Russie!

A partir de ce moment [1], les austérités se multiplièrent dans les monastères et minuit n'avait pas sonné que la cloche appelait les religieux à la chapelle.

Enveloppés dans leurs manteaux blancs, la tête couverte et baissée, semblables à des apparitions, les fils de saint Bernard conjurent le Tout-Puissant de les soutenir dans le formidable voyage qu'ils vont entreprendre.

Si, de prime abord, la résolution du Père Abbé est faite pour nous surprendre, on comprend cependant qu'il ne pouvait songer à augmenter le personnel de ses monastères de Piémont, d'Espagne et de Westphalie, d'autant moins

---

[1] Note de M. le curé Ballet.

que la guerre, on ne l'ignore pas, menaçait d'éclater sur tous les points à la fois de la vieille Europe.

Une autre considération, du reste, avait achevé de déterminer Dom Augustin.

En 1782 [1], le grand-duc Paul de Russie, voyageant sous le nom de *Comte du Nord,* avait été accueilli à Chantilly avec le magnifique éclat qui distinguait les fêtes des princes de Condé.

Le futur empereur avait eu ainsi l'occasion de voir et d'admirer [2] la princesse Louise-Adélaïde, et, sur le désir de son supérieur, Sœur Marie-Joseph s'était hâtée de lui demander un asile pour ses frères et sœurs en Jésus-Christ.

« Je supplie le Comte du Nord, avait-elle écrit, d'inter-
« céder pour nous auprès de l'empereur Paul. »

Mais, en attendant la réponse du tzar, les événements s'aggravaient, et il devenait urgent d'assurer au plus tôt la retraite des religieux.

A défaut d'autres documents, ce sera encore à la correspondance de la princesse que nous emprunterons les indications que nous transcrivons [3] :

Nous sommes parties hier matin en char à bancs ; le bon Dieu avait fait cesser le grand froid.

Nous avons été ainsi jusqu'à Martigny ; le Rév. Père Abbé nous accompagnait à pied dans les boues et les crottes.

A Martigny, nous avons trouvé de belles berlines, où nous sommes plutôt en princesses qu'en Trappistines.

Le Révérendissime Père nous a accompagnées jusqu'à Bex, où nous avons couché. Il a eu tous les soins pour nous, tant pour notre manger que pour nos *couvertures* (car de lits, vous savez bien qu'il n'en est pas question).

Le matin, nous sommes reparties, toujours dans nos bonnes voitures, et, un peu avant Vevey, le Père Abbé nous a quittées

---

[1] *Vie de la princesse de Condé.*
[2] *Histoire de la Trappe.*
[3] Lettre du 20 janvier 1798.

à notre grand regret. — A l'auberge, il nous avait remises entre les mains du Père Benoît, sous-prieur de la Valsainte.

A cette lettre qu'elle dédiait à son ancien aumônier, M. de Bouzonville, Sœur Marie-Joseph ajoute de Moudon le *post-scriptum* suivant :

Jusqu'ici tout va à merveille, et le bon Dieu qui ne cesse de nous traiter en enfants gâtées, nous a donné aujourd'hui, pour ranimer notre courage, une vraie journée de printemps : un soleil sans nuage, un ciel magnifique, un temps doux et presque chaud.

Quant aux religieux, ils rejoignirent par petits groupes leurs frères de la Valsainte et, resté seul, à Saint-Brancher, avec un Frère convers, Dom Urbain s'occupa de réaliser de son mieux la petite fortune de la communauté. — Voici le texte d'un acte que, dans cette occurrence, il fut appelé à rédiger :

Moi, Prieur du Monastère de la Sainte-Volonté-de-Dieu, de l'Ordre de Cîteaux, de la réforme de la Trappe en Bas-Valais, reconnais avoir vendu à M. le Banneret Dallèves et à M. le Banneret Luder, de Saint-Brancher tous les deux, la possession de l'*Ile Bernard* avec ses bâtiments, soit tout ce que j'ai acheté de M. le Banneret Luder et de la communauté de Vollèges [1], ainsi que le pont, le puits et toutes dépendances, excepté cependant la moitié du vieux raccard [2] que j'ai vendu à Joseph Maret.

Enfin, je vends tout ce que je puis avoir de droit à la dite possession et tout ce qui fait partie de la maison pour le prix de cent louis d'or payables *ce soir ou demain matin* avant mon départ. — J'y joins aussi le bois [3] que j'ai acheté de la communauté

---

[1] Acte du 22 septembre 1796, reçu par M. Pierre-François-Bruno Luder.
[2] Grange à blé.
[3] On voit dans les comptes de Jean *Hiroz*, de Vollèges, que, peu de temps auparavant, les Pères avaient acheté aux enchères une certaine quantité de bois.

de Vollèges pour la somme de quatre louis et demi payables au même terme.

Pour foi, à Saint-Brancher, le 16 février 1798.

Au nom de l'Abbé de la Valsainte,
F. Urbain.

Le lendemain matin, 17 février, un acte authentique [1], stipulé à Martigny-Bourg, à l'auberge des Trois-Couronnes, venait confirmer cette vente, et le Père Urbain quittait le Valais pour toujours.

Voies admirables de la Providence !

La plupart des religieux et des religieuses qu'avaient abrités les cloîtres de Saint-Brancher se distinguèrent par la suite et rendirent à leur Ordre les services les plus signalés.

C'est ainsi qu'après avoir jeté en Amérique les fondements de plusieurs établissements, Dom Urbain, dont nous venons de citer le nom, fut appelé aux fonctions de supérieur du monastère de Bellefontaine (Vendée).

C'est ainsi encore, et nous n'étendrons pas davantage cette énumération, que Mme de Chabannes, supérieure des religieuses de St-Brancher, fondait en Angleterre le couvent de Notre-Dame de Stape-Hill (diocèse de Northampthon).

Quant à la princesse de Condé, il ne devait pas lui être permis de continuer à la Trappe le noviciat qu'elle y avait si pieusement commencé. Mais, toujours fidèle à sa vocation religieuse, elle établissait, à Paris, dès la rentrée des Bourbons, l'Ordre de l'*Adoration perpétuelle*.

---

[1] Reçu par M. le notaire Emmanuel Gay.

IX

Les desseins de Dieu réservaient à Dom Augustin une nouvelle et terrible épreuve.

A peine, en effet, venait-il, à travers des difficultés sans nombre, de pénétrer en Russie, que le tzar, vaincu à Zurich par les troupes de Masséna, rendait un ukase enjoignant à tous les Français émigrés — la princesse de Condé avait déjà quitté les religieuses ses sœurs — d'avoir à se retirer de ses Etats.

Compris dans cette proscription, les Trappistes reprirent sans murmurer leur bâton de pèlerins !

Après avoir assez longtemps erré dans le nord de l'Allemagne et avoir même poussé jusqu'en Angleterre, Dom Augustin, que rien ne pouvait faire dévier de ses résolutions, s'empressa de profiter, pour revenir en Suisse, du répit relatif que lui accordaient les événements.

Dans les premiers jours de mai 1803, nous apprend Gaillardin, il réussissait à s'installer à nouveau dans son cher couvent de la Valsainte avec 87 religieux, tandis qu'il établissait les Trappistines à Villarvollard où « elles font aussitôt revivre la ferveur dont Saint-Brancher avait eu les prémices. »

Mais Dom Augustin n'avait pas oublié le Valais et, au mois de novembre 1802 déjà, il avait demandé au gouvernement la confirmation du permis d'établissement qu'il avait obtenu en 1795. Voici le texte du message [1] qu'à cette occasion le Conseil d'Etat avait aussitôt fait parvenir aux membres de la Diète :

---

[1] Archives de l'Etat du Valais.

Sion, le 16 décembre 1802.

Le Conseil d'Etat

Au Révérendissime Evêque et aux autres membres de la Diète.

Le Révérendissime Abbé de Notre-Dame de la Trappe nous a manifesté, par une lettre du 20 novembre, le désir d'obtenir la confirmation du privilège à lui accordé par l'Etat en 1795, d'établir une branche de son Ordre dans le territoire de notre République.

En conséquence, nous avons l'honneur de vous transmettre sa requête avec un projet de décret que nous soumettons à la sagesse de votre décision [1], etc.

---

[1] Aux termes de l'art. 38 de la Constitution de 1802, le Conseil d'Etat avait la faculté de consulter les représentants du pays — en dehors, bien entendu, des sessions réglementaires — par voie de circulaire et, dans le cas donné, c'est le mode que l'on avait adopté.

Les réponses des députés ne se firent pas attendre et, dans sa séance du 18 janvier 1803, le Conseil d'Etat constatait que trois votes différents avaient été émis :

a) Certains membres de la Diète demandaient le renvoi de l'affaire à la session de mai, et c'étaient MM. Duc, père, Jacquier, de Riedmatten, Duc, fils, Ducrey, Gross, Joris, Vaudan, Darbellay et Bruchez.

b) Les seconds adhéraient purement et simplement à la requête de Dom Augustin, et c'étaient MM. Sigristen, de Sépibus, Deschallen, Andenmatten, Roten, Matter, Allet, le Révérendissime Evêque, de Nucé, Chappelet, Devanthéry, du Fay, Dufour et Morand.

c) Les derniers acceptaient également le projet du Conseil d'Etat, mais en y mettant une condition, à savoir que les Pères ne pourraient acheter que des terrains incultes. C'étaient MM. Rey, Taffiner, Wegner, Walter, Bonivini, Tabin et Maître.

Mais comme dans leur requête les Trappistes ne demandaient pas autre chose, cette condition n'en était pas une et le Conseil d'Etat leur en donna acte.

Ainsi qu'on l'aura du reste supposé, Dom Augustin n'avait pas non plus manqué d'entretenir de ses projets l'Evêque du diocèse, et, sous date du 16 mai 1803, notamment, il adressait à Sa Grandeur une lettre qui devait être l'une des dernières [1].

Monseigneur,

De retour d'un voyage de 800 lieues et qui a duré bien des mois, je m'empresse d'adresser à Votre Grandeur les remerciements que je lui dois pour le zèle qu'elle a bien voulu témoigner en faveur du renouvellement de notre établissement en Valais.

Je serais d'autant plus pressé de le voir commencer que beaucoup de jeunes gens de votre diocèse, Monseigneur, me sont présentés et qu'il m'est impossible d'en recevoir un plus grand nombre à la Valsainte.

Mais je ne vois pas comment cet établissement pourra avoir lieu si Votre Grandeur ne consent à nous céder Géronde [2], etc.

---

[1] Archives de l'Evêché.

[2] En 1331, Géronde était un prieuré appartenant à l'Abbaye d'Abondance (Haute-Savoie), et, dans le courant de cette année, Aymon de la Tour, évêque de Sion, qui voulait attirer les Chartreux dans son diocèse, songea à les établir à Géronde. Après pas mal de négociations, l'Abbé d'Abondance céda ce prieuré à l'Evêque qui lui donna en échange l'église de Val d'Illiez.

La Charte de fondation de la nouvelle Chartreuse fut donnée le 19 janvier 1331, et les fils de saint Bruno s'y établirent bientôt après ; mais les guerres et les dissensions qui agitaient notre République à cette époque ne leur permirent pas d'y séjourner bien longtemps.

En 1349, le Chapitre général de l'Ordre, craignant pour la sécurité de ses religieux, les rappela de Géronde et confia provisoirement la garde du monastère à Jean, seigneur d'Anniviers, qui s'était toujours montré l'ami dévoué des Chartreux.

En 1427, sur la demande de l'Evêque de Sion, les Chartreux renoncèrent définitivement à Géronde, qu'ils n'habitaient plus depuis près de quatre-vingts ans, et le Chef du diocèse y installa des Carmes.

Après ceux-ci, vers 1620, les Jésuites vinrent aussi s'établir à Géronde qu'ils quittèrent en 1662 pour aller se fixer à Brigue.

Plus tard, en 1734, Mgr J.-Joseph Blatter, évêque de Sion, y installa son Séminaire diocésain.

Le fait est que, le 1ᵉʳ février 1804, les religieux de Dom Augustin prenaient possession de l'antique monastère de Géronde ; mais, par suite de diverses circonstances, cet établissement ne devait avoir que la courte durée de deux ans.

En 1831, nous retrouverons à Géronde les Trappistes du Val-Sainte-Marie, auxquels nous avons déjà eu l'occasion de faire allusion, et ce sera la dernière page de cette étude.

Mais qu'est-il donc advenu de ces monastères de Saint-Brancher au sujet desquels la princesse de Condé avait pu s'écrier : « Ces lieux sont véritablement saints et Dieu habite ici ? »

Hélas ! je l'ai dit en commençant, de lamentables ruines.

Mais la mémoire des saints ne saurait périr, et, avant qu'il soit longtemps, je l'espère, une chapelle viendra rappeler leurs héroïques vertus.

Notre-Dame de l'Ile Bernard, priez pour nous !

Telle est l'invocation — tous les monastères de la Trappe en portent une semblable — que nous y graverons dans le granit du pays.

Légion sont les ecclésiastiques et les laïques qui ont bien voulu m'aider à réunir les documents nécessaires à ce travail et, sans que je fasse ici l'appel de leurs noms, je me permets de leur adresser l'expression de toute ma gratitude.

ÉTUDE

SUR

UN BON PASTEUR

AVEC UNE

NOTICE HISTORIQUE

SUR

SAINT-MAURICE D'AGAUNE

ÉTUDE

SUR

UN BON PASTEUR ET UN AMBON

DE

L'ANTIQUE MONASTÈRE D'AGAUNE

AVEC UNE

NOTICE HISTORIQUE

SUR

SAINT-MAURICE D'AGAUNE

PAR

PIERRE BOURBAN

CHANOINE DE L'ABBAYE DE SAINT-MAURICE

FRIBOURG

IMPRIMERIE ET LIBRAIRIE DE L'ŒUVRE DE SAINT-PAUL
259, RUE MORAT, 259

1894

ÉTUDE

SUR UN BON PASTEUR DE LA BASSE ÉPOQUE ROMAINE ET UN
AMBON DE L'ÉPOQUE MÉROVINGIENNE, RETROUVÉS A SAINT-
MAURICE, AVEC UNE NOTICE HISTORIQUE SUR SAINT-MAURICE
D'AGAUNE, SOUS LA DOMINATION ROMAINE ET DANS L'ANTI-
QUITÉ CHRÉTIENNE [1].

I

Notice historique sur Saint-Maurice d'Agaune.

Avant d'arriver à l'étude de ces deux précieux restes des premières basiliques de Saint-Maurice, je crois utile de montrer brièvement ce qu'était, d'après les monuments qui nous sont restés, la petite cité de Tarnade ou Agaune, aujourd'hui Saint-Maurice d'Agaune en Vallais.

Jules César, dans ses Commentaires *de Bello Gallico*, nous fait voir la vallée du Rhône habitée par trois peuples : les Nantuates, les Véragres et les Séduniens [2]. Mais dès cette époque, il y avait dans la vallée supérieure du Rhône un quatrième peuple : les Vibériens [3]. La

---

[1] Les deux premières parties de ce mémoire ont été lues à la réunion générale de la Société helvétique de Saint-Maurice, le 7 octobre 1889.
[2] Julius Cæsar, *De Bello Gallico, Commentario III*.
[3] Plinius Secundus, *Naturalis Historiæ*, libro III, cap. xx.

victoire de Galba à Octodure avait soumis le pays à la domination romaine [1].

Les Nantuates occupaient la frontière des Allobroges et s'étendaient jusqu'à Saint-Maurice qui paraît avoir été la cité principale de ce peuple.

Sous Auguste, les quatre peuplades de la vallée du Rhône s'étaient révoltées. Auguste les soumit par ses armes victorieuses [2]. Mais les avantages que les défilés des Alpes offraient pour une nouvelle insurrection à des hommes d'une valeur éprouvée, forcèrent l'empereur à se les attacher par des bienfaits et à dorer leurs chaînes. Il octroya le titre de citoyens romains aux habitants d'Octodure [3] (Martigny). Les Nantuates chantèrent dans leur cité, qui devait s'appeler plus tard Saint-Maurice, la haute protection de l'empereur Auguste. Cette inscription, une des plus importantes pour les origines de l'histoire du Vallais, peut se voir au vestibule de l'Abbaye, où j'ai commencé une petite collection archéologique.

L'année 21 après Jésus-Christ, la cité de Tarnade (Saint-Maurice) paraît la plus importante de toute la vallée du Rhône; car c'est là que les

CIVITATES IIII VALLIS
POENINAE

gravent une dédicace solennelle au César Drusus, fils de Tibère, consul pour la seconde fois, grand-prêtre du culte rendu aux empereurs déifiés [4].

Cette inscription est conservée au mur extérieur de l'abside de l'église de Saint-Sigismond. Sous peu elle

---

[1] Julius Cæsar, *De Bello Gallico*, commentario *III*.
[2] Plinius Secundus, *Naturalis Historiæ*, libro III, cap. xx.
[3] Plinius Secundus, *Ibidem*.
[4] Sur les prêtres des empereurs déifiés, cf. *Revue des questions historiques*, janvier 1892, *Le Culte rendu aux empereurs dans l'antiquité*, par l'abbé Beurlier, professeur à l'Université catholique de Paris.

prendra place dans la collection commencée au vestibule de l'Abbaye.

Une voie romaine, la plus courte d'après Tacite [1] pour aller d'Italie en Germanie, passait par Aoste, le Mont-Joux et Tarnade. D'après l'Itinéraire d'Antonin et la carte théodosienne *Tarnadae* ou *Tarnaiae* était à XII mille pas d'Octodure du côté du lac Léman, et j'ai retrouvé, il y a quelques années, la borne milliaire de Tarnade de l'époque constantinienne, avec son chiffre XII [2].

Saint-Maurice a d'autres nombreux souvenirs de la domination romaine ; mais pour ne pas m'éloigner de mon sujet principal, je n'en rappellerai qu'un à jamais mémorable : le martyre de la Légion thébéenne.

Le IVme siècle venait de s'ouvrir. L'élément chrétien avait pénétré dans toutes les classes de la société. Le christianisme s'était acquis de larges libertés. Il s'était affirmé par de vastes églises élevées au vrai Dieu, et était monté jusque sur les marches du trône [3]. Les persécutions officielles avaient cessé depuis de longues années. Mais les deux monstres qui opprimaient le monde et se faisaient adorer, l'un, Dioclétien, sous le nom de Jupiter, et l'autre Maximien, sous le nom d'Hercule, tournaient leur puissance enorgueillie par le succès des armes de l'Empire, contre les chrétiens qu'ils voulaient faire disparaître du monde [4].

La Légion thébéenne, envoyée d'Orient, suivait Maximien dans ses courses précipitées à travers les Alpes [5].

---

[1] Tacitus, *Historiæ*, libro I.

[2] Voir une dissertation que j'ai donnée dans la *Gazette du Valais*, 2 décembre 1885 : *Monuments historiques découverts à Saint-Maurice*.

[3] Eusebius, *Eccles. Histor.*, lib. VIII, cap. 1, et Lactantius, *De mortibus persecutorum*, cap. x.

[4] Eusebius, *Eccles. Hist.*, lib. VIII, cap. I et II ; et Lactantius, *De mortibus persecutorum*, cap. x-xvii.

[5] S. Eucherius, *Passio sanctorum Mauricii ac sociorum ejus marty-*

C'est, comme le raconte l'illustre écrivain de la première moitié du Vme siècle, saint Eucher, en ces lieux, dans cette plaine, à 60 milles environ de la ville de Genève et à 12 milles de la tête du lac Léman, au-dessus des gorges d'Agaune où les eaux bouillonnent resserrées par le rapprochement de la base de deux montagnes, et où un chemin étroit dispute une place pour le passage des voyageurs, que le martyre des Thébéens a eu lieu [1].

Les soldats de la Légion thébéenne avec leurs chefs, fiers de leurs victoires passées, offraient à l'empereur leurs bras vigoureux contre tous les ennemis de l'Empire ; mais plutôt que de courber leur tête devant les faux dieux [2] et de devenir de leurs mains les bourreaux des chrétiens, ils préférèrent se laisser égorger jusqu'au dernier [3].

Cette terre d'Agaune reçut leur sang et couvrit leurs ossements.

La persécution, presque à son début, poursuivait ses exécutions sanglantes jusqu'aux extrémités de l'Empire.

Mais après les ténèbres, la croix brillait miraculeusement dans les cieux et le nom du Christ était porté devant les armées victorieuses de Constantin [4].

---

rum. — De Rivaz, *Eclaircissement sur le martyre de la Légion thébéenne*, p. 102-111 et p. 240-253 (Paris 1779). — Ducis, *Saint-Maurice et la Légion thébéenne*, p. 20-34 (Annecy 1882).

[1] S. Eucherius, *Ibidem*.

[2] Des idoles brisées, probablement celles devant lesquelles Maximien avait voulu prosterner la Légion thébéenne avant le passage des Alpes, ont été retrouvées, il y a quelques années, à Octodure (Martigny), et sont maintenant déposées au Musée cantonal à Sion. Voir une dissertation que j'ai publiée sur cette question dans la *Gazette du Valais*, 10 février 1886 : *Les ruines d'Octodure*.

[3] Eucherius, *Ibid*.

[4] Mais l'Empire n'est pas devenu chrétien tout d'une pièce ; il a fallu compter avec la puissance politique du paganisme. — Et dans les nombreux bas-reliefs de l'Arc de Constantin, élevé près du Colisée pour célébrer sa victoire sur Maxence, on cherche en vain quelque signe chrétien.

Il a fallu quelque temps aux pasteurs de Jésus-Christ avant d'avoir réuni les brebis dispersées par la persécution. Après ce premier travail, on dut songer à vénérer ceux qui étaient tombés sous le glaive pour rendre témoignage à Jésus-Christ.

L'histoire nous montre au milieu du IVme siècle saint Théodore, évêque d'Octodure, occupé à la glorification des martyrs thébéens. Contre le rocher d'Agaune, il élève une basilique pour célébrer leur mémoire et abriter dans ses dépendances leurs ossements. Cette basilique est décrite par saint Eucher. Un toit à un seul pan, appuyé à l'immense rocher, la couvre. La construction de la basilique est marquée par un miracle. Dans son enceinte, les miracles se multiplient, et de diverses provinces, on y envoie, en l'honneur des Thébéens, des présents d'or et d'argent, auxquels vient se joindre l'impérissable monument historique et littéraire de saint Eucher [1].

L'institution monacale s'y est développée et a vu fleurir, au Vme siècle, la Règle de Tarnade [2] et l'illustre Abbé saint Sévérin [3].

Mais une fondation d'un nouveau genre allait éclipser tout ce qui avait été fait jusqu'alors autour des ossements des Thébéens.

Sigismond, le jeune roi de Bourgogne, venait d'abjurer l'arianisme et d'être associé à la royauté de son père. Saint Avit, archevêque de Vienne, et saint Maxime, évêque de Genève, le pressaient d'organiser en l'honneur des Martyrs thébéens à Agaune, une œuvre digne d'une main royale.

Sigismond convoque, en effet, en 515 (ou 516) à une

---

[1] Eucherius, *Passio sanctorum Mauricii et sociorum ejus martyrum*.
[2] Holstenius, *Codex Regularum, Regula Tarnatensis*.
[3] *Vita S. Severini Abbatis Agaunensis, auctore Fausto Monacho, ejus discipulo*, apud Mabillon : *Acta Sanctorum Ordinis S. Benedicti*.

réunion solennelle à Agaune, un grand nombre d'évêques et de comtes de son royaume. Aidé de leurs conseils, le jeune roi se dépouille d'une partie de ses domaines pour établir autour du sépulcre déjà glorieux des Thébéens la psalmodie perpétuelle, ce *Laus perennis* qui durait sans interruption le jour et la nuit.

L'œuvre de saint Sigismond enthousiasmait le royaume de Bourgogne. Des Abbés placés à la tête de monastères florissants, confiaient leur charge à d'autres et accouraient pour se faire moines à Agaune. De ce nombre étaient saint Hymnemodus de Grigny (Vienne en Dauphiné) et saint Ambroise de l'Ile-Barbe à Lyon [1]. L'assemblée d'Agaune confia à saint Hymnemodus l'établissement du *Laus perennis*. L'organisation et le gouvernement du nouveau monastère étaient placés dès lors par les évêques du royaume de Bourgogne sous la juridiction immédiate du Saint-Siège.

Le premier Abbé de la fondation de saint Sigismond, saint Hymnemodus, mourut après y avoir travaillé sept mois seulement et l'œuvre fut confiée à saint Ambroise qui lui succéda comme Abbé [2].

---

[1] Cette île est placée dans les eaux de la Saône, comme un paradis terrestre de la vie monastique. Hélas ! les moines n'y sont plus. De nombreux débris des constructions monastiques, appartenant à diverses époques de l'art du moyen âge, offrent à l'archéologue qui descend dans cette île un charmant objet d'étude.

[2] *Charte de la fondation de saint Sigismond*, copie du XIIme siècle, aux *Archives de l'Abbaye*. — Pour l'étude des chartes des fondations de l'époque mérovingienne ainsi que pour l'appréciation des fautes nombreuses laissées par les copistes, voir Julien Havet, *Questions mérovingiennes*, dans la *Bibliothèque de l'Ecole des Chartes*, LI, (année 1890), p. 5-62 et 213-237.

Marii Ep. Chronicon. — *Vitæ primorum Abbatum Agaunensium*, VIme siècle, par un contemporain, probablement moine d'Agaune, qui avait été témoin des vertus de ces saints Abbés, Bolland. *Acta Sanctorum*, 11 Novembris. L'année de la mort de saint Hymnemodus, *Ibid.*, p. 554 et 557.

Gregorii Turon., *Historia Francorum*, lib. III. — *Alia vita S. Sigis-*

La basilique était restée la même, celle que saint Théodore avait bâtie, vers le milieu du IVme siècle. C'est dans cette basilique qu'après la lecture qui se faisait chaque année des Actes des Martyrs d'Agaune, saint Avit prononça à l'inauguration du *Laus perennis* un discours dont un fragment écrit sur papyrus est conservé à Paris, à la Bibliothèque nationale. — En voici la traduction. Ceux qui connaissent les difficultés du latin mérovingien ne me feront pas un reproche de m'être plus attaché à en reproduire le sens général que la phrase elle-même :

HOMÉLIE

PRONONCÉE [1] DANS LA BASILIQUE DES SAINTS D'AGAUNE, A L'OCCASION DE LA RESTAURATION « L'INNOVATION » DE SON MONASTÈRE ET DU JOUR ANNIVERSAIRE DE LA PASSION DE CES SAINTS MARTYRS.

Vous venez d'entendre selon l'usage la lecture de la passion des Martyrs, la louange de cette armée heureuse au sein béni

mundi ex VIII codicibus MSS. et antiquis editionibus, apud Bolland., I Maii.

Chronique de l'Abbaye de Saint-Maurice (Histoire de l'Abbaye de la restauration de saint Sigismond, jusqu'à l'année 830 ; original aux *Archives de l'Abbaye*).

[1] *Dicta in basilica sanctorum Acaunensium in innovatione monasterii ipsius vel passione Martyrum.* Recueil des Homélies de saint Avit, MS. sur papyrus du VIme siècle, conservé à Paris, Bibliothèque nationale, *Manuscrits latins*, 8913, folio 7. Le feuillet de papyrus sur lequel se trouve ce fragment du discours de saint Avit mesure en hauteur 0^m 295 et en largeur 0^m 27 ; la partie écrite est de 0^m 13 de haut sur 0^m 27 de large.

En revenant de l'institution de la psalmodie perpétuelle à Saint-Maurice d'Agaune, saint Avit prononça une nouvelle homélie à la dédicace d'une basilique élevée sur les ruines d'un temple païen, à Namasce (probablement Annemasse), par saint Maxime, évêque de Genève. Cette homélie se trouve dans un feuillet de papyrus découvert de laquelle personne n'a péri, car personne n'a été épargné au moment où la puissance armée livrait ces saints Martyrs à une mort injuste. Deux fois la décimation a fait ses ravages sur cette paisible troupe et les fruits étaient centuplés pour le ciel ; il y eut ainsi un premier choix de victimes pendant que la haine, grandissant toujours, allait par le martyre faire de tous ensemble les élus du ciel.

Ces paroles formaient l'exorde de l'homélie. Le reste a été perdu à l'exception d'un autre fragment qui devait en être la conclusion et la péroraison. Ce second fragment se trouve dans le même volume en papyrus des *Homélies de saint Avit*. Il a été reproduit par le P. Sirmond [1], au XVIIme siècle, et a été, dans ce siècle, l'objet d'une étude spéciale d'Albert Rilliet [2], professeur à l'Académie de Genève. Le savant chanoine Ulysse Chevalier, a vu aussi que cette partie d'homélie est la péroraison du discours de saint Avit pour l'inauguration de la *psalmodie perpétuelle* à Agaune. Dans les *Œuvres* de saint Avit, il a uni ce second fragment au premier en indiquant par des points la partie perdue de l'homélie [3].

fortuitement à Paris, dans un volume de la Bibliothèque impériale. Il a été publié par Léopold Delisle sous le titre : *Notice sur un feuillet de papyrus récemment découvert à la Bibliothèque impériale*. Voir dans les *Etudes paléographiques et historiques sur des papyrus du VIme siècle*, Genève 1866. — Le titre de l'homélie ou plutôt son historique est ainsi conçu :

† DICTA IN DEDICATIONE BASILICÆ QUAM MAXIMUS EPISCOPUS IN JANAVIN-[SIS] URBIS OPPIDO CONDEDIT..... DISTRIC[TO] INIBI FANO. Dicta omilia cum de *institutione Acaunensium revertentis* Namasce dedicatio celebrata est.

[1] P. Sirmondi, S. J., *Opera varia*, tom. II. *Alcimi Aviti operum fragmenta*, VII, p. 146.

[2] Albert Rilliet, dans les *Etudes paléographiques et historiques sur des papyrus du VIme siècle*, Genève, 1866.

[3] *Œuvres complètes de saint Avit, évêque de Vienne*, nouvelle édition publiée pour les Facultés catholiques de Lyon en témoignage de leur piété filiale envers S. S. Léon XIII, par le chanoine Ulysse Chevalier. Lyon 1890, p. 337-339.

Saint Avit montre dans des figures empruntées à l'Apocalypse les joies et les beautés de la Jérusalem céleste dont probablement il avait fait voir l'image dans l'institution du *Laus perennis*. S'adressant ensuite, tour à tour, au roi, aux moines de la nouvelle institution et au pays qui entendra désormais la perpétuelle psalmodie, il s'écrie :

Prince, très pieux, sur le trône plus jeune que bien d'autres, vous tenez la première place dans le zèle pour l'autel. Enrichi de grands bienfaits, de notre pauvre éloquence nous n'avons pu vous en témoigner qu'un faible hommage. Vous avez orné les églises de votre trésor royal et d'un plus grand nombre de fidèles. Vous avez élevé des autels que vous avez enrichis de vos présents. Nous n'avons jamais comparé notre parole à votre puissance ; mais si nous venons *à cette solennelle psalmodie*, nous croyons dire peu de chose en vous disant qu'en ce jour par votre œuvre même vous avez surpassé toutes nos louanges. Qui pourra dire, en effet, ce qu'il y a de glorieux dans cette *innovation ;* car tandis qu'ailleurs les offices se font à des temps déterminés, ici le chrétien chante toujours ; le Christ est perpétuellement célébré et entendu ; maintenant il restera au milieu de vous pour entendre vos prières.

(Aux moines.) Le travail de ce siècle vous invite à l'espérance de l'éternel repos. Occupés, par une grâce spéciale, à des choses si saintes, toute occasion de péché vous sera enlevée. Vous fuirez le monde qui ne sait pas goûter les choses célestes ; mais vous prierez aussi pour ce monde dont vous êtes séparés par votre vocation. Que votre sainte vigilance veille aussi sur nous tous.

Par *une telle institution* puisse notre chère Gaule prospérer et fleurir. Que l'univers envie ce que ce lieu vient d'inaugurer. Perpétuelle et sainte institution de prières, que son éternité commence dès ce jour. Une incomparable dignité est attachée à ce lieu. — Vous qui êtes occupés à rendre à Dieu ces sublimes louanges en ce monde, vous le louerez pareillement dans le siècle futur. La mort ne mettra pas un terme à vos saintes occupations ; elle ne fera que les renouveler. Vous retrouverez dans le ciel ces habitudes des saintes louanges, que vous apporterez de cette terre. Qu'à votre persévérance, il soit accordé un honneur tel que ce qui fait l'objet de vos occupations sur la terre, vous soit donné comme récompense dans le ciel.

Peu d'années après cette institution de la psalmodie perpétuelle, la basilique fut rebâtie plus grandiose, par l'Abbé saint Ambroise, afin qu'elle fût un monument digne des héros chrétiens dont elle devenait le tombeau glorieux. Elle est décrite par un moine anonyme qui, au VIme siècle, donna dans un beau latin encore, une nouvelle rédaction aux *Actes des Martyrs thébéens* [1].

Les révolutions passées sur les treize siècles qui nous séparent de la fondation de saint Sigismond, ont fait disparaître la plupart des revenus du monastère. A deux époques funestes, le monastère ruiné par la rapacité des princes qui s'imposaient comme Abbés commandataires laïcs, trouva son salut dans l'introduction d'une nouvelle Règle.

Cependant, ces épreuves des âges n'ont jamais rien pu arracher de la pureté de sa foi. C'est toujours à travers les âges, la foi que Maurice et ses Compagnons ont confessée de leur sang. Mais en n'entendant plus que deux ou trois fois le jour les saintes psalmodies, nous cherchons si dans l'Abbaye il n'y a pas de vieux témoins debout qui nous racontent les solennités du *Laus perennis,* de ces saintes psalmodies que les cinq chœurs des moines de la fondation de saint Sigismond, faisaient entendre le jour et la nuit.

Malgré les flammes qui, si souvent ont dévoré le monastère, nous trouvons encore de ces témoins ; et le but de cette Etude sera d'en interroger deux que j'ai retrouvés sur l'emplacement des premières basiliques de Saint-Maurice d'Agaune : l'un est un Bon Pasteur ; et l'autre un Ambon.

---

[1] ... « Sed nunc jubente præclaro meritis Ambrosio, loci illius abbate, denuo ædificata biclivis esse dignoscitur. » La construction de la nouvelle basilique avait été décrétée par l'Assemblée ou le Concile d'Agaune. Cf. *Charte de fondation* aux archives de l'Abbaye.

II

Le Bon Pasteur [1].

Le Bon Pasteur a été, pour des raisons spéciales, l'objet de prédilection des artistes chrétiens des premiers siècles. Rien de ce qui pouvait représenter le Sauveur ne devait être plus cher au cœur des chrétiens que ce sujet symbolique. L'amour du Christ mourant sur la croix ne pouvait pas être représenté en image sous peine de dévoiler aux yeux des païens le lieu des réunions chrétiennes et de livrer le christianisme au mépris dont la croix, instrument de supplice des grands criminels étrangers, était l'objet.

On se contentait de graver l'image du divin Crucifié dans le cœur des chrétiens et de leur faire produire souvent dans la journée le signe de la croix sur leur corps; et le soir sur leur lit [2], lorsqu'ils allaient se coucher.

Le paganisme railleur en avait connu cependant quelque chose. Et il essaya d'en profiter pour livrer les chrétiens au mépris public.

Au Mont-Palatin, au palais des Césars, un garde grave, vers la fin du IIme siècle, une croix sur laquelle un homme à tête d'âne est attaché [3]. Aux pieds de ce Crucifié, un chrétien fait sa prière en portant comme signe de l'adoration antique [4] sa main gauche aux lèvres pour la baiser.

---

[1] Cette étude a été lue à la réunion de la Société helvétique de Saint-Maurice, le 7 octobre 1889; mais elle a reçu une nouvelle rédaction par suite des recherches et des études comparatives plus complètes que j'ai eu l'occasion de faire depuis cette époque.
[2] Tertullianus, *De Corona*, cap. III; *Ad Uxorem*, cap. IV.
[3] Musée Kircher, à Rome.
[4] Minutius Felix, *Octavius, Expositio*.

Ce soldat n'était que l'interprète d'une calomnie si répandue chez les païens que Tertullien s'est cru obligé de la relever et de la réfuter dans son *Apologétique* : *Nam et quidem somniastis caput asininum esse deum nostrum, etc.* [1].

En présence de ces circonstances, on comprend facilement la prédilection que les artistes des Catacombes eurent pour la représentation du Bon Pasteur qui disait tout aux chrétiens et ne disait rien aux païens.

Pendant la vie mortelle de Jésus, lorsque les pécheurs et les publicains venaient se jeter à ses pieds pour l'entendre, les Pharisiens et les Scribes criaient au scandale et le condamnaient de leurs murmures. — Jésus leur dit : « Qui est celui d'entre vous qui, ayant cent brebis, et en ayant perdu une, ne laisse les quatre vingt-dix-neuf autres dans le désert, pour s'en aller après celle qui s'est perdue, jusqu'à ce qu'il la trouve ? Et lorsqu'il l'a trouvée, il la met sur ses épaules avec joie ; et étant retourné dans sa maison, il appelle ses amis et ses voisins, et leur dit: « Réjouissez-vous avec moi, parce que j'ai retrouvé ma brebis qui était perdue ».

« Je vous dis de même qu'il y aura plus de joie dans le ciel pour un seul pécheur repentant que pour quatre-vingt-dix-neuf justes qui n'ont pas besoin de pénitence [2]. »

Ailleurs, Jésus nous fait le touchant tableau du Bon Pasteur en face du mercenaire : « Lorsque le Bon Pasteur a ouvert la porte du bercail, il marche devant les brebis et les brebis le suivent, car elles connaissent sa voix ; mais le mercenaire, elles ne le suivent pas : elles en ont peur. Elles ne connaissent pas la voix des étrangers. — Je suis le Bon Pasteur. Le Bon Pasteur donne sa vie pour ses brebis. Je suis le Bon Pasteur ; je connais mes brebis et

---

[1] Tertullianus, *Apologeticus*, cap. xvi.
[2] Lucas, cap. xv. Matthæus, cap. xviii.

elles me connaissent. — Comme le Père me connaît ; moi aussi, je le connais et je donne ma vie pour mes brebis [1]. »

Aussi l'art des Catacombes nous donne sans cesse le Bon Pasteur dans les fresques des cryptes, sur les *loci* (ou loculi), sur les verres et ensuite dans les bas-reliefs lorsque la sculpture chrétienne peut prendre son essor.

La plupart des premiers martyrs avaient été, par la grâce de Jésus-Christ, amenés des ténèbres du paganisme aux lumineuses clartés de l'Évangile. On comprend de quelle éloquence de consolation et d'espérance devait être pour les enfants, les parents et les amis, cette représentation du Bon Pasteur, la brebis sur les épaules, debout sur les restes mortels d'un parent qui était tombé sous le glaive des persécuteurs ou s'était paisiblement endormi dans le Seigneur.

Lorsque la paix fut donnée à l'Eglise à la suite de la vision et des victoires de Constantin, lorsque le christianisme fut officiellement reconnu dans l'Empire, la représentation de la croix vint peu à peu se substituer à la représentation symbolique du Bon Pasteur sans cependant la faire disparaître.

Constantin avait fait placer la croix, ornée d'or et de pierres précieuses, dans son palais de Byzance [2]. A Rome, sur une des principales places de la ville, il s'était fait ériger une statue portant dans sa main l'étendard de la croix [3].

Cependant, le Bon Pasteur continua, quelque temps encore, à garder sa place dans le symbolisme chrétien. Constantin avait fait orner de statues du Bon Pasteur les fontaines des grandes places publiques de Byzance, sa ville impériale [4].

---

[1] Joannes, cap. x. — Joannes Chrysostomus, *Homilia*, LIX *in Joannem*.
[2] Eusebius, *De Vita Constantini*, lib. III, cap. 49.
[3] *Ibid.*, lib. I, cap. 49.
[4] *Ibid.*, lib. I, cap. 49.

Et Eusèbe, qui avait vu lui-même ce qu'il décrit ici, nous dit que la signification du Bon Pasteur était bien connue de tous les chrétiens : *Vidisses igitur in fontibus qui sunt in medio foro, Boni Pastoris imagines, divinorum oraculorum peritis notissimas* [1].

L'art de la sculpture chrétienne qui ne prit réellement son développement que vers le IVme siècle [2], représenta souvent le Bon Pasteur, surtout sur les sarcophages.

L'Evangile s'était propagé dans les provinces de l'Empire; et avec l'Evangile, ces représentations symboliques.

Et c'est sur une des voies romaines, la plus courte pour aller d'Italie en Germanie, à Tarnade, l'Agaunum des Gaulois, que nous allons retrouver un Bon Pasteur.

Dans la vieille et magnifique tour romane de l'Abbaye de Saint-Maurice, au-dessus du portique soutenu par deux mausolées païens, en marbre blanc, mais couvert maintenant en grande partie par la construction du nouveau narthex, on trouve au premier étage un escalier étroit en marbre blanc : les marbres des degrés sont probablement des restes de constructions romaines. Il conduit vers une porte offrant un passage au second étage. Le linteau de la porte est formé de la borne milliaire de Tarnade dont j'ai parlé précédemment. Et montant de cette porte par un escalier étroit et sombre, sous des lambeaux d'inscriptions antiques [3], dont l'une est chrétienne, on arrive à l'entrée du second étage ; et c'est dans le fond de ce couloir que j'ai trouvé, dans le mur même du clocher, le Bon Pasteur que je décris ici (Fig. 1).

---

[1] Eusebius, *De Vita Constantini*, lib. I, cap. 49.
[2] *Rome souterraine. Résumé des découvertes de M. de Rossi*, par Spencer Northcote et Bownlow, traduct. Allard, page 435.
[3] Au XVIe siècle, Simler, après s'être essayé, quoique d'une manière peu fidèle, à reproduire les inscriptions de Saint-Maurice, ajoute : « Multæ præterea inscriptiones in templi pavimento, parietibus et

Fig. 1. — Le Bon Pasteur de Saint-Maurice.

Lorsqu'on a construit la tour romane de l'église de l'Abbaye, on a pris les débris de tous les anciens monuments chrétiens et païens qui sont tombés sous la main. Il paraît que la figure du Bon Pasteur a cependant frappé les ouvriers. Ils ont scié ou découpé les restes du monument sépulcral sur lequel le personnage était sculpté (car ce bas-relief devait appartenir, comme on le verra plus loin, à un sarcophage).

Le Bon Pasteur mesure 0^m,64. C'est un bas-relief taillé dans une molasse d'un ton jaunâtre. Il est debout appuyé sur son *pedum*, son bâton pastoral. Toute son attitude exprime la lassitude, la défaillance et la tristesse. C'est le Bon Pasteur attristé, pleurant sur la brebis perdue. Son pendant devait être le Bon Pasteur revenant joyeux en portant sur ses épaules la brebis retrouvée. La tête est inclinée à gauche. Elle porte des cheveux frisés ; mais les traits ne sont plus visibles. La pierre a beaucoup souffert dans cette partie, et on ne distingue guère plus que l'œil gauche et la forme générale de la tête. Les deux mains sont appuyées au *pedum*, placé à gauche ; l'une à la hauteur de la ceinture et l'autre à la hauteur de la poitrine. Le personnage porte la courte tunique romaine. Nouée à la ceinture, elle est plissée de là jusqu'aux genoux. La jambe droite est relevée depuis le genou et le pied va s'appuyer à la jambe gauche, au-dessus de la cheville. Le sculpteur a donné une pose forcée au Bon Pasteur afin de trouver place pour un chien. L'espace laissé sur la pierre par cette jambe ainsi relevée est, en effet, occupé par le chien du berger. L'animal est assis sur ses pieds de derrière. La tête du chien a disparu et les pieds

muro cœmeterii visuntur, sed vetustate exesæ et attritæ sunt, ita ut vix paucissimæ literæ agnosci queant. In sacello ejusdem templi supersunt tres columnæ marmoreæ, antiqui operis, et pene summam aram pavimentum tessellatum variegati coloris. » *Decriptio Vallésiæ*, p. 90.

de devant ont beaucoup souffert. Les jambes et les bras du Bon Pasteur ont subi de rudes mutilations aussi.

Pour savoir à quel monument ce bas-relief a dû appartenir et en déterminer approximativement l'époque, j'ai cru qu'après avoir interrogé l'histoire locale, il fallait avoir recours à une étude comparative de monuments similaires et avoir sur la question la manière de voir de M. le commandeur J. B. de Rossi, le maître incontesté dans l'étude des antiquités chrétiennes.

En 1889, poursuivant l'étude du Bon Pasteur et de l'Ambon retrouvés à Saint-Maurice, je les fis reproduire non par un photographe de profession, mais par un amateur. Les objets eux-mêmes ne sont pas placés dans un jour favorable pour la photographie. — Les reproductions ont été très faibles. Et ce sont ces exemplaires que j'ai communiqués d'abord à M. de Rossi, pour lui demander si je pourrais rattacher ce Bon Pasteur à la première basilique de Saint-Maurice, construite vers le milieu du IVme siècle. Voici, dans la réponse dont le savant archéologue a daigné m'honorer, ce qui regarde le Bon Pasteur :

« Très heureux de pouvoir vous être agréable et utile, je regrette que les photograhies soient si faibles. Elles m'obligent à être un peu indécis dans mes réponses, faute d'y voir bien clair.

« Le Bon Pasteur appuyé à son *pedum* dans votre bas-relief (de marbre ?) rappelle, en effet, nos sculptures chrétiennes de Rome du IVme et Vme siècle, au commencement. Mais la photographie ne rend pas assez le travail du sculpteur et son style : la tête est presque invisible. D'ailleurs les sarcophages du midi de la France nous offrent quelque exemple du *Bon Pasteur*, même au Vme siècle (Le Blant, Sarcophage de la Gaule, p. 107, 125). Ainsi je n'ose pas me prononcer pour le IVme siècle plutôt que pour le VIme. Vous qui avez la sculpture sous les yeux, vous pourrez trouver des raisons en faveur de la première plutôt que de la seconde époque [1]. »

Plus tard en ménageant une lumière plus avantageuse sur les deux monuments archéologiques qui sont l'objet de cette étude, j'ai pu, avec un photographe, en obtenir de bonnes reproductions. — J'ai offert ces reproductions à M. le commandeur de Rossi en lui demandant encore sa manière de voir sur mes conclusions. J'avais cru rattacher le Bon Pasteur de Saint-Maurice à un sarcophage semblable à celui que M. de Rossi avait retrouvé au cimetière de Calliste et décrit dans sa *Roma sotteranea* [2].

« Oui, m'a-t-il dit, votre Bon Pasteur a fort bien pu faire partie d'un sarcophage de ce genre. C'est bien le Bon Pasteur que vous avez là. Il est incliné sur son bâton ; il est attristé et pleure sur la brebis perdue. »

Ce sarcophage du cimetière de Calliste avec un autre du même genre, mais plus significatif encore, du Musée de Latran, serviront donc à expliquer le sarcophage auquel appartenait le Bon Pasteur de Saint-Maurice.

Le sarcophage était un bloc de pierre ordinaire ou de marbre, évidé. La partie antérieure chez le petit nombre de Romains qui se servaient de ce mode de sépulture [3],

---

[1] Lettre datée de Rome, 16 juillet 1889.
[2] *Roma sotteranæ*, vol. III, pl. XLI, et texte, vol. III, p. 449.
[3] Pline nous a laissé ces renseignements sur le mode de sépulture des Romains : « Ipsum cremare, apud Romanos non fuit veteris instituti : terra condebantur. At postquam longinquis bellis obrutos erui cognovere, tunc institutum. Et tamen multæ familiæ priscos servavere ritus : sicut in Cornelia nemo ante Syllam Dictatorem traditur crematus. » Plinius, *Naturalis historiæ*, lib. VII, cap. LIV.

La *Gens Julia* n'avait pas admis non plus la crémation. Tacite nous dit de la trop fameuse Poppée, épouse de Néron, une des personnifications du divorce et des débauches de la Rome païenne, qu'elle ne fut point livrée à la crémation, mais embaumée et déposée dans le tombeau de la *Gens Julia* : « Corpus non igni abolitum, ut romanus mos ; sed était généralement ornementée. Le centre portait ordinairement la figure du défunt accostée de cannelures ondulées ou strigiles ; et aux deux extrémités, les chrétiens des IIIme et IVme siècles mettaient volontiers le Bon Pasteur.

C'est à ce genre de sarcophage qu'appartient le tombeau d'une dame romaine retrouvé au cimetière de Calliste (Fig. 2). Le squelette a gardé encore sa position, à l'exception de la cage thoracique qui s'est affaissée. Au milieu du sarcophage, dans la partie antérieure, est la figure de la défunte. De chaque côté, se trouve la figure du Bon Pasteur, représenté près d'un palmier, dans une attitude à peu près identique, mais celui de droite porte la barbe tandis que celui de gauche ne l'a pas. Le Bon Pasteur revient joyeux portant sur ses épaules la brebis retrouvée. Elle tourne sa tête vers lui, pour lui témoigner par un doux regard sa profonde reconnaissance. Le chien placé aux pieds du Bon Pasteur relève la tête pour contempler cette scène si touchante.

Fig. 2. — Sarcophage du cimetière de Calliste.

Voici comment M. de Rossi a décrit ce monument :

« Quello della tavola XLI rappresenta nel mezzo la figura della defonta non orante, solo abbozzata nel volto, volume nelle mani, uno scrigno ed un fascetto di volumi ai piedi : ad ambedue le estremità il pastor buono portante la pecora, ai piedi il cane [1]. »

Pour se faire une idée de la destination du Bon Pasteur de Saint-Maurice, il n'y a qu'à enlever dans le sarcophage

---

regum externorum consuetudine, differtum odoribus conditur, tumuloque Juliorum infertur. *Taciti Annales*, lib. XVI, cap. VI. Néron lui fit rendre tous ces honneurs après l'avoir tuée d'un coup de pied au moment où elle allait lui donner un second enfant : « Post finem ludicri, Poppæa mortem obiit fortuitâ mariti iracundiâ, a quo gravida ictu calcis adflicta est. » *Ibidem*.

[1] *Roma sotteranea*, vol. III, p. 449 ; vol. III, pl. XLI.

du cimetière de Calliste (Fig. 2), le Bon Pasteur de droite, et à le remplacer par celui de Saint-Maurice (Fig. 1). On aura un sarcophage avec un symbolisme répondant plus parfaitement encore au texte évangélique. A droite, c'est le Bon Pasteur attristé qui est appuyé sur son bâton, son *pedum*, et pleure la brebis perdue. A gauche, il l'a retrouvée. Il revient joyeux et la porte sur ses épaules.

La reconstruction que je fais de ce sarcophage de Saint-Maurice, est basée sur un autre sarcophage plus significatif encore, conservé au Musée de Latran. On pourrait y ajouter aussi un sarcophage de Velletri du milieu du IVme siècle.

A droite, en entrant dans le Musée chrétien de Latran, on trouve encastrée dans le mur, la partie antérieure d'un sarcophage. Au centre, sur la partie inférieure, on voit le buste d'un homme et celui d'une femme *(bisomum)*. Ce sont les bustes des deux défunts. Au dessus, en petit, c'est une bergerie qui paît et le berger qui caresse une brebis. A gauche, sous un palmier prenant presque toute la hauteur du champ, se trouve un berger debout (le Bon Pasteur). La main droite relevée et appuyée à la tête, la main gauche appuyée au bâton à la hauteur de la ceinture (mais le bâton est ici placé à droite), sa jambe droite croisée sur la gauche, le Bon Pasteur attristé, pleure sur la brebis perdue.

A droite du sarcophage, le Bon Pasteur revient avec la brebis sur les épaules ; la bouche du Bon Pasteur est entr'ouverte pour marquer la joie du retour. La brebis le regarde avec complaisance comme dans le sarcophage trouvé au cimetière de Calliste. Le chien, placé à droite, lève la tête pour contempler cette scène.

Le sarcophage de Velletri, décrit par Pératé dans son *Archéologie chrétienne* [1], porte d'une manière admirable le type de l'ancien symbolisme des Catacombes et de

---

[1] André Pératé, *Archéologie chrétienne,* p. 308 et 309.

l'évolution qui s'est faite sous la paix de l'Eglise pour les reproductions bibliques. C'est la partie de l'ancien symbolisme des Catacombes qui se rattache à mon étude. Les extrémités du sarcophage sont occupées par le Bon Pasteur. A droite, il est assis sous un palmier, et pleure la brebis perdue. A gauche, il revient portant sur ses épaules la brebis retrouvée. Le chien, placé à ses pieds, lève la tête pour contempler la figure de la brebis retrouvée, qui, tournée vers le Bon Pasteur, lui témoigne toute sa reconnaissance.

En présence de cette étude comparative, j'ai cru pouvoir conclure que le monument de Saint-Maurice est réellement un Bon Pasteur et qu'il a appartenu à un tombeau de la basse époque romaine.

Mais à qui ce tombeau a-t-il été destiné ?

La hauteur du Bon Pasteur nous fait classer le tombeau auquel il a appartenu parmi les grands sarcophages de l'époque. Les dépenses qu'a dû nécessiter le transport d'un bloc énorme des carrières de la pierre jaune de Neuchâtel à Saint-Maurice, supposent des ressources un peu importantes. Or voici ce qu'Edmond Le Blant a dit dans son magnifique et savant ouvrage *Les Sarcophages chrétiens de la Gaule,* sur les grands tombeaux réservés aux personnages illustres :

« Aux grands chrétiens, les belles tombes ! Telle était autrefois la règle, et, après le triomphe de l'Eglise, on affecta aux saintes dépouilles les vieux sépulcres de marbre, souvent amenés de contrées lointaines et recherchés, pendant le cour du moyen âge, comme le furent les pierres gravées et tant d'autres restes antiques. L'estime attachée à des œuvres qu'on était impuissant à égaler faisait oublier l'ancienne coutume d'honorer les morts en leur consacrant des tombes neuves. Comme les saints, les grands personnages furent placés dans ces riches cercueils ; à Pise, à Ravenne, comme en France, abondent les preuves de cet emploi des marbres romains, et j'incline à reconnaître la marque dans le bas-relief de la façade de la cathédrale d'Orvieto, œuvre curieuse du XIVme siècle, qui nous montre, dans la scène du jugement dernier, les morts sortant d'antiques sarcophages décorés de strigiles ou de génies tenant des guirlandes. »

« C'est à la coutume dont je parle (d'employer des tombeaux anciens) qu'est due la conservation de tant de restes intéressants pour l'histoire du christianisme, de la sculpture, de l'architecture, et rendus plus précieux pour nous par la disparition presque complète des monuments de l'art mérovingien [1]. »

Mais est-ce que jamais Saint-Maurice a eu des sépultures importantes, à part celle des Martyrs thébéens ?

Tarnade, l'Agaunum des Gaulois, aujourd'hui Saint-Maurice, a été, à l'époque des Romains déjà, un lieu de sépulture célèbre. Saint-Maurice l'était encore au moyen âge, puisque Rodolphe Ier, fondateur du second royaume de Bourgogne, eut son tombeau dans l'église même des Martyrs thébéens où il avait été couronné.

Pour l'époque romaine, on trouva, il y a deux siècles, un curieux monument.

En 1693, il y eut un grand incendie qui réduisit en cendres une grande partie de l'Abbaye et de la ville de Saint-Maurice. Sur l'emplacement de l'Abbaye actuelle, dans les fouilles que l'on fit en 1694, pour de nouvelles constructions, on trouva l'inscription suivante :

```
         D.         M.
ANTONI | SEVERI | NARBONAE | DE
  FVNCTI QVI VIXIT ANNOS XXV
MEMSES III DIEBVS XXIV ANTONIVS
 SEVERVS PATER INFELIX CORPVS
    DEPORTATVM HIC CONDEDIT
```

[1] Edmond Le Blant, *Les Sarcophages chrétiens de la Gaule*, p. II et II.

On voit donc qu'Antoine Sévère avait fait transporter du fond de la Gaule à Tarnade, non pas les cendres, mais le corps (*corpus*) de son fils âgé de vingt-cinq ans. Ce mode de sépulture réclamait un sarcophage. Le marbre sur lequel cette inscription a été gravée n'a malheureusement pas été conservé jusqu'à nos jours. L'inscription a été reproduite par Pierre de Rivaz [1].

Par contre, on conserve de la nécropole romaine à Tarnade, les magnifiques inscriptions tumulaires du flamine *Pansius* [2] et de son fils, exécutées par *Julia Decumina*, épouse et mère. L'inscription du tombeau de *Tincius* [3] a pareillement échappé aux ravages des temps. Les murs et le pavement des anciennes églises avaient été faits en partie des débris des tombeaux romains [4].

A l'époque chrétienne, après le triomphe de Constantin, Tarnade ou Agaune allait offrir une importance spéciale comme lieu de sépulture. Mais la difficulté est de savoir à quel personnage a appartenu le sarcophage que décorait notre Bon Pasteur.

Saint Théodore qui souscrivit, en 381, au Concile d'Aquilée [5], avait déjà fait de Tarnade même un grand tombeau pour les ossements des Thébéens, qu'il venait d'exhumer. Dans la basilique que saint Théodore venait de bâtir, ont dû être ensevelis les principaux personnages qui s'étaient distingués par leur dévouement à cette œuvre de la vénération des Martyrs thébéens. Nous voyons, en effet, la seconde basilique, bâtie par l'Abbé saint Ambroise pour la restauration du monastère d'Agaune et la réalisa-

---

[1] Pierre de Rivaz, *Eclaircissements sur le martyre de la Légion thébéenne*, Paris, 1779, page 156.
[2] Au vestibule de l'Abbaye.
[3] Au narthex de l'église, dans le mur du clocher.
[4] Simler, *Descriptio Vallesiae*, page 90.
[5] *Concilia*, editione regia, t. III, p. 386.

tion de l'œuvre de saint Sigismond, abriter les sarcophages des grands et saints Abbés qui se sont succédé à l'établissement de la psalmodie perpétuelle. Ces saints Abbés Hymnemodus, Ambroise, Achive et Tranquille eurent leurs tombeaux dans la basilique même. Leurs *Actes*, écrits par un contemporain, nous ont conservé les épitaphes placées sur les sarcophages de saint Hymnemodus, de saint Ambroise et de saint Achive [1].

Comme elles sont très longues, elles nous mettent en présence de grands sarcophages. Saint Hymnemodus avait d'abord dû être enseveli dans l'ancienne basilique, puis transféré dans la nouvelle, bâtie par son successeur. L'épitaphe de saint Ambroise nous montre la splendeur de l'intérieur de cette basilique qu'il vient de bâtir et l'ornementation nouvelle qu'il y ajoute par son tombeau :

« Et licet hoc templum fulgenti luce coruscet,
Hic quoque sublimat corpore templa sua. »

Ces sépultures ont été faites dans l'espace de dix ans, de 516 à 526 [2].

Dans cette première moitié du VIme siècle, il y eut aussi à Saint-Maurice, dans une des dépendances du monastère, dans l'église de Saint-Jean l'Evangéliste, le tombeau du roi saint Sigismond. L'Abbé saint Vénérand était allé, au prix de grands sacrifices et de grands dangers, jusqu'à Orléans, chercher le corps du saint roi pour l'ensevelir près de ceux des Thébéens à Agaune. Il a dû lui faire exécuter un sarcophage digne du personnage, digne du fondateur de la *psalmodie perpétuelle* en Occident.

Les *Actes* de saint Sigismond ne nous montrent-ils pas ce magnifique sarcophage par ces mots : *Dignissimae sepulturae tradiderunt ?*

---

[1] Bolland., Acta SS. 2 Nov., p. 557.
[2] *Idem.*

Est-ce que le Bon Pasteur de Saint-Maurice aurait appartenu au sarcophage d'un de ces personnages du commencement du VIme siècle ?

Il est difficile de répondre d'une manière tout à fait catégorique.

Edmond Le Blant, à qui j'ai adressé autrefois des photographies, malheureusement trop imparfaites, de ces deux monuments qui sont l'objet de cette étude (Bon Pasteur et Ambon), était incliné, sans se prononcer d'une manière absolue, à les placer au VIme siècle :

« Vos deux marbres sont, me paraît-il, du VIme siècle, et cela n'est contredit par aucun des détails de l'ornementation. »

A Rome, par contre, on attribue le Bon Pasteur de Saint-Maurice à une époque antérieure. L'étude comparative avec quelques sarcophages de Rome, m'ont déterminé à le placer dans la basse époque romaine.

Je suis à me demander, sans cependant pouvoir arriver à une véritable affirmation, si ce Bon Pasteur n'aurait pas appartenu au tombeau de saint Théodore, premier évêque connu d'Octodure, mort vers la fin du IVme siècle [1].

L'année 1892, à la fête de sainte Cécile aux Catacombes, M. J.-B. de Rossi, avec sa vaste érudition, mûrie par des recherches de près d'un demi siècle, nous exposait, dans une conférence, le rôle que les corps des saints avaient joué comme centre de sépulture. Dans les salles sépulcrales, on plaçait le corps d'un saint martyr ; et autour de ce corps,

---

[1] Il assiste avec saint Ambroise, évêque de Milan, au Concile d'Aquilée, réuni en 381 pour condamner deux évêques et un prêtre ariens. Saint Théodore signe le dixième : *Theodorus episcopus Octodurensis. Concilia*, editione regia, t. III, p. 386. — Quelques historiens ont fait paraître encore saint Théodore au Concile de Milan en 390. Dans la lettre adressée au Pape saint Sirice, il y a parmi les signataires : « Theodulus episcopus. » Rien ne dit que ce *Theodulus* était réellement l'évêque d'Octodure. *Concilia, Ibid.*, p. 438.

les parents d'abord, puis les autres fidèles venaient disputer une place pour leurs morts.

Les mêmes coutumes se trouvent encore à Saint-Maurice au commencement du VIme siècle.

Il est dit dans l'épitaphe de l'Abbé saint Ambroise, qui reposait dans la basilique près des corps des chefs de la Légion thébéenne, qu'il s'était rendu digne d'avoir sa sépulture associée à celle de ces saints Martyrs.

« Ambrosius gestis cui cœli regna patescunt,
Huic quoque promeruit membra donare solo
Protegit hunc tellus sanctorum sanguine pollens
Quem cœli meritis clarior axis habet [1]. »

Serait-ce trop donner au cœur de saint Théodore que d'attribuer à ses dernières volontés le choix de sa sépulture près de celle de ces glorieux Martyrs thébéens dont la vénération a été une des grandes préoccupations et une des gloires de son épiscopat ?

Des fouilles, pratiquées sur l'emplacement des anciennes basiliques d'Agaune, jusqu'au niveau des fondations de la première basilique, pourraient peut-être amener à découvrir le reste de son tombeau et son épitaphe, ainsi que les tombeaux des premiers Abbés de la restauration de saint Sigismond.

En attendant ces découvertes, je passe à l'étude d'un autre monument chrétien, de l'Ambon de l'époque mérovingienne.

---

[1] *Bolland.*, Acta SS. 2 Nov.

III

L'Ambon [1].

Avant de voir ce que l'Ambon était dans les basiliques antiques, il est bon de se rappeler ce que c'était que la basilique elle-même et combien Saint-Maurice d'Agaune en a possédées dans les temps les plus reculés de son histoire religieuse. La monographie de l'Ambon d'Agaune deviendra ainsi plus facile et sera mise à la portée d'un plus grand nombre de lecteurs.

Après la paix donnée à l'Eglise par Constantin, les grands édifices religieux pour les assemblées des fidèles, se multiplièrent dans l'Empire. Ils portèrent le nom de basilique, car ils reproduisaient dans leurs dispositions principales la basilique civile. Constantin avait fait bâtir plusieurs riches basiliques chrétiennes à Rome ; mais plus tard, en l'honneur de la Résurrection de Notre-Seigneur, il en fit bâtir une, au Saint-Sépulcre, qui surpassât et par le grandiose de l'ensemble et par le fini et les richesses des détails, toutes les basiliques du monde. Nous en trouvons la description dans Eusèbe [2] et nous pouvons ainsi avoir un plan bien déterminé de la basilique constantinienne.

Un autre exemple de la basilique antique nous est fourni, mais dans des proportions plus restreintes, par l'église de Saint-Clément à Rome.

---

[1] Ce mémoire sur l'Ambon d'Agaune, a été lu, le 23 septembre 1891, à la réunion générale de la Société helvétique de Saint-Maurice, présidée par M. G. Python, conseiller d'Etat de Fribourg. Quelques parties du mémoire ont été complétées par des études postérieures.

[2] Eusebius, *De vita Constantini*, libro III, cap. XXV-XLI.

Sur les flancs du Celius, à quelque distance du Saint-Sauveur de Latran, une basilique fut construite, au siècle de Constantin, en l'honneur du Pape saint Clément. Saint Jérôme, après nous avoir donné la vie du saint Pape martyr, dans son traité *De viris Illustribus,* nous laissa ces renseignements :

Obiit tertio Trajani anno et nominis ejus memoriam usque hodie Romæ extructa ecclesia custodit. Il mourut la troisième année de Trajan ; et à Rome, une église bâtie en son honneur garde jusqu'à ce jour le souvenir de son nom [1].

La disposition générale et le caractère antique de cet édifice sacré ont été conservés. Les paroles de saint Jérôme, qui écrivait dans la seconde moitié du IVme siècle et connaissait bien Rome puisqu'il était le secrétaire du Pape saint Damase, nous permettent de faire remonter la construction de cette église à l'époque constantinienne. Et il semble que la Providence ait voulu conserver, malgré les restaurations survenues à diverses époques, la disposition basilicale de cet édifice sacré pour nous dire à travers les âges ce qu'était la basilique antique.

La basilique primitive de Saint-Clément a été restaurée par le Pape Jean VIII au IXme siècle ; c'est lui qui a fait exécuter le magnifique cancel et le riche *presbyterium* que l'on voit encore aujourd'hui. On y a utilisé aussi un magnifique morceau du cancel en marbre blanc artistement découpé à jour, du VIme siècle [2]. La basilique antique a été entourée entièrement des décombres du Mont-Celius au XIme siècle, au moment de l'incendie allumé par l'envahisseur normand Robert Guiscard. Elle est maintenant entièrement ensevelie dans l'ancien Celius et la basilique qui apparaît au-dessus du sol a été rebâtie à la fin du XIme siècle

---

[1] Hieronymus. *De viris illustribus.* — *Clemens.*
[2] Raffaele Cattaneo, l'*Architettura in Italia,* page 31, fig. 8.

ou au commencement du XIIme, dans les mêmes proportions de longueur et la même distribution. Le *presbyterium* et le cancel de Jean VIII (les marbres portent le monogramme de ce Pape) furent élevés dans la basilique supérieure tandis que l'intérieur de l'antique basilique fut comblé afin d'offrir plus de solidité à la nouvelle construction. Des restaurations abominables du XVIIme et du XVIIIme siècles ne sont pas parvenues à enlever à ce curieux monument le cachet de la basilique antique. Voici quelle en est la disposition :

Nous apercevons d'abord un portique par lequel nous arrivons dans l'*atrium* (l'*atrium* à colonnades des anciennes basiliques) ; au milieu est la fontaine, le *cantharus*, *labrum* ou *nymphaeum* pour les ablutions symboliques. Les chrétiens allaient s'y laver les mains et la figure pour affirmer qu'ils voulaient purifier leurs mains du péché et leur cœur des souillures du monde, avant d'entrer dans le lieu saint [1].

De l'*atrium* on entre dans la basilique. Elle est divisée en trois nefs par deux rangs de colonnes, et se termine par une abside arrondie.

Des cancels en marbre, artistement découpés à jour, séparent les nefs du sanctuaire, *presbyterium*, dont le centre est occupé par l'autel. Au devant de l'autel s'étend dans la nef principale la *schola cantorum*. Cette construction, placée à une marche au-dessus du pavé en mosaïque de la basilique, est fermée de balustrades en marbre et possède à ses deux côtés les Ambons, *Ambones* (Fig. 3). Derrière l'autel, au fond de l'abside, se trouve le siège de l'officiant.

L'Abbaye de St-Maurice a eu deux basiliques de ce genre.

---

[1] Cf. Joan. Chrysost. *Homilia* LII *in Matthæum* ; Tertull., *De oratione*, XI.

L'une, bâtie vers le milieu du IVme siècle, a été décrite ainsi, dans la première moitié du Vme siècle, par saint Eucher, évêque de Lyon :

At vero beatissimorum Acaunensium Martyrum corpora, post multos passionis annos, sancto Theodoro ejusdem loci Episcopo revelata traduntur ; in quorum honorem cum extrueretur BASILICA, quæ vastæ adjuncta rupi, uno tantum latere adclivis jacet, quid miraculi tunc apparuerit nequaquam tacendum putavi, etc [1].

L'autre, bâtie dans la première moitié du VIme siècle, sous l'Abbé saint Ambroise, peu d'années après la fondation de Saint-Sigismond, est décrite ainsi par un moine anonyme du VIme siècle :

... sed nunc, jubente præclaro meritis Ambrosio, loci illius abbate, denuo ædificata biclivis esse dignoscitur.

Nous avons vu plus haut dans l'épitaphe du tombeau de saint Ambroise, Abbé d'Agaune, que les décorations de cette basilique la rendaient toute brillante et que le corps du saint venait y ajouter un nouveau lustre à sa beauté.

Or il y avait dans les basiliques antiques, comme nous l'avons vu déjà, un ou deux ambons.

Voici ce que c'était que l'ambon (Fig. 3) : Au devant du *presbyterium*, entre la *schola cantorum* et les parties des nefs occupées par le peuple, il y avait deux chaires, tournées l'une contre l'autre. Elles étaient portées par des soubassements massifs [2]. D'autrefois ces soubassements étaient ornés de colonnades et d'arcatures comme dans l'ambon de Salonique du IVme ou du Vme siècle [3].

---

[1] Eucherius, *Passio sanctorum Mauricii et sociorum ejus martyrum*.
[2] Ambon de Saint-Clément à Rome (Fig. 3).
[3] Ch. Bayet. *Mémoire sur une mission au mont Athos.* — Ambon de Salonique.

Par deux escaliers à plusieurs degrés, on arrivait, entre deux balustrades, sur une plate-forme. Cette plate-forme était fermée par la double cuve de l'ambon (Fig. 3.) La

Fig. 3. — Ambon de Saint-Clément, à Rome 1.

cuve qui donnait sur le côté du peuple, offrant des formes diverses, était ornementée selon l'importance et la richesse de l'église. A l'époque romane quelques ambons avaient la cuve recouverte de plaques d'or et d'argent émaillés, ou encore incrustée de sculptures en ivoire et de pierres précieuses [2].

[1] L'Abbé Mallet, *Cours élémentaire d'archéologie religieuse :* Mobilier, page 101.
[2] Sainte-Marie *in Cosmedin* aurait été fondée selon la tradition par le Pape saint Denis au IIIme siècle. Elle a été élevée sur les débris d'un

L'ornementation de l'ambon en marbre de Saint-Clément de Rome est, par contre, des plus simples. Un type à peu près semblable, mais d'une époque antérieure, nous est offert à Rome dans l'ambon mutilé de la basilique de *Santa Maria in Cosmedin* [1].

C'est de l'ambon que le diacre lisait l'Evangile et que la parole de Dieu était expliquée et annoncée au peuple. — Dans la basilique que Constantin avait fait élever sur le Vatican au Prince des Apôtres, on lisait ces mots sur l'ambon :

Scandite cantantes Domino, Dominumque legentes
Ex alto populis verba superna sonent.

« Montez, vous qui chantez des louanges au Seigneur, vous qui annoncez le Seigneur.

Que de ce lieu élevé, les enseignements surnaturels résonnent à l'oreille des peuples [2]. »

« Le plateau supérieur de l'ambon, nous dit l'abbé Martigny, surmonté d'un pupitre où l'on peut déposer le livre, était réservé au diacre qui y chantait l'Evangile, le visage tourné vers les hommes ; on y promulgait aussi les édits, mandements et censures de l'évêque ; on y récitait les diptyques des vivants et des morts ; on y annonçait les jeûnes, les vigiles, les fêtes ; on y lisait les lettres de *paix* ou de *communion*, les *Actes des Martyrs* au jour où l'on

---

temple païen. — Le Pape Adrien I" la rebâtit en 782 et l'enrichit considérablement. C'est à cette restauration qu'appartient l'ambon dont j'ai pu reconnaître les balustrades ornementées dans les plaques de marbre soulevées du pavement à l'occasion des restaurations actuelles. La partie ornementée avait été tournée contre terre et l'autre côté avait servi pour enchâsser les mosaïques, l'*Opus Alexandrinum* du pavement.

[1] Extrait du *Cours élémentaire d'archéologie religieuse* de M. l'abbé Mallet, tom. second, *Mobilier*, pag. 27. Librairie Ch. Poussielgue, Paris.

[2] Etude de l'Abbé Davin sur le second volume des *Inscriptiones christianæ urbis Romæ* de J.-B. de Rossi, dans l'*Univers*, éd. sem. q. 6 et 8 octobre 1889.

célébrait la mémoire de chacun d'eux [1]; on y publiait les nouveaux miracles pouvant servir à l'édification des fidèles; enfin c'était du haut de cette tribune que les diacres et les prêtres adressaient leurs instructions au peuple, etc. [2]. »

Les évêques prêchaient de leur siège ou *cathedra*; mais ils prêchaient aussi quelquefois de l'ambon. Au commencement du Xme siècle, Odilon, moine de Saint-Médard de Soissons, raconte un miracle qui fut opéré un jour de translation de reliques, pendant que l'évêque montait à l'ambon pour prêcher, *dum inter sacra officia ambonem Dominus episcopus conscendens*.

Maintenant que nous avons vu le plan de la basilique, la place de l'ambon et sa destination, voici avec son histoire et sa monographie, l'ambon mérovingien retrouvé à Saint-Maurice d'Agaune. Il a dû appartenir à la basilique qui, au VIme siècle, a été bâtie à Agaune pour la psalmodie perpétuelle.

Pendant longtemps, on avait vu sur l'emplacement de nos anciennes églises, dans un vieux mur, un énorme bloc de marbre blanc sortant en saillie arrondie et ornementée. L'archéologue qui y passait, disait : Voilà un beau morceau mérovingien ! Par-ci par-là, un espiègle lançait une pierre sur les grappes de raisin sculptées sur ce marbre. Quelle avait été la destination de ce marbre sculpté ? Personne n'avait pu l'établir.

Lorsque, il y a quelques années, un membre de la Société des Antiquaires de France me conseillait de commencer une collection avec les débris de nos monuments

---

[1] C'est probablement de l'ambon que, dans l'antique basilique d'Agaune, après la lecture des *Actes des Martyrs thébéens* le jour anniversaire de leur mort, saint Avit prononça pour l'inauguration de la psalmodie perpétuelle, la célèbre *Homélie* dont j'ai donné plus haut deux fragments.

[2] Martigny, *Dictionnaire des antiquités chrétiennes*. — Ambon.

antiques, je fis dégager ce marbre blanc pour le transporter au vestibule de l'Abbaye où il se trouve maintenant avec le Bon Pasteur.

Dégagé, il a pu être plus facilement étudié. Par son ornementation, le monument est fait pour être debout. (Fig. 4.) A sa base, il est perforé pour recevoir un tenon fixé à une plate-forme. A ses côtés, il porte des rainures de 0^m,25 de profondeur (Fig. 4) dans lesquelles venaient s'engager les plaques de marbre des balustrades du double escalier qui conduisait sur la plate-forme de l'ambon. (Fig. 3.) — Ce procédé était employé sous les Romains. Les ruines de la basilique de Tebessa en Algérie (province de Constantine) nous en ont laissé une preuve certaine. Voici quelques renseignements que m'a gracieusement communiqués un archéologue qui a visité dernièrement les ruines de Tebessa :

« Constantin abandonna la basilique aux chrétiens pour la célébration du culte. Le marché subsista dans les dépendances. Une grande cour dallée précédait la basilique ; elle était entourée d'une clôture en pierres de taille, à hauteur d'appui. Cette clôture était fermée de pilastres carrés d'environ un demi-pied de côté (0,145) décorés de moulures et séparés par des dalles verticales. Sur les deux faces latérales de chaque pilastre était creusée une *rainure* de 0,03 de largeur environ dans laquelle s'engageait la dalle en pierre verticale qui constituait la clôture en pierres. Plusieurs portions de cette clôture existent encore. »

La partie arrondie de notre ambon porte comme principal emblème religieux une vigne (Fig. 4) qui, d'après l'interprétation des Pères, nous montre Jésus-Christ et ses fidèles : « Je suis la vigne, vous êtes les sarments [1]. »

---

[1] Ego sum vitis, vos palmites : qui manet in me, et ego in eo, hic fert fructum multum : quia sine me nihil potestis facere. Joan., xv, 5.

Me rappelant que du haut de l'ambon Jésus-Christ était montré aux fidèles par son enseignement, son Evangile ; ayant devant les yeux la forme de notre monument, ses rainures, etc., j'ai pris une planche de l'ambon de Saint-Clément de Rome, et en enlevant la cuve à cet ambon, tenant compte de la diversité du style, je le remontais parfaitement en y mettant à la place l'ambon que j'étudiais.

J'avais donc devant moi la cuve d'un ambon (Fig. 4) ; et à la vue des décorations mérovingiennes, la cuve d'un ambon de nos premières basiliques.

Ma conclusion a été confirmée par des études comparatives que j'ai eu l'occasion de faire plus tard à Ravenne, sur un ambon du VIme siècle.

A Ravenne, dans une église un peu délaissée, l'église des Saints-Jean-et-Paul, on voit, dans l'abside, à gauche, une cuve d'ambon absolument identique quant à la forme et aux dimensions principales à celle de l'ambon de Saint-Maurice. La cuve de l'ambon de Ravenne mesure, en hauteur 1^m,20 ; celle de celui de Saint-Maurice, 1^m,21. — Mais à Ravenne les décorations sont différentes. Le sommet de la cuve a une corniche ; et sur les côtés rectilignes d'où l'hémicycle prend naissance, on voit au lieu des palmes, les saints Patrons Jean et Paul. Sous la corniche, il y a une inscription qui permet de déterminer l'année où cet ambon a été exécuté, sous l'épiscopat de Marinien. Il est de l'année 597 [1]. Le reste jusqu'aux moulures de la base est partagé en échiquier avec des ornements symboliques : des poissons, des paons, des colombes, des agneaux et des cerfs. Cet ambon a servi de modèle pour les autres ambons de Ravenne. Celui qui est conservé dans l'abside de la cathédrale n'est qu'une imitation du premier, dans des proportions plus monumentales.

---

[1] Raffaele Cattaneo, *L'architettura in Italia*, page 19.

L'ambon des Saints-Jean-et-Paul, malgré son ornementation spéciale, prouve d'une manière sûre, par sa forme générale et ses proportions, que le monument de Saint-Maurice est bien la cuve d'un ambon.

Pour son attribution à l'époque mérovingienne, j'avais cependant une chose qui m'embarrassait beaucoup : c'étaient les arcs entrelacés formant la décoration de la base du monument. Les monuments de cette époque sont très rares, il est vrai ; et il ne m'avait pas été possible d'en trouver avec des arcs entrelacés. J'ai soumis alors ma difficulté au célèbre archéologue des Catacombes, M. le commandeur J.-B. de Rossi.

Il me donna cette réponse :

La cuve d'un ambon me semble bien déterminée. La sculpture, tant que la faible photographie l'indique, est en relief très bas. S'il s'agissait d'un monument d'Italie, je le croirais plutôt du VIIme que du VIme siècle. Pour un monument de Suisse, je ne me permets pas d'être affirmatif. Il faudrait interroger M. Le Blant qui a passé en revue toutes les sculptures chrétiennes des siècles IVme, Vme, VIme et VIIme des Gaules. Je ne me souviens pas d'un exemple des arcs entrelacés comme ceux de votre ambon, avant le VIIme siècle. Mais c'est un motif si simple et si facile à concevoir que je ne vois aucune difficulté contre son attribution au VIme siècle. Pour les entrelacs en général et leur origine très ancienne, vous pouvez consulter le petit mais excellent livre de M. Müntz, *Etudes iconographiques sur le moyen âge*. Un fragment de cuve d'ambon, que vous pourriez utilement rapprocher du vôtre a été publié et amplement illustré à Modène par M. le chevalier Bortoloti, etc.

Pour déterminer au juste le siècle d'un monument exécuté de ce côté des Alpes, J.-B. de Rossi me renvoyait donc à Edmond Le Blant, qui s'est occupé spécialement des monuments chrétiens des Gaules. Or, d'après les photographies et les renseignements que j'ai donnés, Edmond Le Blant conclut ainsi :

Vos deux marbres sont, me paraît-il, du VIme siècle, et cela n'est contredit par aucun détail de l'ornementation.

Lorsque plus tard je montrais à M. J.-B. de Rossi une meilleure photographie de l'ambon de Saint-Maurice, il me déclara encore que ce monument pouvait être attribué à l'époque mérovingienne.

A cela viennent se joindre les renseignements fournis par l'histoire. C'est bien comme nous l'avons vu précédemment dans la première moitié du VIme siècle que la seconde basilique de nos Martyrs a été bâtie par l'Abbé saint Ambroise, peu d'années après la fondation de saint Sigismond. Et la décoration de l'ambon correspond bien à la fin que l'on s'était proposée dans ces constructions grandioses.

Saint Sigismond avait convoqué une assemblée à Agaune pour décréter une fondation grandiose en l'honneur des Martyrs thébéens. Dans la charte de fondation, la résolution des évêques présents est racontée ainsi :

Nous avons décrété que la clémence du roi ordonnât de bâtir aux frais du roi, une basilique digne de si glorieux martyrs ; et que, dans l'enceinte même de la basilique, on réservât une sépulture spéciale pour les corps de ceux dont les noms sont connus, c'est-à-dire, de Maurice, d'Exupère, de Candide et de Victor. Les autres corps seront placés sous la basilique, dans un lieu très fortifié et bien préparé pour cela [1]. Des gardiens seront députés pour le garder avec le plus grand soin, afin que, ce qu'à Dieu ne plaise, des falsificateurs ne viennent voler ces corps. Que l'office de la psalmodie durant le jour et la nuit soit établi [2].

Cette basilique devait donc être une église au vrai Dieu et un reliquaire pour les Martyrs thébéens. Or nous allons

---

[1] Les Catacombes que l'on voit encore avec des voûtes à berceau appuyées sur des murs d'une épaisseur immense, ont probablement été bâties en exécution de ce décret.

[2] *Charte de fondation*, copie du XIIme siècle. Archives de l'Abbaye.

Fig. 4. — Cuve de l'Ambon de Saint-Maurice.

voir que dans cet ambon, le décret de l'assemblée d'Agaune est, sous le rapport de la richesse et des emblêmes, admirablement retracé par le ciseau de l'artiste.

A part les arcatures de la base et les tresses, qui ne sont que de simples motifs d'ornementation, tout est parlant. C'est Jésus-Christ qui est représenté par de touchants symboles au milieu du triomphe de ses martyrs.

Le monument (Fig. 4) est en marbre jurassique. C'est une cuve non évidée mesurant 1^m,21 en hauteur et 0^m,94 en largeur. A la base, une bande de 0^m,18 de hauteur est occupée par des arcatures entrelacées. Au dessus des deux extrémités de ces décorations s'élèvent deux magnifiques palmes de 1^m,03 de haut. Elles s'élancent jusqu'au sommet du monument. Entre ces deux palmes se détache, de la base du monument au sommet, un hémicycle de 0^m,75 de diamètre. A la naissance de l'hémicycle des tresses, imitation de vannerie, de 0^m,15 de large, exécutées avec une perfection admirable et encadrées entre deux baguettes, vont des arcs entrelacés au sommet du monument. Entre ces tresses, on trouve à la base une bande occupée par six palmiers. Cette bande est fermée par une baguette qui la sépare du champ principal. L'ornementation du champ principal est une magnifique vigne qui déroule ses sarments chargés de raisins et de feuillages. Entre le sommet des deux branches, on voit un petit encadrement avec une fleur, puis deux enroulements avec une palme, symbole des éternelles félicités [1].

Chaque partie de la décoration de ce monument demande à elle seule une dissertation au point de vue archéologique et symbolique. C'est à ce double point de vue que sera consacrée la suite de cette étude.

---

[1] Cf. *Les Catacombes de Rome*, par L. Perret. *Rome souterraine*, résumé des découvertes de Rossi, par Spencer Northcote, traduit en français par P. Allard, page 354.

ARCATURES ENTRELACÉES

A la base du monument, une bande de 0^m,18 de hauteur est occupée par des arcatures entrelacées (Fig. 4 et 5).

Cette question des arcs entrelacés s'était posée au début de l'étude de ce monument comme une objection à son attribution au VIme siècle. Elle a été résolue par les deux plus grands maîtres de l'archéologie chrétienne : J.-B. de Rossi et Edmond Le Blant. M. le commandeur J.-B. de Rossi, dans une lettre du 16 juillet 1889, me disait : « Je ne me souviens pas d'un exemple des arcs entrelacés comme ceux de votre ambon, avant le VIIme siècle. Mais c'est un motif si simple et si facile à concevoir que je ne vois aucune difficulté contre son attribution au VIme siècle. »

M. Edmond Le Blant me disait pareillement dans la lettre déjà citée : « Vos deux marbres sont, me paraît-il, du VIme siècle, et cela n'est contredit par aucun des détails de l'ornementation. »

Il est du reste possible de voir comment l'artiste est arrivé à la combinaison des arcs entrelacés dans notre ambon.

Les Catacombes de Rome nous offrent des exemples de décorations en arcatures superposées [1]. Les intrados des arcatures supérieures correspondent aux extrados des arcatures inférieures et laissent entre ces lignes un vide considérable rempli par d'autres motifs de décoration.

Dans notre marbre le champ était très limité ; les arcatures devaient être exécutées à la base, sur une bande haute de 0^m,18, et limitée, à son sommet, par une autre bande sur laquelle il y a six palmiers. On traça d'abord des arcatures ; puis, au lieu d'en avoir une seconde série

---

[1] J.-B. de Rossi, *Roma sotteranea*, cimetière de St-Soter, planch. v.

superposées aux premières, on les abaissa ; et les arcatures supérieures eurent leur base au centre des arcatures inférieures. C'est ce qui a fait de cette bande une charmante décoration d'arcs entrelacés.

Ce mode d'ornementation a, du reste, été employé en Syrie, au VIIme siècle. Raffaele Cattaneo, l'habile restaurateur de Saint-Laurent-hors-des-Murs, dans son *Architettura in Italia*, reproduit le portail d'une église à Behioh, en Syrie [1], ornementé d'arcatures entrelacées absolument identiques à celles de l'ambon de Saint-Maurice.

Ces décorations et celles de la base de la cuve de notre Ambon sont probablement les plus anciens exemples d'arcatures entrelacées.

LES PALMES

Au-dessus des deux extrémités de la bande sur laquelle ces arcs entrelacés ont été exécutés, s'élèvent deux magnifiques palmes de 1^m,03 de haut (Fig. 4 et 5). Elles naissent gracieusement en doucine sur la base que je viens de décrire et s'élancent sur des côtés rectilignes jusqu'au sommet du monument. Nous sommes ici en face du symbolisme et de la place que la palme a occupée dans le symbolisme.

Le sens symbolique que l'on donnait à la palme au VIme siècle, nous est donné par un personnage qui a dominé la seconde moitié de ce siècle de tout l'éclat de son génie, saint Grégoire-le-Grand, né vers 540 et mort en 604.

Que signifient les *palmes*, nous dit-il, si ce n'est les récompenses de la victoire ? C'est aux vainqueurs, en effet, que l'on a

---

[1] Raffaele Cattaneo, l'*Architettura in Italia*, pag. 71, Fig. 23.

l'habitude de les donner. C'est pourquoi il est écrit de ceux qui, dans le combat du martyre, ont vaincu l'antique ennemi du genre humain, et victorieux déjà jouissent des joies de l'éternelle patrie : Ils portaient des *palmes* dans leurs mains, et, chantant d'une voix sublime, ils disaient : Salut à notre Dieu, qui siège sur le trône, et à l'Agneau. (Apocalyp., VII, 9 et 10 [1].)

Saint Cyprien en montrant la patience du Christ qui doit servir de modèle à la nôtre, nous avait expliqué, au IIIme siècle, la signification que le peuple chrétien attachait à la palme.

Jésus s'est laissé couronner d'épines, lui qui couronne les martyrs des *fleurs éternelles*. Il s'est laissé frapper au visage avec des *palmes*, lui qui distribue les vraies *palmes* aux vainqueurs [2].

On avait donné à la *palme* la même signification dans les Catacombes de Rome. Dans le tombeau des martyrs, on engageait souvent dans le mortier une ampoule, en verre colorié, dans laquelle on avait recueilli du sang du martyr à qui on donnait la sépulture [3] ; et sur la pierre qui fermait le *locus* ou *loculus*, on gravait ou sculptait une palme. Le cimetière de Calliste en fournit plusieurs exemples [4].

La palme a passé dans le langage ecclésiastique pour désigner le martyre, bien que quelquefois, dans l'antiquité chrétienne, on l'ait aussi employée sur le tombeau des chrétiens qui n'avaient point versé leur sang pour Jésus-Christ : Il a reçu la palme du martyre.

---

[1] S. Gregorius *in Ezechielem*, lib. II, homil. V ; edit. Benedict. S. Mauri, t. I, col. 1362. Cf. etiam lib. XIX, cap. xxviii, Moral., t. I.

[2] S. Cyprianus, *De bono patientiæ*, Opera, edit. Basil., 1520, p. 200.

[3] On a trouvé aussi quelques vases qui auraient été destinés à contenir des parfums, selon l'usage antique, plutôt que du sang des martyrs.

[4] Louis Perret, *Catacombes de Rome*, vol. IV, planch. xviii ; palme sur une lampe et sur un vase, *Ibid.* planch. xix et xx.

Pour nous faire une juste idée de ce que, dans notre cas, ce symbolisme, qui n'était plus un mystère pour personne, devait avoir d'éloquence, il faut nous rappeler que les royales largesses de saint Sigismond avaient fait de la nouvelle basilique des Martyrs thébéens un vrai reliquaire [1].

Dans la basilique même, il y avait les corps des chefs de la Légion thébéenne ; et dans une catacombe immense (qui est probablement celle que l'on voit encore) située sous la basilique, étaient placés les corps des soldats [2].

Dans la basilique, on devait peut-être voir déjà le magnifique vase en Sardonix [3] contenant du sang des Martyrs thébéens ; car ce vase, l'un des plus précieux que l'antiquité nous ait légués, specimen unique, est attribué par les plus savants archéologues à un artiste de l'époque constantinienne [4].

Ces deux immenses palmes, dans ce tombeau glorieux, rappelaient à l'œil du chrétien l'éternel triomphe des Martyrs thébéens.

LES TRESSES

Entre les deux palmes se détache, de la base du monument au sommet, un hémicycle. Des tresses, imitation de vannerie, de 0^m,15 de large, exécutées avec une perfection admirable, et encadrées entre deux baguettes, vont des arcs entrelacés au sommet du monument (Fig. 4).

---

[1] Acte de fondation de saint Sigismond, *Archives de l'Abbaye*, copie du XIIme siècle. — Cf. L'inscription du tombeau de l'Abbé saint Ambroise, donnée plus haut.
[2] *Ibidem*.
[3] Trésor de l'Abbaye de Saint-Maurice.
[4] Édouard Aubert, *Trésor de l'Abbaye de Saint-Maurice d'Agaune*, pag. 151 et seqq. — Planch. XVI-XXVII.

Blavignac, dans son *Histoire de l'architecture sacrée dans les anciens évêchés de Genève, Lausanne et Sion* [1], nous montre comment par la main des artistes gallo-romains, les tresses, les entrelacs et les treillages décoratifs ont passé des constructions en bois et des travaux de vannerie, dans lesquels les Gaulois étaient très habiles, dans les monuments en pierre, etc., et ont persisté à travers une grande partie du moyen âge. Il prouve son assertion par divers fragments de l'école gallo-romaine; et entre autres, par deux plaques de ceinturon où, dit-il, le fond des figures offre un dessin qui n'est autre chose qu'une reproduction des claies formant la clôture des maisons gauloises.

Saint Grégoire de Tours nous fait voir, en effet, au VIme siècle encore, à une porte de Paris, un oratoire dédié à saint Martin, bâti avec des gaules entrelacées [2].

Les explications données par l'auteur de l'Histoire de l'archéologie sacrée de nos anciens diocèses étaient très ingénieuses. Mais c'était trop donner à l'art gaulois que de lui attribuer exclusivement l'origine de ces motifs d'ornementation. Les Romains s'en sont servis avec beaucoup d'élégance et de profusion.

Dans ces dernières années, Eugène Müntz a donné dans ses *Etudes iconographiques et archéologiques sur le moyen âge*, une intéressante dissertation sur les tresses et les entrelacs. Après avoir refusé aux Irlandais la paternité de ces motifs d'ornementation, il nous fait voir un exemple

---

[1] Blavignac, *Histoire de l'architecture sacrée dans les anciens diocèses de Lausanne, Genève et Sion*, pag. 9 et 12. — Atlas, pl. I, N°s 13, 17, 29, 30, 125, 284.

[2] Vir autem qui eum *intextis virgultis* in sublime construxerat confisus in Domino, nec de beati Martini virtute diffusus, se resque suas intra ejus parietes ambivit dicens... — Gregorius Turon., *Historia Francorum*, lib. VIII.

de tresses dans un cylindre chaldéen du Musée du Louvre. Il nous montre l'emploi fréquent qu'en ont fait les artistes romains ainsi que la diffusion que ces lanières ou nattes croisées et enchevêtrées, ornements pleins d'élégance, obtinrent dans les diverses parties du monde ancien [1].

Cette ornementation a été connue des artistes grecs; et le développement de l'art byzantin, sous la domination des Grecs à Ravenne, a laissé de nombreux exemples de tresses dans la décoration des monuments [2]. Ces ornementations de tresses et d'entrelacs employés par les artistes grecs ont été imitées en Italie sous la domination des Lombards, jusqu'à l'époque carlovingienne [3].

Ce serait à ce mouvement de l'art romain ou de l'art byzantin aussi bien qu'à l'art gaulois que l'on pourrait rattacher l'emploi des tresses, de ce côté des Alpes.

Les entrelacs et les tresses étaient l'ornementation particulièrement recherchée des artistes du Vme et du VIme siècle. L'Abbaye de Saint-Maurice en possède deux magnifiques spécimens. L'un se trouve dans le fameux coffret mérovingien, ce chef-d'œuvre qui n'a son semblable dans aucun trésor, ni aucun musée du monde. La face inclinée et postérieure du couvercle en or pur est encadrée par des perles d'or et couverte des *entrelacs* faits de deux fils d'or réunis et tordus en spirale. Ces entrelacs sont arrêtés aux extrémités du champ par des rivets imitant des perles fines.

L'autre spécimen est celui que je décris dans l'Ambon de Saint-Maurice (Fig. 4). Ce sont des tresses qui vont, entre deux baguettes, des arcs entrelacés de la base au

---

[1] Eugène Müntz, *Etudes iconographiques et archéologiques sur le moyen âge*, pag. 134-164.
[2] Voir au Musée archéologique de Ravenne.
[3] Raffaele Cattaneo, *L'Architettura in Italia*, cap. I et II.

sommet du monument et ont une largeur de 0ᵐ,15. La base offre le début de la tresse, imitation de vannerie. Ce sont des joncs accouplés de trois baguettes. Deux accouplements de ce genre, doublés au commencement de la tresse fournissent quatre lanières ou baguettes pour la poursuivre jusqu'au sommet de l'Ambon.

Des exemples de tresses du genre de celles que je décris, se rencontrent en Orient et en Occident.

L'Orient nous offre un spécimen absolument semblable dans une mosaïque trouvée près de Tyr, où les tresses longent comme ici le champ du monument et lui fournissent une ornementation pleine d'élégance [1].

En Occident, nous trouvons ce genre de tresses en assez grande quantité et d'une exécution exquise, à Rome, dans les pavements en mosaïque du cimetière de Sainte-Hélène découvert en 1838 [2].

Les spécimens de *tresses* semblables à celles qui décorent l'Ambon de Saint-Maurice, sont multipliés dans la grande mosaïque de la Salle de Constantin au Vatican. — L'immense mosaïque à personnages, tirée des Thermes de Constantin et conservée dans la Salle de Constantin du Musée chrétien de Latran, a toutes les divisions des champs occupés par les personnages, formées de *tresses* absolument semblables à celles de notre Ambon.

Vers l'époque de notre monument, on en trouve dans les marbres du Musée de Ravenne et aussi dans un magnifique morceau du cancel en marbre blanc artistement découpé à jour, du VIᵐᵉ siècle, de l'ancienne basilique de Saint-Clément, à Rome [3].

---

[1] Bayet, *L'Art byzantin*, fig. 6.
[2] Louis Perret, *Catacombes de Rome*, vol. II, pl. LXIII, LXIV et LXV.
[3] Raffaele Cattaneo, *L'Architettura in Italia*, pag. 31, fig. 8.

LES PALMIERS

Entre ces tresses, au-dessus des arcs entrelacés de la base se trouve une bande occupée par six palmiers (Fig. 4 et 5). Nous sommes ici en présence d'une décoration symbolique. Le palmier rappelait aux peuples de l'Occident Jésus-Christ qui nous a envoyé l'Evangile de l'Orient.

C'est ainsi déjà que le Messie avait été annoncé par le prophète Zacharie. Dans une apparition, le prophète vit l'ange du Seigneur à côté de Jésus, grand-prêtre de Jérusalem, et l'entendit lui dire ces mots :

Ecoutez, ô Jésus, grand-prêtre, vous et vos amis qui sont auprès de vous, parce qu'ils sont destinés pour être la figure de l'avenir. Je vais faire venir l'*Orient*, mon *Serviteur* [1].

Dans une autre vision, Zacharie entendit la voix du Seigneur qui le chargea d'apporter ces paroles au grand-prêtre Jésus, fils de Josédec :

Voilà l'*Homme*; son nom est *Orient*. Ce sera un germe qui poussera de lui-même et il bâtira un temple au Seigneur. Il construira un temple au Seigneur ; il sera couvert de gloire ; il s'assiera sur son trône et il dominera [2].

Le palmier rappelant l'*Orient* était donc significatif ; et cette pensée de Jésus éclairant le monde, comme le soleil qui sort de l'Orient, était nourrie par les cérémonies chrétiennes. — Dans le traité *De ecclesiastica Hierarchia* attribué à saint Denys l'Aréopagite, et appartenant du moins à l'antiquité chrétienne, les cérémonies qui précèdent le Baptême sont ainsi exposées :

---

[1] « Audi, Jesu, sacerdos magne, tu et amici tui qui habitant coram te, qui viri portendentes sunt : ecce enim ego adducam servum meum Orientem. » (Zach., c. III, v. 8.)

[2] Zacharias, cap. VI, v. 12 et 13.

« Le prêtre prenant le catéchumène le tourne la face contre l'Occident, lui fait tendre les mains du même côté et lui ordonne de souffler contre Satan pour le repousser. Lorsque le catéchumène a, par trois renonciations solennelles, repoussé Satan, par ordre du prêtre, il se tourne du côté de l'*Orient*. Les mains et les regards tendus vers le ciel, il acclame le Christ et son enseignement [1]. »

Saint Jérôme nous dit pareillement que dans les cérémonies du saint Baptême, celui qui s'y présentait, se tournait vers l'Orient pour contracter un pacte avec le Soleil de justice et lui promettre une éternelle obéissance [2].

Saint Ambroise nous montre [3] à Milan la même pratique dans les cérémonies du Baptême [4].

L'architecture reproduisait la même pensée par la disposition de l'édifice sacré. L'église était disposée de telle sorte que le prêtre, priant au nom du peuple, fût tourné vers l'Orient.

Le palmier symbolique se trouve maintes fois dans les Catacombes de Rome.

Dans les verres dorés exécutés au IIIme et au IVme siècle, on trouve les palmiers symboliques [5]. Parmi les tombeaux

---

[1] B. Dionysii Areopag., *De ecclesiastica Hierarchia*, cap. III.

[2] S. Hieronymus, *Commentarium in Amos*, lib. III.

[3] S. Ambrosius, *De Mysteriis*, cap. II.

[4] Dans l'office de l'*Immaculée Conception*, l'Eglise fait lire ces paroles de l'*Homilia sancti Germani Episcopi (In Præsent. Deiparæ)* : « Ave, amœnissimus et rationalis Dei paradisus, benevolentissima et omnipotenti ejusdem dextra hodie ad *orientem* plantatus, et ipsi suave olens lilium, et rosam immarcescibilem germinans in eorum medelam, qui pestiferam animæque exitialem amaritudinem mortis *ad occidentem* ebiberant. » — Le 21 décembre, elle chante l'arrivée prochaine du Rédempteur : O *Oriens,* splendor lucis æternæ et sol justitiæ, veni et illumina sedentes in tenebris... Cf. etiam Damascenum, *De adoratione ad Orientem*, *Orthod. fid.*, lib. IV. — On voit par là comment les Francs-Maçons avec leur mot symbolique *Orient,* ont l'air de vieux sacristains apostats.

[5] Pératé, *Archéologie chrétienne*, pag. 353 et 354.

des Catacombes qui reproduisent le même sujet, on peut citer celui d'une dame romaine trouvé par J.-B. de Rossi, décrit et reproduit dans cette Etude au sujet du Bon Pasteur de Saint-Maurice.

Les deux extrémités de la partie antérieure sont occupées par des palmiers.

La même ornementation symbolique est répétée plus tard dans des mosaïques qui existent encore. A Ravenne, la ville des vieilles mosaïques chrétiennes, à Saint-Apollinaire-Nouveau, dans la procession des saintes, chacune d'elles s'avance au milieu des *fleurs* sous l'ombrage des *palmiers* mystiques. Cette basilique a été bâtie et décorée au VIme siècle [1].

Blavignac a retrouvé le palmier à Genève, dans les débris d'une basilique gallo-romaine.

A Rome, dans l'église des Saints-Côme-et-Damien, deux grands *palmiers* terminent la scène de la mosaïque absidale du VIme siècle [2].

La basilique de Sainte-Cécile, restaurée et embellie par le Pape Pascal Ier, en 822, nous offre une mosaïque représentant sainte Cécile et saint Valérien dans les triomphes du martyre. Ils sont placés entre deux *palmiers* chargés de fruits; ils marchent sur un champ de verdure et sous leurs pas s'épanouissent les lis et les fleurs [3].

L'artiste du haut moyen âge en sculptant les six *palmiers* sur l'Ambon de la basilique des Martyrs thébéens montrait donc aux pèlerins un symbole aimé et bien connu des chrétiens.

---

[1] Pératé, *Archéologie chrétienne*, page 234.
[2] Pératé, *Ibid.*, page 247.
[3] Louis Perret, *Catacombes de Rome*, vol. I, pl. LXXV; texte pag. 44 et suivantes.

LA VIGNE

Le champ principal est occupé par une magnifiqu[e] vigne qui déroule ses sarments chargés de raisins et [de] feuillages (Fig. 5).

Le symbolisme nous est expliqué ici par Jésus-Chri[st] lui-même :

Je suis la vraie vigne et mon Père en est le vigneron. To[ut] sarment qui ne porte pas de fruit en moi, il le retranchera ; celui qui porte du fruit, il l'émondera afin qu'il en po[rte] davantage.

Demeurez en moi et je demeurerai en vous. Comme le sarme[nt] ne peut porter du fruit par lui-même s'il ne demeure uni [à] la vigne ; ainsi vous ne pouvez porter des fruits, si vous [ne] demeurez en moi. Je suis la vigne ; vous êtes les sarments. Cel[ui] qui demeure en moi et me possède, porte beaucoup de fruit[s], car sans moi vous ne pouvez rien faire. (Joan., xv.)

Si ces paroles sont retracées d'une manière vivante da[ns] notre vigne (Fig. 4 et 5), dans quel endroit après l'aut[el] le symbolisme était-il plus parlant que sur l'ambon ? [Il] était placé dans un lieu assez rapproché de la foule ; c'était du haut de l'ambon qu'on lisait l'Evangile, qu[e] prêchait Jésus-Christ.

L'ambon de l'ancienne basilique de Saint-Pierre à Rom[e] bâtie par les munificences de l'empereur Constantin, port[ait] cette inscription :

Scandite cantantes Domino, Dominumque legentes.

La vigne était souvent représentée dans les Catacomb[es] et dans les autres monuments de l'antiquité chrétienne. [On] aimait souvent y joindre des oiseaux qui venaient becque[ter] les raisins.

L'AMBON DE SAINT-MAURICE 55

Fig. 3. — L'Ambon de Saint-Maurice.
Vu de face.

Des ornementations de ce genre se trouvent sur des sarcophages de la Gaule, à l'époque mérovingienne [1].

Ravenne possède un sarcophage qui remonte vers le VIme siècle et dont le champ principal porte une décoration semblable à celle de la cuve de l'Ambon de Saint-Maurice; mais, comme dans un sarcophage de M. Le Blant, à Bordeaux, la vigne sort d'un vase et on y voit des oiseaux qui viennent becqueter les raisins [2].

Le sens symbolique était alors un peu modifié. On rappelait par là les joies du paradis et surtout la Sainte-Eucharistie où l'âme chrétienne vient se nourrir [3].

La vigne chargée de raisins se voit dans l'Ambon de Salonique publié par Bayet. Ce monument de Salonique, du IVme ou du Vme siècle [4], rapproché de l'Ambon mérovingien de la basilique d'Agaune, nous montre quelle était en Orient et en Occident l'ornementation de prédilection du champ principal de la cuve de l'ambon. — A Salonique, c'est le soubassement seulement qui reste avec ses arcades où se tiennent des personnages. De la cuve il ne reste plus qu'un fragment inférieur de la partie gauche; mais il est assez considérable pour en déterminer toute l'ornementation.

Voici comment Bayet a décrit ce fragment :

Le système d'ornementation de la partie semi-circulaire du monument offre avec celui que nous venons de décrire de sensibles différences. Immédiatement au-dessus des archivoltes règne un cordon de feuilles qui sert comme de bordure. Une rangée de feuillages et un chapelet de perles complètent cet encadrement.

---

[1] Edmond Le Blant, *Sarcophages chrétiens de la Gaule*, pag. 88 et 89; pl. XXXIII. (Sarcophages de Bordeaux).

[2] Bayet, *L'Art byzantin*, pag. 82 et 87, fig. 29.

[3] Martigny, *Dictionnaires des antiquités chrétiennes*.

[4] Bayet, *Mémoire sur une mission au mont Athos, suivi d'un Mémoire sur un ambon conservé à Salonique*.

Tout le reste était occupé par une vigne qui étendait çà et là ses rameaux chargés de grappes ; des coupes ciselées, où sans doute on voyait boire des oiseaux, se détachent encore au milieu des feuilles. Malheureusement toute cette partie supérieure a bien souffert [1].

Comme on vient de le voir et comme on peut l'examiner dans la première planche de Bayet, il y a ici un vase sous la vigne ou les raisins. Mais dans la cuve de l'Ambon de Saint-Maurice (Fig. 4 et 5) où l'on ne remarque ni vase ni coupe, l'idée du symbolisme évangélique est moins divisée ; la pensée se porte tout entière sur : *Ego sum vitis et vos palmites...*

UNE PALME ET UNE FLEUR

Vers le haut du champ principal, entre les extrémités des deux branches de la vigne chargée de raisins, on voit, dans notre monument, une fleur dans un petit encadrement, deux enroulements et une palme (Fig. 4 et 5).

Nous sommes ici en face des joies du paradis ; et, ces représentations des joies du ciel étaient fréquentes dans l'antiquité chrétienne [2]. — La signification du symbolisme des fleurs nous est donnée par saint Cyprien dans son admirable sermon sur la *Patience* : « Quelle patience dans Jésus-Christ... pour qu'il laissât battre son corps à coups de fouets et ceindre son front d'une couronne d'épines, lui qui couronne les martyrs des *fleurs éternelles* ; pour qu'il se laissât frapper au visage avec des palmes, lui qui donne les vraies palmes aux vainqueurs » [3].

---

[1] *Ibid.*, page 257.
[2] Martigny, *Dictionnaires des antiquités chrétiennes*.
[3] « ... flagella ipse pateretur, coronaretur spinis, qui martyres *floribus coronat æternis,* palmis in faciem verberaretur qui *palmas veras vincentibus tribuit.* » S. Cyprianus, *De bono Patientiæ*, edit. Basil. pag. 200.

Les sarments s'élançant chargés de fruits, du cep qui est Jésus-Christ, *Ego sum vitis et vos palmites,* ce sont les chrétiens qui accomplissent les bonnes œuvres sur la terre ; les *fleurs* et la *palme* ce sont les joies du paradis.

ÉPILOGUE

Il ne serait peut-être pas impossible de retrouver parmi les ruines entassées des anciennes basiliques d'Agaune, les parties qui manquent à cet Ambon et de reconstruire un des plus curieux monuments de l'époque mérovingienne.

Ces fouilles seraient, sous d'autres rapports encore, du plus haut intérêt pour l'archéologie chrétienne. J'ai montré, bâties près du rocher, les deux basiliques du IVme et du VIme siècle, et, non loin de là, les Catacombes dont la construction a peut-être été l'exécution du décret de l'Assemblée d'Agaune sous saint Sigismond, roi de Bourgogne. Sur le même emplacement, appelé *Martolet,* entre l'église abbatiale que l'on voit maintenant, et le tunnel du chemin de fer, d'autres basiliques ont, à travers le moyen âge, succédé aux premières. Au XIIme siècle, l'une d'elles fut consacrée par le Pape Eugène III lui-même. — Le sol est, en ce moment, exhaussé par ces constructions successives d'environ 5 mètres au-dessus de la rue qui longe l'Abbaye. — Dans le rocher, on trouverait l'ancienne chapelle du Trésor, taillée dans la roche vive, et visitée par saint Udalrich d'Augsbourg, vers le milieu du Xme siècle, au moment où les Sarrasins venaient de livrer l'Abbaye aux flammes [1].

C'est l'endroit de la Suisse où l'on pourrait chercher le plus sûrement des antiquités chrétiennes. — Des savants haut placés dans la Confédération suisse, après avoir examiné la chose de près, ont offert leur sympathique appui pour une demande éventuelle de subsides destinés à ces fouilles.

Je serais heureux si, après avoir montré au public le Bon Pasteur et l'Ambon de Saint-Maurice d'Agaune, je pouvais par mes indications donner un premier coup de pioche dans des fouilles qui nous révéleraient des monuments de la plus haute importance pour la Religion et pour la Patrie.

---

[1] « Qui *(Canonici)* hilaritatis ejus dulcedinem et sanctitatis religionem persentientes, ne delectabili desiderio privatus abiret, aperta collationis Sanctorum *spelunca in scopulo exciso*, plurima parte reliquiarum lætificaverunt. » Bolland. 4 Julii, tom. II, pag. 113.

N.-B. La note 1 de la page 36 doit être la première à la page 35 ; tandis que la note 2 de la page 35 appartient à la page 36.

CONFÉRENCE

SUR

LA QUESTION SOCIALE

CONFÉRENCE

SUR

LA QUESTION SOCIALE

PAR

Jules MICHEL

INGÉNIEUR EN CHEF DE LA COMPAGNIE DES CHEMINS DE FER
PARIS-LYON-MÉDITERRANÉE

FRIBOURG (Suisse)
IMPRIMERIE ET LIBRAIRIE DE L'ŒUVRE DE SAINT-PAUL
259, RUE DE MORAT, 259

1895

CONFÉRENCE

I

La question sociale.

De notre temps on parle beaucoup de la *question sociale*. Est-ce donc une nouveauté; quelque chose d'inconnu aux temps qui nous ont précédés ? Nullement ! La question sociale, c'est le nom donné de nos jours à l'éternel besoin de l'homme, à la poursuite du bonheur. Seulement il semble que la plupart des hommes de notre génération ont placé le bonheur dans le bien-être matériel ; par là, ils rendent insoluble la question sociale, qui se dresse devant eux comme un douloureux problème.

Le bien-être, en effet, ne constitue pas le bonheur. La recherche du bien-être nous en éloigne au contraire, car notre soif de jouissances matérielles n'a pas de limites, et ce ne sont pas les satisfactions du corps qui donnent à l'âme l'élan vers l'idéal qui est sa fin ; elles ne font qu'irriter nos aspirations par la déception qu'elles nous procurent ; et dans notre égarement nous sommes alors tentés d'accuser la Providence ; nous lui reprochons d'avoir mal organisé la société, où nous ne trouvons pas le

---

[1] Mémoire donné, le 4 octobre 1894, dans la réunion générale de la *Société helvétique de Saint-Maurice*, par M. Jules Michel, ingénieur en chef du chemin de fer de Paris-Lyon-Méditerranée.

bonheur espéré. Pour l'atteindre nous n'hésiterions pas à bouleverser cette société soi disant coupable de nos mécomptes.

Une certaine somme de satisfactions matérielles est assurément indispensable à l'homme pour atteindre le but de son existence. Le reste, sans être indifférent, n'est pas absolument nécessaire et, dans tous les cas, n'est jamais suffisant pour remplir le vide de l'âme humaine.

Il est donc permis d'affirmer devant vous que la solution de la question sociale ne repose pas, comme on le répète trop souvent, sur l'augmentation du salaire de ceux qui travaillent de leurs mains, ni sur la diminution des heures de travail; encore moins sur la spoliation de ceux qui possèdent, au profit de ceux qui ne possèdent rien.

Il faut le dire bien haut, la question sociale n'est pas une question de salaires, c'est une question morale. Le bonheur pour chacun de nous repose sur la paix intérieure et extérieure; sur la paix de l'âme, qui résulte de l'accomplissement du devoir, et sur la paix sociale, qui est le produit de l'harmonie des idées, des sentiments et des intérêts dans le milieu où l'on vit : et il n'y a d'harmonie sociale que dans l'accomplissement des devoirs réciproques de toute nature. Parmi ceux-là figurent au premier rang les devoirs de ceux qui travaillent et les devoirs de ceux qui font travailler. Quels sont ces devoirs ? Les connaître est la première étape de la solution de la question sociale; les remplir est la seconde; et naturellement la plus importante.

II

Les devoirs.

Les devoirs de ceux qui travaillent : il serait sans doute utile de les leur rappeler; car il semble qu'on affecte depuis quelques années de les méconnaître, pour ne montrer que les privations dont souffre souvent la classe ouvrière, et pour laisser croire qu'elles sont toutes imméritées.

L'inconduite, l'intempérance, l'ignorance, la paresse, l'envie ne sont-elles pas pour produire des fruits amers ? Qui dira que les ouvriers en sont tous exempts ? Mais ce n'est pas ce côté de la question que je veux envisager aujourd'hui. Je veux vous entretenir des devoirs de ceux qui font travailler les autres, de ceux qu'on appelle les *patrons* : ce nom qui dérive étymologiquement du mot *pater*, père, fait pressentir quels sont leurs devoirs. Les patrons sont les pères de la famille industrielle : il faut qu'ils remplissent vis-à-vis de leurs ouvriers les principaux devoirs du père vis-à-vis de ses enfants.

Le malheur de notre temps c'est que beaucoup de patrons les ont oubliés. Ignorance ou paresse de leur part plutôt qu'avidité blâmable ; aussi ne doit-on pas se lasser de leur rappeler ces devoirs et de leur donner en exemple ceux qui savent les remplir ; et, on peut le dire à l'honneur de la nature humaine, il n'est pas difficile de trouver de nombreux et louables exemples de patrons qui s'appliquent à réaliser autour d'eux les meilleures conditions de la paix sociale.

Certains publicistes bruyants annoncent à grand fracas que le temps du patronage est passé, que l'ouvrier est majeur, qu'il faut remettre entre ses mains ses destinées et lui assurer tout le profit de son travail, dont le patron distrait injustement, disent-ils, une grosse part, de complicité avec le détenteur des capitaux : ce serait là, suivant eux, la solution de la question sociale.

Etrange théorie, alors précisément que les perfectionnements des industries rendent plus nécessaire que jamais, dans le monde du travail, une direction énergique et savante en même temps qu'ils exigent l'emploi de capitaux plus considérables.

Je ne m'attarderai pas à réfuter ces théories décevantes. En fait, actuellement, il y a des patrons. Probablement il y en aura encore longtemps. Au lieu de discuter leurs titres à l'existence, mieux vaut rechercher quels sont leurs devoirs, et montrer comment ils réalisent, quand ils les remplissent, les conditions nécessaires à la paix sociale, c'est-à-dire comment ils établissent des relations de sympathie et d'affection entre celui qui dispose d'un salaire et celui qui le reçoit.

III

L'organisation du travail d'après M. Le Play.

Un publiciste éminent, M. Le Play, s'est donné la tâche de rechercher quels sont réellement les devoirs des patrons, en étudiant les pratiques en usage dans les pays et dans les industries où paraît le mieux régner la paix sociale.

Il les a rapportées à six pratiques essentielles, et qui constituent suivant lui les conditions d'une bonne organisation du travail. Il les a résumées de la façon suivante.

La première et la plus importante pratique des ateliers modèles est la permanence des engagements : cela veut dire l'assurance donnée au personnel ouvrier que le patron cherchera toujours à les employer d'une manière continue et fera, s'il le peut, les sacrifices nécessaires pour les mettre à même de gagner le pain quotidien.

La seconde, c'est l'entente sur la question des salaires, qui, une fois réglée, ne doit jamais subir de modification sans un accord préalable. On enlève ainsi aux ouvriers tout sujet d'irritation. Car la moindre apparence de déni de justice les révolte.

La troisième et la quatrième pratique, qui ne sont pas

toujours et partout applicables, ont trait à l'alliance des travaux agricoles avec les travaux industriels, et à la propriété de la maison habitée par la famille. Il y a là des conditions incontestables de bien-être et des satisfactions morales qui contribuent à la paix sociale. Mais pour cela il faut reporter les industries à la campagne ; ce qui n'est pas toujours possible.

Enfin M. Le Play signale les habitudes d'épargne et les mesures prises pour sauvegarder la moralité des femmes et des jeunes filles comme caractéristique de ce que doivent faire les patrons qui veulent conserver la paix autour d'eux.

A la suite de ces observations M. Le Play est arrivé à conclure en outre que le seul moyen d'assurer le bonheur des individus et la prospérité des nations, c'est de faire observer les commandements donnés à Moïse dans le désert et connus sous le nom du Décalogue.

Toute la morale sociale est contenue dans ces dix commandements, où s'affirme d'une manière si précise le respect de Dieu, Créateur et Providence du monde, le respect de l'autorité du père de famille et du patron, le respect de la femme, source de la famille, et enfin le respect de la vérité et de la propriété sans lequel il n'y a pas de société humaine possible.

Nous allons, à la lumière de ces enseignements, regarder ce qui se passe autour de nous.

La meilleure manière de faire saisir la portée des diverses pratiques des ateliers modèles est assurément d'en montrer un exemple, tel que tout le monde puisse en vérifier l'application. C'est ce que je voudrais faire en recherchant avec vous comment les grandes Compagnies de chemin de fer, et en particulier la Compagnie Paris-Lyon-Méditerranée, comprennent leurs devoirs de patronage et comment elles les remplissent.

On a dit beaucoup de mal des Sociétés par actions, et

des capitalistes en général. Pour un peu plus, ce serait à qui se défendrait d'être capitaliste, et cependant le capital joue un rôle indispensable dans la vie des peuples civilisés. C'est lui qui constitue la différence la plus saisissante entre l'homme et l'animal : l'homme qui crée le capital, et l'animal qui n'a jamais su ni le former ni l'utiliser. C'est aussi à ces capitalistes si décriés que sont dus les plus louables efforts faits en faveur de la classe ouvrière. Ce sont les principaux résultats de ces efforts que je voudrais vous exposer.

IV

Permanence des engagements.

Vis-à-vis de leur personnel les Compagnies de chemin de fer en France ont réalisé le meilleur mode de permanence des engagements. Après un certain temps de stage comme journaliers pour s'assurer de leur capacité elles prennent les ouvriers ou employés au mois. Ils ont alors cette sécurité du lendemain qui fait trop souvent défaut à la classe ouvrière. Ils savent que le travail ne leur manquera pas d'un instant à l'autre. Ils peuvent élever leur famille sans être poursuivis par ce terrible souci de l'avenir prochain.

Se rend-on assez bien compte de la supériorité de l'homme payé au mois sur le simple journalier ? Il est élevé, par le fait, d'un degré dans l'échelle sociale et avec un salaire, moindre quelquefois, il est certainement plus heureux parce qu'il vit exempt d'inquiétude.

Voici un écho de cette situation : Dans une industrie obligée de restreindre ses dépenses plusieurs ouvriers ont été congédiés. Les autres se sentent menacés et la femme de l'un d'eux nous disait dernièrement qu'elle et son mari ne dormaient plus depuis huit jours dans la crainte d'un renvoi possible.

C'est donc un bienfait énorme que l'industrie des chemins de fer a procuré à une classe nombreuse de la population en France. Voyez la Compagnie P.-L.-M., par exemple. Elle compte un personnel embrigadé de 50,000 agents. Avec leurs familles c'est approximativement 200,000 personnes qui vivent assurés de leur avenir.

Pour l'ensemble des chemins de fer Français ce sera un million de personnes au moins, ou $1/36$ de la population.

On comprend avec quel empressement les concurrents se disputent les places vacantes. Ils savent combien est grand l'avantage du lendemain assuré : et ils savent que ce n'est pas le seul.

V

Entente sur la question des salaires.

Le chômage n'est pas, en effet, le seul danger qui menace le journalier. Chaque fois qu'il change d'atelier ou de patron, il faut qu'il recommence la discussion pénible sur la valeur de son travail : sur la rémunération à laquelle il croit avoir droit. Puis quand l'âge arrive, quand ses forces déclinent, même si l'expérience acquise dans son métier lui a donné une valeur plus grande, il a bien de la peine à éviter une diminution de salaire.

Dans le monde des chemins de fer, il en va autrement. Le candidat qui demande à entrer sait à quel taux sera fixée sa rémunération. Il est libre de la refuser. S'il l'accepte, il sait qu'à moins de mauvais service de sa part, cette rémunération ne sera pas diminuée.

Bien au contraire il la verra augmenter avec les années, à l'inverse du journalier, par suite des avancements successifs qui lui seront accordés soit en raison de services rendus, soit en raison de son ancienneté.

Prenez un poseur qui débute à 75 fr. par mois. Il obtiendra successivement 85 puis 95 fr. par mois, et s'il est capable de commander les autres on lui donnera 100 et 125 fr. par mois.

Il ne peut y avoir discussion à ce sujet; les règlements ne lui donnent d'autre droit que celui de toucher 75 fr. par mois. Le reste lui arrive par surcroît, et n'est jamais pour lui qu'un sujet de satisfaction et une occasion de témoigner de la reconnaissance à ses chefs.

La seconde pratique de la bonne organisation du travail est donc observée dans l'industrie des chemins de fer de la manière la plus complète, et si l'on y a vu des grèves elles n'ont pas été le résultat de griefs au sujet des salaires. Elles ont été le produit de l'action néfaste de politiciens en quête de révolution, ou d'agents révoqués, cherchant une situation sociale aux dépens de leurs anciens collègues.

Si nous passons à la troisième et à la quatrième pratique signalées par M. Le Play, il est clair que les chemins de fer ne s'y prêtent pas, par suite de la nature spéciale de cette industrie.

VI

Logements.

Cependant les Compagnies de chemins de fer ne se contentent pas d'assurer le pain quotidien jusque dans un âge avancé. Si elles ne donnent pas la propriété d'une maison à quelques ouvriers, elles donnent du moins le logement à une partie nombreuse de leur personnel, à 15 % en général.

C'est ainsi qu'elles se conforment à la quatrième pratique des ateliers modèles, dans la mesure où elles le peuvent.

Vous savez quelle est l'importance d'un logement propre et sain pour la santé physique et morale de l'individu, pour le bien de la famille. Peu d'industries ont résolu le problème de loger une aussi grande fraction de leur personnel que les Compagnies de chemins de fer.

Et ces capitalistes qu'on dit sans entrailles, ils continuent à marcher dans cette voie, quoi qu'il puisse leur en coûter. Récemment encore la Compagnie P.-L.-M. a fait construire des maisons à Paris, à Lyon pour loger 300 familles, sachant qu'elle ne retirerait pas plus de 2 $1/2$ à 3 % de son argent, ce qui était peu il y a 3 ou 4 ans.

Désireuse d'améliorer les conditions de propreté et de salubrité dans les quartiers habités par son personnel, elle n'a pas hésité et elle vient d'y consacrer près d'un million de francs.

Ces logements se distinguent par un double caractère. Dans les villes, quelque exigu que puisse être un appartement dans une maison à plusieurs étages, il comporte toujours une entrée séparée et un cabinet d'aisances spécial pour chaque ménage. L'escalier est bien éclairé, et il n'y a point de corridors desservant les logements.

Enfin un concierge est chargé de veiller à la propreté des escaliers, et à l'éclairage la nuit.

A la campagne, chaque logement, de trois pièces au moins, jouit d'un petit jardin. Si plusieurs logements sont juxtaposés ou superposés, on a soin d'éviter aucune communauté de fait. Il paraît bon d'éloigner les entrées de chaque logement les unes des autres, pour éviter aux ménagères l'occasion de se rencontrer trop souvent sur le pas de la porte.

VII

Les retraites.

Il n'est pas facile à une administration dont le personnel est disséminé comme celui des Compagnies de chemins de fer de lui donner des habitudes d'épargne et d'en surveiller l'emploi.

Voici comment les Compagnies ont tourné la difficulté et comment elles rentrent dans l'observation de la cinquième pratique de la bonne organisation du travail.

Elles ont imposé à leur personnel l'épargne de 4 % par an sur leurs appointements lui promettant de fournir de leur côté une participation qui est actuellement de 8 % pour la Compagnie de Paris à Lyon. Moyennant quoi on lui assure après 25 ans de service une retraite égale à la moitié de ses appointements et réversible pour moitié sur la tête de la veuve qui reçoit ainsi à la mort de son mari le quart de ses appointements.

Je n'entrerai pas dans le détail assez compliqué de l'organisation des caisses de retraite ; ce qu'il faut seulement vous signaler, c'est que désormais non seulement un agent de chemin de fer est assuré de son pain quotidien tant qu'il remplit bien ses fonctions, mais aussi que le jour où les forces lui feront défaut, le jour où la vieillesse viendra lui rendre le travail impossible, ce jour-là une pension de retraite lui permettra de vivre honorablement sans être à charge à ses enfants.

Voilà trente ans que la caisse des retraites est organisée à la Compagnie P.-L.-M. Elle compte aujourd'hui (en nombres ronds) 10,000 pensionnaires qui reçoivent annuellement 8,500,000 fr., soit en moyenne 850 fr., et comme dans le nombre, il y a environ 3000 veuves, le chiffre moyen de la retraite des agents est de près de 1000 fr. alors que la moyenne des salaires est de 1750 fr. C'est donc plus que la moitié du salaire qui leur est assurée au moment de la retraite.

C'est donc encore 10,000 familles à ajouter aux 50,000 employés du service actif et qui vivent comme eux des prélèvements faits sur les recettes d'une seule Compagnie de chemins de fer [1].

C'est une question brûlante que celle des pensions de retraites; question jusqu'ici, en général, bien insuffisamment élucidée; question rendue plus difficile encore depuis que la réduction du taux d'intérêt dans l'Europe, semble de nature à décourager les instincts d'économie, si enracinés jadis dans la majeure partie de nos populations rurales en France.

Il y a vingt ans, j'avais calculé qu'il fallait déposer chaque année dans une caisse 12 % du salaire d'un agent pour que cette caisse, faisant valoir ses fonds à 5 % au moins et profitant des extinctions par suite de décès prématuré, pût lui assurer une pension égale au demi salaire après 25 ans de service, et vers l'âge de 55 à 60 ans.

Aujourd'hui, pour arriver au même résultat, il faut compter sur un versement de 14 à 15 %. Prétendre faire moins c'est courir au devant d'amères déceptions.

C'est ce que font trop souvent les Sociétés de secours mutuels. On promet monts et merveilles! Cela coûte si peu sur le papier. Le réveil sera dur quand on se trouvera en présence d'une caisse vide et d'engagements qu'on ne peut pas tenir.

---

[1] Je ne donne, bien entendu, que des chiffres ronds : ce n'est pas de la statistique que je prétends faire ici. Je veux seulement donner par des chiffres une idée facile à saisir, exacte cependant, de ce qui se passe dans l'industrie des chemins de fer.

Une Société de secours mutuels ne peut promettre de retraites ; voilà ce qu'on ne peut trop répéter : et un industriel qui s'engagera dans cette voie doit savoir à quoi il sera conduit s'il promet demi salaire. Il devra verser au moins 15 % des salaires, et non 5 %, comme l'a laissé croire le gouvernement français, quand il s'est lancé à l'étourdie dans la question par la loi de 1855 ; et quand il présente des projets de loi pour donner une retraite à tout citoyen Français. Avec 5 % de prélèvement on obtient une retraite équivalente à $1/6$ au plus du salaire annuel, soit 250 fr. si le salaire est de 1500 fr. par an.

Un autre point intéressant à mettre en relief, c'est le nombre considérable de retraités en comparaison des agents en service. Pour une caisse fonctionnant dans son plein et en admettant comme d'ordinaire les veuves à jouir de la moitié ou du tiers de la pension après le décès du titulaire, on doit admettre que le nombre des retraités est de 50 % du nombre des agents en service. C'est-à-dire qu'à la Compagnie P.-L.-M. dans 25 ans d'ici, le nombre des pensions, hommes et femmes, atteindra 25,000, pour 50,000 agents en service en 1894. Pour tous les chemins Français, il y aura 100,000 pensions à servir en regard des 200 à 250,000 employés, et le chiffre des pensions montera probablement à 80 millions de francs. C'est énorme ; mais si les ressources des caisses de retraite venaient à être insuffisantes, les recettes annuelles des Compagnies de chemins de fer y pourvoiraient facilement. Aussi le personnel de ces Compagnies vit sans inquiétude pour l'avenir.

VIII

Mesures propres à assurer le respect de la femme et de la jeune fille.

M. Le Play n'a envisagé le devoir de moralisation du personnel qu'au point de vue des femmes et des jeunes filles dont la santé et la vertu sont particulièrement exposées dans les grandes manufactures qui se sont depuis un siècle si considérablement développées en Europe.

Les Compagnies de chemins de fer ont envisagé leur rôle de patronage d'une façon beaucoup plus large. Elles ont la prétention d'agir sur l'agent lui-même, en le préservant de l'ivrognerie, sur ses sentiments de famille en honorant le mariage et en encourageant, en facilitant la tâche du bon père de famille et du fils respectueux, fidèle à l'accomplissement du quatrième Commandement de Dieu.

D'ailleurs les Compagnies n'emploient que peu d'agents du sexe féminin, sauf les femmes garde-barrières que leurs fonctions n'exposent à aucun des dangers qui sont l'objet des préoccupations des patrons dans les usines modèles.

Contrairement aux errements qu'on a pu chercher à faire prédominer jadis, je crois qu'il ne suffit pas à un véritable patron de se préoccuper de bien payer son personnel, il doit se préoccuper aussi de le maintenir discrètement dans la voie morale.

N'est-ce pas ce que font les Compagnies de chemins de fer ?

Chez elles le mariage est en honneur. Il faut produire le certificat de mariage pour se faire embrigader et assurer à la femme légitime les avantages de la retraite. J'ai eu même entre les mains le compte rendu des opérations d'une Compagnie Autrichienne où il était fait mention de

134 unions illégitimes qui avaient été régularisées dans la ville de Vienne seulement par suite de l'intervention efficace des Directeurs de la Compagnie. On peut juger par là de l'action bienfaisante exercée par cette Compagnie pour la restauration de l'esprit de famille.

Les familles nombreuses sont encouragées d'abord par les préférences données aux enfants des agents pour le recrutement du personnel. On voit en ce moment entrer au chemin de fer de Lyon les petits-fils des premiers employés de la Compagnie, touchant exemple de permanence des engagements qui dépasse la durée d'une vie humaine et se prolonge de génération en génération, et en même temps, réponse péremptoire à ceux qui parlent des serfs de la voie ferrée.

Etrange esclavage que celui qu'on se dispute avec tant d'empressement, et chaînes sans doute bien légères puisqu'on se les passe de père en fils avec un légitime orgueil et une évidente satisfaction !

Dans le calcul d'un salaire il est difficile de faire entrer autre chose que la rémunération du service rendu. Vouloir y faire entrer des charges de famille, c'est s'exposer à faire plus de mal que de bien. Mais il est un moyen de tenir compte de la situation du père de famille dont les enfants sont nombreux, ou bien de celui qui a pris à sa charge soit ses vieux parents, soit des orphelins de parents décédés.

Les Compagnies y ont pourvu par des subventions spéciales déterminées par le nombre de personnes qui sont à la charge du chef de famille soucieux de remplir tous les devoirs que la Providence lui a imposés.

La Compagnie de Lyon, par exemple, assure dans ce cas une subvention de 36 fr. par an pour chaque enfant ou assimilé, et par assimilé on entend les ascendants ou orphelins qui sont venus se réfugier sous le toit du chef de famille digne de ce nom.

Il n'est pas de pratique plus louable que celle qui consiste à distinguer et à encourager tous ceux qui remplissent ce devoir d'assistance dans leur famille. Ils sont nombreux en France, dans nos classes laborieuses, et je le dis à leur louange, ils donnent sous ce rapport l'exemple aux classes aisées.

Soutenir les parents âgés est un devoir sacré aussi bien que celui d'élever ses enfants.

Dieu veuille que sous prétexte d'humanité, vos socialistes d'Etat ne cherchent pas à vous exonérer un jour de ce double devoir, en ouvrant partout des asiles pour les vieillards et des prytanées pour la jeunesse. Que restera-t-il donc à l'homme mûr ? Qui le distinguera de l'animal, s'il n'a plus personne à qui se dévouer, ni parents ni enfants ?

Est-ce ainsi qu'on se conformera au quatrième Commandement de Dieu ?

Que devient le Décalogue si on supprime jusqu'à l'occasion de le pratiquer ?

Il y aura toujours assez de vieillards sans familles et d'orphelins, pour exercer la charité officielle. Laissez les autres dans le milieu où la volonté de Dieu les a placés pour élever bien haut par le dévouement et le sacrifice les âmes de ces ménages laborieux, qui savent comprendre et remplir leurs devoirs, et qu'un jour à leur tour ils trouvent chez leurs enfants aide et affection.

A quoi bon vivre si l'on n'aime pas les siens et si l'on n'en est pas aimé.

La mesure prise par les Compagnies de donner des subventions proportionnées aux charges de famille [1] est donc d'une portée plus haute que le simple secours en argent qu'elles fournissent. C'est un enseignement moral bienfaisant pour toute la population.

---

[1] En général 3 fr. par mois et par enfants ou ascendant.

IX

Réfectoires.

Il est un mal dont souffre la population ouvrière par tout pays en Europe, c'est la fréquentation du cabaret. Ce n'est pas qu'il soit bien répréhensible de prendre de temps en temps une tasse de café, ou un verre de vin, voire même un petit verre d'eau-de-vie, si elle n'est pas de mauvaise qualité.

Mais vous savez ce qui arrive : on se rencontre entre camarades, et la politesse veut qu'on offre un verre à boire. Il n'y aurait encore pas grand mal à cela si l'intérêt du marchand de vin n'avait poussé l'obligé à faire lui-même à son tour une politesse *immédiate*. De là ces *tournées* chez le marchand de vin, où huit ou dix ouvriers boivent et paient chacun leur tour huit ou dix petits verres, vident leur bourse, compromettent leur santé, et cela au détriment de la famille et au seul profit du cabaretier.

Ce qui était inoffensif devient coupable.

Comment faire pour échapper au préjugé, aux sollicitations ? La fuite seule y réussirait et elle n'est pas toujours possible.

Aussi, un patron digne de ce nom, doit avoir toujours en vue de préserver ses ouvriers du péril du cabaret. Sans parler des mesures rigoureuses prises contre ceux qui se laissent aller aux habitudes d'intempérance, mesures qui sont fondées sur les exigences d'un service d'où dépend la sécurité des voyageurs, les Compagnies ne cessent de détourner leurs agents du cabaret dans leur propre intérêt. C'est donc dans ce but plus encore que par raison d'économie que les Compagnies de chemins de fer de Lyon et d'Orléans ont organisé au voisinage de leurs ateliers de grands réfectoires, où 2,000 ouvriers viennent chaque jour prendre leur repas, quand ils ne peuvent rentrer dans leur famille. Pour 60 à 70 centimes, ils peuvent prendre un repas, où vin, aliments, café, tout est d'une qualité supérieure, et là, comme le disait l'un d'eux, on fait des économies, parce qu'il *n'y a pas d'occasions. L'occasion,* c'est la tournée du marchand de vin.

Voulez-vous savoir combien la lutte est difficile pour ceux qui sont les clients des cabarets, c'est une histoire d'hier ?

Voici un jeune homme arrivant de sa province désireux de se bien comporter et de faire des économies. Il a une place modeste dont il est reconnaissant à la Compagnie et à ses protecteurs. Il arrive chez le marchand de vin pour prendre son repas. Il ne boit que de l'eau, le vin est trop cher pour sa bourse, car il ne doit toucher sa paie qu'à la fin du mois. Le cabaretier le lorgne du coin de l'œil, et le lendemain il s'approche et lui dit : mon garçon, quand on travaille rude comme vous on devrait boire du vin. Mais je comprends, le gain n'est pas gros, la Compagnie traite si mal ses employés. Eh bien ! moi, cela me fait pitié. Tenez voilà une bouteille. Vous la prendrez, pour me faire plaisir ; sans payer. Voilà le pauvre garçon humilié ; le lendemain il demande une bouteille pour son compte, il s'endette. Il devient l'obligé du cabaretier qui lui souffle la haine du patron et qui lui prendra peu à peu jusqu'à sa dernière chemise.

Voilà un homme perdu ; il sera la proie du premier agitateur venu, et au lieu de la paix, de la satisfaction qu'il a éprouvée en débarquant dans la grande ville assuré de son premier emploi, ce sera un mécontent, sinon un ivrogne ou même un alcoolique.

Cela vous permet de juger du service rendu par la création de ces réfectoires où l'on n'est pas invité à la dépense. Cela vous permet aussi de juger avec quel mauvais œil ils sont vus par les cabaretiers du voisinage.

Il y a là un danger sérieux par le temps de soi-disant démocratie qui court. Le cabaretier est une puissance. Il a fallu se mettre à l'abri des coups de ce haut baron des temps modernes.

Voici comment nous avons fait à la Compagnie P.-L.-M. pour y réussir.

Nous avons eu recours à un intermédiaire ; nous nous sommes effacés, pour ne pas dire masqués, derrière une association respectable de bienfaisance, la Société philanthropique, connue par les fourneaux économiques qu'elle a établis en faveur des indigents dans un grand nombre de quartiers de Paris et qui existe depuis plus de cent ans.

A Paris, la charité est encore en honneur, et l'on ne pouvait prendre à partie la Société philanthropique, comme l'odieuse Compagnie P.-L.-M. La Société philanthropique d'ailleurs a compris que le bien moral auquel on lui proposait de s'associer rentrait dans le but de son institution, au moins autant que de distribuer des soupes à cinq centimes, et l'œuvre s'est ainsi organisée, à la grande satisfaction de notre personnel.

J'ajouterai un détail curieux, assurément ; c'est que ces réfectoires sont gérés par des religieuses, par des Sœurs de Saint-Vincent-de-Paul.

N'est-il pas curieux, en effet, de voir parmi ce peuple de Paris, ces ouvriers auxquels on a crié : « Le cléricalisme voilà l'ennemi », venir avec empressement, avec docilité, avec respect se faire servir leur repas par des religieuses, en face d'un crucifix appendu au mur.

Le pli est pris, personne ne songe à s'en étonner ; l'ordre règne, et, au fond, de temps en temps un bon sentiment est inspiré à ces rudes travailleurs par la vue de la cornette blanche et par la bonne humeur de ces religieuses qui ne les servent pas pour de l'argent, mais pour l'amour de Dieu. Par là, rentre dans leur âme, s'ils l'ont oublié, un peu de cet idéal qui fait la grandeur de la nature humaine.

De cet appel aux Congrégations, fait par plusieurs Compagnies de chemins de fer en France pour les divers services à rendre au personnel il résulte que parmi les fonctionnaires de ces Compagnies ont compte des religieuses. Il y en a 14 au chemin de fer de Lyon et autant au chemin de fer d'Orléans et au chemin de fer de l'Ouest à Paris. Singuliers fonctionnaires, me direz-vous, et que vous ne vous attendiez peut-être pas à voir figurer à côté des chefs de gare et des ingénieurs dans le personnel de la Compagnie.

X

Ecoles et ouvroirs.
Travail pour les femmes et filles employées.

Ces religieuses ne sont pas toutes occupées au réfectoire bien entendu. Elles tiennent les écoles de filles organisées sur quelques points exceptionnels où elles reçoivent de 600 à 800 enfants de chaque Compagnie, et elles sont à la tête d'ouvroirs dont il est bon de dire quelques mots.

L'apprentissage est une occasion de dangers pour les jeunes filles dans les grandes villes. Pour les éviter, les Compagnies dont je viens de parler ont établi des écoles ménagères, ouvroirs où sont admises les filles d'ouvriers. Elles y font leur apprentissage, apprennent à tenir un ménage et y trouvent plus tard de l'ouvrage tant qu'elles ne sont pas mariées.

Ces ouvroirs comptent environ 140 jeunes filles de la Compagnie d'Orléans, 80 de la Compagnie P.-L.-M. et

45 de la Compagnie de l'Ouest. Ces jeunes ouvrières gagnent de 2 à 3 fr. par jour.

Comme dernier témoignage de la sollicitude des Compagnies pour leur personnel, on peut signaler l'emploi dans des bureaux spéciaux d'un certain nombre de filles d'employés ; elles gagnent de 3 à 3 fr. 50 par jour ; mais elles ne sont admises que jusqu'à leur mariage. Leur nombre est ordinairement de 300 à 400.

Enfin on s'ingénie à fournir aux femmes mariées des travaux de couture qu'elles peuvent faire chez elles sans nuire à la tenue de leur ménage.

La Compagnie d'Orléans arrive à distribuer ainsi 80,000 fr. de salaire par an.

Les chemins de fer se conforment donc aussi à la sixième pratique de la bonne organisation du travail signalée par Le Play, le respect de la femme sur qui repose comme santé et moralité, l'avenir de la famille et par suite de la société.

XI

Sacrifices.

Telle est l'œuvre accomplie par nombre de Compagnies de chemins de fer et de mines, en France.

La Compagnie de Lyon y consacre annuellement une somme de 13 millions ; c'est comme un supplément de salaire de 250 fr. pour chacun des 50,000 employés, et cela représente un prélèvement du quart du dividende de chaque action.

Et l'on parle du capital qui n'a pas d'entrailles ! Ces jours-ci je lisais ce qu'a fait M. Chagot, le directeur de la Compagnie des mines de houille de Blanzy. Il dépense pour le personnel annuellement 1,500,000 fr. alors que le dividende est de 2,400,000 fr. Voilà une participation de 40 % dans les bénéfices, assurée à ceux qui travaillent.

Il est bon de publier de pareils résultats qui sont à l'honneur de la nature humaine et qui sont à la fois une preuve du désintéressement des administrateurs et de leur sollicitude pour les petits employés et ouvriers.

C'est un exemple à produire, quoique tous les patrons ne puissent l'imiter entièrement. Toutes les industries ne peuvent se promettre une aussi longue durée et s'engager à servir des retraites, mais toutes peuvent se proposer d'assurer la permanence des engagements, toutes peuvent prendre des mesures contre le cabaret et chercher à sauvegarder la moralité des femmes et des filles. L'essentiel est que tous sachent que le rôle du patron ne consiste pas uniquement à chercher des bénéfices dans son industrie, qu'il a des devoirs à remplir et que son rôle social, s'il le comprend bien, est de la plus haute importance.

XII

Le respect du dimanche.

Parmi les coutumes recommandées par M. Le Play, comme caractéristique des usines modèles, se trouve aussi l'observation du dimanche. Elle n'est pas complète, malheureusement, dans les chemins de fer en France, et elle ne peut pas l'être. Mais il n'a pas dépendu des Compagnies d'assurer le repos à une très grande partie de leur personnel, en fermant les gares de marchandises le dimanche. C'est l'Etat qui en a prescrit l'ouverture pendant une partie de la journée (actuellement jusqu'à 10 heures du matin).

D'ailleurs, on peut le dire à l'honneur de cette grande industrie, c'est à l'initiative des ingénieurs de chemin de fer qu'a été dû le mouvement qui s'est accentué dans ces dernières années pour obtenir une plus large observation du dimanche. S'ils n'ont pas réussi jusqu'ici, du moins ils ne perdent pas courage. Ils ont confiance dans la force de l'opinion publique, à laquelle ils ont fait appel et qui les a déjà puissamment aidés.

En Suisse, vous avez fait appel à l'intervention de la puissance législative. Il y a là un danger grave que je me permets de signaler en passant. Il est commode assurément de demander au gouvernement de remédier aux abus qui nous froissent ou nous contrarient. Mais le gouvernement ne peut agir qu'en s'appuyant sur une loi, et la loi est brutale, exclusive. Elle ne peut se plier aux nombreuses variétés des besoins que comporte la vie des hommes en Société.

Une loi du dimanche, nous en avions une en France, datant de 1814. Elle ne répondait, certes, plus aux nécessités actuelles, et depuis longtemps elle n'était plus appliquée ; on lui a fait une mauvaise réputation.

En Allemagne, on a eu recours aussi à la loi et on se débat actuellement dans des difficultés qui risquent de rendre odieuses les exigences de la loi dominicale. Combien mieux vaut la situation telle qu'elle se présente en Belgique où l'administration des chemins de fer a procédé par des mesures temporaires, et est arrivée peu à peu à fermer les gares de petite vitesse sans nuire à aucun intérêt légitime et sans soulever aucune protestation sérieuse de la part du public.

Aux gouvernements incombe l'obligation de ne pas entraver l'observation du dimanche, de la faciliter au contraire et surtout de la pratiquer eux-mêmes. Mais c'est aux particuliers, aux associations religieuses, qu'il appartient d'agir sur l'opinion publique pour obtenir les réformes compatibles avec les besoins des industries et avec le tempérament des peuples.

Car, s'il n'y a qu'un dimanche, il y a plusieurs manières de l'observer. C'est ce que l'on ne veut pas assez comprendre. Chacun veut imposer l'observation du dimanche telle qu'il l'entend, et pour y réussir plus vite on fait appel au bras séculier, à l'intervention de l'Etat : on se lance dans la voie qui conduit au socialisme.

XIII

Le socialisme.

Le socialisme, voilà le grave écueil où vont se heurter ceux qui traitent la question sociale sans l'avoir étudiée ou sans l'avoir comprise. Comme doctrine, le socialisme est la négation de la liberté humaine. En fait il repose sur l'intervention de l'Etat, réclamée pour remédier à toutes les causes de souffrance matérielle et morale ; au premier abord cela paraît séduisant.

Il a été dit à l'homme aux premiers jours de son existence : *Tu mangeras ton pain à la sueur de ton front*. Le socialisme émet la constante prétention de soustraire l'homme à la peine. Mais comment lui donnera-t-il à manger ensuite.

Le socialisme est né d'un sentiment de pitié irréfléchie qui s'empare de nous à la vue des souffrances de nos semblables. On invoque une autorité supérieure pour remédier au mal et on ne se demande pas si le remède ne sera pas pire que le mal.

Mais, pour qui réfléchit bien, une doctrine basée sur la négation de la liberté et de la responsabilité humaine, sur l'infaillibilité de ce quelque chose qu'on appelle l'Etat, est nécessairement fausse et par suite dangereuse. Le socialisme, quelle que soit l'épithète dont on l'affuble, socialisme savant (ou socialisme de la chaire), socialisme d'Etat, socialisme chrétien, socialisme révolutionnaire, est un danger réel, un danger grave pour nos sociétés modernes. Le socialisme révolutionnaire est le seul conséquent ; les autres y aboutissent nécessairement sans que leurs adhérents le croient, ou sans qu'ils osent le dire. Mais qu'ils y prennent garde, ils y seront fatalement entraînés. Si j'en parle avec cette insistance, c'est que je vous vois en Suisse malheureusement poussés dans la voie du socialisme d'Etat par des hommes de bien qui sont aveuglés par le sentimentalisme à la mode.

L'exemple de l'Allemagne a entraîné les uns, le désir de la popularité a poussé les autres dans cette voie. Flatter les passions des hommes, n'est-ce pas le plus sûr moyen de s'attirer leurs applaudissements ? Mais attendons la fin.

N'était-ce pas une chose excellente en apparence aussi que la taxe des pauvres en Angleterre, et cependant quels résultats néfastes n'a-t-elle pas produits ? Ne sait-on pas qu'en Angleterre le paupérisme dépasse ce qu'on voit partout ailleurs.

Savez-vous aussi ce que disait, il y a quelques jours à peine, un membre de l'Académie des sciences morales et politiques à son retour d'Allemagne, où il avait été faire une enquête sur les résultats obtenus dans l'application des lois d'assurance obligatoire pour les maladies, les accidents et la vieillesse ? Il est venu dire à l'Académie qu'il n'a pas tardé à s'apercevoir qu'aucune des concessions du gouvernement n'était parvenue à satisfaire les mécontents.

Ce n'est donc pas le socialisme, pas plus le socialisme chrétien que le socialisme révolutionnaire, qui guérira les maux de l'humanité.

Il y faut un autre remède : celui-là vous le trouverez dans l'Evangile. Rappelez-vous la parabole du bon Samaritain.

Est-ce le préfet du district ou le président du Conseil fédéral de ce temps-là qui est venu ramasser sur la route le voyageur blessé et l'a fait soigner ?

Non, c'est un passant charitable.

La solution de la question sociale, la voilà. C'est la charité. La charité dans son sens le plus large ; c'est-à-dire le don de soi pour l'amour du prochain ; l'amour du prochain poussé jusqu'au sacrifice de son temps et de sa peine plus encore que le sacrifice de son argent.

La charité est le grand bienfait social apporté dans le monde par le Christianisme.

Le socialisme en est la négation.

VOLTAIRE
ET
FRÉDÉRIC-LE-GRAND

VOLTAIRE

ET

FRÉDÉRIC-LE-GRAND

PAR

L'Abbé TAPONIER

FRIBOURG

IMPRIMERIE ET LIBRAIRIE DE L'ŒUVRE DE SAINT-PAUL
259, RUE DE MORAT, 259

1895

VOLTAIRE ET FRÉDÉRIC-LE-GRAND

Tout le monde sait que le séjour favori de Frédéric n'était pas Berlin, mais la petite ville de Potsdam. C'est là qu'il offrit l'hospitalité à Voltaire, en compagnie de plusieurs autres écrivains français qui déjà travaillaient sous les ordres du roi de Prusse. On peut citer, parmi les plus célèbres d'entre eux, Maupertuis, d'Argens, de Prades, la Mettrie et Tyrconel. Ce dernier, quoique anglais d'origine, était ambassadeur de France en Prusse, et il rivalisait, selon Voltaire, avec la Mettrie, sur le terrain de la gourmandise et de la médisance. « Ces deux hommes, dit-il, avaient les plus belles dents du monde ; et ils s'en servaient pour mordre la réputation des gens et plus souvent encore pour se donner des indigestions. » La Mettrie remplissait à Potsdam les fonctions de médecin ; mais il n'inspirait guère confiance, il faut le dire, en son savoir faire. Aussi était-il las depuis longtemps de son séjour en Prusse et il ne cherchait qu'une bonne occasion de s'enfuir. La mort, sans crier gare, vint le surprendre avant qu'il eût exécuté son projet. « Notre fou de médecin, écrivit alors Voltaire, malgré son envie de quitter Berlin, vient de prendre le parti de mourir. Il est crevé à la fleur de son âge, brillant, frais, alerte, respirant la santé et la

[1] Étude donnée, le 4 octobre 1894, à la réunion générale de la *Société helvétique* de Saint-Maurice.

joie, et se flattant d'enterrer tous ses malades et tous les médecins. » On devine sans peine de quelle manière un homme si bien portant, put passer si vite de vie à trépas. Il était allé voir lord Tyrconel, indisposé depuis quelques jours, et le malade, connaissant son bel appétit, lui avait offert à dîner. Le repas fut abondant, comme de coutume, et la Mettrie y avait déjà fait grand honneur, quand on apporta sur la table un pâté farci de truffes. Or, il aimait les truffes à la folie et il en mangea tant et si bien qu'il en mourut la nuit suivante. C'est peut-être la première fois qu'un malade s'est avisé de tuer son médecin ; mais il faut avouer, comme disait Voltaire, que c'était là une revanche depuis longtemps méritée.

Frédéric qui, dans la formation de ses excellents soldats, usait beaucoup du bâton ou pour mieux dire de la « schlague », entendait aussi diriger ses écrivains d'une manière assez analogue. « Il était, raconte Voltaire dans ses mémoires, plus absolu que le Grand Turc, traitant en esclaves ses philosophes de cour, aussi bien que les grands officiers de sa couronne. » Il y avait défense absolue de sortir de Potsdam sans une permission spéciale et toute relation d'amitié avec certains personnages de l'Etat était rigoureusement interdite aux membres de la colonie française. Frédéric, faisant preuve d'une prudence consommée, voulait les empêcher ainsi de pratiquer l'espionnage et en même temps de corrompre, par leur impiété, les mœurs relativement encore honnêtes de ses sujets. L'impiété n'était pas pour lui un article d'importation. C'est même une des raisons pour lesquelles il voulait qu'on parlât français à la cour et à l'Académie. Voltaire, toujours un peu gobe-mouche et superficiel, ne voyait là qu'un hommage rendu à la langue française et il le faisait ressortir avec des accents de triomphe dans les lettres qu'il adressait à ses amis de France. Il louait d'ailleurs Frédéric en face d'avoir pris cette mesure si intelligente. « Vous avez bien raison, Sire, d'ordonner qu'on ne parle que le français à votre cour ; il faut laisser l'allemand aux soldats et aux chevaux. »

L'enchantement de Voltaire, malgré la prison de Potsdam, se prolongea un certain temps. Il aurait bien voulu jouir d'une liberté plus étendue, mais, son orgueil étant satisfait, il se résignait à ce gros sacrifice. La seule vengeance qu'il se permît contre les rigueurs du règlement, c'était de comparer Potsdam à un monastère et Frédéric à un père prieur. Il y revient souvent dans ses lettres et il faut convenir que la comparaison ne manquait pas trop d'exactitude. N'avait-on pas à Postdam, comme au couvent, la loi de la clôture et ne travaillait-on pas en commun sous un supérieur, qui pourvoyait à tous les besoins de ses subordonnés ? On peut donc soutenir que c'était un couvent, mais un couvent à l'envers, et faisant l'œuvre du diable. Ce qui le prouve, c'est que les moines qui l'habitaient, loin d'être unis par les liens de la vraie charité, n'avaient de point de contact que la haine de l'Eglise et n'attendaient qu'une occasion de se déclarer mutuellement la guerre. Il est juste pourtant de constater ici que Voltaire et Frédéric eurent d'abord à Potsdam leur douce lune de miel. « Notre séjour chez le roi, écrivait le poète, est une académie perpétuelle. Je le laisse faire le dieu Mars tout le matin, mais le soir il fait l'Apollon, et il ne paraît pas à table qu'il ait exercé cinq ou six mille soldats de six pieds. Ceci est Sparte et Athènes ; c'est un camp et le jardin d'Epicure ; des trompettes et des violons ; de la guerre et de la philosophie. » Voltaire, du reste, ne voyait le roi qu'au souper et il pouvait le reste du temps travailler à son aise. Il avait sans doute à corriger la prose et les vers de Frédéric, mais cette besogne ne lui prenait guère qu'une heure par jour. C'est ce qu'il appelait, devant ses amis, laver le linge sale du roi philosophe. Après le souper, il y avait presque toujours spectacle, et Voltaire lui-même ne dédaignait pas d'y remplir un rôle dans ses tragédies. Il aimait mieux ce genre de divertissements que les concerts où il avait l'habitude de s'endormir dès les premières notes. Il aurait volontiers souscrit à cette pensée d'un auteur moderne : « La musique est un bruit qui n'est pas toujours désagréable. »

Le premier nuage qui vint assombrir le ciel de Voltaire à Potsdam fut la célèbre et scandaleuse affaire qu'il eut avec le Juif Herschel. La place dont nous disposons ne nous permet pas d'entrer à ce sujet dans beaucoup de détails. Il nous suffira de rappeler qu'il s'agissait d'une opération financière très fructueuse, à coup sûr, mais basée sur des calculs peu délicats et même immoraux. On sait que Voltaire était déjà fort riche à cette époque, et qu'il fut un des plus effrontés spéculateurs du siècle dernier. Au moment de réaliser secrètement leurs bénéfices, les deux compères, comme il arrive souvent en pareil cas, se querellèrent sur une question de détail et le Juif Herschel, voulant faire peur à Voltaire, l'assigna devant les tribunaux. Le scandale fut énorme, et le roi, à la première nouvelle, entra dans un accès de fureur qu'il serait difficile de décrire. « Ecrivez, dit-il à son secrétaire Darget, écrivez-lui que dans 24 heures, je veux qu'il soit sorti de mes Etats. » On essaya de le calmer ; on lui représenta que Voltaire était son hôte et que d'ailleurs on devait attendre que le procès fût terminé. Frédéric consentit à ne pas chasser le poète, mais il le bannit de sa présence jusqu'à nouvel ordre. Voltaire dut s'enfermer dans son appartement, et il écrivit aussitôt à la sœur du roi pour l'attendrir sur son sort et implorer son intervention : « Frère Voltaire, lui disait-il, Frère Voltaire est en pénitence ; il a un chien de procès avec un Juif, et selon la loi du Vieux Testament, il lui en coûtera encore pour avoir été volé. » La princesse de Bayreuth, toujours obligeante, intervint en faveur du poète pris en faute, et il y eut, entre Voltaire et Frédéric, un premier replâtrage. Le prieur de Potsdam, donna en ces termes l'absolution canonique au moine pénitent : « Si vous voulez venir ici, vous en êtes le maître... J'espère que vous n'aurez plus de querelle ni avec le *Vieux* ni avec le Nouveau Testament. Ces sortes de compromis sont flétrissants, je vous le dis avec le gros bon sens d'un Germain ; c'est à vous d'en profiter. » Voltaire, déshonoré par ce procès aux yeux de l'Europe, n'aurait osé revenir immédiatement en France, et il jugea prudent, tout en faisant le poing dans sa poche, d'accepter humblement la correction pour regagner la faveur du roi. La lune de miel n'était pas moins éclipsée, et il ne la vit plus reparaître à l'horizon. Il écrivit alors à sa nièce une lettre bien significative : « Les soupers du roi, ma chère enfant, sont toujours délicieux... On y parle raison, esprit, science, il est l'âme de tout cela ; plus de mauvaise humeur, point de nuages, au moins point d'orages... opéras, comédies, carrousels, soupers à Sans-Souci, manœuvres, concerts, études, lectures, tout cela est charmant,... délicieux... mais... mais... mais, ma chère enfant, le temps commence à se mettre à un beau froid par ici. » On comprend sans peine de quel froid Voltaire voulait parler ; ce n'est pas précisément, on peut en être certain, celui de la nature. Tout était fort bien ménagé à Potsdam et à Berlin pour qu'on y supportât les rigueurs de l'hiver. « On n'a vraiment chaud en décembre, écrivait-il à sa nièce, que dans les pays froids. Vos petites cheminées de Paris, où l'on se rotit les jambes pour avoir le dos gelé, ne valent pas nos bons gros poêles de Prusse. En France et en Italie on ne se doute pas qu'il y a une saison qui s'appelle l'hiver ; les maisons n'y sont faites que pour respirer le frais, et quand les gelées viennent toute la nation grelotte. »

Voltaire, malgré les bons gros poêles de Prusse, avait donc froid à la cour du roi philosophe. Ce dernier, sentant que le poète ne pouvait rentrer en faveur à Versailles, ne lui ménageait plus les épigrammes ni même les insolences. Il consentit cependant, pour lui faire plaisir, à renvoyer cet Arnaud de Baculard, dont il s'était servi, comme nous avons vu tout à l'heure, pour exciter la jalousie de Voltaire et le faire venir à Berlin. Ce fut une dernière victoire pour le poète, mais les circonstances dont elle fut entourée lui donnèrent singulièrement à réfléchir. « Le roi a ordonné, écrit Voltaire à sa nièce, et avec dureté, au fameux soleil levant de partir dans les 24 heures ; et comme les rois sont toujours accablés d'affaires, il a oublié de lui payer son voyage... Cela fait faire de sérieuses réflexions sur les dangers de la grandeur. On me fait plus que jamais patte de velours, mais adieu.?. adieu, je brûle d'envie de vous revoir. » Cette nostalgie de Voltaire ne fit dès lors qu'augmenter. « Je vous écris à côté d'un poêle, lit-on dans une lettre à sa nièce, la tête pesante et le cœur triste, en jetant les yeux sur la rivière de la Sprée, parce que la Sprée tombe dans l'Elbe et l'Elbe dans la mer, et que la mer reçoit la Seine et que notre maison de Paris est assez près de cette rivière, et je dis, ma chère enfant, pourquoi suis-je dans ce palais, dans ce cabinet qui donne sur la Sprée, et non pas au coin de notre feu ?... Que voulez-vous que je vous dise ? Si les grands se moquent des petits et ne les aiment pas, que faire ? Se moquer d'eux à son tour tout doucement et les quitter de même. Je ressemble assez en ce moment à cet homme qui tombait du haut d'un clocher et qui, se trouvant fort mollement en l'air, disait c'est bien, très bien ; pourvu que cela dure. »

Cela dura plus de trois années encore, mais la chute

n'en fut que plus pénible pour le poète. Une chose remarquable, c'est que, durant cette période de sa vie, Voltaire ne cessa point de travailler avec son activité habituelle. Outre le *Siècle de Louis XIV* qui n'est pas son plus mauvais ouvrage, il composa à Potsdam une foule d'écrits en prose et en vers. La plupart étaient inspirés et commandés par Frédéric, qui se servait de cette plume vénale et acérée pour déchristianiser le plus possible les pays catholiques. Il trouvait même que Voltaire n'était pas assez franchement impie et il lui reprochait de faire des concessions aux préjugés du temps. C'est dans cet esprit qu'il blâma le poème de la *Religion naturelle*, où le poète a cependant fait preuve d'une singulière audace. « Soyez juste, disait-il,

>   Soyez juste, il suffit, le reste est arbitraire.

Voltaire, pour contenter son farouche protecteur, termina son ouvrage par une apologie de l'omnipotence de l'Etat. C'est le prince, à l'entendre, qui doit régler la religion de ses sujets; le sabre est pour lui le dernier mot en matière de croyances religieuses.

>   Qui conduit des soldats peut gouverner des prêtres.
>   Marc Aurèle et Trajan mêlaient au Champ de Mars
>   Le bonnet du Pontife au bandeau des Césars.

On retrouve là la théorie bien connue des persécuteurs modernes, et ce n'est pas seulement, nous en savons quelque chose, dans les monarchies qu'on cherche à l'appliquer. L'Etat, maître absolu des consciences, voilà l'idéal de ceux qui de nos jours se donnent pour les amis de la liberté. C'est à Potsdam aussi que Voltaire eut la première idée de l'*Encyclopédie*, cette machine de guerre formidable contre l'enseignement de l'Eglise. Il fut un instant question de publier en Prusse, sous les auspices et aux frais de Frédéric, ce gros dictionnaire aujourd'hui méprisé de tout le monde, mais on pensa, et avec raison, que cette tutelle protestante rendrait l'ouvrage fortement suspect aux catholiques. On essaya donc, sous la direction de d'Alembert et de Diderot, de le publier en France, et on y réussit, par malheur, grâce à la sottise des hommes d'Etat français et malgré les résistances multipliées du Parlement. Ce sujet ne rentre pas dans le cadre de notre étude, mais j'ai tenu à montrer en passant ce qu'a été pour l'Europe au siècle dernier, l'officine de publicité créée à Potsdam par Frédéric. C'est de là que, durant de longues années, se sont répandus les plus mauvais livres, destinés à détruire la foi chrétienne et les bonnes mœurs dont elle est l'inspiratrice. Les enfants du siècle, dit l'Evangile, sont plus habiles que les enfants de lumière, et c'est ainsi que Frédéric sut profiter de cette puissance nouvelle qui se nomme la presse. « Il avait eu deux armes à son service, dit un auteur contemporain, l'artillerie et l'imprimerie, et la seconde valait la première. »

Voltaire, toujours en butte aux épigrammes et aux insolences du roi, finit par comprendre qu'il n'était au fond qu'un mercenaire à Potsdam. Il fut surtout blessé au cœur par une confidence que lui fit un jour un des familiers de Frédéric. Le roi, dans un moment de franchise, n'avait pas craint de dire à son entourage que, s'il gardait encore Voltaire auprès de lui, c'était pour le presser jusqu'au bout comme un citron. Cette parole de Frédéric, si froide et si cruelle, ne cessa plus de tourmenter le pauvre poète. Il sentit qu'il avait désormais tout à craindre de son protecteur, et il se mit en mesure de partir à la première occasion favorable. « Puisqu'on est en train, disait-il, de presser le citron, il faut voir à mettre en sûreté les pelures. » Il plaça d'abord en secret chez le du de Würtemberg, les trois cent mille livres qu'à tout hasard il avait emportés en partant pour l'Allemagne. « C'est une vérité démontrée, écrivait-il à sa nièce, qu'il faut sortir de ce pays au plus vite. » Il y resta néanmoins quelque temps encore et la rupture complète n'eut lieu qu'après sa querelle retentissante avec un des autres familiers du roi, Maupertuis. Ce savant jouissait en Europe d'une certaine réputation qu'il avait acquise par un voyage scientifique en Laponie. Il s'agissait de vérifier une des idées les plus hardies de Newton, à savoir si notre globe terrestre est aplati vers les pôles. L'expédition eut un plein succès, et Maupertuis, qui en rendit compte, devint célèbre dans le monde savant. Doué d'un esprit vif, original et très ambitieux, il ne négligea rien pour cultiver cette faveur naissante. Il se montra dans les rues de Paris accompagné de deux Laponnes qui excitaient, cela va sans dire, la curiosité universelle. Il devint l'homme à la mode, et malgré sa figure vulgaire, « sa perruque ronde, composée de cheveux roux et poudrés en jaune », les plus grandes dames de la capitale tinrent à honneur de le protéger. Cette vogue, qui dura quelques années, eut un terme pourtant, comme toutes les autres. On délaissa peu à peu Maupertuis et il fut bien heureux de l'offre que lui fit Frédéric de venir à Berlin pour y organiser, sous sa direction, une académie des sciences. Il s'acquitta de cette mission avec un certain succès et il retrouva sur les bords de la Sprée son ancienne vogue de Paris. Il y racontait sans cesse son voyage au pôle et les Berlinois l'entendaient répétés de mille manières : « Moi qui vous parle, j'ai vu des Lapons, j'ai même mesuré une Laponne. » Ce dernier mot enlevait tous les suffrages et on lui décernait partout le curieux titre de « second Leibnitz et de restaurateur de la science ». Son orgueil, très disposé à grandir, prit alors des dimensions exorbitantes. Il se crut passé maître en toute matière et quand Voltaire arriva auprès de Frédéric, la présence du poète lui porta vite ombrage.

Voltaire, moins âgé que Maupertuis, l'avait autrefois comblé des plus grands éloges. Il se piquait alors de connaître et de vulgariser le système de Newton, et il avait par conséquent intérêt à paraître lié avec Maupertuis. Il le célébra en vers et en prose, et sous un portrait du savant, il écrivit un jour ce distique :

> Son sort est de fixer la figure du monde,
> De lui plaire et de l'éclairer.

On ne sait si Maupertuis se laissa prendre d'abord à ces éloges, mais il put bientôt voir à quel point ils étaient peu sincères. Dès l'arrivée de Voltaire à Potsdam, la lutte s'engagea entre ces deux hommes, lutte sourde au début, lutte pleine de perfidie, mais qui devait éclater un jour comme une tempête. Le poète avait plus d'esprit que le savant ; mais ce dernier, toujours égal à lui-même, reprenait parfois l'avantage aux yeux des gens calmes. Un jour que Voltaire avait été sombre et taciturne au souper du roi, et Maupertuis, au contraire, rayonnant de verve et d'entrain, ils revenaient ensemble à Potsdam, au milieu de la nuit, dans un carrosse : « Il faut avouer, dit Maupertuis, que la soirée a été charmante. Je n'en ai jamais vu de si sotte », dit Voltaire, et tous deux, le reste de la route, gardèrent le silence. Il est impossible de dérouler ici toutes les péripéties de la guerre acharnée que se livrèrent dès lors les deux favoris du roi. L'affaire qui mit décidément le feu aux poudres fut celle d'un philosophe suisse nommé Kœnig. Il avait été reçu membre de l'académie de Berlin, mais il soutenait un système contraire à celui de Newton. De là sa défaveur auprès de Maupertuis qui se montra singulièrement blessé dans une polémique qu'il eut avec Kœnig. Abusant alors de son autorité sur l'académie, il en fit chasser son adversaire d'une façon très honteuse. Voltaire, qui avait connu jadis Kœnig en France, jugea bon de le défendre pour attaquer Maupertuis. Il rédigea plusieurs pamphlets anonymes, où son rival était vraiment criblé d'épigrammes. Voltaire, sur ce terrain, n'avait pas son pareil, et Maupertuis put l'apprendre alors à ses dépens. Le grand moqueur passait en revue tous ses titres à la célébrité, ses Lapons, ses Laponnes, et sa fameuse démonstration de Dieu par A+B divisé par Z, que Maupertuis voulait substituer à toutes les autres. Il le raillait de sa fameuse idée de percer un trou jusqu'au centre de la terre, sur son moyen de prolonger la vie de l'homme jusqu'à huit ou neuf cents ans, en se bouchant avec de la poix les pores et les conduits de la respiration, sur son projet de disséquer le cerveau des Patagons pour y prendre sur le fait la nature de l'âme, et sur tant d'autres idées ridicules qui étaient venues, on ne sait comment, à ce pauvre Maupertuis.

On conçoit sa fureur à la lecture de ces pages mordantes où Voltaire avait déployé toutes les ressources de son esprit. Le but manifeste du poète était de couvrir Maupertuis d'un tel ridicule que sa situation devînt impossible, non seulement auprès du roi, mais à Berlin ; mais Frédéric, peu touché de l'esprit de Voltaire, prit le parti du président de son académie. Il intervint même par une brochure dans la querelle et le poète comprit alors que son influence était à jamais perdue. « Il est temps de m'en aller, écrit-il à sa nièce et d'achever ma carrière dans la retraite, entre les bras de l'amitié, et loin des griffes des rois qui font des vers et de la prose. » Il renvoya à Frédéric son cordon et sa clef de chambellan et lui demanda la permission, dans l'intérêt de sa santé, d'aller prendre les eaux de Plombières, en France. Le roi, venait d'écrire en ces termes à son secrétaire Darget : « Voltaire est le plus méchant fou que je connaisse ; il n'est bon qu'à lire. Vous ne sauriez imaginer toutes les fourberies, toutes les duplicités et les infamies qu'il a faites ici. » Il répondit donc sur le champ à la demande de Voltaire par un congé en bonne et due forme, et malgré quelques essais de réconciliation, la rupture fut cette fois définitive. Voltaire néanmoins ne partit pas tout de suite, et cela pour deux raisons auxquelles on ne penserait guère. La première, c'est que Frédéric, craignant la colère du poète, voulait l'apaiser un peu avant son départ, et la seconde, c'est que Voltaire n'entendait pas qu'on crût en Europe qu'il était chassé par le roi. De là quelques derniers tiraillements que je suis forcé de passer sous silence. La disgrâce de Voltaire, quand elle fut connue à Berlin, déchaîna contre lui tous ceux qu'il avait blessés par son esprit. On lui reprochait surtout son grand amour de l'argent, et on racontait sur son compte des traits de lésinerie incroyables. Il avait pris l'habitude, paraît-il, de revendre en paquets les douze livres de bougies qu'on lui donnait par mois. Il avait cependant besoin de luminaires, et pour s'en procurer, il eut recours à un ingénieux stratagème. Toutes les fois qu'il était le soir dans les appartements du roi, il trouvait mille prétextes pour sortir un instant, et se rendre, disait-il, dans son cabinet de travail. Il prenait alors une des plus grandes bougies chez le roi, et il oubliait chaque fois en revenant de la rapporter. « Je rattrappe ainsi, disait-il, mon sucre et mon café. »

Il serait peut-être un peu long de raconter les péripéties du départ de Voltaire, ainsi que son arrestation à Francfort, sur les ordres du roi, qui l'accusait d'avoir dérobé des papiers compromettants. On me permettra donc d'arrêter ici cette étude. La dernière humiliation infligée à Voltaire en Allemagne remplit son cœur d'amertume et il demeura de longues années sans correspondre avec son ancien protecteur. Plus tard cependant, réfugié su les bords du lac de Genève, en plein milieu protestant, il consentit à renouer des relations épistolaires avec le grand chef des ennemis de l'Eglise. Il l'aida de sa plume en plusieurs circonstances, surtout dans la néfaste guerre de 7 ans, et dans le partage inique de la Pologne. Amitié toute basée sur une haine commune, comme on voit, et où Voltaire montra que malgré les dons brillants qu'on peut recevoir de la nature, il n'y a jamais, en dehors de la foi et de la vie chrétienne, ni vrai patriotisme, ni sincère amour de l'humanité. Que l'on veuille bien comparer sa vie, à cet égard, avec celle des saints dont l'Eglise s'honore, avec la vie d'un saint François de Sales, d'un saint Vincent de Paul, et l'on pourra facilement se convaincre de l'immense supériorité de la vérité révélée sur toutes les lumières de la philosophie naturelle. L'impiété avilit toujours les caractères; elle tarit peu à peu dans les cœurs la source des plus nobles sentiments; elle est incompatible avec l'amitité constante, avec le patriotisme, avec le vrai culte de l'humanité.

Frédéric II, surnommé le Grand — au moins en Prusse — résume en sa personne tout le génie de sa race. On peut dire que c'est le prince prussien par excellence, et quiconque connait suffisamment sa vie sait ce que la Prusse a fait dans le passé et ce qu'elle fera encore dans l'avenir. Son père, qui était une sorte de caporal couronné, l'éleva avec une sévérité vraiment inouïe. A la moindre peccadille, si nous en croyons la sœur même de Frédéric, il avait recours contre son fils coupable à des moyens de persuasion qui n'ont rien de commun avec la douceur. « Tantôt, dit cette princesse, il l'assommait à coups de canne ou de béquille; tantôt il essayait de l'étrangler en lui passant une corde au cou; tantôt enfin il lui lançait des assiettes à la tête en pleine table. » On aurait tort de croire néanmoins qu'un père si rigide n'eût pas à son service d'autres principes d'éducation. Très attaché à l'orthodoxie protestante, il était, quand il avait trop bu, d'humeur prêcheuse, et la chose, paraît-il, arrivait assez fréquemment. « Le roi, dit à ce sujet la princesse, nous faisait un sermon tous les après-midi. Après quoi son valet de chambre entonnait un cantique que nous chantions tous à notre tour. Il fallait écouter le prêche avec autant d'attention que si c'était celui d'un apôtre, mais l'envie de rire nous prenait parfois, et nous éclations à son nez et barbe. » Le roi reprochait à son fils mille et mille défauts, et, notamment, d'être fourbe, menteur, débauché, sans affection pour personne. Il est assez probable qu'il n'avait pas complètement tort, mais son système d'éducation n'eut d'autre effet que de développer les mauvais penchants de son héritier. Frédéric prit de bonne heure l'habitude de dissimuler sa pensée, et, comme il était entouré de serviteurs qui espionnaient toutes ses démarches, il acquit peu à peu, pour se soustraire à leur vigilance, une finesse extraordinaire. On sait jusqu'où la dureté de son père se laissa entraîner à son égard. Fatigué de la vie qu'on lui imposait à la cour, il s'était enfui avec deux compagnons de plaisirs, mais il fut bientôt arrêté par les émissaires du roi qui, dans sa fureur, voulut à tout prix le faire condamner à mort. Le jeune prince n'obtint sa grâce qu'à la prière de l'empereur d'Allemagne, son parrain, et de plusieurs autres souverains qui furent assez bons pour s'intéresser à son sort. On commua la peine capitale en celle de la détention et il fut interné à Custrin, où il reçut l'ordre d'étudier exclusivement ce qui concernait l'administration des domaines. Il ne s'y soumit qu'en apparence, et c'est là, dans cette retraite que, rongeant son frein, il amassa les connaissances variées qui devaient faire de lui un homme d'Etat de premier ordre. Il continua ces études supérieures à Rheinsberg, où il put, après son mariage avec une princesse de Brunswick, mener une vie plus libre et plus conforme à sa dignité future. Le matin, toujours levé avant l'aurore, il approfondissait les sciences politiques et se préparait à remplir un jour son métier de roi ; mais, le soir, au milieu de gais compagnons, il agitait les plus graves problèmes de la philosophie et le faisait avec la liberté d'esprit la plus absolue. Cette tendance s'accentua même chez lui de telle sorte qu'il voulut bientôt nouer des relations suivies avec les philosophes les plus fameux de son temps. Il s'adressa surtout à ceux de France qui, grâce à leur langue alors si répandue, jouissaient en Europe d'un très grand prestige. Il espérait déjà, sans aucun doute, se servir plus tard de leur influence au profit de ses ambitieux desseins, mais il est aussi permis de croire qu'il fut fortement attiré vers eux par leur réputation d'impiété. Fontenelle, Gravesande, Maupertuis, et enfin Voltaire devinrent de cette façon les confidents et les amis et on peut ajouter les serviteurs de Frédéric, prince royal de Prusse.

Voltaire avait plus de cinquante ans et Frédéric n'en avait que vingt-quatre, quand Dieu permit que ces deux génies malfaisants pussent unir leurs efforts contre l'Eglise. Le poète, quoique suspect à la cour de Versailles, exerçait en France une vraie royauté littéraire. Aussi Frédéric, dans la lettre où il lui proposa son amitié, fut-il prodigue de louanges et de compliments excessifs. Il le proclame l' « honneur de son siècle et de l'esprit humain, le maître inimitable digne d'instruire l'univers entier », etc. On conçoit la surprise et la joie de Voltaire à la lecture de cette missive si flatteuse. Fils de notaire et ancien clerc d'avoué, il avait honte de sa bourgeoise origine, et il cherchait de toute manière, comme on dit, à se décrasser. Or, devenir l'ami d'un prince, et d'un prince héritier présomptif quel coup de fortune, pour le philosophe ! Il l'annonça, ou peu s'en faut, à toute la terre, avec les marques du plus entier ravissement. « Je vous envoie, écrit-il à un de ses amis, la lettre du prince royal de Prusse. Vous y verrez qu'il y a encore des princes philosophes, des Marc-Aurèle et des Antonin, mais c'est grand dommage qu'ils soient au fond de la Germanie ». Voltaire s'empressa de répondre, cela va sans dire, à Frédéric. Il le fit avec un luxe d'épithètes et d'hyperboles louangeuses dont plus tard il n'hésitait pas à se moquer lui-même. « En ce temps, dit-il, il me traitait d'homme divin, et je le traitais de Salomon. Les épithètes ne nous coûtaient rien. » Voltaire, très flatté dans son amour-propre par les ouvertures de Frédéric, n'oubliait pas en même temps, en homme toujours pratique, que les fortes pensions et les rentes viagères sont les preuves accoutumées de l'amitié des princes. Il l'insinuait habilement dans ses lettres, disant, par exemple, qu'il trouvait « très ridicule le rôle d'un poète à la cour sans un solide établissement ». Il alla même jusqu'à envoyer au prince une écritoire de grand prix, espérant l'engager ainsi dans la voie de la reconnaissance et de la générosité. Toutes ces avances furent inutiles ; et Frédéric se contenta de lui faire parvenir son portrait accompagné de quelques bagatelles sans aucune valeur. « Notre cher prince, écrivait Voltaire à cette époque, n'est pas riche à présent, et il ne veut pas emprunter parce qu'il est mortel et qu'il n'est pas sûr que le roi son père payât ses dettes. Il aime mieux vivre en philosophe, en attendant de vivre un jour en grand roi, et il serait alors très fâché qu'il y eût un prince sur la terre qui récompensât mieux que lui ses serviteurs et ses conseillers ». A défaut de largesses métalliques, le pauvre Voltaire souhaitait au moins que son prince l'invitât à venir en Prusse. Il répétait à tout le monde que, cédant à de vives instances, il allait bientôt partir pour Berlin. « Dieu veuille, écrivait-il, que quelque gelée ne me tue pas en Germanie, comme le froid de Stockolm a tué Descartes. Monsieur le prince royal de Prusse m'a écrit depuis longtemps, en des termes qui me font rougir, pour m'engager à venir à la cour. Vous devinez aisément que je n'ai été tenté de rien. » Voltaire, dans cette lettre, mentait avec impudence, car, outre qu'il ne désirait rien tant que de partir, il n'avait pas reçu du prince la moindre invitation. Il s'efforçait même en ce moment de l'extorquer par mille moyens ingénieux que sa correspondance aujourd'hui nous fait connaître à merveille. Il communiquait aux journaux du temps la nouvelle de son départ, et il écrivait ensuite à Frédéric avec l'air du monde le plus ingénu : « Je suis très fâché que l'on ait inséré dans les gazettes que je devais aller en Prusse. L'éclat de vos bontés pour moi l'a persuadé sans peine à beaucoup de monde, mais je suis incapable, vous le savez, de faire une telle démarche sans des ordres précis. » On voit clairement dans cette lettre l'extrême fourberie de Voltaire. On pourrait en citer d'autres, non moins habilement écrites, mais qui n'eurent pas plus de succès auprès du prince philosophe. Il faut convenir, du reste, que Frédéric, tant que son père vivait encore, ne pouvait décemment inviter à la cour un homme aussi impie que Voltaire. Le roi de Prusse, nous l'avons vu, tenait à l'orthodoxie protestante, et il n'aurait certainement pas souffert cette injure à ses convictions. Il fallut donc que le poète attendît des jours meilleurs.

C'est en 1740, comme on sait, que Frédéric monta sur le trône de Prusse. Il avait alors vingt-huit ans et il était mûr pour l'exécution de ses grands desseins politiques. Son père lui avait laissé deux choses d'une singulière valeur, un trésor bien garni et l'armée la mieux disciplinée de l'Europe. Il y a un proverbe qui dit : « A père avare, fils prodigue », mais Frédéric, en vrai descendant des Hohenzollern et au grand déplaisir de Voltaire, ne fit absolument rien pour s'y conformer. Il se contenta de mettre sur pied seize nouveaux bataillons, et se dispensa de faire d'autres largesses à son peuple. Il sentait bien cependant que son ami Voltaire attendait de lui quelque preuve de sa munificence. Il chargea donc son ambassadeur Camas d'un présent pour le poète, qui s'est exprimé là-dessus de la manière suivante dans ses mémoires : « L'ambassadeur extraordinaire, le manchot Camas, en arrivant au cabaret, me fit dire qu'il avait le plus magnifique présent à me remettre de la part du roi son maître. « Courez vite, s'écria madame du Chatelet, on vous envoie sûrement les diamants de la couronne. » Je courus et je trouvai l'ambassadeur qui pour toute valise avait derrière sa chaise un tonnelet de vin de la cave du feu roi que le roi régnant m'ordonnait de boire. Je m'épuisai en protestations d'étonnement et de reconnaissance sur les marques liquides des bontés de sa Majesté, substituées aux solides dont elle m'avait flatté, et je partageai le tonnelet avec Camas. » Ce fut là, comme on pense, un gros désappointement pour Voltaire, mais peu de temps après, son royal ami sut l'en consoler. Frédéric, sous le prétexte de le consulter sur un livre de sa composition : l'*Anti-Machiavel*, l'invita à venir le voir au château de Meurs, près de Clèves, où il devait passer quelques jours. Cette première entrevue des deux philosophes a été racontée plus tard par Voltaire dans un récit d'une allure assez désobligeante. « Je trouve à la porte, dit-il, un soldat pour toute garde. Le conseiller privé, Rambonet, ministre d'Etat, se promenait dans la cour en soufflant dans ses doigts. Il portait de grandes manchettes de toile sales, un chapeau troué, une vieille perruque de magistrat, dont un côté entrait dans une de ses poches et l'autre passait à peine l'épaule... Je fus ensuite introduit dans l'appartement de sa majesté. Il n'y avait que les quatre murailles. J'aperçus dans un cabinet, à la lueur d'une bougie, un petit grabat de deux pieds et demi de large, sur lequel était un petit homme affublé d'une robe de chambre de gros drap bleu ; c'était le roi qui suait et qui tremblait sous une méchante couverture dans un accès de fièvre. Je lui fis la révérence et commençai la connaissance en lui tâtant le pouls, comme si j'avais été son premier médecin. L'accès passé, il s'habilla et se mit à table. Algarotti, Kaiserling, Maupertuis et le ministre du roi auprès des Etats généraux, nous fûmes du souper où l'on traita à fond de l'immortalité de l'âme, de la liberté et des dialogues de Platon. »

J'ai dit que le prétexte ou la raison de cette entrevue de Meurs était la publication d'un livre qu'avait composé Frédéric. Ce livre qui portait le beau titre d'*Anti-Machiavel* devait contenir une prétendue réfutation des funestes maximes de l'écrivain de Florence. On sait que Machiavel, dans un ouvrage intitulé le *Prince,* s'est fait le défenseur et l'apôtre de la raison d'Etat. Il y soutient que tout est permis pour gouverner les peuples, même les choses les plus contraires à la morale. Le livre de Machiavel a réhabilité l'ancienne politique des Césars païens, et on ne saurait calculer toutes les conséquences désastreuses qu'il a eues pour l'Europe chrétienne. Frédéric, sous couleur de vertu, entreprit de le réfuter, et Voltaire, chargé par lui de revoir et de corriger son œuvre, en ressentit ou parut en ressentir une admiration qu'il ne cessait d'exprimer de mille manières. « Prince, soyez fidèle à vous-même, écrivait-il au roi, aimez toujours la justice, la modération, et respectez le droit des gens ; car vous êtes déjà l'idole de l'Europe et tous les Français sont devenus Prussiens. » Le malheur pour ce bel enthousiasme, c'est que ce même Frédéric, quelques mois après son avènement au pouvoir, envahit, sans déclaration de guerre, une province appartenant à l'Autriche. C'était un brigandage politique dans toute l'acception du terme, et on peut dire qu'il souleva l'indignation de l'Europe entière. On imagine la confusion du poète qui, victime de l'hypocrisie de Frédéric, l'avait présenté et recommandé avec tant de candeur au public. « Que voulez-vous, disait-il plus tard en s'excusant de son erreur, que voulez-vous, il était roi, ce qui fait toujours une grande séduction, attendu la faiblesse humaine. D'ordinaire, c'est nous autres, gens de lettres, qui flattons les rois, et celui-là me louait des pieds jusqu'à la tête ! » Et il écrivait encore à son ami Cideville : « Cette invasion me paraît un héroïsme d'une autre espèce que celui de la modération tant prêchée dans l'*Anti-Machiavel*. La chatte du fabuliste, métamorphosée en femme, court aux souris dès qu'elle en aperçoit ; ainsi le prince jette son manteau de philosophe et prend son épée, dès qu'il voit une province à sa convenance. Et puis fiez-vous donc à la philosophie ! » C'est une chose assez amusante de voir comment Voltaire s'efforce d'excuser Frédéric dans les lettres qu'il lui écrit : « Qu'avez-vous donc à vous reprocher, lui dit-il ? N'aviez-vous pas des droits très réels sur la Silésie ? Il ne me sied plus de blâmer la guerre quand je m'adresse à un jeune monarque qui sait la faire avec tant de gloire. » Frédéric, de son côté, ne voulant pas déchoir dans l'esprit du philosophe, mettait tout en œuvre pour lui présenter son expédition sous le jour le plus favorable. « Considérez, lui disait-il, que j'avais des troupes excellentes et qui s'ennuyaient de ne rien faire ; songez que j'avais une épargne bien remplie et que mon caractère ne manque pas de vivacité... L'ambition, d'ailleurs, l'intérêt, le désir de faire parler de moi, l'emportèrent et c'est ainsi que la guerre fut résolue. » Frédéric aurait pu se dispenser de se mettre avec Voltaire en si beaux frais d'éloquence. Le poète, n'ayant en vue que son intérêt, lui avait pardonné depuis longtemps dans son cœur. Car comment résister à un prince qui, au lendemain de ses foudroyantes victoires, songeait à la santé de ses amis et leur envoyait des pilules du fond de l'Allemagne. » J'aurai l'honneur, lui répondait Voltaire, à la suite d'un cadeau de ce genre :

> J'aurai l'honneur d'être purgé
> De la main royale et chérie
> Qu'on vit, bravant le préjugé,
> Saigner l'Autriche et la Hongrie.

On voit par ces vers si le plat courtisan fut de composition facile avec Frédéric; on y voit en même temps ce qu'il faut penser de sa réputation de philosophe et de véritable ami du genre humain. Et il n'était pas plus patriote et ami de la France, comme nous allons le voir par une rapide excursion sur le terrain purement historique. L'Allemagne, au siècle dernier, ne ressemblait guère à ce qu'elle est devenue sous nos yeux, il y a quelques années. C'était une confédération de rois, de princes et même de villes libres qui avait à sa tête un empereur désigné par élection. Quelques princes seulement avaient le droit de l'élire, et de là venait leur titre de princes-électeurs. Ces électeurs étaient en majorité catholiques et ils suivaient l'impulsion de la maison de Habsbourg qui, déjà depuis bien des siècles, gouvernait l'Autriche. Le royaume protestant de Prusse, malgré son esprit de conquête, était de la sorte tenu en échec et réduit à l'impuissance. Or, peu de temps après l'avènement de Frédéric, Charles VI, empereur d'Allemagne, vint à mourir. C'était le dernier descendant mâle des Habsbourg et on pouvait prévoir que le choix de son successeur ouvrirait la porte à des compétitions nombreuses. Quel prince catholique, en dehors de la maison régnante d'Autriche, avait assez de prestige pour oser briguer la couronne impériale ? On ne voulait à

aucun prix du roi de Prusse, et d'autre part, l'héritier de
Charles VI était une femme, Marie-Thérèse. Elle avait,
à vrai dire, épousé le duc de Lorraine, mais on pensait que
tous deux, très jeunes encore, manqueraient d'énergie pour
maîtriser à la fois les événements et les hommes. L'ambition tourna donc les têtes et on vit plusieurs prétendants
descendre dans la lice ouverte. La France, très mal
conseillée et sottement jalouse de la maison d'Autriche,
fit alors le jeu de Frédéric qui ne désirait rien tant que
de pêcher en eau trouble, et appuya les prétentions de
l'électeur de Bavière, qui réclamait tout l'héritage de
Charles VI. L'électeur de Saxe, en même temps, ainsi que
le roi d'Espagne, Philippe V, et le roi de Sardaigne, Charles-
Emmanuel, réclamèrent, à divers titres, telle ou telle province de la vaste succession. Marie-Thérèse se trouva donc
en face de cinq monarques traîtreusement ligués pour la
dépouiller de ses droits. Tout le monde en Europe la
croyait incapable de résister à cette monstrueuse coalition.
C'est pourquoi Frédéric, quand il vit les choses bien
embrouillées, jeta son armée à l'improviste sur la province
de Silésie. Elle était dégarnie de troupes et ce fut un jeu
pour lui de s'en emparer et de s'y fortifier d'une manière
inexpugnable. Quand il eut pris toutes ses précautions
contre un retour de la fortune, il offrit à Marie-Thérèse
de lui donner sa voix pour l'Empire, à la condition qu'elle
renoncerait à ses droits sur la Silésie. Il espérait que sa
proposition sourirait à la pauvre reine abandonnée de tout
le monde, mais elle avait l'âme grande et fière, et elle lui
répondit par un refus formel. Elle envoya même des
troupes en Silésie et Frédéric se vit forcé de livrer bataille.
Le grand capitaine, qui devait remporter tant de victoires,
eut, paraît-il, en cette circonstance, les émotions d'un
premier début. Il s'enfuit à toute bride, croyant la bataille
perdue, et se cacha dans un moulin, près de Ratibor, où

il se lamentait de son malheur en invoquant le ciel. Après quelques heures de mortelles angoisses, il apprit enfin que ses soldats, les meilleurs du monde, venaient de repousser l'ennemi, et il sortit fièrement de son moulin. C'est à propos de cette singulière victoire qu'on a dit : « Frédéric II s'est couvert de gloire et de farine. » En attendant, au moment où ces évènements s'accomplissaient en Silésie, les Français et les Bavarois s'avançaient jusqu'aux portes de Vienne. Tout semblait désespéré pour Marie-Thérèse qui ne trouva de refuge qu'en Hongrie. Frédéric avait essayé, par ses émissaires, de soulever les Hongrois contre la reine, mais ce noble peuple, ému de compassion, fit preuve de la fidélité la plus chevaleresque. Tout le monde connaît cette scène fameuse où Marie-Thérèse présenta son jeune fils aux seigneurs du royaume. Un enthousiasme indicible les saisit et ils s'écrièrent, tirant leur épée : Mourons tous pour notre roi, Marie-Thérèse ! Une armée considérable en peu de temps s'organisa, les peuples catholiques de la monarchie se réveillèrent, et la victoire revint sous les drapeaux de l'Autriche. Marie-Thérèse reconquit bientôt presque tout le terrain perdu, et les Français qui s'étaient emparés de Prague, se trouvèrent alors dans la situation la plus critique. Ils espéraient que leur bon allié, le roi de Prusse, viendrait les tirer de ce mauvais pas, mais c'est le moment même que choisit Frédéric pour conclure avec Marie-Thérèse une paix séparée. Il fit semblant toutefois de continuer la guerre pour permettre à la jeune reine d'écraser complètement les Français. Elle consentit alors à lui céder la Silésie, heureuse d'avoir rompu de la sorte la terrible coalition. Quand on apprit en France le dénouement de cette guerre, il y eut, comme on pense, une explosion générale d'indignation contre la Prusse. Le cardinal Fleury, honteux d'avoir été joué par Frédéric et d'être la risée de l'Europe, en mourut de douleur. « Il a travaillé pour le roi de Prusse », disait-on de toutes parts, et dès lors cette locution est devenue proverbiale.

Je n'ai fait qu'esquisser rapidement cette page si instructive de l'histoire du dernier siècle. On y peut voir ce qu'il en coûte aux nations catholiques de prêter main-forte aux machinations de l'hérésie. Elles ont le sort de ce chat de la fable qui tirait pour le singe les marrons du feu. Ce ne sont pas elles qui les croquent et elles ne réussissent qu'à se brûler les doigts. Notre époque a vu bien des spectacles du même genre ; elle a vu la France aider encore la Prusse à dépouiller l'Autriche, et nous savons tous de quelle manière elle en a été récompensée. Il y a une chose pourtant que notre époque n'a pas vue, Dieu merci, c'est un Français se réjouissant avec le vainqueur des malheurs de la patrie. Personne de nos jours n'a imité Voltaire qui, au lendemain des désastres de la France, n'eut pas honte d'envoyer à Frédéric les vers suivants :

> Votre esprit, votre ardeur guerrière
> Des Français se feront chérir ;
> Vous aurez le double plaisir
> Et de nous *vaincre* et de nous *plaire*.

Et, dans une autre pièce, d'un souffle plus lyrique :

> Chaque peuple, à son tour, a régné sur la terre,
> Par les lois, par les arts, et surtout par la guerre ;
> Le siècle de la Prusse est à la fin venu.

Ce n'est rien encore ; dans une lettre intime il écrivait à son royal ami cette phrase, qu'on pourrait croire insensée, tant elle est infâme, mais qu'on trouve en toutes lettres dans sa correspondance : « L'uniforme prussien ne doit servir qu'à faire mettre à genoux les Français. »

Voltaire et Frédéric, on le voit, étaient bien faits pour s'entendre. Tous deux avaient dans le cœur la haine de

l'Eglise et ils se retrouvaient toujours unis sur ce terrain.
C'est ce qui nous fait comprendre que, malgré son avarice,
le roi fit venir enfin le philosophe à sa cour. Il en demanda
la permission à Louis XV qui se hâta de l'accorder en
disant : Tant mieux ! Ce sera un fou de moins dans mon
royaume. Une question préalable et d'une certaine importance devait se présenter naturellement pour les deux
philosophes. Qui paierait les frais du voyage ? Frédéric,
qui avait absolument besoin de Voltaire pour déchristianiser de plus en plus la France, consentit aux sacrifices
exigés par les circonstances. Il dépensait de l'argent pour
ses soldats, il en pouvait bien dépenser pour l'écrivain,
dont la plume à elle seule valait une armée. Il envoya donc
une lettre de change à Voltaire qui répondit qu'il aimait
bien mieux encore Jupiter que sa pluie d'or, tout en
ajoutant que dans le siècle de fer où il vivait, les petites
gouttes d'or étaient parfois bien nécessaires. Il aurait
voulu que sa nièce, madame Denis, fût du voyage et pût
contempler aussi les traits du grand capitaine. Cette peu
intéressante personne se réjouissait à la pensée d'exercer
sur le roi le pouvoir de ses charmes. La nature, par
malheur, l'avait douée d'un visage qui ne cessait de bourgeonner comme un printemps perpétuel. Elle employait
toutes sortes de moyens pour arrêter cette végétation
indiscrète, mais rien jusque là n'avait réussi au gré de ses
désirs. Aussi, son oncle, toujours sans pitié, même pour
ses amis, lui fit parvenir un jour ce quatrain dans un
moment de mauvaise humeur :

> Si par hasard pour argent ou pour or
> A vos boutons vous trouviez un remède,
> Peut-être vous seriez moins laide,
> Mais vous seriez bien laide encore.

Je ne sais quelle était l'opinion de Frédéric sur madame
Denis, mais toujours est-il qu'il ne souhaitait guère la

voir à la cour. « Je serai bien aise, écrivait-il à Voltaire, que votre nièce nous accompagne ; mais je ne vous l'impose pas. » C'était peu galant, comme on voit, et Voltaire se montra mécontent de cette réponse. « Comprenez-vous, disait-il à Marmontel, qu'un roi puisse être ladre à ce point ! Il a des tonnes d'or et il ne veut pas donner mille louis pour le plaisir de voir ma nièce dans sa capitale. Il les donnera ou moi-même je n'irai point. »

Il aurait peut-être tenu parole si sa vanité, peu digne d'un philosophe, n'eût été plus grande encore que son avarice. Un certain poète du troisième ordre qui se nommait Arnauld de Baculard venait d'arriver auprès de Frédéric pour se joindre à la troupe d'écrivains impies que le roi de Prusse faisait travailler selon ses desseins. Voltaire, un matin était encore au lit quand Marmontel et un nommé Thiériot lui firent visite. Quelles nouvelles, leur cria-t-il ? Et ils lui racontèrent les succès merveilleux qu'obtenait auprès du roi le poète Baculard. Ce dernier avait adressé à Frédéric une épitre assez bien tournée, et le monarque venait de lui répondre dans la même langue, en lui disant, entre autres choses bien flatteuses :

> Voltaire est à son couchant
> Et vous êtes à votre aurore !

Quoi ! s'écrie-t-il, Voltaire à son couchant et Baculard à son aurore ! Et c'est un roi qui écrit cette sottise monstrueuse ! Il n'y entend rien ; qu'il s'occupe seulement de régner. Marmontel et Thiériot, le voyant gambader « dans le simple appareil » avaient toutes les peines du monde à ne pas éclater de rire à sa barbe. Oui, s'écria-t-il enfin j'irai ! j'irai lui apprendre à se connaître en hommes ! On a supposé, avec assez de vraisemblance, que ce fut là une ruse habile de Frédéric pour décider Voltaire à lâcher madame Denis. Je ne sais ce qu'il en faut croire, mais peu de temps après le poète prit enfin la route de l'Allemagne où il allait apprendre à ses dépens, auprès du roi de Prusse, que l'amitié d'un grand homme n'est pas toujours un bienfait des dieux.

Il faut reconnaître que Frédéric, désireux de s'attacher à jamais le grand écrivain, le reçut avec toutes les démonstrations de la plus vive amitié. Non content de donner des fêtes, en son honneur, il voulut encore l'éblouir en le comblant de dignités. Il le nomma chambellan, lui conféra un de ses ordres, et le gratifia d'une pension annuelle de vingt mille francs. Il serait difficile de peindre la joie de Voltaire qui se hâta d'annoncer la nouvelle à ses amis de France. L'opinion publique, par malheur pour lui, y était toujours hostile à la Prusse, et elle s'éleva avec indignation contre ces faveurs excessives. Partout, en France, on traitait Voltaire de Prussien, et on vendait dans les rues de Paris une estampe où il était représenté d'une façon grotesque et sous un costume qui n'avait rien de national. « Achetez Voltaire, criaient les marchands, achetez Voltaire, ce fameux Prussien. Le voyez-vous avec son gros bonnet de peau d'ours pour n'avoir pas froid ? A six sols le fameux Prussien ! »

INSCRIPTIONS ROMAINES

TROUVÉES

 A ARDON

PAR

PIERRE BOURBAN

CHANOINE DE L'ABBAYE DE SAINT-MAURICE
PROFESSEUR DE THÉOLOGIE ET ARCHIVISTE

FRIBOURG

IMPRIMERIE ET LIBRAIRIE DE L'ŒUVRE DE SAINT-PAUL
259, RUE DE MORAT, 259

1896

INSCRIPTIONS ROMAINES

TROUVÉES A ARDON

Le Vallais a été connu et même très convoité par les Romains. Jules César, dans ses Commentaires *De Bello Gallico*, nous fait voir la vallée du Rhône habitée par trois peuples : les Nantuates, les Véragres et les Séduniens [1]. — Tacite nous montre dans la vallée supérieure du Rhône une quatrième peuplade, les Vibériens [2]. C'est pour s'emparer d'un chemin stratégique et des voies commerciales à travers les Alpes, que César envoya dans ce pays Galba, avec ordre de soumettre à la domination romaine, les Nantuates, les Véragres et les Séduniens. On sait comment la résistance des gens du pays a failli faire subir aux Romains une honteuse défaite. Le dernier effort dicté par le désespoir, parvint à leur donner la victoire. Les peuplades indigènes étaient vaincues [3].

Sous Auguste, les quatre peuplades de la vallée du Rhône s'étaient révoltées. Auguste les soumit par ses armes victorieuses [4]. Mais les avantages que les défilés des Alpes offraient pour une nouvelle insurrection à des hommes d'une valeur éprouvée, forcèrent l'empereur à se les

---

[1] Julius Cæsar, *De Bello Gallico*, Commentario III.
[2] Plinius secundus, *Naturalis Historiæ*, lib. III, cap. xx.
[3] Julius Cæsar, *De Bello Gallico*, Commentario III.
[4] Plinius Secundus, *Naturalis Historiæ*, lib. III, cap. xx.

attacher par des bienfaits et à dorer leurs chaînes. Il octroya le titre de citoyens romains aux habitants d'Octodure.

Il paraît que les Nantuates et les Séduniens furent l'objet de grandes largesses ; car les uns et les autres chantèrent, dans des inscriptions qui existent encore, la haute protection de l'empereur Auguste [1].

Sur la frontière des *Veragri*, près des Séduniens, et peut-être même sur leur territoire, à Ardon, on se prosternait devant Jupiter, le maître des dieux, et devant son fils Mercure, le dieu de l'éloquence, du commerce et des voleurs. Deux inscriptions découvertes l'année dernière nous en fournissent la preuve.

Je viens signaler au public ces autels brisés par la main triomphante des apôtres du christianisme.

Ardon est un joli village situé sur la rive droite de la Lizerne. Il est mollement assis au soleil du midi, près des contreforts des Alpes bernoises. La tradition populaire en fait une station romaine. Simler dans sa *Description du Vallais*, très enthousiaste du reste des stations romaines, n'en dit rien, lorsqu'il parle d'Ardon. Il se contente de dire qu'en venant de Conthey, après avoir traversé la Lizerne, on arrive à Ardon, commune des Véragres, avec le village de ce nom [2].

Le chanoine Boccard, dans son *Histoire du Vallais*, après avoir donné une notice sur Ardon au moyen âge, nous dit :

« Sur un plateau qui domine ce village se trouvent, outre les ruines du château du Crest, celles d'un ancien temple construit par les Hongrois lors de leurs excursions en Vallais, et consacré à la déesse Isis. De là le nom de cette

---

[1] A Saint-Maurice, inscription au vestibule de l'Abbaye. — A Sion, inscription à l'Hôtel-de-Ville.

[2] Simler, *Descriptio Vallesiæ*, lib. 1.

localité, qu'on appelle encore aujourd'hui *Isière*. On y a découvert des tombeaux qui viennent à l'appui de cette assertion. » Boccard s'appuie sur Bridel et Constant de Castello [1].

Aujourd'hui l'existence de la station romaine à Ardon, est bien constatée par les deux inscriptions que je vais reproduire.

A l'extrémité du village, on aperçoit un clocher gothique, et, adossé à cette vieille tour, une église neuve dont la construction prépara la tombe de son zélé curé-doyen. Au nord de l'église, on fit, en 1894, des fouilles dans le cimetière. Et c'est là que furent trouvées à 0^m, 50 de profondeur, les deux inscriptions.

Les deux marbres allaient disparaître sous la truelle des maçons, sans les soins intelligents du curé actuel, M. le doyen Delaloye. Appelé à les examiner, je m'y suis rendu, le 22 juillet 1895.

I

La première inscription est une dédicace, un vœu à Jupiter. C'est un bloc en marbre jurassique, haut de 0^m, 63 sur une largeur de 0^m, 45. Il est entier dans sa largeur et porte à son sommet une corniche. La base a été mutilée; mais l'inscription est entière à l'exception d'une lettre.

<pre>
        IOVI · O · M
        I · CONDIVS
          RVFVS
        V · S · L · ////
</pre>

Jovi, Optimo, Maximo, J. Condius, Rufus, Votum, solvit, lubens, merito.

---

[1] Boccard, *Histoire du Vallais*, pag. 347.

Les lettres sont de la belle époque romaine. Elles mesurent, à la première ligne, 0^m,07 en hauteur, et aux trois autres 0^m,045. Nous sommes en présence d'un monument d'environ dix-neuf siècles d'existence.

II

Le second marbre est un autel à Mercure. Le dieu des orateurs, des commerçants et des voleurs avait eu ses temples à Sierre. Nous en avons la preuve dans un autel divisé en deux parties ; elles tiennent lieu de colonnes pour soutenir les arcs des fenêtres géminées du clocher de la vieille église de Sierre. Mercure eut aussi ses adorateurs à Ardon. Le monument est comme celui que nous avons décrit plus haut, en marbre jurassique. Il mesure en hauteur 0^m, 57 et en largeur 0^m, 48. Il est orné d'une corniche à son sommet. Entier sur les deux côtés, il est mutilé à sa base.

L'inscription est ainsi incomplète. La lecture en était difficile. J'ai dû poser quelques questions à Mommsen, le célèbre et savant auteur du *Corpus Inscriptionum latinarum*.

Voici sa bienveillante réponse : « *Exoratus, Exorata* « sont des *cognomina* très communs, répondant à Désiré « et Désirée. Il n'y a pas lieu d'en chercher une signification. « Le nom de femme ne s'accorde pas avec *Quintus,* « probablement qu'il faudra lire *Quintula ;* on trouve ce « surnom Ve. C. I. L. V, 5304, 6391. XII, 4174. La queue « de la première lettre aura été peinte seulement, échap-« pant ainsi au burin. »

Le point en forme de feuille ou de cœur qui suit le T de la première ligne est remplacé par un point ordinaire.

Voici maintenant l'inscription telle que j'ai pu la déchiffrer et la reproduire dans mon estampage :

```
       T · COMINIVS
        EXORATVS
        ET · STATIA
        OVINTV ·
        MERCVRIO
      ///// RAM ET
      //////////////
```

T. Cominius Exoratus et Statia Quintula Mercurio aram et.....

Les lettres sont moins belles que celles de la première inscription. Elles mesurent 0^m,05 en hauteur.

Les fiers Romains ignoraient lorsqu'ils établissaient dans notre pays leur domination toute puissante, que le culte de leurs idoles ne devait pas être de très longue durée. Ils étaient les instruments aveugles dont Dieu se servait pour ouvrir plus largement le chemin aux prédicateurs de l'Evangile et à la Légion thébéenne dont le sang versé pour Jésus-Christ a achevé dans notre pays la ruine du paganisme.

NOUVELLES PREUVES

DE

L'INDIGÉNAT DES CELTES

DANS

LE BAS-VALAIS

NOUVELLES PREUVES

DE

L'INDIGÉNAT DES CELTES

DANS

LE BAS-VALAIS

TIRÉES DE SON PATOIS

PAR

Léon FRANC, Chimiste, à Monthey

FRIBOURG (Suisse)

IMPRIMERIE ET LIBRAIRIE DE L'ŒUVRE DE SAINT-PAUL
259, RUE DE MORAT, 259

1896

NOTICE [1]

Après avoir touché, dans ma notice précédente [2], à la chronique de notre histoire dans les temps les plus reculés, je crois opportun, pour compléter les données qu'elle renferme, de les faire suivre d'un certain nombre de notes historiques, d'une collection de nos mots celtico-patois et d'un aperçu grammatical de notre idiome, afin de prouver, de mieux en mieux, l'indigénat des Celtes dans le Bas-Valais.

Ce qui m'a suggéré ce petit travail, c'est un sentiment de patriotisme, sans prétention aucune, joint à l'idée d'éclaircir, *pendant qu'il en est encore temps,* un point de notre histoire nationale.

Qui ne voit que nous approchons du moment où notre patois aura entièrement disparu et sera indubitablement remplacé par le français ? Cette perspective n'est point une illusion, le passé nous en donne des preuves non équivoques ; qu'on se reporte à un demi-siècle en arrière et l'on se convaincra que, non seulement dans les lieux les plus écartés, mais dans les localités les plus populeuses

---

[1] Lue à la réunion de la Société helvétique de Saint-Maurice (Valais), le 12 octobre 1882.
[2] *Revue de la Suisse catholique,* février 1881. Notice sur un celt découvert à Vérossaz (Valais), etc., par Léon Franc, chimiste, à Monthey.

de la plaine : Martigny, Monthey, Saint-Maurice, etc., la langue la plus usuelle était le patois : nobles et roturiers, lettrés et illettrés, personne ne l'ignorait, ou plutôt tout le monde le parlait.

Qui ne se souvient que dans bon nombre de nos écoles, pour chercher à étouffer notre idiome, on punissait l'élève qui avait prononcé un mot patois en l'obligeant de porter un culot de plomb de deux à cinq livres, appelé *signe*, jusqu'à ce qu'un autre condisciple en eût fait de même ? Système de prohibition assez sensible, mais peu sympathique et parfois trop *déclinatoire* entre écoliers.

Aujourd'hui, grâce à l'impulsion donnée à notre instruction publique par nos conseillers d'Etat, MM. H. Bioley et L. Roten, grâce aux efforts persévérants de nos instituteurs et institutrices, aux exigences d'un recrutement militaire qui va fouiller jusque dans nos dernières chaumières, à la facilité des communications, le *signe* ne vit plus qu'à l'état de souvenir. Espérons qu'aucun autocrate ne viendra nous le réimposer un jour pour une langue quelconque.

Si l'on tient donc à établir qu'un grand nombre de nos termes patois proviennent du celtique, du gaulois, il ne nous reste plus qu'à nous hâter d'en collectionner un nombre suffisant pour que le philologue ou l'historien, puissent, en reconnaissant leur origine, se convaincre de la justesse de nos allégations.

Pour que nos recherches relèvent plus du domaine pratique que de celui de la théorie, nous nous sommes adressé, non pas tant à des étymologistes, à des grammairiens, qu'à des personnes de la campagne, particulièrement à des vieillards qui, habitant nos montagnes, nos vallons les plus retirés, ont toujours vécu selon les anciens usages, les anciennes mœurs, et ont mieux conservé, par l'absence de relations extérieures, ce langage primitif qui décèle le plus de mots celtiques.

Il peut paraître étonnant que notre idiome renferme un si grand nombre de termes celtiques, mais cette assertion s'admet facilement si l'on considère que nos ancêtres, Gaulois eux-mêmes, habitant les Alpes Grées, vivant plus ignorés que ceux du littoral des mers : Armorique, pays de Galles; plus inconnus que ceux des montagnes les plus centrales de l'Auvergne, du Haut-Dauphiné, ont naturellement, mieux que tant d'autres populations, gardé leur ancien langage; que, malgré tous les édits de proscription lancés contre leur langue par les Romains, malgré toutes les invasions qui ont fait perdre jusqu'à l'ancien nom de notre pays, ils ne l'ont pas moins parlée jusqu'au dixième siècle, et que depuis lors jusqu'à nos jours, elle n'a pas cessé, sans trop de variante, d'être en usage dans bien des provinces françaises, anglaises, etc.

Bullet vient confirmer le fait quand il dit [1] :

« Il ne faut pas croire que nos ancêtres les Gaulois quittèrent leur ancien langage lorsqu'ils furent subjugés... Il faut penser bien différemment sur ce sujet. Les Romains introduisirent, à la vérité, la langue latine dans les Gaules, mais sans anéantir la celtique... On parlait donc encore celtique dans les Gaules, lorsque les Romains cessèrent d'en être les maîtres... Les Gaulois ne perdirent pas leur langue naturelle, lorsque les peuples du Nord s'établirent parmi eux... Les choses durèrent ainsi jusqu'au onzième ou douzième siècle. »

Le savant professeur de l'Académie de Lausanne, M. Raoux, vient aussi indirectement en donner une preuve en ne commençant ses philippiques contre l'orthographe française et ses altérations que du moment où vivaient Joinville, Froissart, Philippe de Commines. Le

---

[1] *Dictionnaire celtique.* Tome 1, pages 10, 12, 15, 25. Edit. 1754. Besançon.

passage suivant le fait comprendre [1] : « Mais à partir de cette époque (treizième siècle), l'ennemi commença à pénétrer dans la place. Les alphabets grecs, latins, septentrionaux, s'insinuèrent sournoisement dans l'écriture française..... Ainsi, depuis Philippe de Commines et par son influence, le double déluge greco-latin et septentrional passa sur l'orthographe française. L'écriture fut ensevelie sous une avalanche de lettres parasites, empruntées aux alphabets étrangers... Alors commença le fatal divorce entre le *son* et le *signe,* entre la langue *parlée* et la langue *écrite.* »

Gilliéron assure d'autre part que : « Les patois romans du Valais ont subi l'influence du français à un moindre degré que ceux des autres cantons de la Suisse romande [2]. »

Cependant, toute langue étant irrévocablement et constamment soumise à des lois de permutabilité que rien ne saurait fléchir, notre ancien idiome n'a pu, à son tour, échapper complètement à leur influence ; c'est pourquoi il nous présente une série de mots dont on ne sait découvrir l'origine, et qui ne peuvent être que des néologismes, des mots gaulois, latins, teutons, de provenance de langues étrangères.

Pour nous assurer que tous ces termes que nous vous présentons ne sont point d'une date récente, nous en avons référé à des octogénaires qui nous ont certifié que leurs aïeux les connaissaient déjà et qu'ils les prononçaient comme maintenant.

Il est vrai que Bullet affirme qu' « on ne se trompera pas en reconnaissant pour *Gaulois* les termes que l'on verra n'être pas d'origine latine ou teutone, puisqu'il

---

[1] Orthographe rationnelle ou écriture phonétique. Ed. Raoux. Librairie de la Suisse romande. Paris, rue de la Monnaie.
[2] Bibliothèque de l'école des hautes études ; 40ᵐᵉ fascicule. Paris, Sandoz et Fischbacher, libraires-éditeurs.

n'y a jamais eu que ces trois langues en usage dans les Gaules. »

Mais cette assertion n'est pas strictement exacte, car, du moment qu'on envisage l'Asie comme le berceau du genre humain, qu'elle nous a apporté le bronze, etc., on peut bien admettre qu'elle nous ait, lors de ses migrations, légué quelques-uns de ses termes. Les mêmes suffixes celtiques que ces nombreux idiomes renferment et que nous avons en si grand nombre dans nos patois, n'indiquent-elles pas des rapports entre ces langues?... et le celtique n'est-il pas tiré du vieux tronc indien? D'autre part, les hydrophiles qui ont habité les rives de notre lac Léman que nos montagnes limitent et surplombent, ne nous auraient-ils laissé d'autres traces de leur indigénat que des débris lacustres ? Je ne dis point cela pour faire passer nos autochthones comme des successeurs de *primates*, loin de là ; mais pour rappeler que notre contrée, habitée dès la plus haute antiquité, a bien pu nous conserver quelques termes particuliers, en ce qui concerne les noms géographiques, topographiques, etc.

Enfin, le peu de changement que nos alpicoles ont apporté à leurs us et coutumes, à leurs mœurs, est aussi bien propre à nous faire saisir le peu de modification que leur langage a pu subir. Pour s'en convaincre, visitons une de leurs hospitalières habitations. Le premier objet qui, pour l'ordinaire, frappe nos yeux, est un rustique bassin de fontaine creusé dans un tronc d'arbre et sur lequel repose une large pierre plate qui, réduite à aiguiser un acier novateur, semble compter tristement ses gloires passées et se ressouvenir avec regret du silex, du bronze qu'elle a polis. L'intérieur de ces demeures répond à leur extérieur : la vaisselle en terre rouge, jaune, les ustensiles en bois, le mobilier, le mode d'éclairage, le genre de fermeture, tout enfin est ce que l'on peut voir de plus primitif. Et quelle impression ne laisse pas la vue de ces énormes cheminées dont la base occupe toute la largeur d'une immense cuisine ? pyramides quadrangulaires dans lesquelles se dessèchent et se fument les viandes et où se conserve un pain *crotchenu* (pain d'orge), fabriqué souvent tous les deux ans seulement, et qui, plus que tout autre aliment, contribue à la belle stature, à la forte et exubérante chevelure, à l'admirable denture de ceux qui s'en nourrissent.

Il ne faudrait pas croire cependant que cette population est arriérée, sauvage, fuégienne ; non, car elle connaît, apprécie parfaitement tout ce qui a rapport à ses besoins, à son commerce, à son industrie, à une honnête aisance; elle est intelligente, probe, charitable, laborieuse, aimant son indépendance et sa religion par dessus tout ; sachant mieux concilier la liberté, le droit et le devoir, que tant de progressistes modernes qui, avec leur bagage d'utopies, d'inepties, de prétentions, avec leur esprit de système irréligieux, empêchent la saine émancipation du peuple, le conduisent à la dégénérescence ; progressistes moins censés que l'Indou : ils adorent Siva et sacrifient Vichnou !

Exposer toutes ces choses, c'est aider à jeter les bases de notre histoire nationale qui, si elle n'a pas toujours été celle d'un grand peuple, n'intéresse pas moins le philosophe, l'historien, le philologue.

Bridel a dit : « Peu de petits pays offrent dès les temps anciens aux modernes, une plus belle histoire que le Valais..., et cependant elle est encore à faire [1]. »

Ebel a dit : « L'histoire du Valais est couverte d'épaisses ténèbres, n'ayant jamais été traitée selon les règles de la critique [2]. »

---

[1] Statistique du canton du Valais, page 221. — 1820.
[2] Manuel du voyageur en Suisse, tome IV, page 326. — 1805.

Faisons observer que ces historiens écrivaient au commencement de ce siècle, et que dès lors ont paru plusieurs histoires du Valais, ainsi que des notices, des dissertations, etc., dans lesquelles néanmoins les auteurs n'ont point cherché à s'étendre sur des sujets préhistoriques.

* *

Avant de soumettre ma collection de mots celtico-patois, je me permettrai de dire un mot des difficultés, des doutes que l'on éprouve en traduisant du celtique.

Dans cette langue, les voyelles se mettent aisément l'une pour l'autre, les consonnes qui ont la même partie de la bouche pour organe se remplacent souvent indifféremment; il en est de même pour celles qui appartiennent à des organes différents, quand leur son a quelque analogie, etc.

N'en blâmons pas trop lestement les Celtes; n'avons-nous pas substitué l'*A* à l'*O* : *français* pour *françois;* l'*O* à l'*A* : *omelette* pour *amelette;* le *V* à l'*U* : *buvons* pour *buuons;* le *B* au *V* : *fabiole* pour *faviole,* etc., etc.; s'ils ont fait abus d'aphérèses, d'apocopes, de syncopes, n'avons-nous pas eu pour un bon nombre de nos termes des lits de Procuste, des rochers de Prométhée? s'ils ont choyé la prothèse, l'épenthèse, l'hyperthèse, la métathèse, nous siérait-il bien de le leur reprocher, quand, dans l'orthographe, dans la composition de nos mots, nous avons tant de lettres parasites, inactives, tant de fiançailles, de mésalliances, d'épousailles morganatiques, de divorces qui font le cauchemar de nos *40 immortels!* Nous pouvons facilement nous convaincre que nous sommes bien leurs dignes successeurs, sinon parfois leurs serviles imitateurs.

Un autre genre de difficultés, c'est qu'un bon nombre de mots celtiques et gaulois sont altérés par le grec, le latin, le teuton, etc.; d'autres ne représentent plus ce qu'ils indiquaient à une certaine époque ; autre temps, autres mœurs ; autres usages, autres acceptions.

Toutes ces raisons ont rendu la science étymologique essentiellement problématique et ont fait dire à un auteur que « le plus souvent le vrai n'y est pas vraisemblable, et le vraisemblable peut ne pas être le vrai. »

Il nous faudrait, d'autre part, des in-folio pour faire connaître les dissidences, les divergences auxquelles ont donné lieu les recherches de l'origine du langage, de la filiation des langues et de l'importance des patois au point de vue étymologique, historique, et pour dire enfin à combien d'innovations, d'acceptions adoptées, repoussées, de critiques plus ou moins sensées, se sont livrés les différents auteurs qui se sont occupés de philologie, de linguistique.

Je n'oserais entretenir mes auditeurs d'un Psammétique, d'un Le Brigant, d'un Gorope Becan, et, vu le cadre resserré d'une notice, je ne m'étendrai point sur les mémoires des philologues Bergier, de Brosse, Ménage, Nicot, Roquefort, etc. ; ce serait faire un traité de philologie. Cependant, pour ne pas encourir le blâme de ne citer aucun exemple, ou pour répondre aux exigences de certains philologues, qu'il me soit permis de faire une courte incursion dans les opinions de quelques auteurs.

Origine des langues

Bullet dit : « ..... Les termes qui ont conservé le même sens chez tous les peuples, ces mots sont sûrement la langue primitive du genre humain, la langue d'Adam. »

Certains philosophes tels que Locke, Condillac, de Tracy, etc., prétendent que le langage est d'invention humaine, et Hœckel va jusqu'à dire : « C'est donc à bon droit que les représentants les plus distingués de la philologie comparée (c'est la linguistique que l'auteur a voulu dire) considèrent le langage humain comme le pas le plus décisif qu'ait fait l'homme pour se séparer de *ses ancêtres animaux* [1]. »

L'illustre Humbold, tout en supposant dans l'homme un instinct spécial, une puissance mystérieuse, une force divine, en vertu de laquelle le langage était spontanément sorti de l'intelligence humaine, s'exprime ainsi : « Plutôt que de renoncer, dans l'explication de l'origine des langues, à l'influence de cette cause puissante et première, et de leur assigner à toutes une marche uniforme et mécanique, qui les traînerait pas à pas, depuis le commencement le plus grossier jusqu'à leur perfectionnement, j'embrasserais l'opinion de ceux qui rapportent l'origine des langues *à une révélation immédiate de la Divinité*. Ils reconnaissent au moins l'étincelle divine qui luit à travers tous les idiomes, même les plus imparfaits et les moins cultivés. » C'est ce que viennent de prouver les savants travaux des de Bonald, de Bonniot, abbé Bougaud, etc.

Filiation des langues

Cette question a fait surgir tant de controverses, de contradictions jusqu'au commencement de ce siècle, qu'il serait oiseux d'en donner le moindre exposé ; nous devons nous contenter de dire que la plupart de leurs auteurs, en cherchant de faire de chacun de leur idiome national une

---

[1] Lactance réfutait déjà au troisième siècle ces inepties que l'homme a imaginé *dans les bois le langage de la Société : Nunquam homines fuisse in terra, qui, præter infantiam, non loquerentur, intelliget cui ratio non deest.* Ainsi les darwinistes n'ont pas même le mérite de la nouveauté.

langue-mère, ont démontré qu'ils ignoraient que nos langues indo-européennes ont une souche commune.

Importance des patois

Dupiney de Vorepierre trouve qu'on a singulièrement exagéré l'importance des patois dans la première moitié de ce siècle. « Nous croyons, dit-il, que la seule utilité que l'on puisse tirer de l'étude des patois, c'est de retrouver la filiation de *quelques mots*, et d'expliquer certains idiotismes. »

Littré assure que « les patois offrent un secours particulier à l'étymologie. Pénétrer dans l'intimité des mots, c'est pénétrer dans un côté de l'histoire. »

M. le professeur Favrat, parlant de l'irrécusable utilité des patois se résume en ces mots : « Il est inutile de dire que l'étude des patois a son importance historique. »

Ajoutons encore que nos célébrités littéraires contemporaines ne sont pas même d'accord sur la provenance de l'*Article* : Littré ne fait dater sa création que de l'époque de la naissance des langues romanes, disant : « Article, non existant dans le latin, et créé par les lanques romanes. »

Et Larousse de dire avec Demogeot : « Une dernière considération achèvera de faire ressortir les rapports intimes qui relient le celtique au français : c'est la différence tranchée qui sépare celui-ci du latin au point de vue de la constitution grammaticale, différence qui éclate surtout dans l'emploi de *l'article* et dans la suppression des déclinaisons. Or, l'usage de *l'article* appartient *aux idiomes celtiques*, bien que le mot, dont nous avons fait notre *article*, soit d'origine latine (*ille, illa*, etc.) [1]. »

---

[1] Ce sujet est plus développé dans notre aperçu grammatical.

Finissons ce chapitre des contradictions par celles de deux de nos auteurs, philologues distingués, deux spécialistes vaudois connaissant nos patois de la Suisse romande.

« J'ai vécu, dit le doyen Bridel, dans un temps où l'on croyait qu'Adam avait parlé bas-breton, et je me suis longtemps trompé en cherchant, à la manière de M. de Cambri (y), du celte dans tous nos mots patois ; maintenant, j'avoue de bonne foi que pour un mot de famille celtique, il en est, dans notre romand, dix d'origine latine... »

Au contraire, M. Raoux assure que « d'après les travaux les plus récents, les langues française, italienne, espagnole, et toutes celles qu'on appelle néolatines (romanes), ne dérivent nullement du latin, comme on l'a cru jusqu'à aujourd'hui, mais du vieux gaulois ou de l'ancien provençal, dont le foyer primitif était la gallo-ligurie. » (Voir Henricy, Speroni, Constantio, Escolano, etc.).

Que faire en présence de ces dissidences ? Que conclure ? Renoncer à toutes recherches philologiques ? Vouer la science ou l'art étymologique à l'exécration, au supplice de Thésée ? Non, une pensée nous ranime et nous soutient : c'est de songer que la hutte a été le rudiment des palais, des métropoles ; que le succin a tardé plus de quarante siècles avant de nous faire profiter des grands avantages de son fluide ; que l'alchimie a été le point de départ de la plus intéressante des sciences naturelles ; que l'étymologie, restée si longtemps à l'état de larve, de chrysalide, arrive enfin à sa phase d'éclosion, qu'elle n'est plus une curiosité puérile ; une divination aventureuse, mais une étude sérieuse, féconde, qui, d'un côté tient, dit Villemain, à la partie la plus obscure de l'histoire ; de l'autre, à l'analyse de l'esprit humain, à l'invention des langues, à la perfection de la parole.

La philologie à son tour n'est point restée stationnaire ; elle nous découvre les liens étroits qui existent entre le celtique et le groupe indo-européen qui comprend : les idiomes indiens, le persan, le celtique, le slave, les langues germaniques, les langues greco-latines, et que le sanscrit, langue sacrée des Indous, n'est pas leur ascendant, leur souche commune, mais bien leur frère aîné.

Aux obstinés, présentons cette savante et admirable page de M. J. Perrot :

« Bien mieux que l'enquête archéologique si brillamment inaugurée, il y a une trentaine d'années, par les savants du nord de l'Europe, l'étude des langues et de leurs formes les plus anciennes nous permet de remonter dans ce vague et obscur passé, où se dérobent les premiers vagissements et les premiers pas de l'humanité, bien au-delà du point où s'arrêtent la légende et la tradition même la plus incertaine. Ni ces grands amas de coquilles, si patiemment remués et examinés par les antiquaires norvégiens ; ni ces lacs italiens et suisses dont M. Troyon et ses émules explorent les rivages et interrogent du regard et de la sonde les eaux transparentes ; ni les cavernes fouillées par M. Lartet ; ni les antiques sépultures d'un peuple sans nom, qui se retrouvent des plateaux de l'Atlas aux terres basses du Danemark, ne nous livrent d'aussi curieux secrets que ces riches et profondes couches du langage où se sont déposées et comme pétrifiées les premières conceptions de l'homme naissant à la pensée, la première émotion qu'il ait éprouvée en face de la nature, les premiers sentiments qui aient fait battre son cœur. Restes des grossiers festins de nos sauvages ancêtres, débris de leurs légères demeures suspendues au-dessus des eaux qui les nourrissaient et les protégeaient tout à la fois, monuments antiques de leur ingénieuse et opiniâtre industrie, faibles instruments qui les aidaient dans leurs premières luttes contre la nature, armes fragiles et émoussées qui leur servaient à se défendre contre les bêtes fauves, étranges bijoux, gauches et naïves parures où se révèlent des instincts de coquetterie contemporains, chez l'un et l'autre sexe, des premiers rudiments de la vie sociale, tout cela n'est ni aussi instructif, ni aussi clair, ni aussi précis; tout cela ne nous en apprend pas autant sur ces longs siècles d'enfance et de lente croissance, que l'analyse même des mots, que l'explication de toutes ces métaphores hardies dont nous avons hérité et que nous employons encore tous les jours sans plus les comprendre, que l'examen de tous ces termes figurés, qui, même dans les plus raffinés et les plus philosophiques de nos idiomes modernes, subsistent toujours comme les témoins d'un inoubliable passé, et semblent protester, par le rôle qu'ils continuent à jouer dans la langue, contre les victoires et les conquêtes de l'abstraction. »

Mais, comment pénétrer dans le *labyrinthe* de la nuit des temps ? Prendre *sa lampe de sûreté*, non point pour se précautionner contre des grisous, mais contre des explosions de rires, s'utiliser du fil de la déduction que peuvent nous présenter les différents auteurs anciens et modernes; fuir les illusions plus ou moins volontaires, et..... si nos aspirations nous font défaut dans ce dédale obscur, laissons-y un jalon pour indiquer un écueil, un abîme; revenons en arrière, emportant, si possible, quelques moellons de sa roche primitive pour servir au parachèvement du temple de la philologie ! L'histoire et la patrie nous en seront reconnaissantes !

*
* *

Comme il nous est impossible de reproduire dans cet opuscule toutes les données que nous possédons, et que notre intention n'est point de le présenter comme un dictionnaire, ni comme un glossaire, nous nous sommes restreint à ne citer qu'environ cinq cents mots celtico-patois, des plus pratiques, indispensables dans n'importe quelle langue, lesquels formeront avec les trois cents — à suffixes celtiques — indiqués dans notre notice précédente, un recueil suffisant pour prouver que notre patois provient largement du celtique, et, conséquemment, pour confirmer l'opinion que nous défendons.

Pour éviter autant que possible des reproches de futilité, de pédantisme, adressés si souvent à l'étymologiste (le premier venu se fait étymologiste), nous nous sommes attaché à ne donner que des termes patois qui, s'ils n'ont pas tous une similitude absolue avec les celtiques, ont du moins une ressemblance grammaticale assez sensible pour que le linguiste y reconnaisse des rapports de connexité.

Si nous ne donnons pas la version de bien d'autres mots tout aussi usuels, c'est que nous avons douté de leur étymologie, ou que nous n'avons su découvrir grammaticalement, historiquement, leur provenance, laissant donc le soin de leur définition à un amateur plus heureux ou plus adroit.

ABRÉVIATIONS

Adj., adjectif.
All., allemand.
Art., article.
C., celt., celtique.
Cons., consonne.
é e moins muet.
Esp., espagnol.
Ex., exemple.
F., fém., féminin.
Gr., grec.
It., italien.
Lat., latin.
M. masc., masculin.
ö se prononce comme *eu*.
Part., participe.
Pl., pluriel.
Sing., singulier.
U se prononce comme *ou* français dans certains cas.
ü se prononce comme *u* français.
Voy., voyelle, où voyez.
— remplace le nom précédent.
N^s rend les voyelles *a, e, o,* nasales : *an, en, on*.
Ñ n mouillée.

COLLECTION

DE MOTS PATOIS CELTIQUES

Les anciens auteurs ayant écrit leurs mots celtiques sans connaître nos nouveaux systèmes de transcription des sons, nous sommes obligé d'en faire de même pour nos termes patois, afin que leur composition littérale laisse mieux juger de la valeur de leur étymologie.

PATOIS	FRANÇAIS	CELTIQUE
Abéra	Abreuver le bétail	Abebrare, abeuvrare, abeuri
Acara	Remiser, mettre de côté	Cara, carra : A omis indifféremment au commencement d'un mot.
Achevi, — va	Achever	Achevi
Alpé, alpa	Alpes, alper	Alp.
Anvoué (Borgne)	Serpent orvet	Anviou. Latin : Anguis fragilis
Apoié	Appuyer	Apoë, appui
Ara	Labourer	Ara, arar
Artsé, artché	Bahut, coffre, arche	Arch, artze, Latin : Arca
Bacon, Bacona	Lard, manger du lard	Baco, bacona, bacho
Bâié	Baies	Bae
(Barma, balma (bauma, bôma	Grotte, caverne, baume	Balme, bauma, baume latin : balmam, acc.
Barro	Baril, tonnelet	Barras
Bathia	Digue, barrière	Bathia
Bâtché	Foin de marécage	Bach
Belon	Souche d'arbre, bille	Bill, pill
Benda	Bande	Benda

PATOIS	FRANÇAIS	CELTIQUE
Besson	Jumeau	Besson, beson, bison
Beu	Bœuf	Beu
Beu	Ecurie, étable	Beu de bu logis, Beudy
Beuza	Bouse	Beuzell, bouzell, bezel, bazeul
Bœchi	Frapper, battre	Boch
Boë, boëla	Boyau, ventre	Boëlen
Boëla	Vase à porter le lait, ventru	Boil
Buiia, buïa	Lessive	Bu (eau)
Buïanda	Lessiver	
Buiandairé	Lessiveuses	Buenderia
Buiion	Petite lessive	
Bocla, bofla	Boucle	Boucl
Bocan, bockan, boko	Bouc	Bokan
Bola	Boule, tumeur	Bol
Bona, bonna	Borner, mettre des bornes	Bonna
Bondon	Bouchon	Bond
Bortché	Brou	Bourch
Bordon	Bourdon	Bourdon
Borna	Cheminée	Born
Borné	Fontaine	Born, Teuton : Born
Bossé	Tonneau	Bossex
Boté, botté	Bottes	Botesen
Bouda	Bouder	Boud
Bourra	Bourre, bourrer	Bourra
Blagâ	Se vanter, se pavaner	Braga
Bravo masc. —va fem.	Joli, jolie	Braü, brav, brao
Bregena	Déranger, remuer	Breg
Breintha, breinla	Brente, vase allongé	Breintha
Breïo	Berceau, claie	Breack, jadis les berceaux étaient d'osier
Bresola	Griller (des châtaignes)	Bres (feu ardent)
Briga	Brigues (Valais), tête, sommet	Brig, Berig (crase)
Brifla	Manger en glouton	Briffa
Cabala [1]	Cabaler	Cabalat
Cavuo	Sali, crotté	Cawod, cafod
Cernia	Pâturage, enclos	Cern, ciern

[1] OBSERVATION : Le c initial peut être remplacé par un k ou un q.

PATOIS	FRANÇAIS	CELTIQUE
Chalé [1], tzalé, tchalé	Chalet, loge	Chal, chel, sal
Chavuan	Chat-huant	Caouen, kaouen, qaouen
Chèraié	Charrier	Charre, charreter
Chiffona	Chiffonner	Chiffouna
Comba	Vallon	Comb
Corti, coerti	Jardin	Courtil, curtile. Lat. hortus
Couéna	Couenne	Coën
Couffro	Coffre	Coffr
Couïon	Poltron, lâche	Couïon
Conta	Conter	Conta
Crena	Craquer	Crena
Crossa, — é	Crosse, béquille	Crossa, crocz
Crouillon	Tige de fer	Crouilh
Ceudrey, ceudra	Coudrier	Codra
Danfa, Danfié	Danse, danser	Dansa, dancz
Dépatchié, dépachi	Dépêcher	Depech, depechi
Dévesa	Parler, deviser	Devisair, devvi-air
Dévi	Parler (le), langage	Devvis
Din	Drans	Dan, den, din, don, dun
Drâi	Droit	Dré, dred
E ou él dev. voyell.	il, ils, elle, elles	E, ef. ex. : me ia, te ia, ef ia, je vais, tu vas, il va
Echaffé (etchaffé)	Echasses	Echassœ
Eclaffa	Soufflet, gifle	Eclaffa, clap
Eclusa	Ecluse	Eclusa
Egra	Forcer, ouvrir avec force	Agerra, agorri
Ekova	Balayer	Koves
Ennoié	Ennuyer	Enoei, enoi
Enterra, interra	Enterrer	Enterri
Entona, intona	Entonner	Entoni
Epena, — é	Epine, — nes	Epina; Lat. : spina
Erré	Arrhes	Erra, erres
Ersa	Herse, herser	Erza
Etopa	Boucher, étoupe	Stopare, stopam
Etui	Etui	Etui
Evoué	Eau	Ew (Gaulois : ewer)
Escuza	Excuse	Excusa

[1] Le *ch* par *ts, tsch, tz̄, tzch, tsche*.

NOTICE SUR LE PATOIS VALAISAN

PATOIS	FRANÇAIS	CELTIQUE
Facheri	Fâcheries, brouilleries	Fâcheris
Farbala	Falbala, bord	Farfala
Fàva	Fève	Fâ, fao. (Normandie : favas
Fay (faï)	Hêtre (bois de)	Faw, Lat. : fagus
Fetchié	Ficher	Ficha
Faïa	Hêtre	Faia
Féméla	Femelle	Femella
Feulaton	Eprit follet, lutin	Folleh
Fiola	Fiole	Fiol
Flachiera	Flachère	Flachia
Flouré	Clore	Closein
Fouétta	Fouetter	Fouetta
Fringa	Faire le beau, le fringant	Fringa (se divertir)
Gaba	Louer, flatter	Gab (vanterie)
Gamasson	Guêtre	Gam (jambe)
Gandé, gandélé	Rôdeur, rôdeuses	Gandaya (rôder)
Gardaroba	Garde-robe	Gardaroba
Guœrnié	Pierre, tronc	Guern
Greuba	Tartre des tonneaux	Grew (sable)
Griffa, griffon	Griffe, petite griffe	Griffon, griffou
Grindzo	Boudeur, grincheux	Gringian
Guela, — lé	Quille, quilles	Guilla
Incan, incanta	Encan, encanter verbe français	Incquant, incquandd
Inmoda	Mouvoir	Ymmod
? Intinta	Intenter	Intenti
Instru, — strua	Instruit, — te	Instru
Ienda	Viande	Vianda
Jargogna [1]	Jargonner	Jargona
Jamê	Jamais	Jamaes
Jieu	Bois, forêt de sapin	Jur, jeur
Jaleu, dzaleu	Jaloux	Jalousi
Lafé, lacé	Lait	Laez, leaz, lez
Lakàiron	Enfant maladif, sale	Lacerea
Lenda landa,	Landier	Land

[1] Le *j* devait être remplacé par *Dz*... ou *Dj*.

PATOIS	FRANÇAIS	CELTIQUE
Lâré	Voleur	Laëres, laer
Latta	Perche	Lath
Lé	Lac	Lé (les, lez : rivière)
Léthia	Petit-lait, lait des pauvres	Llaetha, mendier du lait
Mâchia, mâchié	Mâché, mâcher	Macha
Mâma	Maman	Mam
Mâezon, mazo	Maison, petit chalet, grenier	Maz, mas (habitation)
Mé	Moi	Mé
Mé	Pétrissoire	Mé (Lat. magidem, acc.)
Moerallia	Muraille	Muraillia, muralha, muraillon
Moien	Moyen	Moien, moyan, moyana
Mondo	Monde	Mundu, Lat. mundus; It Esp. Mondo
Moréna	Moraine	Moran (tas)
Mortéi	Mortier	Mortez
Mochié, Mochia	Moucher, Mouché	Moucha. Lat. mucus
Moû	Moût	Moust
Moué	Tas	Moil, moétion
Moeté	Mamelon, tertre	Motteen, motten
Moestaché	Moustaches	Moustaich
Moeza	Penser	Mussa
Monta	Monter	Monti
Morgyé	Amas de pierres	Morgié, Mordju
Motchieu	Mouchoir	Mouched, mouchouer
Nan ou nant	Ruisseau, rivière	Nant
Né, noet, noé	Nuit	Noet
Nétayé, Nétaya	Nettoyer, nettoyé	Nettaa, nettat, neta
Niola, niolé	Nuage, nuages	Nioul, nuil, neull, niful
Nové, novela, — lé	Nouveau, nouvelles (les)	Now, neu
Ognon	Oignon	Oign, oignon, oignounen
Ordeno	Ordonné	Ordeinïo, — dena
Oulo, oulio	Huile	Olewog (huileux), olew, oleu.
Oura	Orage, vent	Oragan
Pâ, par	Paire, égal	Pâr
Pakàe	Parc, pâturage	Parcq, parcare, parc, pasqua (paître)
Pâla	Pelle	Paella, pal, pall, pala

PATOIS	FRANÇAIS	CELTIQUE
Palin	Bois de palissade	Palwn
Palu, palud	Marécageux	Palut, palud
Pan	Pain	Pan, lat. panis
Panè, panèria	Panier, panerée	Paner, panérius, — rum, — earium
Papéta	Bouillie	Pap, papaicq
Patu	Gros, riche	Patu
Pautra, peudra	Jument de deux ans	Pautr
Pai, pê, peidzé	Poix	Pe, pecg
Peblo	Peuplier	Pibol
Peco	Point, bouton à la peau	Pigo, peco
Pé, paê ramu	Pois, pois-rameux	Pis, pis-ram
Pilo, pelo	Pilot	Piloch
Pilota	Piloter	Pilolereah
Peri	Poire	Pireen
Pérè	Poirier	Piregui
Peca, pica	Pique, lance	Pica, picq
Pila	Piler, bourrer	Pila, pilat
Paèlon	Poêlon, poêlé	Poel, poaelon
Polain	Poulin	Pull
Pota	Lèvre	Pot (baiser)
Pouro, m., poura, fém.	Pauvre (de deux genres)	Paouvr, paur
Povai: verbe; pové sub.	Pouvoir: verbe, pouvoir: substantif.	Power, pouver
Praisié	Priser, apprécier	Prisia, prisœ, prisare, Lat. pretiare
Prin	Fin, délié	Prin
Privé	Privé, latrines	Privoes, privesou
Rafo	Chauffour	Rafurnus; de Ra: chaux; Forn: four
Rèdo	Raide	Red
Ran	Rang	Ranc, rancq, rang
Ranco, — ko	Râle ou râlement	Ankou
Ratché	Teigne	Rachons
Rebiba	Guimbarde	Rebed, rebec, rebet
Recor	Regain	Reguein
Roba	Voler, dérober	Derobare, disrobare, derubare, derupare
Safran	Safran	Saffr
Séla	Seau	Seilh, Saill
Saèson	Saison	Saeson, saezon

PATOIS	FRANÇAIS	CELTIQUE
Sapa	Instrument à faire des tranchées	Sapp, sappa
Sapin	Sapin	Sapan, sapina
Sarrala, — lé	Serrure, serrures	Sarala, sarralura
Sota	Abri	Sot, chot
Saèn, sén, sain	Axunge	Saim
Sen	Sans	Sens
Sion, scion	Nœud du bois	Sion
Sô	Sel	Sal
Soæré, soæra	Sœurs, pl., sœur, sing.	Choar
Souma	Anesse	Sauma, sama
Tatché	Clous (pour souliers)	Tach, tacha
Tacon, takon	Cuir (pour souliers)	Tacon, takon
Tanna	Tanière, caverne	Tana
Tapa	Tappe	Tap
Tâca, tâka	Poche pour le sel	Tasca
Té, te	Toi, te	Te, tea
Tepena	(Toupine) vase à beurre	Tupina
Troué, trolié	Pressoir, pressurer	Troill
Val, vau	Val, vallon, vaux	Val
Valais	Valais (canton du)	Valey (Val : vallée ; ey : réunion de.....)
Vanéla	Venelle, écluse	Vanell, Banell
Vernay	Vernes, aulnes (planté de)	Vern, aulne ; Vernay, *Bois de Aulnes*
Veragro	Verragres, peuple du Valais	Ver : lance, agro : pesante
Ven	Vent	Vint
Vouargno	Sapin blanc	Gwarn

A la suite de cette collection de mots celtico-patois, je ne saurais me dispenser de donner un aperçu des principales formes grammaticales de notre idiome.

Contrairement à tant d'autres qui ne sont soumis à aucune loi générale, il en diffère par ses règles, ses concordances, ses désinences, ses flexions, ses euphonies, ses concisions ; par des tournures de phrases vives, originales, ne manquant pas d'élégance et par des expressions souvent plus énergiques que celle de notre français ; la construction de ses phrases ne s'écartant pas de l'ordre logique, il peut aussi bien que le *breton*, le *basque*, etc., constituer une véritable langue.

Mais avant d'entrer dans ces développements, faisons justice de certaines erreurs que des auteurs ont cherché à accréditer en parlant de nos patois, et disons tout d'un temps que rien de bien exact n'est sorti jusqu'à ce jour de leurs définitions.

M. J. Gilliéron [1] entre autres, se trompe singulièrement en désignant le patois de Vionnaz comme l'un des meilleurs types, et ceux de Monthey, de Saint-Maurice et de Martigny comme les plus dégénérés.

Vionnaz, par sa position géographique sur la grand'-route du Simplon, du Grand Saint-Bernard à Genève, par sa proximité d'Aigle, de Monthey, de Vouvry, localités plus importantes ; enfin, par la dissémination de son peu de population (560 habitants en moyenne) dans cinq hameaux assez distants : Vionnaz, Revereulaz, Torgon, Mayen, Befeu, a, mieux que tant d'autres communes, dû voir subir à son patois bien des altérations, bien des métamorphoses.

Trompé sans doute par certains rapports, par certains aperçus, ce savant linguiste cite le patois de Monthey comme le plus dénaturé, disant [2] : « J'ai recueilli des matériaux dans ce dernier endroit, mais je n'en ai mis à profit qu'aussi peu que possible, vu le peu de confiance que m'inspiraient les renseignements donnés par les habitants. Monthey est une petite ville où se tiennent de grands

---

[1] Élève diplômé de l'école pratique des hautes études. Bibliothèque de l'école des hautes études ; 40ᵐᵉ fascicule. Patois de la commune de Vionnaz.

[2] Bibliothèque de l'école des hautes études ; 40ᵐᵉ fascicule : ouvrage précité.

marchés de bestiaux ; les acheteurs et les vendeurs de la contrée viennent s'y coudoyer et débattre, chacun en son latin, le prix de la marchandise. Ce rendez-vous de tous les maquignons du canton est devenu la patrie d'un dialecte hétérogène dont l'étude nécessiterait un long séjour. » (Page 113, ibid.) « Les renseignements qui m'ont été donnés à Monthey sont contradictoires. »

Alors, si les matériaux recueillis à Monthey inspiraient peu de confiance, si les renseignements qui y ont été donnés sont contradictoires, comment asseoir un jugement ?

Dans un autre de ses ouvrages [1], il dit encore : « La génération actuelle parle un jargon *(sic)*, mélange confus des patois des villages environnants, qui se dénature de plus en plus sous le coup de tous les éléments divers qu'y apportent les villageois des alentours, en relations permanentes avec ce lieu de marché. Le même fait s'est produit à Saint-Maurice et à Martigny, quoique à un degré moindre. »

Arrêtons-nous ici, M. Gilliéron ; rien n'établit, ne constate qu'il se soit fait à Monthey, Martigny, Saint-Maurice, une invasion désordonnée de patois environnants ; si celui de ces villes s'est modifié, se perd, il faut l'attribuer en grande partie à notre français envahisseur plutôt qu'à des modifications, des intrusions, importées par quelques villageois venant de temps à autre à leurs marchés. Pour être logique, me semble-t-il, on n'a qu'à retourner votre affirmation. A-t-on jamais vu un centre, un Paris, se modeler sur la province ?

Qu'on se détrompe donc, car on parle à Monthey, à Saint-Maurice et à Martigny un aussi bon patois que partout ailleurs, et dont la prononciation est celle en

---

[1] Petit atlas phonétique du Valais romand (sud du Rhône).

usage dans le plus grand nombre de villages, de hameaux du Valais romand.

Au reste, c'est M. Gilliéron lui-même qui nous en donne la meilleure preuve.

Dans son atlas phonétique du Valais romand, on lit :

A la première planche, qu'à Monthey on prononce les mots : pâré, mâré : père, mère, comme dans 33 localités sur 43.

A la deuxième planche, les mots tsãta, kova : chanter, couver, comme dans 38 localités sur 43.

A la troisième planche, les mots plãta, grãdzé : plante, grange, comme dans 36 localités sur 43.

A la quatrième planche qu'on prononce plãna, senãna : plaine, semaine, comme dans 30 localités sur 43, etc., etc.

A la trentième planche, les consonnes sc, sp, st, st + y, str, etc., comme dans 36 localités sur 43.

Prenant dans chaque planche, comme numérateur partiel, le nombre des localités où la prononciation des mots donnés est la même qu'à Monthey, on obtient le numérateur moyen 28 qui doit nécessairement avoir pour dénominateur commun le chiffre indiquant le nombre des lieux qui y sont désignés, à savoir 43 ; on a ainsi la fraction $^{28}/_{43}$ qui démontre avec évidence qu'à Monthey, mieux qu'ailleurs, on a conservé le parler en usage dans les *deux tiers* des localités indiquées dans ces trente cartes géographiques.

Voici, d'après ces calculs, les rapports qui existent entre quelques localités :

Monthey 28   : 43, soit le 65 $^{1}/_{8}$ %
Saint-Maurice [1] . . .
Martigny . . . . . 25·$^{1}/_{8}$: 43,   »   59   %

---

[1] M. Gilliéron n'ayant pas indiqué de traits colorés sous le nom de ce chef-lieu, dans trois de ses planches : 9, 26, 28, on peut, par déduction, lui accorder le même chiffre que Monthey ou Martigny.

Vouvry	23 $\frac{1}{2}$: 43,	soit le	54 $\frac{2}{3}$ %
Sembrancher. . . .	23 $\frac{1}{3}$: 43,	»	54 $\frac{1}{4}$ %
Vionnaz	22 $\frac{2}{3}$: 43,	»	52 $\frac{3}{4}$ %
Saint-Gingolph . . .	21 $\frac{2}{3}$: 43,	»	50 $\frac{16}{43}$ %
Saint-Martin (Hérens).	20 $\frac{2}{3}$: 43,	»	48 %
Chippis	16 $\frac{2}{3}$: 43,	»	38 $\frac{3}{4}$ %

D'après ce tableau, c'est donc bien le patois de Monthey, ou de Saint-Maurice, ou de Martigny, qui aurait dû être présenté comme exemple.

Cet exposé nous fait voir en même temps que les endroits les plus populeux sont ceux où l'on parle le patois le plus généralisé.

Un autre auteur, le doyen Bridel, commet plus d'une erreur à l'égard du patois de Monthey. Sur les lèvres d'une jolie demoiselle, dont le gracieux minois attire les regards et les assiduités d'un importun, il met cette phrase fort peu convaincante :

Ne mè vouati pas, su trau zerdeuse, pour :

Ne m'avesa pa, sâi troi dzerdeuza.

Ne me regardez pas, je suis trop laide.

On peut se demander, non sans raison, quel est le Montheysan qui a jamais compris ce jargon !

Il en est de même de plusieurs traductions de la parabole de l'enfant prodigue en divers patois valaisans, où figurent bien des termes impropres, trop récents ou trop français, un style qui n'appartient guère à ces patois.

Voyez plus loin quelques-unes de ces paraboles.

Mon but n'étant pas de passer en revue nos différents dialectes bas-valaisans dont l'analogie, l'affinité, ne constituent en somme qu'un même idiome, ni de présenter une foule d'exemples, de fastidieux détails qui dépasseraient les bornes que nous nous sommes proposé, j'aborde l'aperçu grammatical de l'idiome le plus élevé de notre échelle.

PARTIE GRAMMATICALE

Tous les systèmes orthographiques sur la transcription des sons patois connus jusqu'à ce jour étant contestables, bien que M. Ayer prétende que le sien « prépare la voie à d'autres travaux linguistiques en donnant au romand ce qui lui a manqué jusqu'ici, c'est-à-dire une orthographe rationnelle qui puisse s'appliquer à tous ses dialectes » — j'ai donné, dans certains cas, la préférence au système de transcription de M. Cornu, modifié par M. Gilliéron, l'estimant plus simple, plus rationnel.

Mais, quoi qu'on fasse dans ce genre d'étude, d'exercice, qu'on allie des voyelles, des consonnes, ou des voyelles avec des consonnes, qu'on les escorte de signes diacritiques, on ne parviendra jamais à faire saisir la vraie articulation phonétique que font entendre nos campagnards dans la prononciation de la plupart de leurs mots patois. Ecrire ainsi *tsanbra, tchambra* : chambre ; *tsenévo, tschenèvo* : chanvre, est-ce bien indiquer le mode d'articulation propre à ces mots ? Non, il n'y a après tout que celui qui a appris à parler patois dès son jeune âge qui puisse bien l'exprimer.

Du Substantif.

Le nom a sa classification : nom commun, — propre, — collectif ; ses propriétés : genre, nombre, degré d'étendue ; sa fonction : sujet, complément, attribut, etc.

Les substantifs masculins singuliers n'ajoutent rien au pluriel ; ex. : le menio, le garçon, lu (lou) menio, les garçons ; les féminins terminés par *a* au singulier changent cet *a* en *é* au pluriel ; ex. : la féna, la femme ; lé féné, les femmes.

Certains prénoms en patois montheysan sont plus abrégés que ceux d'autres localités, telles que Vionnaz, etc.

Exemples :

Noms français	Patois de Vionnaz	Patois de Monthey
Barthélemy	Barthômâé	Mamè
Claudine	Lodaina	Dina
Elisabeth	Isabé	Babô
Marguerite	Magrita	Guïton
Hyacinthe	Jacinthe	Tinte

De l'Article.

L'article ne laisse rien à désirer : il a ses genres, ses nombres, ses élisions, ses contractions, etc.

Exemples :

Masculin singulier		Masculin pluriel	
L'omo	L'homme	Lu-z-omo	Les hommes
L'arbero	L'arbre	Lu-z-arbero	Les arbres
Le nan	Le ruisseau	Lu (lou) nan	Les ruisseaux

Féminin singulier		Féminin pluriel	
L'âma	L'âme	Lé-z-amé	Les âmes
La mâré	La mère	Lé mâré	Les mères
La nô	La barque	Lé nô	Les barques
La mâezon du, u pouro		La maison du, au pauvre	
Lé mâezon dé, é pouro		Les maisons des, aux pauvres	
L'ami de l'âma		L'ami de l'âme	
Lu-z-ami dé-z-âmé		Les amis des âmes	

On met *lu* devant un mot commençant par une consonne et *lu-z* ou *luz*, selon quelques auteurs, devant ceux qui commencent par une voyelle ou une *h* muette. Dans ce dernier cas, il me paraît plus simple de considérer le *z* comme une lettre euphonique que de l'ajouter sans raison de genre ni de nombre à une foule d'adjectifs qualificatifs, déterminatifs, de pronoms, de verbes [1], ce qui obligerait de les écrire tantôt d'une manière, tantôt de l'autre.

Un bon nombre de nos grammairiens enseignent que « l'article est un mot qui se place devant les noms pour en faire connaître le genre et le nombre. » Passe pour le nombre, mais pour le genre ?... Est-ce que l'article pluriel *les*, placé devant un nom, indique vraiment un genre ?... n'écrit-on pas également *les* hommes, *les* femmes, *les* garçons, *les* filles ?

Pour satisfaire à cette définition, la plupart de nos patois, plus logiques, plus conséquents que ces grammairiens modernes, en ont quatre :

> *Le*   pour le masculin singulier.
> *La*   »   féminin singulier.
> *Lu (lou)* »   masculin pluriel.
> *Lé*   »   féminin pluriel.

De là, on peut déjà conclure que le matériel phonétique, syntaxique de notre idiome n'est pas si pauvre qu'on l'a cru, que ceux qui l'ont traité de jargon parlaient sans avoir une idée de ce qu'il est.

Si nos articles *le, la, les,* viennent des adjectifs démonstratifs ou des pronoms latins, *ille, illa,* il n'y aurait rien d'insolite en admettant que notre article patois *lu (lou)* provienne de *illud*. Mais, comment assurer que nos articles patois ont été tirés de ces adjectifs ou de ces pronoms latins, quand les Gaulois avaient les leurs bien avant les invasions romaines ; quand, au quatrième siècle, en pleine latinité, leur antique idiome national jouissait encore d'une puissante vitalité, quand il s'est conservé non seulement jusqu'à la fin du sixième siècle, mais même jusqu'à nos jours dans bien de nos provinces.

---

[1] Pouro-z-omo, tu-z-omo, ié lu-z-amreâi, ari-z-ü.
Pauvres hommes, tes hommes, je les aimerai, j'aurais eu.

Ce ne pouvait être d'ailleurs les nations germaniques, envahissant les Gaules dès le cinquième siècle, qui auraient contribué à faire oublier ces articles : elles apportaient leurs *der, die, das, dem,* etc. ; leur langue devait plutôt tendre à les perpétuer qu'à les faire disparaître.

S'il y a absence d'article dans un document du neuvième siècle : le serment de Louis, roi de Germanie, à son frère Charles-le-Chauve (14 février 842, Strasbourg), cela ne constate pas que nos articles gaulois aient disparu du langage vulgaire, rustique, qui était bien différent du langage officiel, littéraire.

Du reste, cette suppression n'avait déjà plus lieu au siècle suivant où l'article se fait apercevoir dans une lettre pastorale d'Albéron, évêque de Metz en 940, conçue dans le même langage que le susdit serment :

Je t'aususeray sus grandes coses, entre en *la* joye de ton Signour.

Je t'élèverai sur beaucoup, entre dans la joie de ton Seigneur.

D'autre part, comment expliquer l'absence totale de la lettre *l* dans les patois de la vallée de Bagnes, celles du *d* dans une partie de ceux de la vallée d'Entremont [1] ?... lettres indispensables pour former nos articles simples et contractés.

Des articles *a, é, i, o, ö, u,* réduits, dépouillés de leur consonne, tels qu'on les voit à Isérabloz, Nendaz, Verbier, etc., ne peuvent être considérés que comme des épaves d'anciens articles celtiques du moment que *a, e, y, u, le, la,* etc., sont des articles de la langue celtique.

Enfin, si nos dialectes venaient du latin nous n'aurions pas d'articles, et le latin ne serait pas un intrus dans nos langues romanes [2].

---

[1] Dans le dialecte mandarin, de Fukian, le *d* fait aussi défaut.
[2] Voir ma notice *L'origine du mot Valais* avec appendice, 1892-1894. Kleindienst et Schmid, imprimeur-éditeur, Sion.

De l'Adjectif.

Les adjectifs sont qualificatifs ou déterminatifs ; ils ont leurs genres, leurs nombres et leurs accords.

SINGULIER		PLURIEL	
Masculin	Féminin	Masculin	Féminin
Utilo	Utila	Utilo	Utilé
Utile	Utile	Utiles	Utiles
Grou	Groussa	Grou	Groussé
Gros	Grosse	Gros	Grosses
Deu	Deufa	Deux	Deufé
Doux	Douce	Doux	Douces

Accords.

Ci bravo menio, ça brava féna, cheu bravo-z'omo, cé bravé féné.

Ce joli garçon, cette jolie femme, ces jolis hommes, ces jolies femmes.

L'omo é la féna son bravo
L'homme et la femme sont jolis.

Les adjectifs déterminatifs n'offrant rien de particulier, je n'en citerai que quelques-uns en parlant des pronoms, renvoyant le lecteur qui désirerait prendre connaissance d'un plus grand nombre aux traductions de la parabole de l'enfant prodigue.

Des Pronoms.

Les pronoms ont leurs personnes grammaticales, leurs genres, leurs nombres ; ils indiquent des idées de possession, de démonstration, de relation, d'indéfini.

Pronoms personnels.

| ié devant conson. : | ié bâivo ; | i devant voyell. : | i'amo |
| je | bois ; | j' | aime |

te	bâi ;	t'	amé
tu	bois ;	tu	aimes
é	bâi ;	él ou l'	aimé
il ou elle	boit ;	il ou elle	aime
no	bâiven ;	no-z-	amen
nous	buvons ;	nous	aimons
vo	bâidé ;	vo-z-	amâ
vous	buvez ;	vous	aimez
é	bâivon ;	él ou l'	amon
ils ou elles	boivent ;	ils ou elles	aiment

Te remplace je, il, elle, ils, elles, après un verbe employé interrogativement.

Ex. : bâivo-te bâi-te, bâivon-te,
bois-je, boit-il, boivent-ils

To est aussi mis pour *tu* dans le même cas.

Ex. : bâi-to amé-to, k'é-to, vin-to,
bois-tu, aimes-tu, qui es-tu, viens-tu,

m', me, mé, t', te, té, s', se, sé, l', le, la, lu, lé lo.
m', me, moi, t', te, toi, s', se, soi, l', le, la, les les, le.
lay, lui, lyé, lyeu, lyeu, en.
lui (à lui) lui, elle, leur, à eux, en.

Y adverbe s'exprime par *lày*.

Les pronoms de la première et de la troisième personnes sont souvent sous-entendus. Exemple :

l'amérâi pour ié l'amérâi, la bairâi pour ié la bâirâi
l'aimerai je l'aimerai, la boirai je la boirai
l'améré él l'améré, la béré é la béré
l'aimera il l'aimera, la boira il la boira

Lui datif, s'exprime par *lày*. Exemple :

Baille-lày, donne-lui.
Ié cogniesso le mâleu é ié si lày compati.
Je connais le malheur et je sais y compatir.
Lay véso pour ié lày vézo.
Y vais j' y vais.

Pronoms possessifs.

SINGULIER		PLURIEL	
Masculin	Féminin	Masculin	Féminin
le maen	la maenna	lou [1] maen	lé maenné
le taen	la taenna	lou taen	lé taenné
le saen	la saenna	lou saen	lé saenné
le noutro	la noutra	lou noutro	lé noutré
le voutro	la voutra	lou voutro	lé voutré
le lyeu	la lyeu	lou lyeu	lé lyeu

Pronoms démonstratifs.

Masc. sing.	Ci [2] ceti, ci-cé, ci-enké, stice		ci-lày.
	Celui, celui-ci,		celui-là.
Masc. plur.	Cheu, styeu, cheu-enké, styeu cé,		cheu-lày.
	Ceux, ceux-ci,		ceux-là.
Fém. sing.	Ça, sta, çacé, ça-enké, sta-ce,		çà-lày.
	Celle, celle-ci,		celle-là.
Fém. plur.	Cé, cé-enké, sté-cé,		cé-lày.
	Celles, celles-ci,		celles-là.
Cen et te interrogat^{nl},	ceço,		cen-lày.
Ce	ceci,		cela.
K'é-te,	K'éte cen ou ço	K'é-te (ke) cen-lày
Qu'est-ce,	Qu'est-ce (que) ça,	Qu'est-ce (que) cela

Pronoms interrogatifs et relatifs.

Masc. sing.	le kaen	dukaen		ukaen
	lequel	duquel		auquel
Masc. plur.	loukaen	dékaen		ékaen
	lesquels	desquels		auxquels
Fém. sing.	lakaenna-ta	de la kaeuna-ta		à lakaenna-ta
	laquelle	de laquelle		à laquelle
Fém. plur.	lékaenné-té	dé kaenné-té		ékaenné-té
	lesquelles	desquelles		auxquelles
Adj. indéf.	kaen	kaenna-ta		kaenné-té
	quel, quels	quelle		quelles
ko	ke	kié	dukaen, dyô	yô	d'yô
qui	que	quoi	dont	où	d'où

[1] *Lou* mis pour *lu*.
[2] Le *c* des adjectifs et des pronoms démonstratifs est, selon quelques auteurs, remplacé par un *s*; il en conserve l'articulation.

Pronoms indéfinis.

lou-z-atro	dé-z-atro	éz-a-atro
autrui	d'autrui	à autrui
tsakon	tsacona	tsaconé
chacun	chacune	chacunes
on	nion	ren
on	personne	rien
kake tsouza	kakon	kéke	ké ke sâïe
quelque chose	quelqu'un	quoique	quoi que ce soit
to	toui	teta	teté
tout	tous	toute	toutes

Du Verbe.

Le verbe a sa classification, ses formes grammaticales qui expriment des idées de modes, de temps, de nombres et de personnes.

Notre patois compte, outre deux auxiliaires, quatre conjugaisons, terminées par *a, é, i, âi*; on pourrait en admettre un plus grand nombre, mais comme des infinitifs d'un même verbe changent de terminaison selon le patois des localités [1]; on peut les réduire à quatre paradigmes.

CONJUGAISONS

A l'auxiliaire *étré* (être), on peut joindre le participe passé *amo* (aimé) pour former le passif *étré amo* (être aimé); à l'auxiliaire *avoir* (avâi) le substantif *soin* (soin), pour le rendre sensiblement actif.

Auxiliaire *étré* (être); part. passé *ito*.

[1] Cracher, se dit à Monthey, Kepia; à Val-d'Illiez, Ekepi.
 Renverser, » Abotyé; » Abeutchi.
 Allécher, » Alétyé; » Aletchi.
 Prêcher, » Prédyé; » Predzi.
 Etendre (du foin) » Epantyé; » Epantchi.
 Venir, » Veni; à Troistorrents, Venin.

Indic. présent :	ié sâi ou si, t'é, él ou l'é, no sen [1], vo-z-eite, é son.
» *imp.* [2] *:*	étairo, étaira, étairé, étairen, étairâ, étairan.
» *futur :*	sarai, saré, saré, saren, sarâi, saron.
» *condit. :*	sari, saria, sare, sarien, sariâ, sarian.
Impératif :	sâi, saien, saiâ.
Subj. présent :	saïo, saïa, saïe, saïen, saïâ, saïan.
» *imparfait :*	suso [3], susa, susé, susen, susâ, susan.
Temps composés :	i'ito, i-z-u ito, avaivo ito, avaivo-z-u ito, arai ito, arai-z-u ito, ari ito, ari-z-u ito, aïo ito, usu ito, uso-z-u ito.

Auxiliaire *avâi* (avoir); part. passé *u*, sans féminin.

Indic. présent :	i'i ou i'ai, t'a, él ou l'a, no-z-en ou n'en, vo-z-âi, l'an.
» *imparfait :*	avaivo, avaiva, avaivé avaiven, avaivâ, avaivan.
» *futur :*	arai, aré, aré, aren, arâi, aron.
» *condit. :*	ari, aria, are, arien, ariâ, arian.
Impératif :	aïa, aïen, aïâ.
Subj. présent :	aïo, aïa, aïe, aïen, aïâ, aïan.
» *imparfait :*	uso, usa, usé, usen, usâ, usan.
Temps composés :	i-z-u, avaivo-z-u, arai-z-u, ari-z-u, aïo-z-u, uso-z-u.

Première conjugaison. — Verbes en a.

Infinitif :	tsanta chanter ; part. passé, tsanto chanté-ée.
Indic. présent :	tsanto, tsanté, tstanté, tsanten, tsanta, tsanton.
» *imparfait :*	tsantâvo, tsantâva, tsantâvé, — âven, — âvâ, — âvan.
» *futur :*	tsantérai, — téré, — téré, — téren, — térâi, — téron.
» *condit. :*	tsantéri, — téria, — tére, — térïen, — térïâ, — térïan.
Impératif :	tsanta, tsanten, tsantâ.
Subj. présent :	tsantaïo, tsantaïa, tsantaïe, — taïen, — taïâ, — tsantaïan.
» *imparfait :*	tsantaso, — tasa, — tasé, — tasen, — tasâ, — tasan.
Temps composés :	i tsanto, i-z-u tsanto, avaivo tsanto, avaivo-z-u tsanto, arai tsanto, arai-z-u tsanto, ari tsanto, ari-z-u tsanto, qu'aïo tsanto, — usu tsanto, — uso-z-u tsanto.

Deuxième conjugaison. — Verbes en é.

Infinitif :	heutyé coucher ; part. passé, keutya, couché-ée.
Indic. présent :	keutso, keutsé, keutsé, keutsen, keutyé, keutson.

[1] *En* patois se prononce comme l'*in* des mots français *indivis, instruit.*
[2] Pour abréviation, je supprime les pronoms précédant le verbe.
[3] *S* se prononce comme deux *s*, et l'*u* comme l'*u* français.

Indic. imparfait : keutyévo, — tyéva, — tyévé, — keutyéven, — tyévâ, — tyévan.
» *futur* : keutsérai, — tséré, — tséré, — tséren, tserâi, — tséron.
» *condit.* : keutséri, — tséria, — tsére, — tsérien, — stériâ, — tsérian.
Impératif : keutse, keutsen, keutyé.
Subj. présent : keutsaïo, — tsaïa, — tsaïé, — tsaïen, — tsaïâ, — tsaïan.
» *imparfait* : keutsaso, etc., inusité.
Temps composés : i'i ou i'ai keutya, i-z-u keutya, — avaivo keutya, — arai keutya, — ari keutya, — aïo keutya, — uso keutya.

Troisième conjugaison. — Verbes en i.

Infinitif : sefri souffrir ; part. passé, sefè, souffert-te.
Indic. présent : sefro, sefré, sefré, sefren, sefri, sefron.
» *imparfait* : sefrivo, — friva, — frivé, — friven, — frivâ, — frivan.
» *futur* : sefretrai, — fretré, — fretré, — fretren, fretrâi, — fretron.
» *condit.* : sefretri, — fretria, — fretre, — fretrien, — fretriâ, — fretrian.
Impératif : sefra, sefren, sefrâ.
Subj. présent : sefraïo, sefraïa, sefraïe, — sefraïen, — fraïa, — fraïan.
» *imparfait* : sefresaïo, — fresaïa, — fresaïé, — fresaïen, — saïa, — saïan.
Temps composés : i sefè, i-z-u sefè, avaivo sefè, avaivo-z-u sefè, arai sefè, ari sefè, ari-z-u sefè, aïo sefè, uso sefè.

Quatrième conjugaison. — Verbes en âi.

Infinitif : dévâi devoir ; part. passé, dyu, dû, due.
Indic. présent : daivo, dai, dai, daiven, daité, daivon.
» *imparfait* : dévaivo, — vaiva, — vaivé, — vaiven, — vaiva, — vâivan.
» *futur* : dévrai, dévré, dévré, devren, dévrâ, dévron.
» *condit.* : dévri, devria, dévre, devrien, devriâ, dévrian.
Subj. présent : dévayo, dévaya, devayé, dévayen, devaya, dévayan.
» *imparfait* : dyuso, dyusa, dyusé, dyusen, dyusâ, dyusan.
Temps composés : i'i ou i'ai dyu, i'i-z-u dyu, i'avaivo dyu, arai dyu, ari dy, aïo dïu, uso dyu.

Du participe.

Les participes ne participent point, comme en français, aux subtilités d'une métaphysique grammaticale ; Vaugelas, les savants de Port-Royal, Boniface et Cie, n'avaient pas encore paru pour les astreindre à toutes ces règles arbitraires, fantaisistes, pour en faire des hybrides *embarrassants, flottants, pleurants,* oui, pleurant sans doute le sort de leur frère trop passif qui, comme un roi fainéant, se laisse gouverner, coiffer, par un valet *complémentaire,* narquois, capricieux, se posant avec prétention tantôt en avant, tantôt en arrière de son seigneur et maître.

Les adverbes, les prépositions, les conjonctions, les interjonctions n'offrant rien d'exceptionnel par leur indéclinabilité, je renvoie le lecteur à ma collection de mots patois et aux paraboles de l'enfant prodigue.

PARABOLE DE L'ENFANT PRODIGUE

PATOIS DE MONTHEY

On omo avaivé dou menio, le ple dzouvenò dé a son pâré : Mon pâré, baillé-mé mon drâi d'iretadzo. Adon, le pâré lyeu-z-a partadzia son baen. Pou de dzo apré, ci dzouveno, kan l'a to-z-u ramasso, él é partè à l'étrandzié, yô l'a to maendzia son baen avoué dé bedoumé.

Kan l'a to-z-u dépenso, el é veneu na granta famena den ci paï lày ; él a kemencha d'étré den la misère. Adon é sè boeto a métré por alla en tzan é kaïon. El are ben volu maendzié lé gorfé, lou tzerko ke lou kaïon maendziévan, mé nion ne lày-en baillevé. Adon él a moezo et s'é dé : — Vouero l'a-y-a-te de dzen en gadzo vè mon pâré ke l'on du pan a mézuza, é mé kraivo de fan ! Me laiverai, é m'en érai trova mon pâré é lày dérai : Mon pâré, i'i petchia kontré le Bon Diu è kontré vo, ne sâi pamé digno d'é₁ré apelo voutron menio ; tréta-mé kemin ion de voutrou domestico.

Él é parti, él é veneu vè son pâré, é kemin l'étairé onko luen, son pâré l'a yu, él en a-z-u pedzia, él a corrè a sa rincontré, s'è dzetto à son cou, é l'a inbracha. Son menio lày-a dé : mon pâré, i'i petchia kontré le Bon Diu é kontré vo, ne merto pamé d'étré apelo voutron enfé. Mé le pâré a dé a sou domestico : aportâ la ple bala roba, boetà-lày na baga u dei, dé botté é pia ; aménâ on vé grâ, toen-lo, maendzen-lo é redzoïesen-no, por cen ke mon menio ke l'é ce, é ke me mœzâvo mô, él é torno en vya ; l'étairé perdu, no l'en retrovo.

Mé l'atro frâré k'avaivé travala u tzan é ke s'entornâvé a l'otô, kan l'a-z-u approtchia de la mâezon, él a intendu lou (pour lu) tzan é la danfé, é s'é intervo a ion dé domestico por savâi cen ke cen volâivé dré. — Ci-cé lày-a dé : Ton frâré é torno, ton pâré a touo on vé grâ de cen ke l'a trovo en vya. Mé ci menio l'a-z-u radzé, é n'a pa volu intra. Son pâré é sortè, l'a praya d'intra, mé son ménio lày-a répondu : l'a-y-a tan d'an ke vo-z-i servi sen vo-z-avâi dzamé dézobaï, vo ne m'âi dzamé bâilla on tchevri por me redzoïé avoué mou-z-ami ; mé kan voutron menio ke l'a to maendzia son traen avoué dé gandélé, ke l'é reveneu, vo-z-âi fé toua on vé grâ. Su cen, son pâré lày-a dé : T'é todzo avoué mé, et to cen k'i é por té ; me fallài ben feiré na féta por se rédzoïé. Tantia, no-z-en trovo ton frâré k'on craiiavé mô.

PATOIS DU VAL D'ILLIEZ

TRADUCTION DUE A L'OPLIGEANCE DE M. REY-MERMET,
INSTITUTEUR, AU VAL D'ILLIEZ

On yadzo on omo l'avei dou megno. Le plhe dzevoueno dei à son pâre : Mon père, bailli-me mon drei d'éretadzo. Adon le pâre lei y a partadzia son bin. Kak dzeu apré, le plhe dzevoueno prein to son drei é parté â l'étrandzi yo la to mendzia son trein en mena crouïe condueite.

Kan l'a to-z-u mendzia lé veneu vouena groussa famena dèn le paï que l'ire. Adon éla kmencha d'être aplha pè la meisère. Kmein léque é crévave de fan l'a faillu que saï partei a métre vè on païsan que la emplhaïa por ala en tzan à sou caïon. L'aré bin veuillu meindzi lou alhan [1] que lou caïon meindzivan, mé gnon n'ein veulhei bailli. Adon sé pénso é sé de : vouïro l'a ya-te de valé vè mon pâre que meindzon du pan à tan kmein l'en vouelon, tendzu que me é creivo de fan. Me lévérâi é mein d'érâï trova mon pâre, é la dérâï : Mon pâre, i petchia contre le bon Dziu é contre veu, et ne saï pami digne d'être apélo voutre enfé, tréto-me kmein on de voutrou valé.

Su sein é lé partei po venin vè son pâre que la dza ïu areva de luin, é l'ein da tan zu pdzia que lé partei en contre po l'ala embrassi é bizi. Pui son pèro lei ya de [2] : Mon pàre, y pétchia contre Dziu é contre veu é ne saï pa mi digne d'être apélo voutron pèro. Adon le pâre l'a ordeno à son valé d'aporta le phle bio cotin é de le-laï beoita avoui n'a verdzeta u daï é de lé boté é pia ; é ameno le vé gra é tao-le, meindzein-le é redzeuïen-neu. Par ce que mon megno lé torno, me que mé moeisavo que l'ire mo, lé torno ; l'ire perdu, ne l'ein retrovo.

[1] Alhan-Glands.
[2] Pèro-Fils.

Mé le premi dé megno que travaillive ein la campagne, lé torno ; pui, kmein l'apreutschive de lôto la kmencha d'enteindre tzanta é dantzi ; l'a entervo à on dé valé kétque lé que sein ? — Le valé l'a ïa de : Ton frâre é torno, et ton pâre l'a touo le vé gra, parce que l'a retrovo ein bouena santé. Adon la radze la prei, é n'a pa veuillu ala dedein; pui, son pâre é lé sortei, é la ïa de d'entra. — Mé l'a répondu à son pâre : voilà, lei ïa tan d'an que vou z'i servei, sein vou z'avaï dzami désobaï, é vou ne m'aï dzami balha on tzevrei po me redzeuï avouï mou z'amei. Mé kan mon frâre lè reveneu, louei que l'a to meindzia son bin avouï de lé crouïé féné, veu z'aï fi tua le vé gra por louei.

Son pâre l'a ïa de : Mon pèro, té todzeu avouï me, é to sein que i é por te. Me falha bein fire on frico po se redzeuï, parce que ton frâre que l'é enthie, ire mo é lé retorno ein via, é l'ire perdu é ne l'ein retrovo.

Un idiome ainsi constitué, basé sur une grammaire ainsi complétée, ne peut être que l'apanage d'un grand peuple, le résultat d'un long usage, d'un progrès constant, d'un perfectionnement régulier, sans trop d'intrusions étrangères.

Ces considérations s'expliquent, se justifient par le fait que notre langue gauloise a été parlée par plusieurs millions d'hommes pendant un grand nombre de siècles [1]; que, malgré tous les moyens de proscription employés contre elle, elle n'a pas cessé d'être en usage dans nos contrées jusqu'au XIIᵉ siècle ; ce n'est donc plus depuis cette dernière époque où le Valais commença d'affermir

---

[1] La Gaule a été habitée par les Celtes au moins 1400; par les Phéniciens et les Grecs, 600 ans; par les Romains et les Goths, 600 ans; par les Sarrasins, 200 ans.

son indépendance, que notre patois-Gaulois aurait pu être si profondément modifié.

Quoique dans la succession des temps, le grec, le latin, le teuton, aient indirectement contribué à ce degré de perfectionnement, notre patois n'a pas moins conservé ses idiotismes, ses articles, ses pronoms, ses conjugaisons, qui n'ont jamais appartenu à la plupart de ces langues. Et du moment qu'un si grand nombre de nos mots patois sont restés celtiques, comment supposer que ces langues exotiques lui aient fait subir de si grands changements ?

Ainsi que nous l'avons dit, le Bas-Valais, par son voisinage des palaffites du lac Léman, a été peuplé dès la plus haute antiquité ; par sa position topographique reconnue des plus stratégiques comme clef de communication entre l'Italie et la Gaule, il a dû supporter bien des passages et même des séjours de cohortes plus ou moins prolongés.

Mais aussi, pour des raisons politiques de sécurité, de garantie, de surveillance, on lui a toujours octroyé des droits de franchises, des prérogatives ; un protectorat, intéressé sans doute ; en un mot, des avantages qui n'ont pu que contribuer à augmenter sa population [1], à développer son commerce, à servir à son émancipation, et, avec tout cela, à favoriser les progrès de sa langue.

Qu'on ne s'imagine pas que ces passages, que ces séjours temporaires de troupes préposées à la garde du pays, aient démesurément contribué à la transformation de sa langue ; il n'en est rien. D'abord, ces évolutions n'ont eu lieu, en général, que sur une partie de notre territoire ; ensuite, chacun de nous a pu se faire une idée, lors de nos occupations, de nos internements militaires, du peu

---

[1] La population du Valais était bien plus forte avant l'ère chrétienne. — Bridel, statistique du Valais. Page 8. — 1820.

de relations qui existaient entre des miliciens et des campagnards : les premiers étaient ordinairement renfermés dans des villes, dans un casernement, dans un camp; tandis que les seconds restaient dispersés dans les campagnes, dans les vallons. — N'avons-nous pas en Europe de grands exemples de ce que j'avance : l'Alsace réunie à la France depuis deux siècles et demi, la Bretagne depuis quatre siècles et demi, le pays de Galles à l'Angleterre depuis 700 ans, ne nous servent-ils pas de preuves convaincantes ? Ces pays, après de siècles, après tant d'invasions, de perturbations, n'ont-ils pas obstinément conservé leur vieil idiome ? Et les nombreux italiens qui séjournent, qui demeurent depuis si longtemps en Valais, ont-ils jamais fait admettre quelques-uns de leurs termes dans dans nos patois ? Pas même à leurs femmes valaisannes [1]!

Si quelques-unes de nos vallées, quelques-uns de nos cols ont été choisis pour itinéraires, combien ne s'en trouvent-ils pas où la stratégie ne sait que faire ? Notre vallée d'Illiez, par exemple, est dans ce cas. Il n'est nulle part fait mention qu'elle ait servi de passage... Quand une armée, serait-elle venue du Faucigny, traversant deux cols des plus élevés : Cou et Golèze, praticables seulement pendant quelques semaines de l'année pour tomber en dehors du Valais principal sur une poignée de Nantuates, ou pour se faire écharper aux thermopyles d'Agaune ; allant dans le sens inverse, ne serait-ce pas aller se battre contre des montagnes ? Mieux vaudrait, pour entrer en plein Valais, pour s'emparer de sa voie, de passer par la Forclaz, etc. ; et, dans le cas où il aurait absolument fallu forcer nos thermopyles, pourquoi ne pas passer par notre plaine ou par Morgins qui peut, par le col de Chézéri

---

[1] Un auteur a dit quelque part que « la femme conserve plus religieusement que l'homme l'idiome de ses pères. »

et la Vallée d'Abondanre, servir de point de ralliement aux troupes de Faucigny, du Haut et du Bas-Chablais, et de là descendre sur Monthey ? Ce qui eut lieu vers 1250.

On objectera, peut-être, que bien des sujets de nos vallées ont été au service militaire à l'étranger ; j'en conviens, mais depuis quand datent les premières capitulations ? De Louis XI, de Charles IX, seulement. Les enrôlés ne quittaient le pays qu'à un âge où leur patois était bien appris, bien enraciné ; ils ne partaient jamais que par bande, pour être incorporés de même dans une compagnie, dans un régiment, trouvant ainsi toujours des camarades, des — *pays* — pour converser ; ils ne pouvaient oublier leur patois. Ceux d'entre eux qui, au bout d'un certain temps, revenaient au pays, ne se souciaient guère d'y implanter une langue mal apprise, et quelle langue ?... Le français, l'espagnol, l'italien, le hollandais, etc. ! Quelle confusion ; à quel ridicule ne se seraient-ils pas exposés ?

Voilà donc suffisamment de raisons pour conclure que le Bas-Valais, une fois sa première colonie bien établie, n'a pas été dans le cas de trop modifier son idiome.

RÉSUMÉ

D'après ce qui vient d'être dit, on a compris que notre travail consiste à présenter, dans un cadre resserré, une notice servant à prouver l'indigénat des Celtes dans le Bas-Valais, par le grand nombre de mot celtiques que notre idiome renferme ; à démontrer que dans le cours des âges ce dialecte a, comme tant d'autres, suivi une marche ascendante, assurée, pour tomber de nos jours dans sa dernière période régressive, d'extinction.

L'histoire ne nous ayant pas transmis toutes les règles, tous les moyens d'investigation, on a fait bien des hypothèses sur cet indigénat et sur la provenance de notre idiome ; mais les exemples que nous venons de donner, les arguments que nous venons d'émettre et tout ce que nous avons dit ailleurs, doit suffire, nous l'espérons du moins, pour convaincre celui qui éprouverait encore quelque hésitation à ce sujet. Une histoire dans le sens complet du mot sera toujours une œuvre impossible, et, malgré toutes les données de la science, malgré toutes les découvertes auxquelles on parviendra, plus d'un point mystérieux restera à résoudre.

A nos citations, nous avons cru utile de joindre quelques remarques, quelques considérations sur ce qui nous a paru le plus intéressant.

Quant aux étymologies, j'espère qu'on ne leur témoignera pas trop d'antipathie, n'ayant donné que de celles qui paraissent les plus probables et qui légitiment leur admission par une consécration grammaticale. Faisant remarquer que si tels mots patois comportent également une étymologie grecque, ou latine, ou germanique, ou italienne même, il ne s'en suit pas qu'ils n'en aient une celtique, tout comme bien des mots grecs, pour devenir français, ont eu le latin pour intermédiaire.

Quel que soit donc le mérite de cet opuscule, je ne puis trop tôt lui faire subir son sort et me débarrasser d'un travail qui m'a obsédé assez longtemps. S'il réussit à faire naître chez quelques-uns de nos jeunes auditeurs la pensée d'apporter de nouvelles preuves à notre histoire nationale, ce succès sera la récompense à laquelle son auteur attachera le plus de prix.

Mesdames et Messieurs, il ne me reste qu'à vous remercier de votre bienveillance indulgence dans un sujet qui en réclame beaucoup, et vous prier de m'excuser si, sans m'en douter, j'ai cherché à imiter l'aveugle d'Albion et celui de Selma qui célébraient un soleil qu'ils n'ont jamais vu.

LES PRÊTRES FRANÇAIS

ÉMIGRÉS

A St-MAURICE EN VALAIS

PENDANT LA GRANDE RÉVOLUTION

LES
PRÊTRES FRANÇAIS

ÉMIGRÉS

A St-MAURICE EN VALAIS

PENDANT LA GRANDE RÉVOLUTION

PAR

ALEXIS ABBET

CHANOINE DE L'ABBAYE DE SAINT-MAURICE
PROFESSEUR AU COLLÈGE

FRIBOURG (Suisse)

IMPRIMERIE ET LIBRAIRIE DE L'ŒUVRE DE SAINT-PAUL

259, RUE DE MORAT, 259

1896

LES PRÊTRES FRANÇAIS

ÉMIGRÉS A SAINT-MAURICE EN VALAIS

PENDANT LA GRANDE RÉVOLUTION

La fraternelle hospitalité que reçut en Suisse l'armée du général Bourbaky ne fut pas la première preuve de générosité et de dévouement que notre petite Confédération donna à la nation française. En effet, lorsque, à la fin du siècle dernier, la Révolution triomphante s'acharnait à éteindre le plus pur et le plus noble sang français par le massacre des prêtres, des religieux, des nobles, de tous ceux qui avaient encore dans leurs veines un reste du sang des Clovis, des Charlemagne et des saint Louis, la Suisse donnait dans ses libres montagnes une large et affectueuse hospitalité à tous ceux d'entre ces malheureux persécutés qui venaient lui demander un asile.

Le Valais, quoique pauvre, en reçut un bon nombre, et la seule petite ville de Saint-Maurice, avec son Abbaye alors quatorze fois séculaire, accueillit aussitôt 137 ecclésiastiques venant de 18 diocèses différents, et avec eux beaucoup de laïques cherchant la paix que leur refusait leur patrie.

La liste de ces ecclésiastiques a été dressée au commencement d'octobre 1792, et conservée dans les archives de l'Abbaye.

La voici :

Diocèse de Genève.

Chez M. le Curé.

Monseigneur Joseph-Marie Paget, évêque et Pr. de Genève.

M. Albert-Eugène Noiton, secrétaire et aumônier de Monseigneur.

A l'Abbaye.

MM. Jacques-François Besson, chanoine de la cathédrale, Vicaire-Général.

Romain Ulliet, curé de Preigny.

Chez M. Bayot.

MM. François-Denis Bosson, curé de Péron.
Pierre Hugonet, curé de Fernex.
Louis-Martin, Promoteur du diocèse, curé d'Ornex.
François Bourret, curé de Pougieu.

Chez M. Candlot.

M. Benoît Costaz, curé des Abergements.

Chez M. Verbois.

MM. Jean-Baptiste Guerchet, curé de Chalet.
Louis Nerbolier, aumônier des Ursulines de Gex.
Pierre Gaillard, curé de Matignin.
Prosper Guillot, curé de Mérain, près Genève.

Chez M. Penoux, Père.

MM. Anselme Jantet, curé de Vernier.
Aimé Charpi, vicaire d'Anthone.
Jean-Joseph Ballet, vicaire de Gex.

Chez M. Bertrand.

MM. Joseph Duport, curé de Craz.
Laurent Maire, curé de Chanay.
Louis Montanier, curé de Billat.

Diocèse du Puy en Velay.
A l'Abbaye.

Monseigneur Marie-Joseph de Galard de Teraube, évêque du Puy.

MM. *(Die Rogationum)* Joseph-Stanislas Bergonhon des Granges, Vicaire-Général.
Jean-Baptiste Bergonhon de Rochat, Prieur-curé de la ville de Saint-Didier.
(Festo S^{ti} Sebastiani) Jean-Henri-Auguste Rousse, Vicaire-Général.

Chez M. Riche.

M. Pierre Bizion, Sous-Principal du Collège du Puy.

Chez M. Dupré.

MM. Jean-Dumolin, vicaire de Saint-Paulien.
Jean-Maurice Poutière, vicaire de Polignac.
Jacques Doutre, diacre du même diocèse.

Diocèse de Lyon.
Chez M. Desloges.

MM. Guillaume-Joseph Gazaniol, Vicaire-Général, et Supérieur du Séminaire de Saint-Irénée.
Gilbert Martin, Supérieur de la communauté des philosophes au même Séminaire.
Antoine-Alexis Molin, Directeur et économe.
Augustin Chaillon, Directeur des Philosophes.
Pierre-Joseph Merinet, professeur de morale.
François-Antoine Tyollerez, curé de Fontaines.

Chez M. Hyac. de Quartéry.

M. Thomas Chanorier, curé de Villeneuve en Dombes.

Chez M. Dupré.

MM. Placide Renaud, vicaire de Rive-de-Giex.
Piquet, Directeur du Séminaire de Saint-Irénée. *(Die Dedicationis.)*

Chez Mme Claudine Perrot.

MM. *(Die Ascensionis)* Antoine Thibaud Gentil, Directeur général de la Congrégation de Saint-Joseph.
Jean Guillon.
Claude-Joseph-Christophe Vaucher.
Jean-François Martel.
Esprit Berthoud.
Louis-Joseph Alème, sous-diacre.
Nicolas Messimily, clerc minoré.
Jean-Claude Robin, clerc.
Tous prêtres de la Congrégation.

Chez M. de Quartéry, l'angl.

M. Montagrin, vicaire de Boen en Forez.

Chez Mme Castellany.

MM. Jean-Pierre Chavanon, archiprêtre de Saint-Etienne, Curé-Prieur de...
Mathieu-Benoît Chavanon, curé de Coursieux en Lyonnois.

Chez M. Verbois.

MM. Mathieu Condamine, vicaire de Saint-Genis-Laval en Lyonnois.
Jean-Marie Combes, aumônier du royal Chapitre de Ligneux en Forez.

Chez M. Peney, officier.

MM. Joseph Rousset, curé de Mouverdin en Forez.
Claude Jaquet, curé de Ste-Agathe en Forez.
André Roche, curé des Oulins, près Lyon.
Anne-Félix, vicaire de Saint-Laurent d'Oin.

Chez M. le Vid. de Quartéry.

M. Emmanuel de Sézia, chanoine du noble Chapitre d'Ainay, à Lyon.

Chez M. le Banneret de Quartéry.

MM. François-Joseph Rebourseau, Vicaire-Général de Mâcon, chanoine de Saint-Nizier à Lyon.
Vital Vallon de Thourieux, chan., baron de St-Just de Lyon.
Deschamps de la Magdeleine, ch., bar. de St-Just de Lyon.
De la Richardie, chan. du noble Chapitre d'Ainay de Lyon.

Chez M. le capitaine Joris.

MM. l'abbé Ejusolas, chan. d'hon. de St-Nizier de Lyon.
Charles-Pierre-Gaspard Guédan, curé de St-Trivier, député constituant.
Pierre Bertrand, curé de Dommartin.

Chez M. le Syndic Biolley.

MM. Benoît Craponne, curé de Charantay.
Mathieu Burdin, curé de Dreu.
Etienne Creury, curé d'Arbuissonas.
Antoine Bouy, vicaire de Charantay.

Chez M. Peney, marchand.

MM. Gaspard Cattin, chan. aumônier de la Charité de Bourg-en-Bresse.
Guillaume-Hyacinthe Chevaillat, vicaire de Viria.

Chez M. Seidoux.

M. Etienne Ollion, prêtre habitué du Chapitre de Saint-Nizier à Lyon.

Chez M. Barman.

M. Pierre Gélas, curé de Charpieux.

Diocèse de Clermont.

Chez M. Riche.

MM. Jean-François Bouillaud, Vicaire-Général, Supérieur du Séminaire.
Edme-Philibert Péreraud, Directeur du Séminaire.
Antoine Réol, curé de la ville de Besse.

Chez M. Riche.

MM. Paul Valex, curé de Valbelex.
Claude-Antoine Forges, vicaire de Saint-Genet, de la ville de Clermont.
Etienne Réol, vicaire de la ville de...

Chez M. le Syndic Débonnaire.

MM. Jacques Quesnes, curé de Montfermy.
Benoît Boynier, curé de Bulhon.
André Gras, curé de Villeneuve, l'Ambron.
Paul Cambefort, curé de Buisseol.
Antoine Guérin, aumônier de l'hôpital St-Joseph de Clermont.

Chez M. Amé Valet.

M. Anet Couturier, vicaire de Mente.

Chez M. de Nucé.

M. Jean Beauchampt, curé d'Arçon.

Diocèse d'Autun.

Chez M. le Curial de Nucé.

MM. Jacques Pinot, Prévôt de l'église collégiale et paroissiale d'Autun, Vicaire-Général.
François Bonnardel, vicaire de Semur en Brionnois.
Joseph Pinot, curé de Beaune.
François Bouthier, curé de...
Nicolas-Emilian Douheret, curé de Bourbon-Lancy.

Chez M. Riche.

M. Antoine de la Rochette, curé de Don-le-Roi, chanoine d'Aigueperce.

Chez M. Peney, officier.

M. François d'Agouin, curé d'Iseure.

Chez M. Penoux, Père.

M. Charles Niellon, vicaire de Notre-Dame d'Autun.

Chez M. de Nucé.

M. Pierre Bauderon, curé de Sainte-Foy.

Diocèse de Bourges

Chez M. Riche.

(*Die Dedicationis*) M. Jean-Victorien Ballais, Directeur du Séminaire de Bourges.

Diocèse de Belley.

Chez M. Bertrand.

M. Denys Hicet, curé de Saint-Germain-les-Paroisses.

Diocèse de Nevers.

Chez M. le Curial Despraz.

MM. Bannier, curé de Fleury-la-Tour.
Thomas, curé de Montapaz.
Thomas, curé d'Arthel.

Chez M. Gallinoz.

MM. Bourré, Professeur au collège de Nevers.
François Poulet, vicaire de Ville-les-Anesi.
Vincent Poulet, curé de Saint-Benin-les-Bois.
Michel Imbaud, vicaire de Saint-Arigle.

Diocèse de Valence.

Chez Mme Robatel.

M. Barthélemy-François Monicault, chanoine et Vicaire-Général.

Diocèse de Vienne.

A l'Abbaye.

M. François de Gayardon de Gresollex, chanoine et Vicaire-Général.

Chez M. Candlot.

M. l'abbé Victor de Vèze de Brette, du Chapitre de Saint-Pierre et de Saint-Chef de Vienne.

Chez M. Verbois.

M. Etienne Reboulet, curé de la chapelle de Perrin.

Diocèse de Limoges.

Chez M. le capitaine Joris.

MM. Michel Clédière, Prieur-curé de Chaveroche.
Joseph Moncourier, curé de Saint-Remy.

Chez M. Peney, marchand.

MM. Pierre Chazailloud, curé de Soudeiller.
Antoine Diousidou, vicaire de...

Chez M. Amé Valet.

M. Antoine Subranges, curé de Saint-Ardon-le-Neuf.

Diocèse de Mâcon.

Chez Mme Robatel.

MM. Thomas-Joseph Farraud, bénéficier de l'Eglise de Mâcon, Promoteur du diocèse.
Jean-Baptiste de la Balmondière, chanoine de l'Eglise de Mâcon.

Chez M. de Nucé.

MM. Joseph-Mathieu Gomme, curé de Juliennaz.
Pierre Ducrozet, curé de St-Simphorien d'Anselle.
Louis-Edmond Beauchampt, curé de Yonzye.
Desgarest, arrivé le 19 octobre.

Diocèse de Poitiers.

Chez M. le Syndic Biolley.

MM. Verneaud, curé de Vivonne en Poitou.
Louis Belmotte, curé de Marnay.
Jean-Clément, vicaire de Marnay.

Diocèse de Nîmes.

Chez M. Bertrand.

M. Jean-Eléonore de Belmond, Vicaire-Général et chanoine de Nîmes.

Chez M. Bayot.

M. Louis-François Tardy, chanoine et archidiacre du Chapitre de Saint-Gilles.

Diocèse de Saint-Claude.

Chez M. de Quartéry l'angl.

M. Bertrand, curé de Saint-Sulpice.

Chez M. de Nucé.

MM. Alexis Coste, chanoine de Cuiseaux.
   Yves Rivot, curé de Dignat.
   De Lautaye, chanoine de Saint-Claude.

Diocèse de Cahors.

MM. Guillaume Marbot, Prieur-curé de Bio.
   Jean-François Pradel, curé de Saint-Chignes.
   Etienne Marty, vicaire de Bio.

Diocèse de Grenoble.

Chez M. Bayot.

M. François Poulet, prêtre.

Diocèse de Dijon.

Chez M. de Nucé.

M. Antoine Chaussenot, curé de Saint-Jean de Losnes.

Chez M. le capitaine Joris.

M. Jean-Baptiste Pacot, curé de Saint-Sauveur.

Diocèse de Besançon.

Chez M. de Nucé.

MM. Vincent, Principal du collège de Lons-le-Saunier.
   Joseph Rivot, curé de Loisia.

A l'Abbaye.

MM. Comte, vicaire de Rothonay.
   Menestrier, Professeur au Séminaire de Besançon.

Chez M. le Curé.

M. Jean-Pierre Blondeau, vicaire de la paroisse de Sainte-
   Magdeleine à Besançon, présentement (1792) vicaire
   de Saint-Maurice en Valais.

N-B. — Il y en a deux chez M. Barman qui ne sont pas inscrits ; ce sont M. Dupiad et M. de Lyssonet.

Cette liste, déjà bien longue pour une localité de 1500 âmes, ne contient pas les noms de tous les ecclésiastiques français qu'ont abrités les murs de l'antique cité d'Agaune pendant ces malheureux jours. Elle prouve seulement qu'aussitôt après la mise à exécution de la loi sacrilège sur le serment constitutionnel des prêtres, 137 d'entre eux vinrent immédiatement demander asile et consolation aux gardiens du glorieux tombeau des Martyrs thébéens.

De 1792 à 1798, il est certain que d'autres victimes vinrent se réfugier à Saint-Maurice. Et d'abord, cette liste ne fait pas mention de Mgr Gabriel de Messei, évêque de Valence, que nous trouvons cependant, le 27 mars 1796, avec son concitoyen et frère dans l'épiscopat, Mgr l'évêque du Puy, assister Mgr Blatter, évêque de Sion, à la bénédiction du Révérendissime Abbé Gaspard Exquix, successeur du Révérendissime Abbé de Cocatrix, mort noyé dans la Dranse entre Sembrancher et Bovernier, le 13 juillet 1795 [1].

De plus, nous en avons une seconde preuve dans une lettre écrite, le 8 décembre 1797, par un chanoine de la cathédrale du Puy, et conservée dans les archives de l'Abbaye. En voici le contenu :

Monseigneur l'Abbé,

« Vos bontés à mon égard pour pouvoir me procurer le véritable plaisir de venir auprès de deux frères après 27 mois de séparation, m'ont été trop manifestées de leur part pour ne pas prendre la liberté de vous en faire mes remerciements. Je leur ai écrit le 3 du courant, que je ne croyais pas pouvoir en ces premiers moments profiter

---

[1] Voyez chan. Boccard, *Légion thébéenne et Abbaye de St-Maurice*, tome I, p. 162, ouvrage manuscrit, aux archives de l'Abbaye.

de votre marque d'amitié à mon égard, mais combien grande serait ma reconnaissance si je pouvais espérer profiter de cette place dans votre Abbaye dans quelques semaines. Ce serait pour moi une vraie satisfaction, et je n'oublierais jamais le souvenir d'une aussi grande faveur ; mais le doyen-curé est extrêmement âgé, infirme, et il peut arriver un changement dans cet hiver, et chaque jour on le sollicite à se retirer en lui promettant une pension. Dans cet arrangement, mes empressements auraient été de pouvoir me réunir à mes deux frères, éloigné que j'en ai été depuis 27 mois. J'espère donc, Monseigneur l'Abbé, que vous voudrez bien avoir la bonté de me conserver dans votre Abbaye la place que vous m'aviez destinée à la recommandation de mes deux frères ; peut-être en profiterai-je dans peu de temps, et mon empressement à vous rendre mes très humbles devoirs aurait eu lieu, s'il ne s'était trouvé trois fêtes de suite. Le paysan des communes où je me trouve ne faisant jamais de voyage dans un aussi saint temps, sans parler du mauvais temps. J'espère donc, Monseigneur l'Abbé, que si je me décidais à quitter Torni-le-Grand pour pouvoir profiter de votre amitié à mon égard, je trouverais le petit logement encore destiné à m'y recevoir, la dernière lettre écrite à mes deux frères n'ayant pu vous donner le temps d'en disposer en faveur d'un autre, désirant ce moment de ma réunion auprès d'eux, elle me procurera la douce satisfaction de vous en faire mes remerciements de vive voix en étant toute la vie très reconnaissant. »

J'ai l'honneur d'être avec le plus profond respect,
Monseigneur l'Abbé,
Votre très humble et très obéissant serviteur.

DERACHAT,
Chanoine de l'église cathédrale du Puy.

Le 8 décembre 1797.

Il résulte de cette lettre que deux frères du dit chanoine s'étaient réfugiés à l'Abbaye vers le commencement de septembre 1795.

Beaucoup d'autres sans doute pourraient être ajoutés à cette liste et je crois sincèrement rester en dessous de la vérité en disant qu'environ 150 à 160 ecclésiastiques français ont trouvé refuge à Saint-Maurice, et qu'une vingtaine d'entre eux étaient à l'Abbaye.

Ce qui nous étonne après cela, c'est de savoir que, non content d'exercer la charité par une si large hospitalité, le Révérendissime Abbé Georges II, Schiner, envoya encore des sommes d'argent au Nonce du Souverain-Pontife à Lucerne, pour subvenir aux besoins des ecclésiastiques réfugiés dans les autres parties de la Suisse. Aussi, le dit Abbé mérita-t-il de recevoir du Nonce, Mgr Fabricius Sceberas Testaferrata, archevêque de Beyrouth, une lettre de remerciement dans laquelle il présente à l'Abbaye ses vœux les plus ardents de prospérité.

Cette lettre précieuse, conservée dans les archives de l'Abbaye, est conçue en ces termes :

Monsieur l'Abbé,

« J'ai reçu votre lettre en date du 3 janvier, et la somme qui y était jointe. J'étais déjà instruit du bien que vous faites aux prêtres émigrés ; et le grand nombre de ceux auxquels vous avez bien voulu donner un asile dans votre monastère, est une preuve convaincante de votre charité à leur égard. Je vous les recommande avec le plus vif intérêt, et au nom du Père commun des fidèles. Je n'oublierai pas de mettre sous ses yeux le nombre de ces infortunés que vous avez recueillis avec tant de bonté. Je vous remercie des vœux que vous voulez bien faire pour moi à l'occasion de la nouvelle année ; et je vous désire, ainsi qu'à votre monastère, toutes les prospérités possibles. »

J'ai l'honneur d'être avec respect,
Monsieur l'abbé,
Votre très humble et très obéissant serviteur,

FABRICIUS SCEBERAS TESTAFERRATA,
Archevêque de Beyrouth.

Lucerne, le 9 janvier 1794.

Il est ainsi manifeste que l'Abbaye s'imposa de grands sacrifices pour les ecclésiastiques français pendant les six ans qu'il leur fut permis de demeurer en Suisse. Ces sacrifices, elle se les serait imposés plus longtemps encore si la Révolution n'avait pas étendu sa main barbare jusque dans nos profondes vallées. Hélas ! ces malheureux exilés durent, en 1798, sur un ordre formel du Directoire français, quitter la terre hospitalière qui les nourrissait avec joie, pour gagner des pays plus lointains. La France révolutionnaire ne pouvait souffrir si près d'elle la France fille aînée de l'Eglise. Leur éloignement déchira beaucoup de cœurs dans notre cher pays, qui déjà les aimait comme ses enfants. Aussi, divers moyens furent-ils essayés pour soustraire à la proscription des hôtes devenus si chers. Mais, la vigilance du résident français Mangourit étouffa bien vite la flamme de la charité valaisanne, et nos magistrats, ne pouvant résister aux ordres de cet émissaire de la Révolution, s'empressèrent de faire exécuter ponctuellement la volonté de la grande nation.

Seuls les malades et les septuagénaires eurent la liberté de rester dans nos foyers. Quant aux douteux, une autorisation du résident pouvait seule leur donner cette liberté.

Cette obéissance valut au Valais la protection de la France contre quiconque tenterait d'entraver son indépendance.

Mangourit en fit, au nom de sa nation, la solennelle déclaration, ce qui n'empêcha pas Bonaparte de l'incorporer à la France et d'en faire le département du Simplon en 1810. Singulière protection qui fait penser au loup gardant sa proie pour la dévorer plus sûrement lui-même !

Il y aurait sans doute de belles et intéressantes pages à écrire sur le séjour dans notre petite cité de ces vaillants ecclésiastiques expulsés de leur patrie pour avoir courageusement refusé de charger leur conscience en prêtant le serment constitutionnel exigé par la Révolution.

Que de traits édifiants n'aurions-nous pas à raconter ; que de preuves n'aurions-nous pas à donner pour montrer aux patriotes français que l'amour de la patrie française n'était nulle part plus pur et plus fort que dans le cœur des prêtres ! La correspondance de M. l'abbé J.-P. Gourgon, donnée par M. le vicomte de Richemont dans la *Revue des questions historiques,* Nº de janvier 1894, nous en fournit un exemple convaincant. Les lettres qu'il a reçues de plusieurs ecclésiastiques français émigrés dans divers pays respirent toutes un ardent amour pour cette chère France qui les a obligés de s'exiler. S'ils n'ont tous qu'une voix pour gémir sur son lamentable état, pour pleurer tant de crimes qui souillaient le sol français et composent la plus triste page de son histoire, ils n'ont tous également qu'un seul cœur pour se réjouir des succès des armes françaises contre l'étranger, ils n'ont tous qu'une seule voix vers le ciel pour implorer miséricorde et arrêter le bras vengeur du Dieu que l'on ne trahit jamais en vain. Point d'amertume dans leur âme, point de ressentiment contre cette patrie ingrate qui les poursuit de sa haine impie. Elle est toujours après Dieu l'objet de leur prédilection, et s'ils ont préféré la quitter que de prêter le serment inique qu'on exigeait d'eux, c'est qu'avant tout ils étaient chrétiens et ministres du Très-Haut, et qu'ils se rappelaient ces paroles de saint Pierre au Prince des prêtres juifs : « Jugez vous-même s'il est juste devant Dieu de vous obéir plutôt qu'à Dieu. » (Act. IV, 19).

Les souvenirs qui nous sont restés de ces chers émigrés nous sont particulièrement précieux. Aussi, est-ce avec un légitime orgueil que l'Abbaye conserve de Sa Grandeur Monseigneur l'évêque du Puy, son tableau, grandeur naturelle, sur lequel il fit lui-même inscrire ces paroles : « Et si dans leurs foyers désormais je n'habite, mon cœur « me survit auprès d'eux. A l'Abbaye de Saint-Maurice, « le 22 janvier 1798. » Ce tableau se trouve aujourd'hui dans l'appartement du Révérendissime Abbé, évêque de Bethléem. On conserve également dans la bibliothèque une malle ayant appartenu à l'un des deux évêques du Puy ou de Valence. Elle est en peau de truie et ornée, sur la face antérieure, de la couronne et des armes de France entourées de quatre couronnes comtales formant autour d'elles un rectangle entouré lui-même d'autres ornements d'un goût vraiment classique.

Ces souvenirs de la charité de nos prédécesseurs et confrères nous rappellent sans cesse les vœux de prospérité que le Nonce formait pour l'Abbaye.

Cette espérance est d'autant plus légitime qu'elle est fondée sur la promesse que fit Notre-Seigneur de ne pas laisser sans récompense un verre d'eau donné à un pauvre en son nom.

LE TRAITÉ DE 1365

POUR LA RÉPARATION

DE

L'ÉGLISE DE L'ABBAYE

DE

SAINT-MAURICE

LE TRAITÉ DE 1365

POUR LA RÉPARATION

DE

L'ÉGLISE DE L'ABBAYE

DE

SAINT-MAURICE

PAR

Jules MICHEL

INGÉNIEUR EN CHEF DE LA COMPAGNIE DES CHEMINS DE FER
PARIS-LYON-MÉDITERRANÉE

FRIBOURG (Suisse)

IMPRIMERIE ET LIBRAIRIE DE L'ŒUVRE DE SAINT-PAUL
259, RUE DE MORAT, 259

1896

LE TRAITÉ DE 1365

POUR LA RÉPARATION

DE

L'ÉGLISE DE L'ABBAYE

DE

SAINT-MAURICE

Monseigneur, Mesdames et Messieurs [1],

Reportons-nous, s'il vous plaît, à ce qui se passait à Saint-Maurice dans la deuxième moitié du XIVe siècle, il y a un peu plus de cinq cents ans.

L'église de l'Abbaye, qui se trouvait alors occuper l'emplacement de la cour du collège, dite du Martolet, venait d'être détruite par un incendie. Le chœur seul était resté à peu près intact.

En 1365, le Chapitre de l'Abbaye se préoccupa de faire réparer son église, et, dans ce but, passa une convention avec un maître tailleur de pierres, nommé Pierre de Vens,

---

[1] Mémoire lu à la réunion générale de la *Société helvétique de Saint-Maurice*, le 3 octobre 1895.

maçon en même temps que tailleur de pierres. Une copie de ce traité se trouve dans les archives de l'Abbaye. Elle est écrite sur parchemin, d'une belle écriture gothique du XIVe siècle, malheureusement altérée en quelques endroits.

Ce vieux document débute ainsi [1] :

Convention faite pour bâtir ou réparer l'église de Saint-Maurice

« L'an de grâce mil trois cent soixante-cinq, le 11e jour de septembre. Au traitié de nous Pierre Dupont et Guillaume Wichard et en notre présence pour faire et accomplir la réparation de l'église du monastère de Saint-Maurice, ont été faits pacts et conventions entre Révérend Père Monsr Jean, par la grâce de Dieu Abbé, et les Frères de la dite religion, d'une part, et maître Jean de Vens, maçon et maître de taillerie, d'autre, pour la manière qui s'ensuit :

« Premièrement, le maître doit à sa mission dérocher les piliers et tout le mur qui est sur ces piliers dès la chapelle de Monsieur Benoît jusqu'au grand arc qui est entre le chœur et le grand autel, et le dérochera de manière que dommage n'en vienne.

« Item au dit lieu, fera le dit maître des piliers ronds de pierre de marbre dont chacune pierre sera d'une pièce, si large qu'elle tiendra tout le rond du pilier, et sera chacun pilier gros de trois pieds à main, et de onze pieds d'haut, enclos les bases et les chapiteaux, et seront les bases chacune d'une pièce de marbre et passeront tout l'environ

---

[1] J'ai conservé l'ordre des mots, mais modifié l'orthographe pour en rendre la lecture plus facile.

du pilier demi pied à une torche ronde environ, et les chapiteaux répondant à ces bases, et ouvrera tous les dits piliers à la manière d'un pilier qui est dessous le lutrin, etc.

. . . .

« Item fera le dit maître sur les dits piliers sept arcs doubles de tuf, gros chacun de deux pieds à main, et seront les premiers arcs de tuf entiers et sur les dits arcs fera le mur jusqu'au toit gros de deux pieds à main, et tant de long comme besoin sera.

« Item fera le dit maître au travers de l'église, là où on lui ordonnera, deux arcs de tuf doubles ronds et bons sommiers de pierre pour les soutenir, et tiendra de l'un mur à l'autre à la manière de l'autre grand qui est ; et à l'endroit des dits arcs de chacune partie autres petits arcs, c'est à savoir quatre et un autre jusqu'à la roche, et au-dessus ces arcs fera les murs jusqu'au toit, si comme dessus est dit..... »

Je m'arrêterai ici, laissant à votre savant président le soin de publier intégralement le texte de ce traité, d'en combler les lacunes, et d'en interpréter certaines parties, qui paraissent obscures ; ce que je viens de lire suffit à mon but, qui est de rechercher avec vous quel était l'emplacement de l'église qu'il s'agissait de réparer en 1365, et quelle forme elle affectait.

J'ai été conduit à cet essai de restitution du plan de l'église du XIVe siècle par la recherche de la longueur du *pied à main*, mentionné dans l'acte de 1365. J'ai dû pour cela commencer par me rendre compte des diverses mesures de longueur usitées dans le Valais depuis l'antiquité jusqu'à nos jours ; étudier et mesurer sur place des restes d'anciennes constructions, aujourd'hui encore très reconnaissables.

Ce sont les résultats de ces études que je viens vous présenter. Ils comprennent deux parties bien distinctes : en premier lieu l'histoire des mesures de longueur en usage autrefois dans le Valais ; en second lieu l'essai de restitution du plan de l'église de l'Abbaye de Saint-Maurice au XIVe siècle.

On trouvera dans un appendice des éclaircissements sur l'origine des diverses mesures de longueur dont il est question dans le cours de ce travail.

M. le chanoine Bourban a bien voulu compléter cette étude par une note contenant l'énumération des églises ou basiliques, qui se sont succédées du IVme au XIVme siècle, sur l'emplacement de l'église qu'il s'agissait de réparer en 1365.

Le travail de M. le chanoine Bourban, qui résume toutes les données, fournies à ce sujet par les anciens historiens, est du plus haut intérêt. Il se termine par la reproduction intégrale du traité de 1365, collationnée avec soin sur le manuscrit des archives de l'Abbaye de Saint-Maurice.

PREMIÈRE PARTIE

LES MESURES DE LONGUEUR DANS LE VALAIS

AUTREFOIS ET AUJOURD'HUI

Le traité de 1365 constate en fort bon langage français (car dès cette époque les Valaisans parlaient bien le français), cette pièce constate, dis-je, que le Chapitre de l'Abbaye, voulant faire reconstruire son église, a commandé des colonnes en marbre (calcaire de Saint-Triphon) formées de tronçons d'une seule pièce et de trois pieds de diamètre, et que les bases devaient dépasser le fût de la colonne d'un demi-pied de chaque côté : c'est-à-dire que le soubassement devait avoir quatre pieds de côté.

Or, deux questions se posent. En premier lieu, ces colonnes existent-elles encore ? En second lieu, quelle était la longueur de la mesure désignée dans notre vieux document sous le nom de *pied à main* ?

L'église reconstruite au XIVe siècle devait longer le rocher qui surplombe la cour du Martolet, autrefois cour du collège de Saint-Maurice. Elle était orientée Est-Ouest et a été remplacée au XVIIe siècle par l'église que nous voyons aujourd'hui et qui est orientée Nord-Sud [1].

L'église de l'Abbaye au XVIIe siècle. — Je ne sais si vous avez remarqué que le plan de l'église actuelle entre le chœur et le clocher forme un carré de 19^m,66 de côté. Ce carré est divisé dans le sens longitudinal par 6 colonnes en 4 travées égales de 4^m,90 de largeur, et dans le sens transversal en deux nefs latérales larges en moyenne de 4^m,90, et une nef principale d'une largeur double, soit 9^m,810.

Ces chiffres vous paraissent sans doute n'avoir aucune signification ; mais j'imagine qu'ils prendront à vos yeux un intérêt particulier, si je vous fais observer qu'évaluées en pieds de Paris de cette époque, les dimensions en plan de l'église de l'Abbaye donnent les résultats suivants :

Le carré qui a servi de base au plan de l'édifice a 60 pieds de côté ; la nef principale a 30 pieds de large, et chaque travée, aussi bien que chacune des nefs latérales, a 15 pieds de large.

Sous cette forme, n'est-il pas vrai ? l'esprit est satisfait, et l'on est amené à soupçonner qu'en Valais, au XVIIe siècle, on faisait usage du pied de France, du *pied de roi*, dont

---

[1] On lit dans la *Chronique de Berodi,* éditée par M. le chanoine Bourban :

1622, mars. Continuata est novi templi Agaunensis Cœnobii fabrica, diuturno temporis spatio intermissa.

1624, janvier (page 72). Pensum fabricæ seu constructionis novi templi celebris piique conventus S. Mauricii Agaunensis per venerabile Capitulum traditum est magistris Guillemo et Joanni Minoye fratribus, latomis de Petris gemellis in Lungobardio, pretio 580 ecus, etc.

Suppeditatis tamen prius in loco singulis materiis ad hanc fabricam necessariis.

Chorus aliquot ante annis a Magistro Escoffiero latomo Samoensi inchoatus prædictorum fratrum opera est perfectus.

1627, 20 juin, dimanche. La nouvelle église fut consacrée par le Nonce apostolique, Alexandre Scapius, avec les cinq autels.

la longueur a varié de 0^m,322 à 0^m,326 et qui était à la fin du siècle dernier 0^m,3248 [1].

Les bâtiments de l'Abbaye et l'Hôtel-de-Ville de Saint-Maurice. — L'église de l'Abbaye aurait donc été construite par des architectes et des maçons qui se servaient habituellement du pied de roi. Cette conjecture deviendra pour vous une certitude, si vous étudiez les dimensions des constructions faites à Saint-Maurice après l'église de 1624. Prenez au hasard quelques mesures, soit dans les bâtiments de l'Abbaye, soit à l'Hôtel-de-Ville de Saint-Maurice, construits aux XVIIe et XVIIIe siècles, vous retomberez toujours sur des nombres ronds en pieds de roi ou fractions de pied de roi.

Ainsi les travées des corridors de l'Abbaye ont neuf pieds d'axe en axe, les portes trois pieds de large et six pieds de haut. Dans la Bibliothèque, terminée en 1639, d'après Gaspard Berodi, et destinée alors à être le réfectoire des Chanoines, les travées ont 9 pieds de large ; les colonnes de marbre qui soutiennent les poutres centrales reposent sur un soubassement de 1 pied de large et 3 pieds de haut ; la corniche a 20 pouces, etc. A l'Hôtel-de-Ville, les chaînes d'angle en pierre de taille ont 3 pieds de large, les autres ont 2 pieds ; les portes ont 3 pieds de large, etc. Je n'en

---

[1] Quelle est la vraie signification du mot *pied de roi* ? On a répandu à cette occasion des légendes qui n'ont aucun fondement. On a voulu y voir la longueur du pied d'un roi ; et comme c'est un grand pied qu'un pied de 0^m,325, on a voulu le faire remonter au grand empereur, à Charlemagne, qui était, dit-on, d'une taille au-dessus de la moyenne.

Pure fantaisie que tout cela. La vérité est beaucoup plus simple ; le *pied de roi*, c'était le pied royal, le pied officiel. Le mot propre était le *pied le roi*, comme on disait : *Villeneuve le roi* pour *Villeneuve royale*, *Bois le roi* pour *Bois royal*. Dans d'autres textes du moyen âge, on trouve le *pois le roi* pour le poids royal, etc. Dans la prononciation populaire le *pied le roi* est devenu le *pied de roi*.

finirais pas si je vous donnais le détail de toutes les mesures que j'ai relevées.

Voulez-vous une preuve sans réplique de l'emploi du pied de roi à Saint-Maurice, au début du XVIIIe siècle ? allez consulter un acte de 1706, conservé dans les archives de l'Abbaye. Il s'agissait alors de reconstruire les bâtiments détruits par l'incendie de 1693. Cet acte mentionne en toutes lettres l'usage du pied de roi à cette époque.

Le traité de 1706. — En voici un extrait :

« L'an du Seigneur mil sept cent six et le 25e du mois de septembre, Convention entre le R^e seigneur Nicolas Camanis, abbé de la royale et célèbre abbaye de Saint-Maurice, et le vénérable Chapitre avec les honorables François Perret de Samoens en Savoye, Etienne Guillot, habitant d'icy, et François Gex dedit Samoens, tous trois maîtres massons et tailleurs de pierre....., lesquels ont promis de faire toute la maçonnerie du bastiment selon le plan et dessin qui leur seront délivrés, savoir les trois maîtresses murailles avec leurs retours depuis les fondements jusqu'au premier étage, de quatre pieds de roy de largeur, le second étage de trois pieds, et le troisième étage de deux pieds et demy. Les murailles de séparation d'un pied et demy de largeur.....

« Et pour *chaque toise de six pieds de roy* des dites murailles et voûtes, il leur sera payé 22 baches, toisant tant plein que vide.

« Et ils ont promis de faire les plafonds, soit archers, avec les règlements (s'il en convient faire), et pour *chaque toise de huit pieds de roy*, il leur sera payé 16 baches. »

Voilà donc l'usage du pied de roi, en Valais, bien démontré dans le cours du XVIIe et du XVIIIe siècle. Pour le XIXe, je n'ai qu'à faire appel aux souvenirs de ceux d'entre vous qui ont dépassé la cinquantaine, et à demander aux habitants de la campagne s'ils ne s'en servent pas encore souvent, pour l'évaluation des *fischel* ou *jischy* de prés et de champs, pour les *seyteurs* ou les *quartanées*. Ces noms, j'en suis sûr, ne vous sont pas encore devenus étrangers, pas plus que les *arpents* ne le sont en France ; et toutes ces mesures avaient pour base une toise, tantôt de six pieds, tantôt de huit pieds de roi. La toise carrée de Saint-Maurice en particulier avait huit pieds de roi de côté.

N'est-il pas singulier de voir par le traité de 1706 que, si les maçonneries étaient évaluées en longueur et en épaisseur à la toise de six pieds, les surfaces des plafonds, etc., étaient évaluées, comme les champs à Saint-Maurice, à la toise de huit pieds de roi. C'est une de ces bizarreries des usages des siècles passés dont je ne me charge pas de vous donner l'explication.

Au milieu de toutes ces dissertations sur le pied de roi, vous devez trouver que nous nous éloignons beaucoup de l'église de l'Abbaye de 1365, de ses colonnes de marbre et du *pied à main*.

Soyez sans inquiétude. C'est précisément le pied de roi qui, indirectement, va nous aider à les retrouver.

Les colonnes de l'église de 1365. — Retournons, si vous le voulez bien, à l'église actuelle de l'Abbaye, et allons mesurer les diamètres et les soubassements des colonnes qui séparent l'édifice en trois nefs et en quatre travées. Les mesures que j'ai relevées, en moyenne $0^m,847$ pour les colonnes, $1^m,120$ pour les soubassements, ne présentent aucun rapport simple avec le pied de roi de $0^m,325$ ou avec ses divisions en pouces de $0^m,027$. Comment expliquer cette anomalie, puisque les maçons et architectes du XVIIe siècle se servaient du pied de roi ?

Ici le champ des conjectures est ouvert ; celle que je vais vous proposer ne manque pas d'intérêt pour l'histoire de Saint-Maurice.

Tout d'abord, vous remarquerez que les colonnes sont formées de tambours ronds en calcaire (dit marbre de Saint-Triphon) d'une seule pièce, qu'il en est de même des bases. De plus, une simple proportion vous montrera que le diamètre des colonnes est les $3/4$ du côté du carré du soubassement. Or, vous vous rappelez que ce sont là précisément les conditions imposées en 1365 par le Chapitre au tailleur de pierres *de Vens*.

D'autre part, Gaspard Berodi nous apprend que le Vénérable Chapitre, en traitant, en 1624, avec les maîtres Minoye pour la construction de la nouvelle église, s'est chargé de leur fournir tous les matériaux sur place. Or l'ancienne église, réparée en 1365, s'était effondrée vers la fin du XVIe siècle, sous les chutes de blocs des rochers qui la dominaient, mais les colonnes étaient restées intactes, en grande partie du moins. Elles ont dû être, par raison d'économie, employées telles qu'elles, sauf ragréages, dans la nouvelle église, quoique leurs dimensions ne cadrassent pas avec l'unité linéaire en usage alors.

Ces colonnes sont assurément plus remarquables par leur antiquité que par leur élégance. La forme des bases, comme celle des chapiteaux, trahit la main inexpérimentée d'un tailleur de pierres, bien loin d'être l'œuvre d'un architecte érudit.

L'acte de 1365 dit que les piliers seront ouvrés à la manière d'un pilier qui est dessous le lutrin. Or, avez-vous remarqué dans l'église de l'Abbaye les quatre colonnes qui décorent les chapelles de la Sainte-Vierge et de Saint-Maurice ? Les bases et les chapiteaux ont la même forme que ceux des piliers de la nef, mais ils sont d'un dessin plus ferme, plus élégant, moins grossier, si vous voulez. Ne sont-ce pas là les anciens piliers de dessous le lutrin qui étaient demeurés dans le chœur de l'église antérieure à 1365, et qui, ayant échappé à l'incendie du XIVe, à l'effondrement du XVIᵉ, ont été finalement transportés par le Vénérable Chapitre dans l'église du XVIIᵉ siècle et mis en place par les frères Minoye ? Ne sont-ce pas là les piliers qui ont servi de modèle au tailleur de pierres Devens du XIVᵉ siècle ?

Ce n'est là qu'une conjecture, sur laquelle je ne veux pas insister outre mesure ; mais, en définitive, un premier point me paraît acquis ; c'est que dans l'église actuelle se retrouvent les colonnes qui ont été taillées en 1365 par le maçon Devens. Car les frères Minoye, s'ils les avaient taillées en 1624, leur auraient donné ou deux pieds et demi ou trois pieds de roi de diamètre ; et d'ailleurs, d'après leur traité, dit Berodi, ils n'ont pas eu à les fournir.

La longueur du pied à main. — Mais si, en 1365, maître Devens ne se servait pas du pied de roi, de quel pied se servait-il ? Autrement dit, quelle était la longueur du pied à main, dont parle le traité du 11 septembre 1365 ?

En combinant entre elles les dimensions des colonnes et de leurs soubassements, la hauteur des abaques et des chapiteaux, j'arrive à cette conclusion, que le pied à main de 1365 devait avoir de $0^m,282$ à $0^m,285$ de longueur, plus petit de $0^m,040$ que le pied de roi.

Je vous fais grâce des déductions par lesquelles je suis arrivé à cette conclusion ; mais ce que je puis vous dire, c'est que le pied de $0^m,285$ se retrouve ailleurs, dans les constructions anciennes de l'Abbaye. Ainsi le long de l'église de 1365 existait un bâtiment qui subsiste encore, qui était sans aucun doute antérieur. Entre les années 1444 et 1452, le Pape Félix V y fit disposer dans le corridor du premier étage une chapelle, dite chapelle du Trésor. Elle est composée de quatre travées voûtées en ogive ; chaque travée a $3^m,38$ de largeur, c'est-à-dire 12 pieds de $0^m,282$. Les chapiteaux ont 1 pied ½ de largeur ; la fenêtre ogivale a

0^m285, soit un pied de profondeur. N'est-ce pas assez pour prouver qu'au XVe siècle on se servait encore du pied à main [1] ?

Ce pied à main était antérieur au XIVe siècle, car on peut observer dans la cour du Martolet, à l'extérieur du bâtiment où est la chapelle de Félix V, des restes d'anciens pilastres de l'église qu'il s'agissait de réparer en 1365.

Ces pilastres ont de $1^m,120$ à $1^m,140$ de large, c'est-à-dire 4 pieds de $0^m,280$ à $0^m,285$. Ils sont espacés tantôt de $3^m,120$, tantôt de $4^m,500$ d'axe en axe, soit de 14 pieds $^1/_2$ à 16 pieds. Le mur du bâtiment lui-même a exactement trois pieds d'épaisseur.

Enfin, dans la cour du Martolet, de l'autre côté du clocher, on peut encore distinguer un pilastre de l'église primitive, qui devait s'aligner avec les colonnes ; il a $0^m,840$ de largeur ; avec l'enduit, il devait avoir une largeur de trois pieds ; c'est le diamètre des colonnes elles-mêmes.

J'en conclus que du IXe ou Xe siècle jusqu'au XVIe, on a dû se servir dans le Valais, et à Saint-Maurice en particulier, d'un pied d'une longueur spéciale, désigné dans l'acte de 1365 sous le nom de *pied à main*. Sa longueur pouvait varier entre $0^m,280$ et $0^m,285$.

Il ne faudrait pas croire que cette mesure, qui paraît dérivée du pied romain, dont la longueur variait de $0^m,294$ à $0^m,299$, constituât une exception en Europe ; consultez l'Annuaire du Bureau des Longitudes de l'observatoire de Paris. En 1838, par exemple, les auteurs se sont appliqués à

---

[1] A la fin du XVe siècle, on se servait encore en Valais du pied à main de $0^m,282$. L'église de Louèche, en effet, date de 1494 ; et, d'après les mesures que j'y ai relevées, la nef devait avoir 30 pieds de $0^m,282$. Les travées avaient 24 pieds d'axe en axe des colonnes. Les contreforts extérieurs, en pierres de taille fort bien conservées, avaient 2 pieds $^1/_2$ à 3 pieds.

L'ÉGLISE

ET

LA QUESTION SOCIALE

L'ÉGLISE

ET

LA QUESTION SOCIALE

PAR

PIERRE BOURBAN

CHANOINE DE L'ABBAYE DE SAINT-MAURICE
PROFESSEUR DE THÉOLOGIE ET ARCHIVISTE

FRIBOURG

IMRRIMERIE ET LIBRAIRIE DE L'ŒUVRE DE SAINT-PAUL
259, RUE DE MORAT, 259

1896

L'ÉGLISE ET LA QUESTION SOCIALE [1]

La franc-maçonnerie a travaillé deux siècles à séduire les grands afin de les supplanter. Pour régner par le nombre, elle a travaillé à détacher les ouvriers du sein maternel de la sainte Eglise qui seule pouvait leur donner une protection salutaire et durable.

Aujourd'hui les Juifs qui ont eu et ont entre les mains la franc-maçonnerie, et pour qui a été ramassé tout ce que les sociétés secrètes ont acquis d'influence politique et pécuniaire, se reposent repus des sueurs du chrétien.

Les ouvriers, victimes des influences de la secte, armés de tous les appétits que l'esprit franc-maçonnique leur a livré, sans aucune barrière religieuse pour les arrêter, les fils du singe de l'enseignement de la plupart des écoles modernes de médecine, se lèvent avec des instincts d'un perfectionnement spécial. L'Etat moderne qui a ruiné la conscience aura beau s'armer de la loi; le poignard et les bombes vont plus vite que la loi.

Le seul remède efficace est d'aller avec la religion [2]

---

[1] Ce mémoire a été lu à la réunion générale de la *Société helvétique de Saint-Maurice*, le 4 octobre 1894.

[2] « Cumque religio ut initio diximus, malum pellere funditus sola possit, illud reputent universi, in primis instaurari mores christianos oportere, sine quibus ea ipsa arma prudentiæ, quæ maxime putantur idonea, parum sunt ad salutem valitura. » Leo PP. XIII, De conditione opificum. — *Rerum novarum*.

détruire la bombe dans la pensée même des anarchistes et de montrer aux prolétaires quel gain ils pourraient remporter en revendiquant l'intervention de l'Eglise entre les ouvriers, souvent sans pain, et les capitalistes modernes presque toujours sans cœur [1].

La Lettre encyclique de Léon XIII, *De la condition des ouvriers, Rerum novarum,* a été la porte d'or par où le Souverain Pontife a pu rentrer, pour le quart d'heure, d'un pied seulement, dans ce champ d'intervention en faveur des faibles. La franc-maçonnerie en fut profondément émue, elle qui croyait l'en avoir chassé pour toujours.

Dans l'étude que j'entreprends ici, je me propose de montrer comment les faibles et les pauvres ont été, dans les âges chrétiens, soustraits aux tribunaux civils pour n'être jugés, dans leurs intérêts civils, que par leur Mère la sainte Eglise.

Je montrerai, dans la seconde partie, par divers recours au Pape, et spécialement par deux recours de la part de la commune de Salvan, comment l'opprimé du moyen âge pouvait passer par-dessus son seigneur et les tribunaux du pays pour aller porter sa cause directement au Souverain Pontife.

I

Le privilège du tribunal ecclésiastique pour les faibles.

Partout où le paganisme avait élevé ses idoles, la femme [2], le faible et le pauvre furent abaissés et opprimés. Dans le

---

[1] J'ai ajouté, dans la réunion à laquelle M. Jules Michel venait de donner sa magnifique Etude sur la question sociale : « A moins que, dans l'administration du capital, il n'y ait des hommes comme notre ami, M. l'ingénieur Jules Michel. » — Les sympathiques applaudissements de l'auditoire ne lui ont pas été ménagés.

[2] Chez les Hindous, dont les ennemis du nom chrétien s'efforcent à vanter la sagesse religieuse, la législation renferme ces théories sur la condition de l'épouse : « La femme ne reste fidèle que par la terreur des

monde païen, au milieu des vices de tout genre, d'exécrables exécutions infanticides s'étaient généralisées d'une manière effrayante. Au siècle d'Auguste, Ovide décrivait ainsi les monstruosités criminelles reçues et pratiquées au grand jour dans la société romaine :

> Nunc uterum vitiat quæ vult formosa videri,
> Raraque in hoc ævo, quæ velit esse parens [1].

Au siècle suivant, le philosophe saint Justin, et au III⁰ siècle l'avocat africain Tertullien, dans des plaidoiries restées à jamais célèbres en faveur des chrétiens persécutés, diront aux empereurs et au monde païens les infanticides et les crimes atroces dont la société romaine se souille chaque jour impunément [2].

Dans le monde païen la majeure partie du genre humain réduite en esclavage, était traitée comme un vil bétail. La compassion et l'aumône n'y avait point de place. Le philosophe Sénèque disait : « La compassion est l'infirmité des âmes trop sensibles à la misère ; exiger cette compassion du sage, c'est presque exiger de lui des lamentations et des gémissements aux funérailles d'un étranger [3].

C'est en face de cette oppression barbare et inhumaine de la majeure partie du genre humain que le Christ Rédempteur apparaît. — Parmi les signes auxquels on reconnaîtra son œuvre, après le miracle, sera celui-ci : « *Pauperes evangelizantur* [4]. Les pauvres sont évangélisés. »

coups et de la prison... Le néant, le vent, la mort, les régions profondes, le coupant du rasoir, la prison, les serpents ne sont pas, quand ils sont réunis, aussi méchants que la femme. » Digeste indien et loi de Manou. Voir Monsabré, *Revue thomiste*, juillet 1894, pages 295 et suivantes.

[1] In elegia allegorica Nux.
[2] Justini martyris, *Pro christianis Apologia I* (circa medium). — Tertulliani, *Apologeticus*, cap. IX.
[3] Misericordia vitium est animarum nimis miseriæ faventium, quam si quis a sapiente exigit prope est ut lamentationem exigat et in alienis funeribus gemitus. (De Clement., II, 6.)
[4] Luc., VII.

Et qu'est-ce que les faibles et les pauvres apprendront dans l'Evangile ?

A côté des grandes vérités annoncées pour le salut du monde entier, ils apprendront leur titre de noblesse donné par Jésus lui-même. « Bienheureux vous qui êtes pauvres, car le royaume de Dieu vous appartient [1]. » — L'enfance est particulièrement réhabilitée, protégée et aimée [2].

Jésus se présente lui-même pour recevoir, à travers les âges, de toute main charitable, la nourriture dans le pauvre qui a faim, le vêtement dans celui qui n'en a pas et les consolations de tout genre dans l'infirme désolé. « Tout ce que vous aurez fait au plus petit de ces pauvres qui sont mes frères, vous l'aurez fait à moi-même. »

C'est dans ces grandes idées de charité et de protection de tout genre que l'Eglise commence sa marche.

Déjà aux premiers jours du christianisme, le nombre des veuves et des pauvres confiés aux soins de l'Eglise impose comme une nécessité pressante le choix de sept chrétiens d'une vertu éprouvée, que les Apôtres ordonnent diacres et chargent spécialement du ministère de charité envers les pauvres, les faibles et les veuves [3].

Partout où l'Eglise naissante fait des conquêtes, elle porte ses élans de charité. Il faut entendre saint Paul pendant qu'il parcourt les villes de l'Asie et de l'Europe orientale, parler des veuves et des pauvres de la sainte Eglise [4].

A Rome, la religion du Christ était devenue très populaire et cette protection du faible s'exerçait jusque dans la mort.

---

[1] Luc., VI.
[2] Luc., XVIII ; Matth., XIX ; Marc., X.
[3] Act. Apostol., VI.
[4] I ad Timoth., V, et II ad Timoth., V : « Viduas honora, quae vere viduae sunt, etc. »

Dans les trente à quarante [1] catacombes ou cimetières souterrains chrétiens qui assiégeaient, dès les premiers siècles, la Rome païenne, cette protection pour le faible avait sa libre expansion. Les nobles familles romaines, devenues chrétiennes, ensevelissaient des esclaves dans les mêmes sépulcres que leurs maîtres. Et quelquefois même l'esclave tombé noblement pour la cause de Jésus-Christ sous le fer du bourreau, avait, pour son corps, une place d'honneur dans les catacombes. Autour de ce *loci* ou *loculi*, les anciens maîtres venaient se choisir une place pour leur sépulture [2].

Ce serait trop long de suivre pas à pas, dans ces premiers siècles du christianisme, ces élans de cœur de la société chrétienne pour la protection des veuves et des faibles [3].

---

[1] En 1892, le 22 novembre, après un office solennel dans les Catacombes de Saint-Calliste, au tombeau de sainte Cécile, patronne des catacombes, nous nous groupions dans la basilique de Saint-Sixte, autour du grand maître de l'archéologie chrétienne, M. J.-B. de Rossi. Dans une admirable conférence, il nous rappelait ce nombre presque incroyable de catacombes. Il nous disait qu'elles répondaient au partage de Rome pour l'administration chrétienne. Le christianisme s'était, dès les premiers siècles, propagé dans Rome d'une manière étonnante. Ces catacombes répondaient à ce qu'on a appelé plus tard les cimetières des paroisses.

[2] Le tombeau d'un saint, d'un martyr a toujours été dans les catacombes un centre de sépultures. (Exposition de M. J.-B. de Rossi dans la même conférence.)

[3] Le pape saint Corneille écrivant à Fabius, évêque d'Antioche, parle des veuves et des malades que l'Eglise nourrissait à Rome. Eusebius, *Hist. eccles.*, lib. VI, cap. XLIII. — Le moyen âge avait gardé le souvenir des saintes sollicitudes de l'Eglise pour les pauvres à Rome. Pendant qu'on avait entièrement perdu les traces des Catacombes de St-Calliste, Jacques de Voragine, Dominicain du XIII° siècle, nous en montre l'entrée gardée par les pauvres, lorsque sainte Cécile y envoie Valérien au pape saint Urbain : « Va en la voie qui est nommée apienne a troys miliares de la citee de romme et diras *aux poures* que tu trouueras : cecile ma enuoye a vous que vous me montrez urbain ung saint homme ancien car ie luy ay a dire ung secret quelle lui mande. » *Légende dorée*, édition de 1529, fol. 274.

Qu'il nous suffise de détacher un passage du plaidoyer à jamais mémorable que le plus grand philosophe du IIme siècle, saint Justin, a adressé aux empereurs, au sénat et au peuple romains pour la défense des chrétiens persécutés :

« Les chrétiens, dit-il, qui sont favorisés des biens de la fortune, animés de l'esprit de générosité, donnent de leurs revenus, chacun selon sa volonté. Tout ce qui est reçu dans ces collectes est déposé dans les mains du Chef de l'Eglise (de l'évêque) qui distribue ensuite ces aumônes aux orphelins et aux veuves, aux fidèles qui, à cause de la maladie ou de tout autre malheur, se trouvent dans l'indigence, à ceux qui souffrent dans les prisons et aux voyageurs à qui nous donnons l'hospitalité. Et pour que je dise tout en peu de mots : ce chef, ce supérieur de l'Eglise est le père nourricier de tous ceux qui sont dans l'indigence [1]. »

Lorsque la paix fut donnée à l'Eglise par le triomphe et la conversion de Constantin, les veuves, les orphelins et les pauvres étaient devenus quelque chose de sacré dans la société chrétienne. Les exigences des idées de charité du peuple chrétien allaient leur obtenir des privilèges d'une protection spéciale, et en particulier celui d'être soustraits de la juridiction des tribunaux ordinaires dans les questions civiles.

Constantin écrivant au monde catholique, au sujet du Concile de Nicée, se glorifiait d'y avoir réuni un nombre immense d'évêques et d'y avoir (c'était là une de ses plus grandes joies) travaillé avec eux au triomphe de la vérité [2]. — Mais à Nicée, à côté de la question du dogme de la Trinité contre les erreurs d'Arius, on traita aussi

---

[1] Justini martyris, *Pro christianis Apologia I* (circa finem).
[2] *Concilia*, edit. regia, t. II, p. 463.

des questions disciplinaires, et les questions sociales ne furent pas étrangères aux délibérations des évêques.

Saint Justin nous a dit déjà les saintes sollicitudes de l'Église pour les pauvres de tout genre et il a fait une mention spéciale de l'hospitalité que l'Eglise donnait aux frères étrangers pauvres. Le Concile de Nicée a donné un décret spécial d'après lequel on devait accueillir gratuitement, dans chaque ville, les étrangers pauvres, les *peregrinos*, qui formaient au-dessus des esclaves, *mancipia*, la classe ouvrière de cette époque.

Voici le décret :

De l'hôpital à établir dans chaque ville, du choix du préfet et de ses fonctions [1].

CHAPITRE LXX

Qu'il y ait dans toutes les villes un établissement spécial pour les étrangers, les *peregrinis* [2], les infirmes et les pauvres ; on l'appellera *Zenodochium*, c'est-à-dire l'hospice des étrangers. L'évêque choisira parmi les frères qui habitent le désert, un homme probe qui soit étranger lui-même, vivant loin de sa patrie et de ses parents ; il chargera cet homme de la direction de l'hospice et lui imposera l'obligation d'y établir des lits et de procurer tout ce qui sera nécessaire à l'entretien des infirmes et des pauvres.

Si les revenus de l'hospice ne peuvent suffire à ces dépenses, il devra, en tout temps, faire appel à la charité de tous les chrétiens afin que chacun contribue à cette œuvre selon ses forces. Ces aumônes amassées, il les emploiera pour nourrir et soulager, chacun selon leur besoin, les infirmes et les malades ;

---

[1] *Concilia*, edit. reg. t. II, p. 293 et seq.
[2] « Peregrinus vocatur, qui civis Romanus non est. Peregrinus fit is, cui aqua et igni interdictum est. Neque autem *peregrinus* civem Romanum, neque civis Romanus peregrinum in potestate habere potest. Ulp. tit. X. » Vicat, *Vocabularium juris utriusque*.

car il est leur protecteur pour leur venir en aide et leur fournir diligemment les choses nécessaires. Il y a dans cette œuvre la rémission des péchés, l'expiation de l'iniquité et un rapprochement vers Dieu. Ce canon est porté sans excommunication.

Cette institution était bien différente de celle du soin général des pauvres. Cette dernière a été traitée d'une manière spéciale dans le chapitre LXXX des Canons de Nicée. Elle était sous la direction d'un procureur général qui devait avoir sa demeure près de l'église [1].

En 334, sous le consulat d'Optat et de Paulin, l'empereur Constantin, qui s'était fait, au Concile de Nicée, l'évêque du dehors, portait en faveur des pauvres une loi dont le texte a été inséré dans le *Corpus juris civilis*. Elle a pour titre : *Quando imperator inter pupillos vel viduas vel miserabiles personas cognoscat ; et ne exibeantur. Codicis Justiniani, libro III, tit. XIV.*

La loi contient en substance les dispositions suivantes :

1º Dans tous les cas où il y aura appel à notre tribunal impérial contre les pupilles, les veuves, les malades et les faibles, nous défendons à nos juges de les forcer à défendre leur cause devant notre tribunal ; ils auront, au contraire, le privilège de n'être jamais obligés de sortir de leur province. Leur cause sera débattue à l'endroit où se trouvent le demandeur, les témoins et les documents à examiner.

2º Par contre, les pupilles, les veuves et tous les pauvres ont le privilège de pouvoir toujours porter leur cause à notre tribunal impérial, surtout lorsque cette classe, objet d'une spéciale protection, aurait à redouter quelque déni de justice de la part d'un magistrat inférieur.

Constantin accorda en faveur des faibles et des pauvres

---

[1] Ibid., Canones, caput LXXX. *De electione procuratoris pauperum et de officio ejus.*

un privilège plus grand encore et auquel il était permis aussi aux autres chrétiens de participer : le privilège de pouvoir se choisir l'évêque pour *juge* dans les questions civiles. La sentence épiscopale avait la même force que la sentence impériale : elle était sans appel devant les tribunaux civils. Le texte de cette loi a été perdu, mais il est certain qu'elle a été promulguée par l'empereur Constantin. Nous en avons des témoignages dans les historiens grecs, Eusèbe [1], qui était contemporain de Constantin, et Sozomène [2] qui écrivait dans la première moitié du siècle suivant.

L'année 398, l'empereur Honorius renouvelle la loi constantinienne dont le texte était probablement perdu. Il permet aux parties de laisser les tribunaux civils pour porter leur cause devant le tribunal arbitral de l'évêque. C'est la loi « Si quis ex consensu » qu'on lit au titre IV, livre I du *Code* de Justinien.

Elle dut avoir une portée immense pour les faibles et pour les pauvres ; car, comme nous allons le voir, les empereurs Valentinien et Valens avaient dit déjà dans un privilège du for ecclésiastique pour la répression de l'usure : « Le grand culte des évêques est d'aider les pauvres et tous ceux qui sont dans le besoin. »

En 368, sous les empereurs Valentinien et Valens, le tri-

---

[1] « Cuivis enim judici praeferendos esse sacerdotes Dei. Hujusmodi pene innumeras leges subditis suis promulgavit. » Eusebius *De vita Constantini*, lib. IV, cap. XXVII.

[2] « Illud porro est plane maximum reverentia Imperatoris erga religionem argumentum quod clericos ubique per legem ob eam rem conditam immunitate donari voluit ; quodque illis qui erant in judicium vocati, dedit potestatem, si modo animum indurent magistratus civiles rejicere, ad episcoporum judicium provocandi ; atque eorum sententiam ratam esse, et aliorum judicium plus habere authoritatis tanquam ab ipso Imperatore prolatam statuit. » *Sozomeni Historiae ecclesiasticae*, lib. I, cap. IX.

bunal de l'évêque est investi du droit de réprimer, en faveur du faible, l'usure des marchands de la cour impériale.

Le texte de la loi dit que ce privilège est accordé au tribunal des évêques parce que c'est pour eux un *véritable culte* d'aider et de secourir les pauvres et tous les infortunés.

... Quibus (episcopis) *verus cultus* est adjuvare pauperes et positos in necessitate [1].

Le droit romain accordait aussi exclusivement au tribunal de l'évêque la protection des filles et des servantes contre les calculs exécrables (reste du vieux paganisme) des parents et des maîtres qui les forçaient à la débauche [2].

Les empereurs Honorius et Arcadius portent une loi, en 408, par laquelle ils déclarent que le jugement de l'évêque ressortira son plein effet pour tous ceux qui auront porté leur cause à son tribunal. Cette sentence de l'évêque sera sans appel. On lui donnera la force des sentences portées par les juges civils qui ne pourront jamais annuler la sentence de l'évêque, et seront tenus, au contraire, d'employer la force civile pour la faire mettre à exécution. Cette loi se trouve dans le *Code* de Justinien, liv. I, tit. IV, *De audienda episcopi,* N° 8. *Episcopale judicium.*

Des peuples innombrables de Barbares divisés en classes et en familles, poussés par une soif providentielle de l'Evangile, et aussi par un ordre de juste châtiment sur la société

---

[1] Codicis Justiniani lib. I, tit. IV. « De episcopali audientia. Negotiatores ».

[2] 12. Impp. Theod. et Valent. (An. 428).

« Si lenones patres et domini suis filiabus vel ancilis peccandi necessitatem imposuerint ; liceat filiabus et ancillis, Episcoporum implorato suffragio, omni miseriarum necessitate absolvi. » *Codicis Justin.,* lib. I, tit. IV. *De audientia episcopi.*

romaine en décadence, sortent du nord de l'Europe et se jettent sur les vieux peuples de l'Occident.

Toutes les institutions de l'antique civilisation s'écroulent. Les Papes et les évêques restent seuls respectés pour être les apôtres des vainqueurs et les protecteurs des peuples subjugués. Ce sont les seuls juges que les Barbares respectent en dehors de leurs chefs et à qui les vaincus peuvent s'adresser dans leur détresse.

Aussi dès le Vme siècle, nous trouvons une législation spéciale sur la protection que le tribunal ecclésiastique doit accorder à tous ceux qui l'invoquent dans les matières civiles ; mais surtout aux veuves et aux orphelins à qui l'évêque, d'après une divine recommandation, doit servir de père.

Ces lois sont de saint Gélase, qui fut Pape de 492 à 496. Elles sont rapportées dans le *Décret de Gratien* [1] (Dist. LXXVII). Ces lois remontent à la haute antiquité de

---

[1] Can. « Gelasius Gerontio et Petro episcopis ».
« Licet omnibus de nobis sperantibus non debeamus, in quantum possumus, nos negare ; plus tamen viduarum et orphanorum causas, et impensius ducimus exequendas : quas tueri a nobis, vel ab omnibus divina manifestat assertio. » *Decretum Gratiani*, XI, Pars I, Dist. LXXXVII, cap. I. Cf. etiam. Ibid. cap. II, III et IV. — De privilegio fori ecclesiastici pro pauperibus. — De recursu pro omnibus ad Summum Pontificem (aut ad episcopum). Ibid. cap. II. — « Gelasius (PP.). Anastasio episcopo. » Defensionis propriae desolatis auxilio, et qui suis actibus adesse pro *aetatis infirmitate non* possunt, *exoratum pontificem decet subvenire ;* quia *pupillis* tuitionem etiam divinitas jussit impendi. Et ideo Maximo et Januario, clericalis officii (qui se solatio parentum vel propinquorum asserunt destitutos) auxilium ex *nostra delegatione* praestabis : ut adversus *improbitates adversariorum suorum* protecti, tuae executionis annisu noxia commenta non sentiant. » Ibid. cap. III. « Gelasius (PP.) Leontio et Petro episcopis. Quisquis in *negotiis suis nostri nominis intercessione sperat* sibi *remedia posse conferri,* prona nos convenit animositate praestare. » Ibid. can. IV. « Gelasius (PP.) Honorio episcopo. Divinae retributionis memor, ad pontificalem conscientiam non ambigas pertinere, egentium commodis, piam sollicitudinem non negare. »

la discipline ecclésiastique, quoique quelques auteurs aient mis en doute leur attribution au Pape saint Gélase. Cependant les canonistes réclament leur attribution au grand Pape Gélase. — On trouve, en effet, une mention de ces décrets, de ces privilèges et de ces sollicitudes pour les veuves, les pupilles, les pauvres et les clercs dans une lettre du saint Pape aux évêques de Sicile [1].

Il a eu dans le *Liber pontificalis,* cette magnifique louange qui appartient à tous les Papes mais que Gélase avait méritée d'une manière toute particulière :

Hic fuit amator cleri et pauperum [2].

En suivant ces lois à travers le moyen âge, nous en voyons l'application protégée ou même étendue par les Conciles.

Le Ier Concile d'Orléans, tenu en 511, par ordre du roi Clovis, établit l'évêque le grand banquier d'assurance pour les pauvres et les ouvriers malades.

Le XVIme canon est ainsi conçu :

> Aux pauvres et aux infirmes, qui, à raison du mauvais état de leur santé, ne pourront pas travailler de leurs mains, l'Evêque fournira, dans la mesure du possible, la pension et le vêtement [3].

En 585, le IIme Concile de Mâcon, fut assemblé par les ordres de saint Gontran, roi de Bourgogne et d'Orléans (roi de 561-595). Il y eut quarante-trois évêques présents et vingt délégués des évêques empêchés d'y assister en personne.

Des abus s'étaient glissés dans les tribunaux du royaume de Gontran, sur la manière de traiter les veuves et les pupilles.

---

[1] *Concilia,* edit. regia, t. X, p. 137 et seq.
[2] *Concilia,* edit. regia, t. X, p. 80.
[3] *Concilia,* edit. reg. t. X, Concil. Aurelian. I, can. XVI.

Les évêques, d'une commune voix, s'élèvent indignés contre ces abus [1]. — Par une disposition providentielle, la cause des veuves et des pupilles leur appartient spécialement. Aucun juge à l'avenir ne pourra les traduire devant son tribunal sans le consentement de l'évêque. Pour terminer leur cause en les gardant contre toute injustice, l'évêque ou son délégué et le juge siégeront ensemble avec un égal pouvoir.

Le juge qui ne se conformera pas à ces prescriptions, données sous la protection du roi, sera frappé d'excommunication.

Le canon dont je viens de donner les traits principaux est le XIIme du Concile. Il a été signé par Marius [2], évêque d'Avenches ; par Cariatto [3], évêque de Genève ; et par Héliodore [4], délégué de l'évêque de Sion.

Lorsque, au milieu du XIIme siècle, le célèbre jurisconsulte Gratien publia sa collection des lois ecclésiastiques et reproduisit les décrets du Pape saint Gélase sur la matière

---

[1] *Concilia*, edit. regia, t. XIII, Concilium Matisconense II, can. XII. « Quid autem scriptura divina de viduis et pupillis praecipiat, nobis clam non est. Ideoque, quoniam provisioni nostrae, Deo auctore, causae principaliter viduarum et pupillorum sunt commisae, pervenit ad nos, quod a judicibus crudelius pro levissimis causis, veluti defensore carentes, irremediabiliter affligantur. Ob quam causam decernimus, ut judices non prius viduas et pupillos conveniant, quam Episcopo nuntiarint, cujus sub velamine degunt. Quod si episcopus praesens non fuerit, archidiacono vel presbytero cuidam ejus, ut pariter sedentes communi deliberatione causis eorum terminos figant, ita juste ac recte, ut deinceps de talibus antedictae personae non conquassentur. Quod si is qui judex est, aut impetitor, eis aut injuriam aliquam ingesserit, aut definitionem tanti concilii transgressus fuerit a communione suspendatur. Quibus igitur magnarum rerum causae commisae sunt, nec minimarum dignum est causas parvipendere personarum. Solent enim et minima paulatim despecta in magnum malum trahere. »

[2] « Marius episcopus ecclesiae Aventicae subscripsi. »

[3] « Cariatto episcopus ecclesiae Genavensis subscripsi. »

[4] « Heliodori episcopi a Sedunis. »

qui nous occupe, le privilège du for ecclésiastique pour les veuves, les pupilles et les pauvres [1] ainsi que celui des recours au tribunal du Pape, était reconnu dans tous les Etats chrétiens.

Dans la première moitié du XIIIme siècle, le Pape Grégoire IX donne la collection de ses *Decretales* recueillies par le jurisconsulte Dominicain, saint Raymond de Paynnafort. Cette collection reçoit de Grégoire IX l'approbation comme *Code ecclésiastique*. Il sera désormais obligatoire devant les tribunaux et dans l'enseignement [2].

Or dans le livre II, titre II, chapitre xv et dans le livre V, titre XL, chapitre xxvi des *Decretalium Gregorii IX*, nous *trouvons encore la consécration solennelle de ce privilège* qu'ont les veuves, les pupilles et les pauvres de n'avoir, dans les questions civiles, que l'Eglise, leur Mère, pour juge.

Le texte légal, ou plutôt la consécration légale, sur cette question avait été adressé en 1215 par Innocent III au Comte de Toulouse, probablement à Simon de Montfort qui dirigeait les Croisés contre les Albigeois, et qui, grâce aux succès de ses armes et à l'appui du Concile de Montpellier, s'était emparé du comté, en janvier 1215 [3]. — Raymond VI partait pour Rome afin d'implorer à genoux le pardon du Pape. — Le peuple de Toulouse avait eu à souffrir de la part de son comte. Il porta sa cause devant le Légat du Pape. Le comte est sommé de rendre justice aux plaignants en faisant exécuter les sentences du Légat.

---

[1] Cf. *Decretum Gratiani*, Dist. LXXXVII, « Viduis aut orphanis ». Or la coutume étendit aussi ce privilège aux pèlerins. La Glose sur le *Decretum Gratiani*, ajoute au sujet de cette constitution du Pape saint Gélase : « Nota quod etiam causae pauperum et oppressorum *et peregrinorum* spectant ad ecclesiam, ut XXIII, q. 3. Si quis de potentibus et cap. sequent. » Edit. Parisien. 1542.

[2] Gregorius PP. IX, *Rex pacificus*, in capite *Decretalium*.

[3] *L'Art de vérifier les dates*, t. II, p. 300.

Le Souverain-Pontife rappelle les principes de la législation chrétienne du moyen âge qui soustrait aux tribunaux civils les choses sacrées, les personnes ecclésiastiques, certaines questions qui regardent la paix publique, et la cause des veuves, des pupilles, des orphelins et de toutes les personnes pauvres.

Cette décrétale insérée dans la collection des *Decretalium Gregorii PP. IX,* a été, à travers les âges jusqu'à l'époque de l'incrédulité moderne, le texte officiel de la législation ecclésiastique pour la protection des faibles et des pauvres contre l'abus du pouvoir.

Voici le passage qui nous concerne :

Vous avez reçu du Légat des ordres de rendre justice à tous ceux qui ont porté des plaintes contre vous et de le faire selon la sentence du Légat lui-même, ou d'un autre Légat, du juge ordinaire ou d'un délégué. Nous entendons que nos ordres doivent être interprétés en ce sens que vous serez obligé de répondre devant le *tribunal ecclésiastique* pour toutes les causes qui en raison des personnes ou des choses appartiennent au for ecclésiastique, pour toutes les décisions que le Légat a portées ou qui seront portées par l'Autorité Apostolique pour la conservation de la paix, et de même pour *les causes des veuves, des pupilles, des orphelins* et *des personnes pauvres* [1].

Dans l'examen des causes qui étaient portées à son tribunal, quoique son cœur fût plus particulièrement incliné vers les pauvres, l'Eglise apportait les soins les

---

[1] *Decretales Gregorii IX*, lib. V, tit. XL. « De verborum significatione, cap. xxvi. Super quibusdam... Cum autem a legato receperis in mandatis, ut de te conquerentibus, secundum suum vel alterius legati, vel judicis ordinarii, vel delegati arbitrium, justitiam exhiberes : hoc taliter intelligendum esse censemus, ut in omni causa, *quae ratione personarum,* vel *rerum,* quae *ad ecclesiasticum forum pertinent,* ac super *universis capitulis, quae pro pace servanda, sunt* per dictum legatum *statuta,* vel *auctoritate apostolica* statuenda, *item viduis, pupillis,* orphanis, et *personis miserabilibus tenearis in judicio ecclesiastico respondere.* »

plus minutieux dans l'examen de la cause et la protection des droits de tous. Une ordonnance sur la matière, du Pape Jean XXII, en 1318, commence ainsi :

Dans ses actes le Saint-Siège poursuit la vérité et aime la lumière. Il déteste le masque de l'ambiguité tortueuse. Dans ses décisions il agit de telle sorte qu'en accordant aux plaignants leurs justes revendications, la partie adverse n'ait jamais à souffrir une injustice [1].

Mais le protestantisme d'abord, puis les pouvoirs jaloux des parlements, le gallicanisme en France, le Joséphisme dans l'ancien empire d'Autriche, la Révolution, ennemie implacable de l'Eglise, et le libéralisme qui a ruiné l'esprit chrétien dans la société, ont fait disparaître des codes des peuples ces privilèges des faibles et des pauvres.

Les faibles se sont trouvés ainsi, dans leurs petites affaires civiles, privés de la plus sainte, de la plus puissante et de la plus salutaire protection : celle du tribunal de l'évêque.

Ces institutions qui faisaient la gloire de l'Eglise et qui étaient le rempart derrière lequel le pauvre travaillait en pleine sécurité, ont aujourd'hui presque disparu de la mémoire des peuples. Les multitudes égarées par la ruse des sociétés secrètes et par un courant d'orgueil hostile à l'Eglise, n'ont conservé de ces grands bienfaits ni la mémoire de l'esprit ni celle du cœur. — Cependant le retentissement qui s'est fait autour de l'Encyclique à jamais mémorable de Léon XIII, sur la condition des ouvriers dans les temps présents, *De conditione opificum, Rerum novarum,* prouve que partout les faibles et les pauvres ont besoin de confier les sueurs de leurs front, le travail de leurs mains, l'existence honnête de leurs familles à la protection de la sainte Eglise.

---

[1] *Extravag. Commun.* lib. I, tit. VI. « Sedes Apostolica. »

II

Le recours au tribunal du Pape.

Les recours des habitants et des syndics de Salvan.

L'histoire a payé d'une noire ingratitude les bienfaits du tribunal du Pape dans les affaires civiles. Elle n'a conservé que le souvenir, et encore plus ou moins défiguré, de quelques causes retentissantes où le Pape brisait la couronne des rois ou des empereurs qui trahissaient les espérances de l'Eglise et la confiance des peuples.

La littérature moderne continuait ses allusions dédaigneuses sur le voyage d'Henri IV à la rencontre du Pape saint Grégoire VII, à Canossa. — Mais un prince protestant qui avait entre ses mains les destinées de l'empire allemand, le chancelier de fer, l'ex-persécuteur, M. de Bismark, força, en 1885, le monde étonné à jeter un regard sur le tribunal du Pape. Au pied de ce tribunal, il conduisait la catholique Espagne. Et lorsque la guerre paraissait déjà inévitable, le conflit sur la possession des îles Carolines, dans la lointaine Océanie, fut apaisé et terminé par le tribunal arbitral du Pape sans que les nations eussent une seule goutte de sang à verser.

Ce fait a jeté un grand jour sur le tribunal du Souverain-Pontife devant lequel les nations venaient comparaître et demander justice.

Mais cette faculté de porter sa cause au tribunal du Pape n'appartenait pas seulement aux nations ; elle appartenait aussi aux hommes libres, aux serfs, aux derniers des paysans.

Dans les questions civiles, ils pouvaient passer par dessus le tribunal du seigneur, par dessus le tribunal du pays, par dessus le tribunal du roi, et porter leur cause devant le tribunal du Pape.

Voici comment, au IXme siècle, à la tête d'une sentence adressée à la reine de France, Ermentrude, le Pape saint Nicolas Ier constatait l'existence immémoriale et universellement admise de ces recours :

Tous les chrétiens, quelle que soit leur condition ou leur âge, s'ils ont à subir des injustices ou à craindre des abus de pouvoir, viennent de toutes les parties du monde vers la sainte Eglise romaine, la Mère du monde entier, chercher une protection salutaire. C'est d'elle que, sur leur humble demande, ils reçoivent, comme tout le monde le connaît, non seulement le salut de leur âme, mais aussi celui de leur corps.

Munie des paroles divines et appuyée sur les documents que les saints Pères lui ont laissés, de son amour maternel, à ces nombreux suppliants, elle procure un juste soulagement, et elle se prête, dans des sentiments de compassion, à faire couler de son sein le lait de la consolation [1].

Ce droit de recours au Pape dans les matières civiles est reconnu en théorie dans les décrets reproduits, au XIIme siècle, dans *le Decretum Gratiani* [2], et au XIIIme siècle, dans les *Decretales Gregorii IX :* mais il est constaté aussi par des faits qui nous démontrent d'une manière évidente, l'application de ces principes de législation à travers le moyen âge.

Je me contenterai ici d'indiquer quelques exemples de

---

[1] « Nicolaus episcopus servus servorum Dei Hermentrude reginae. » « Fidelium universitas gentium ex variis mundi partibus, *cujuscumque sint ordinis, vel aetatis,* si qua forte criminis noxa, vel seniorum suorum formidine detinentur, ad hanc sanctam omnium terrarum matrem Romanam ecclesiam, ut salutare percipiant remedium, recurrunt, et ab ea non solum animae, *sed et corporis* salvationem, *ut omnibus patet,* humili prece suscipere precantur. Quibus multis divinitùs fulta auctoritatibus, et sanctorum patrum roborata documentis, materno amore solamina subministrat, ut sugenda ubera consolationis compatiendo inferre minime recusat. » *Epistola* XXI *Nicolai Papae I. Concilia. edit. regia,* tom. XXII.

[2] *Decretum Gratiani,* Pars I, Dist. LXXXVII. Voir dans la première partie de cette Etude, pag. 13, 14, 15 et 16.

recours; puis je donnerai, avec les pièces originales, les recours des habitants d'une vallée des Alpes, les recours des gens de Salvan.

Un des recours importants est celui des habitants du comté de Toulouse.

Comme nous l'avons vu lorsqu'il s'est agi de démontrer l'étendue du for ecclésiastique en faveur des faibles et des opprimés, le peuple avait eu à souffrir de la part du comte de Toulouse. Il avait porté sa plainte pour la revendication de ses droits, au tribunal du Pape. Et nous constatons que le peuple trouvait, auprès du Saint-Siège, la protection de ses droits même contre le triomphateur qui avait dirigé les Croisés et vaincu les Albigeois. Dans la réponse, le Pape rappelle une Bulle qu'il a donnée en faveur des plaignants et dont la teneur devait être semblable à celles dont le texte sera donné au sujet du recours d'une commune du Vallais.

« Vous avez reçu du Légat ses ordres de rendre justice à tous ceux qui ont porté des plaintes contre vous, et de le faire selon la sentence du Légat lui-même, ou d'un autre Légat, du juge ordinaire ou d'un délégué. »

Cum autem a Legato receperis in mandatis, ut de te conquerentibus, secundum suum, vel alterius Legati, vel judicis ordinarii, vel delegati arbitrium, justitiam exhiberes, etc.

Mais un autre recours non moins digne d'attention est celui qui a été adressé à Clément IV, sous le règne de saint Louis. On se rappelle les sollicitudes du saint roi à faire rendre la justice. On vante son accès facile aux pauvres. Et cependant l'accès du tribunal du Pape, par voix de recours, était plus facile et plus sûr encore. Il y a quelques années, cherchant aux Archives du Vatican l'approbation que Clément IV a donnée à une magnifique fondation de saint Louis, à Senlis, en l'honneur des Martyrs thébéens, je suis tombé, par hasard, sur un recours au tribunal du

Pape. Comme je ne songeais point alors à cette Etude, je me suis borné à parcourir brièvement le document.

Des gens sortis en armes d'un château, comme des loups de leur repaire, s'étaient jetés sur une localité et y avaient exercé des actes de cruauté et de brigandage. Les baillis de saint Louis avaient trahi les devoirs de la justice. Sur un recours qui lui a été adressé, le Pape casse leur jugement. Saint Louis est prié de faire rendre justice aux plaignants et d'imposer aux coupables un juste châtiment.

Une des causes les plus retentissantes du XVme siècle, a été celle de Jeanne d'Arc.

Abandonnée par Charles VII, car il ne faisait rien pour celle qui avait tant fait pour lui, Jeanne fut livrée, non pas à des juges intègres, mais à des ennemis jurés. A leur tête siégeait l'indigne évêque de Beauvais, Pierre Cauchon, dont la postérité a exécré la mémoire. Dès le commencement, Jeanne songea au Père de tous les opprimés. Elle récusa ces juges à la conscience vénale. « Je demande qu'on me conduise au Saint-Père ; je ne me soumets pas au jugement de mes ennemis. » L'évêque Pierre Cauchon se mit à crier : « Taisez-vous de par le diable [1]. » C'est ainsi qu'un évêque indigne, vendu aux Anglais, repoussa l'appel au Pape, réclamé par la faiblesse et l'innocence opprimées. Comme on poursuivait la jeune fille d'accusations forgées de toutes pièces pour le besoin de la cause, elle affirmait son innocence et continuait à réclamer la protection du Pape, à interjeter son appel au Chef de l'Eglise.

Lorsque Pierre Cauchon fit connaître à l'innocente victime la mort qui l'attendait le jour même, Jeanne pleurait de n'avoir pu être entendue par le Pape. Elle se plaignait amèrement des mauvais procédés auxquels elle avait été en butte durant sa captivité.

---

[1] Rohrbacher, *Histoire universelle de l'Eglise catholique,* page 339.

« Hélas ! si j'eusse été en *prison ecclésiastique,* à laquelle je m'étais soumise, et que j'eusse été gardée *par les gens d'Église,* non par mes ennemis et mes adversaires, il ne me fût pas si misérablement *méchu,* comme il est. Oh ! j'en appelle à Dieu, le grand juge, des torts et ingravances qu'on me fait [1] ! »

Si l'appel de Jeanne d'Arc au Pape eût été respecté comme il devait l'être, l'Angleterre et la France se fussent épargné une flétrissure que les âges n'oublieront jamais.

La voix de la jeune guerrière avait été étouffée par les injustices de Pierre Cauchon. Jeanne n'avait pu être entendue du Saint-Siège pendant sa vie. Elle devait être, après sa mort, réhabilitée et vengée par le Pape.

En 1455, les parents de Jeanne d'Arc, atteints dans leur réputation par cette exécrable condamnation et cette barbare exécution revêtues d'un masque légal, recoururent au Pape.

Calixte III, adresse à l'archevêque de Reims, aux évêques de Paris et de Coutances ainsi qu'à l'inquisiteur, une Bulle, dans le genre de celles que nous examinerons plus loin. Le Souverain-Pontife les établissait ses juges délégués. Il les chargeait d'examiner le procès, d'écouter les deux parties et de prononcer d'après le droit et la justice.

Le secours réclamé par des paysans opprimés, blessés dans ce qu'ils avaient de plus cher, leur honneur et leurs saintes affections, ne se fit pas attendre.

Le dix-sept novembre 1455, la mère de Jeanne d'Arc, accompagnée des frères et de plusieurs parents de la victime, se présenta, les yeux en larmes, devant les juges, demandant humblement justice pour son enfant innocente, qu'elle avait élevée dans la crainte de Dieu, et que les ennemis, par haine contre le roi, avaient condamnée et

---

[1] Rohrbacher, *ibid.,* page 351.

exécutée comme hérétique, contrairement à la conscience et à l'équité [1].

Une réhabilitation solennelle donna à la vierge guerrière de Domremy la place qu'elle avait méritée dans l'histoire et dans le cœur des honnêtes gens.

Le XIXme siècle palpite de la douce espérance de la voir placer dans le catalogue des Saints.

Mais venons aux solennels recours portés au tribunal du Pape par les habitants de Salvan.

A mi-chemin entre St-Maurice, l'*Agaunum* des Gaulois, le Tarnade des Romains, et Martigny, l'ancien Octodure de César, nous trouvons sur la gauche du Rhône, les célèbres *Gorges du Trient*. Nous sommes sur le territoire de Salvan.

Il s'étend du Rhône aux sommets des Alpes, qui servent de limites entre le Vallais et la Savoie. Donné à l'Abbaye de Saint-Maurice par le roi saint Sigismond, lors de l'établissement de la *psalmodie perpétuelle*, en l'honneur des Martyrs thébéens [2], Salvan est resté une seigneurie abbatiale jusqu'à la Révolution française. Mais sous la crosse abbatiale, on n'était pas esclave. Ce peuple avait pu s'organiser en commune. Ces gens traitaient eux-mêmes leurs intérêts communs. Sans aucune réclamation du seigneur, ils pouvaient passer sur son tribunal pour aller porter des causes d'un intérêt majeur et purement civiles, directement au tribunal du Souverain-Pontife.

C'était quelques années après la conquête du Bas-Vallais sur la Savoie. Il paraît que quelques puissants voisins, du

---

[1] Rohrbacher, *ibid.*, page 360.
[2] Dans l'énumération des terres données à l'Abbaye par saint Sigismond, il y a : « *Et in pago ualensi alias curtes ita nominatas Contetris... Actannis* (Autan) *Actunnelum* (Autanelle) *cum siluano* (Salvan) *et omnes Alpes a capite laci usque marliniacum* (Martigny). » *Charte de fondation*, copie du XIIme siècle, aux Archives de l'Abbaye.

Vallais ou de la Savoie, s'étaient jetés, pendant la nuit, sur les possessions et les avoirs des Salvanains, comme des renards sur un poulailler.

Le remède le plus efficace pour en obtenir la réparation, était le recours au tribunal du Pape qui avait, par l'excommunication, sa puissance d'action même sur des malfaiteurs occultes ; car le confesseur ne pouvait pas absoudre l'excommunié jusqu'à ce qu'entière satisfaction fut donnée.

On verra que les habitants et les syndics de Salvan, dans leur énumération, n'omirent aucun des dommages qui leur avaient été causés.

Voici les curieux et importants documents pontificaux qui vengeaient les droits des Salvanains ; mais qui n'empêchaient pas les inculpés de venir plaider les circonstances atténuantes, et réduire à de moindres proportions les revendications des plaignants :

I

INNOCENT [1], ÉVÊQUE, SERVITEUR DES SERVITEURS DE DIEU.

A nos chers fils Antoine de Villiaco et André de Malvanda, chanoines de l'église de Genève, et à l'Official de Genève, salut et bénédiction apostolique.

« Nos chers fils les hommes de la commune de Salvan, au diocèse de Sion [2], nous ont informé des maux qu'ils

---

[1] Innocent VIII, Pape de 1484-1492.
[2] Le *Sedunensis diœcesis*, au diocèse de Sion, n'exclut pas la juridiction spirituelle de l'Abbaye de Saint-Maurice sur la vallée de Salvan. Nous en avons la preuve dans des documents où cette expression est employée pour indiquer dans quelle contrée la juridiction spirituelle de l'Abbaye est située. Une preuve nous en est fournie dans une Bulle d'Alexandre IV,

ont eu à souffrir de la part de quelques fils d'iniquité dont ils ignorent le nom. Ils disent que ces malfaiteurs ont iniquement coupé les arbres fruitiers et les autres arbres ainsi que les bois que les hommes de Salvan possèdent dans

où il est dit que l'Abbaye de Saint-Maurice *n'est soumise qu'à la juridiction du Pape : Cum itaque dilecti filii Abbas et Conuentus monasterii, sancti Mauricii Agaunensis ad Romanam Ecclesiam nullo medio pertinentis ordinis sancti Augustini Sedunensis diœcesis — sicut ipsis*, etc. Bulle d'Alexandre IV, 1259. — Original avec plomb pendant, aux Archives de l'Abbaye.

L'Abbaye de Saint-Maurice avait même admis cette manière de parler qui, telle qu'on l'entendait alors, ne préjudiciait point à sa juridiction spirituelle ni à sa dépendance immédiate du Saint-Siège.

Ainsi, lorsque l'Abbaye envoyait, en 1286, au Pape Honorius IV, l'acte de l'élection de l'Abbé Girard, elle disait : *Sanctissimo Patri in Christo ac domino suo Karissimo domino Honorio sacrosancte Romane ac universalis Ecclesie summo pontifici, Conuentus Monasterii sancti Mauricii Agaunensis sedunensis diocesis ordinis sancti Augustini ad Ecclesiam Romanam nullo medio pertinentis,* etc. — Original aux Archives de l'Abbaye.

L'Abbaye possédait au moyen âge la direction et le gouvernement des écoles, depuis le Mont-Joux (Grand-Saint-Bernard) jusqu'à l'Eau-Froide, près de Villeneuve. En 1449, après avoir lu au Chapitre abbatial, la loi de l'Eglise sur l'enseignement, l'Abbé Michel Bernardi, d'Allinges, docteur en droit, institue Déodat Chénut, docteur dans les arts libéraux de l'Université de Paris, directeur des écoles. — Dans le document, modèle de précision juridique, il dit : « Nous Michel, par la grâce de Dieu et du Saint-Siège : humble Abbé du monastère de Saint-Maurice d'Agaune, diocèse de Sion... *humilis abbas monasterii sancti Mauricii Agaunensis Sedunensis diocesis.* — Plus loin, il dit qu'il institue Déodat Chénut, directeur des écoles et des élèves qui les fréquentent en la ville de Saint-Maurice d'Agaune, dans les autres localités, villes et bourgs sur lesquels ses droits s'étendent en vertu de sa *juridiction spirituelle* ou d'une autre donation temporelle... *scolarum et scolarium scolas sequentium ut ville sancti Mauricii Agaunensis ac aliorum locorum, villarum, opidorum in quibus ex nostro dominio spirituali seu temporaliter donacio nobis competit seu competi posset,* etc.

Parmi les religieux présents à cet acte, l'Abbé Michel dit qu'il y avait Nicod Grassi, son Vicaire Général dans la *juridiction spirituelle* et dans la juridiction temporelle.

Presentibus venerabilibus et religiosis viris dominis Nicodo Grassi, le domaine communal. Ces malfaiteurs ont de plus pris, caché ou dévasté les censes, les revenus, les rentes, les émoluments, les possessions, les maisons, les granges, les jardins, les champs, les terres, les vignes, les pâturages, les forêts, les prés, les moulins, les établissements de pêche, les chevaux, les moutons, les bœufs, les vaches, les troupeaux et les autres animaux ; les livres, les lettres authentiques, les actes publics, les registres et les protocoles, les quittances, les reconnaissances, les testaments, certaines quantités d'or et d'argent monnayé et non monnayé, de vin, de lin et de laine ; des titres, des créances, des legs, des sommes pécuniaires et quelques autres biens meubles et immeubles appartenant à la commune de Salvan. — Pendant que ces malfaiteurs, au grand détriment du salut de leurs âmes, témérairement, malicieusement cachent et détiennent occultement les choses susnommées, ne se préoccupant point de les restituer à la commune, les hommes de la commune de Salvan grandement lésés dans leurs droits et propriétés, vinrent implorer le remède *du recours au Pape*.

« C'est pourquoi par ces lettres apostoliques, nous vous déléguons, et confions l'affaire à votre sagesse. — Au nom de notre autorité apostolique, après l'avoir annoncé vous-mêmes ou l'avoir fait annoncer par un ou plusieurs autres,

---

Vicario nostro in spiritualibus et temporalibus, Johanne, etc. — Original avec sceau pendant, aux Archives de l'Abbaye.

Mais voyons ce qui regarde la vallée de Salvan en particulier, puisque c'est une expression employée dans deux documents sur Salvan, qui a appelé cette note. Au milieu d'une possession immémoriale, il y a de nombreux documents. Je me bornerai à en citer un où l'expression *diocensis Sedunensis* se trouve et où l'Abbé de Saint-Maurice, Jean-Barthélemy de Suze, en vertu de sa juridiction spirituelle ordinaire, prononce une nullité de mariage *propter impotentiam viri*.

Cette sentence est de 1370. L'acte original, stipulé par Guillaume Pavon de Cluses, du diocèse de Genève, notaire public de par l'autorité impériale, est conservé aux Archives de l'Abbaye.

dans les églises au peuple assemblé, et avoir fixé un délai convenable pour les réparations, vous sommerez tous les malfaiteurs qui ont détruit les arbres fruitiers et autres bois, ainsi que tous ceux qui sont les détenteurs occultes des censes, des revenus et des autres biens énumérés plus haut, de les rendre et de les restituer aux hommes et à la commune de Salvan.

« Si les coupables ne font point ces réparations, vous leur fixerez péremptoirement un nouveau délai suffisant; et s'ils ne s'exécutent pas, vous lancerez contre eux une sentence générale d'excommunication. — Cette sentence d'excommunication, vous la ferez publier solennellement partout où vous jugerez à propos, et quand vous le voudrez, jusqu'à ce qu'entière satisfaction soit donnée aux hommes de Salvan.

« Si vous ne pouvez pas vous occuper tous les trois à faire exécuter ces réparations, deux ou même un d'entre vous pourra néanmoins mettre cette affaire à exécution.

« Donné à Rome, près Saint-Pierre, l'an de l'Incarnation de Notre-Seigneur, mil quatre cent quatre-vingt-huit, aux Nones de Mai, l'an quatre de notre Pontificat. »

(Origin., Bulle *cum plumbo*, aux Archives de l'Abbaye, Tir. 15.)

II

Innocent, évêque, serviteur des serviteurs de Dieu.

A nos chers fils André de Malvanda et Antoine de Villiaco, chanoines de l'église de Genève, salut et bénédiction apostolique.

« Nous avons été informé par nos chers fils Martin de Lez, François Fournier, Morisod Jaquet et Claude Clévaz, syndics et procureurs de la commune de Salvan, au diocèse de Sion, que quelques fils d'iniquité dont ils ignorent les

noms, ont, d'une manière inique, arraché les bornes et
les limites, appelées *bondes*, qui marquaient les confins de
la commune de Salvan et de celle de Saint-Maurice ; qu'ils
ont de plus brisé et détruit les haies, qu'ils ont par leurs
animaux ravagé les champs, les prés et les pâturages de
Salvan, que leurs dévastations se sont étendues aussi sur
les maisons, les terres, les moulins, les possessions, vignes,
champs, prés, pâturages ; sur les forêts, les arbres, les
fruits, les bois, les planches, les eaux, les poissons, les
cours d'eau ; sur une certaine quantité de vin, de froment,
d'orge, de laine, de cire, d'huile ; sur des tasses, des coupes,
des vases, des chevaux, des bêtes, des bœufs, des porcs et
d'autres animaux ; sur des quittances, des papiers publics
et privés, des testaments et d'autres documents, des
créances, des obligations déposées, des titres, des juridic-
tions, des sommes d'argent et quelques autres biens
meubles ou immeubles appartenant légitimement à la
commune de Salvan.

« Ces malfaiteurs ont la présomption de garder et de
retenir ces choses d'une manière téméraire, malicieuse
et occulte. Ils ne se préoccupent point de les restituer aux
susdits syndics et procureurs, et par là, ils exposent leurs
âmes à un grand danger et causent à la commune de
Salvan un grand dommage. C'est pour la réparation de
ces dommages que les susdits syndics et procureurs vinrent
implorer *la protection du Siège apostolique.* — C'est pourquoi par ces lettres apostoliques nous confions à votre
discrétion le soin d'annoncer de notre part, publiquement
dans les églises, au peuple assemblé, par vous-mêmes,
par un autre ou par d'autres, que tous ces arracheurs de
limites, ces destructeurs de haies, ces détenteurs occultes
des biens énumérés plus haut, sont sommés de les révéler
et de les restituer aux syndics et aux procureurs de Salvan
et de leur offrir en tout pleine satisfaction.

« S'ils ne s'exécutent pas, vous leur fixerez péremptoirement un terme suffisant, puis vous lancerez contre eux une sentence générale d'excommunication. Vous la ferez publier solennellement dans le temps et les localités qu'il vous plaira, jusqu'à ce que satisfaction complète soit donnée. — Si vous ne pouvez vaquer tous deux à l'exécution de cette affaire, un seul d'entre vous pourra également la poursuivre.

« Donné à Rome, près Saint-Pierre, l'an de l'Incarnation de Notre-Seigneur, mil quatre cent quatre-vingt-dix, le six des Kalendes de Mars, l'an sept de notre Pontificat. »

J'ai montré, à grands traits, le privilège accordé par l'Eglise et reconnu par le droit commun, dans les âges chrétiens, aux veuves, aux pupilles, aux orphelins et aux personnes pauvres de n'avoir que l'Eglise, leur Mère, pour juge dans les affaires civiles.

J'ai montré ensuite le droit que le peuple avait, dans le moyen âge, de passer au dessus du tribunal du seigneur et des tribunaux de son pays, pour aller directement au tribunal du Pape.

Il est bien clair que, en présence de l'esprit hostile à l'Eglise, dont ce siècle a vécu, cet état de choses qui a protégé le pauvre et l'ouvrier, n'est pas encore à la veille d'être restauré. Mais il n'est pas moins évident que nous sommes au milieu de grandes luttes sociales.

En haut, les capitalistes avec cette rapacité brutale du gain, cette *usura vorax* dont parle le Saint-Père dans l'Encyclique *Rerum novarum* [1], se sont trop souvent habitués à traiter l'ouvrier comme une machine et à en

---

[1] Malum auxit usura vorax, quae non semel Ecclesiae judicio damnata, tamen ab hominibus avidis et quaestuosis per aliam speciem exercetur eadem.....

tirer le plus de gain possible sans considération aucune pour les besoins de la dignité humaine, de la conservation physique et morale de l'ouvrier et de sa multiplication par la famille.

En bas, l'ouvrier à qui l'on a ravi la foi et amoindri les lumières de la raison, joint aux réclamations des droits tous les cris de ses vils appétits déchaînés. Ceux qui possèdent tremblent pour le lendemain. Les canons et les fusils multipliés et perfectionnés avec les sueurs des peuples, ne peuvent rien contre la bombe des anarchistes. Nous sommes en face d'une grande perturbation sociale.

Quelle sera la grande force morale qui pourra y apporter remède et donner une solution à ce gigantesque conflit ?

Le Pape, et le Pape Roi, appuyé par les gouvernements, placé, l'Evangile à la main, entre ces deux armées menaçantes.

Le Pape disant aux uns et aux autres leurs droits, mais bien plus encore leurs devoirs.

APPENDICES

I

La lettre du Pape Clément IV à saint Louis a une portée moins complète que je l'avais cru d'abord. Ayant maintenant la copie du document que j'avais parcouru autrefois à la hâte en poursuivant d'autres recherches aux Archives du Vatican, je constate, en effet, que c'était un recours contre des baillis, des juges trop lâches de saint Louis. Le recours venait de la part d'un Prieur. Mais on sait qu'un recours interjeté de la part des faibles, des veuves et des orphelins, eût obtenu la même protection pontificale.

Dans le diocèse de Nîmes, des hommes poussés par l'esprit du mal, étaient venus en armes, pendant la nuit, du château de *Calvitonis*, s'emparer sacrilègement de l'église et du prieuré d'*Olonzanicis*. Après avoir frappé le Prieur et l'avoir laissé entre la vie et la mort, ils avaient livré aux flammes le blé du prieuré, puis emporté tout ce qui, dans les maisons, leur était tombé sous la main, draps, ustensiles, etc.

Les juges ou baillis se contentèrent d'une enquête et trahirent les devoirs de la justice.

Le Pape demande au roi que justice se fasse, mais il prie saint Louis de ne pas aller jusqu'à la peine de mort ni à celle de la mutilation corporelle.

Voici le document :

Arch. Vaticano : Reg. 33 (Clem. IV) fol. xiii° epist. lxii [1].

« Illustri regi Francie,

Ad aures nostras, dilecto filio Ranulpho stephano canonico nemaurensi, ordinis sancti Augustini priore de Olonzanicis referente, peruenit quod quam plures homines castri caluitonis nemausensis diocesis senecalcie bellicardi maligno spiritu agitati ad dictum prioratum de nocte hostiliter accedentes cum armis et ecclesiam et domum prioratus eiusdem ausu sacrilego debellantes, dictum priorem grauiter vulnerauerunt et multis plagis impositis semiuiuum relinquentes eundem bladum ipsius prioris quod in eiusdem arca inuenerunt, igne apposito combusserunt. nec his contenti in domos eiusdem ecclesie irruentes, pannos utensilia et res alias ceperunt et secum nichilominus asportauerunt. eidem priori plura alia dampna grauia inficientes, licet igitur balliui tui in illis partibus inquisiuerint de premissis, quia tamen *ad correctionem eorum debito modo non processerunt,* dictoque priori debita satisfactio non peruenit, cum tuam non dedeceat celsitudinem tam graues excessus clausis oculis pertransire, serenitatem tuam quam in protegendis priuilegiis et iuribus ecclesiasticis attentam nouimus, rogandam duximus et attentius eo tandam, quatinus ad corrigendos excessus huius, citra mortem tamen et membri abscisionem, eam cures de solita iustitia diligentiam adhibere, quod dicti sacrilegi deinceps attemptare similia non presumant et predicto priori de tantis dampnis et injuriis plenarie satisfaciant.

Datum perusii, xviii Kal. Septembris, anno primo. »

Les Archives de l'Abbaye de Saint-Maurice offrent de nombreux recours de ce genre. Mais je les omets intentionnellement pour ne reproduire ci-après que les documents dont la traduction a été donnée dans cette Etude. Ils se rapportent exclusivement à des causes civiles.

---

[1] Copie due à la bienveillance du R. Père Grégoire Palmieri, Custode des Archives du Vatican.

II

« Innocentius episcopus seruus seruorum dei

Dilectis filiis Antonio de Villiaco et Andree de Maluanda Canonicis ecclesie Gebennensis ac Officiali Gebennensi salutem et apostolicam benedictionem.

Significarunt nobis dilecti filii uniuersitas hominum loci de Siluano Sedunensis diocesis quod nonnulli iniquitatis filii quos prorsus ignorant arbores fructiferas et non fructiferas ac alia ligna in eorum com munibus possessionibus nequiter absciderunt, ac census fructus redditus prouentus emolumenta possesiones domos grangias ortos campos terras uineas pascua nemora prata molendina piscarias, equos oues boues uaccas iumenta et alia animalia, libros litteras auctenticas instrumenta publica registra prothocolla quitantias recognitiones testamenta documenta, auri argenti monetati et non monetati uini lini lane quantitates debita credita legata pecuniarum summas et nonnulla alia mobilia et immobilia bona ad eos communiter spectantia temere et maliciose occultare et occulte detinere presumunt non curantes ea uniuersitati predictis exhibere in animarum suarum periculum et dictorum Uniuersitatis non modicum detrimentum super quo iidem Uniuersitas *apostolice sedis remedium implorarunt*. Quocirca discretioni uestre per apostolica scripta mandamus quatimus omnes huiusmodi abscisores ac censuum fructuum et aliorum bonorum predictorum detentores occultos ex parte nostra publice in ecclesiis coram populo per uos uel alium seu alios moneatis ut infra competentem terminum quem eis prefixeritis ea prefatis Uniuersitati a se debita restituant et reuelent ac de ipsis plenam et debitam satisfactionem impendant et si id non adimpleuerint infra alium competentem terminum quem eis ad hoc peremptorie duxeritis prefigendum extunc in eos generalem excommunicationis sententiam proferatis et eam faciatis ubi et quando expedire uideritis usque ad satisfactionem condignam solemniter publicari. Quod si non omnes hiis exequendis potueritis interesse Duo aut unus uestrum ea nichilominus exequantur.

Datum Rome apud Sanctum petrum, Anno Incarnationis dominice Millesimo quadringentesimo octuagesimo octauo Nonis Maii Pontificatus nostri Anno Quarto. »

(Original aux Archives de l'Abbaye.)

III

« INNOCENTIUS EPISCOPUS SERUUS SERUORUM DEI.

Dilectis filiis Andree de Maluanda et Antonio de Villiaco, Canonicis ecclesie Gebennensis Salutem et apostolicam benedictionem.

Significarunt nobis dilecti filii Martinus de Lez, Franciscus Fornerii, Morisodus Jaqueti, et Claudius Cleua, sindici et procuratores Uniuersitatis hominum loci de Servan Sedunensis diocesis, quod nonnulli iniquitatis filii quos prorsus ignorant, terminos sive limites bundas nuncupatas, confines dicte Uniuersitatis et Uniuersitatis loci sancti Mauricii diuidentes, a locis suis nequiter amouerunt, sepesque illorum fregerunt et destruxerunt, ac campos prata pascua ipsius Uniuersitatis de Seruan ab animalibus derodi et comedi fecerunt, necnon illa et domos terras molendina possessiones uineas campos prata pascua nemora siluas arbores arborum fructus ligna postes aquas pisces aquarum decursus uini frumenti ordei lane cere olei quantitates tasseas ciphos vasa equos iumenta boues porcos et alia animalia instrumenta apodissas litteras publicas et priuatas testamenta et alia documenta debita credita deposita iura iurisdictiones pecuniarum summas et nonnulla alia mobilia et immobilia bona ad dictam Uniuersitatem de Seruan duntaxat legitime spectantia temere et malitiose occultare et occulte detinere presumunt, non curantes ea prefatis Sindicis et procuratoribus, exhibere, in animarum suarum periculum, et ipsius Uniuersitatis, non modicum detrimentum, super quo iidem Sindici et procuratores *apostolice sedis remedium implorarunt.* Quocirca discretioni uestre per apostolica scripta mandamus quatinus omnes huiusmodi terminorum amotores et sepium fractores ac aliorum bonorum predictorum occultos detentores, ex parte nostra publice in ecclesiis coram populo per vos uel alium seu alios moneatis, ut infra competentem terminum quem eis prefixeritis ea prefatis Sindicis et procuratoribus a se debita restituant et reuelent, ac de ipsis plenam et debitam satisfactionem impendant, et si id non adimpleuerint infra alium competentem terminum, quem eis ad hoc peremptorie duxeritis prefigendum extunc in eos generalem excommunicationis sententiam proferatis, et eam faciatis ubi et quando expedire uideritis, usque ad satisfactionem condignam solemniter publicari. Quod si non ambo hiis exequendis potueritis interesse alter uestrum, ea nichilominus exequatur.

Datum Rome apud Sanctum petrum Anno Incarnationis dominice Millesimo quadringentesimo nonagesimo, Sexto Kalendas Martii, Pontificatus nostri Anno Septimo. »

(Original aux Archives de l'Abbaye.)

reproduire les longueurs des anciennes mesures encore en usage au commencement de ce siècle, sous le nom d'aunes, de pieds ou de brasses, en divers pays d'Europe. L'aune vaut tantôt deux et tantôt quatre pieds ; la brasse vaut trois pieds.

Des mesures dont la longueur varie de 0^m,286 à 0^m,282 se retrouvent en Angleterre, en Espagne, à Rome, en Allemagne, en Hollande, même à Malte et en Egypte. L'aune de Genève, en particulier, avait une longueur de 1^m,1437, soit 4 pieds de 0^m,2859 [1].

Ainsi le pied à main a dû être une mesure internationale, comme le pied romain qui l'a précédé en Valais, et comme le pied de roi qui a pris sa place au XVIIe siècle.

---

[1] Voici un relevé des différents pays où, au commencement de ce siècle, on avait conservé l'usage de mesures basées sur une longueur de pied variant de 0^m,282 à 0^m,286.

Aune d'Angleterre 1^m,14298 = 4 pieds de.	0,285 7
Aune de Genève 1^m,1437 = 4 pieds de	0,285 9
Pied d'Anvers	0,285 5
Pied de Harlem	0,285 8
Pied de Brunswick	0,285 1
Demi-aune de Cassel	0,284 7
Demi-aune de Breslau.	0,284 2
Pied de Malte	0,283 6
Pied de Saxe	0,283 3
Pied d'Oldenbourg	0,283 3
Pied de Magdebourg	0,283 6
Pied d'Amsterdam.	0,283 0
Brasse de Rome 0^m,848 = 3 pieds	0,282 6
Espagne, vare de Castille = 3 pieds	0,282 6
Aune de Leipzig 0^m,565 = 2 pieds	0,282 5
Aune d'Erfurt	0,282 2
Stettin (*pied ancien*)	0,282 6
Aune de Weimar 0^m,564 = 2 pieds de . . .	0,282 0
Egypte *pied masri* 0^m,5642 = 2 pieds de . .	0,282 1

Les mesures dans le Valais au temps des Romains. — Le pied romain, de 0^m,296 de longueur en moyenne, a-t-il été usité en Valais ? Cela ne paraît pas devoir faire l'objet d'un doute, car les bornes miliaires qu'on a retrouvées sur la voie romaine qui reliait le lac Léman à la vallée d'Aoste, en passant par le Grand-Saint-Bernard, étaient distantes de mille pas de 5 pieds. Les monuments romains qui subsistent dans la vallée d'Aoste sont incontestablement basés sur le pied romain. Il n'y a pas à s'en étonner : les Romains amenaient avec eux leurs ingénieurs, leurs architectes, armés de la mesure de longueur qui leur était familière, et on peut reconnaître dans le pied romain l'origine d'un grand nombre d'unités linéaires encore en usage soit en France, soit dans les autres contrées de l'Europe, au commencement de ce siècle.

Mais, si les Helvètes du Bas-Valais, en subissant la conquête romaine, ont accepté pour un temps l'usage du pied officiel des vainqueurs, peut-on savoir quelle était l'unité linéaire dont ils se servaient auparavant ?

Je crois qu'on peut répondre sans hésiter qu'ils se servaient, comme leurs frères les Allobroges, ou comme les habitants de la Séquanie, du pied gaulois de 0^m,322. Nous en avons pour témoins les bornes trouvées dans les environs de Sion, qui prouvent que dans le Haut-Valais s'était conservé l'emploi de la *leuga,* la lieue gauloise de 1500 pas de 5 pieds ou environ 2400^m [1].

En dépit de la centralisation administrative de Rome, les Gaulois au nord de Lyon, et sans doute dans le Haut-Valais, avaient conservé l'ancienne mesure nationale, et ils jalonnaient leurs routes avec des bornes espacées de 7500 pieds gaulois, et non de 5000 pieds romains. La carte de Peu-

---

[1] L'ancienne lieue de pays, comptée pour 4800 mètres naguère encore, se trouverait égale à deux lieues gauloises, et aurait ainsi conservé la trace de la plus ancienne mesure linéaire du Valais.

tinger signale expressément cette particularité, et dit qu'à partir de Lyon les distances sont comptées en lieues et non plus en milles romains. *Usque hic leugas.*

Résumé. — En résumé, si l'on consulte les monuments qui subsistent encore ou les documents historiques, on peut établir ainsi la succession des unités linéaires en usage dans le Valais.

Avant la conquête romaine, on ne connaissait que le pied gaulois de 0^m,322 de longueur.

Les Romains ont introduit le pied romain de 0^m,296, qui cependant n'aurait pas effacé complètement le souvenir de l'ancienne mesure des Helvètes.

A une époque indéterminée, antérieure probablement au Xe siècle, le pied romain modifié aurait donné naissance au pied à main de 0^m,282 [1], qui s'est répandu dans une grande partie de l'Europe.

Au XVIe siècle, le pied de Paris, le pied de roi de 0^m,323, a remplacé en Valais le pied à main, et son usage s'est conservé jusqu'en 1851.

A cette époque, une tentative louable, mais éphémère, a imposé à la Suisse entière l'emploi du pied fédéral de 0^m,300 divisé en 10 pouces, et chaque pouce en 10 lignes, et vous savez tous comment, en 1872, le pied fédéral a disparu et a été remplacé, comme mesure légale, par le mètre, qui était déjà en usage dans plusieurs pays voisins et qui est destiné à devenir, au XXe siècle, la mesure internationale de tous les peuples civilisés [2].

---

[1] Je ne donne bien entendu qu'une valeur moyenne de chacun de ces pieds.

[2] Voir à l'*Appendice* l'exposé de l'origine des diverses mesures linéaires fondamentales depuis l'antiquité jusqu'à nos jours.

DEUXIÈME PARTIE

ESSAI DE RESTITUTION
DU PLAN DE L'ÉGLISE DE L'ABBAYE DE S^T-MAURICE

AU XIVme SIÈCLE

L'étude du parchemin de 1365 et la détermination de la valeur des mesures linéaires en usage dans le Valais pendant le moyen âge ne doivent point avoir pour unique résultat de nous fournir des considérations générales sur la manière dont nos pères ont pu satisfaire au besoin de mesurer qui nous distingue des animaux. Elles auront une application pratique dans une recherche intéressante, si je ne me trompe, pour l'histoire de l'Abbaye de Saint-Maurice.

Je veux parler de la restitution du plan de l'église qui existait au XIVe siècle dans la cour du Martolet, à l'emplacement probable de l'église primitive de Saint-Sigismond.

Forme de l'église de l'Abbaye au XIVe siècle, son mode de couverture. — Reprenons le traité de 1365. Nous y lisons : « Item fera le dit maître sur les dits piliers sept « arcs doubles de tuf, gros chacun de deux pieds à main,

« et seront les premiers arcs de tuf entiers et sur les dits
« arcs fera le mur jusqu'au toit gros de deux pieds à
« main et tant de long comme besoin sera.

« Item fera le dit maître au travers de l'église deux
« arcs de tuf doubles ronds et bons sommiers de pierre de
« taille pour les soutenir et tiendra d'un mur à l'autre à
« la manière de l'autre grand qui est ; et à l'endroit des
« dits arcs de chacune partie autres petits arcs, c'est à
« savoir quatre et un autre jusqu'à la roche, et au-dessus
« de ces arcs fera les murs jusqu'au toit, si comme dessus
« est dit. »

Je crois pouvoir conclure de ce qui précède que l'église du XIVᵉ siècle était couverte en charpente et en forme de basilique. Il y avait à l'entrée du chœur, qui avait échappé au désastre de l'incendie, un grand arc transversal montant jusqu'au toit ; et dans la nef qu'il s'agissait de construire, on devait en faire deux.

Les deux nefs latérales devaient recevoir chacune deux arcs pour former la butée des grands arcs de la grande nef ; c'étaient des arcs boutants. Il n'est question nulle part de voûte. Il semble donc tout naturel de supposer que ces arcs devaient recevoir les pièces de charpente de la toiture.

Enfin, il est dit qu'il y avait un arc à construire jusqu'à la roche. Cela permet d'affirmer qu'il y avait un intervalle entre la nef latérale de droite et le rocher, et que l'église ne s'appuyait pas contre la paroi du rocher, comme certaines personnes sont disposées à le croire.

Quant au chœur, il se composait sans doute d'une abside sans bas côtés, mais avec chapelles latérales ; peut-être était-elle voûtée en cul de four, couverte en dalles, selon l'usage du XIᵉ siècle, et peut-être le chœur avait-il dû à cette disposition d'échapper au désastre qui exigeait la reconstruction de la nef.

Indices qui permettent de reconstituer le plan de détail. — Cela posé, si nous entrons par la porte du clocher dans la cour du Martolet, nous apercevons à gauche, dans le mur du bâtiment de l'Abbaye, des traces de 8 pilastres qui font des saillies plus ou moins distinctes sur le nu du mur.

Ces saillies, qui ont en moyenne 1^m,140 de largeur, sont espacées d'axe en axe de 3^m,120 pour les quatre premières, et de 4^m,500 pour les autres.

Autant qu'on en peut juger, chaque pilastre était surmonté d'un cordon avec moulure en pierre noire, qui rappelle les plinthes si fréquentes dans les églises romanes.

Au dessus du 4e et du 6e pilastre, on distingue un fort encorbellement en pierre de taille.

A droite du clocher, et presque dans son alignement, une maçonnerie très ancienne montre aussi les restes d'un pilastre dont le couronnement est à la même hauteur que celui des pilastres latéraux de gauche. Seulement, la largeur de ce pilastre n'est que 0^m,850 au lieu de 1^m,120 à 1^m,140.

Enfin, si on mesure la distance des pilastres latéraux au bord du pilastre de l'entrée à droite, on trouve 11^{m}140.

Telles sont les seules observations que l'on puisse faire dans l'état actuel en inspectant attentivement l'extérieur des bâtiments de la cour du Martolet.

Il me semble que, en se reportant au texte du traité de 1365, il est permis d'en dégager quelques conclusions.

D'abord, les dimensions relevées sur le terrain paraissent assez bien cadrer avec la longueur du pied à main qui aurait varié de 0^m,282 à 0^m,285.

Ainsi les pilastres de droite auraient 4 pieds à main de large (1^m,120) et le pilastre de gauche seulement trois pieds (0^m,850). Les intervalles de 4^m,120 d'axe en axe représentent 14 pieds $^1/_2$ et les distances de 4^m,500 correspondent à 16 pieds. La largeur de la façade mesurée le long du mur du clocher (11ᵐ,400) correspond à 40 pieds à main de 0ᵐ,285.

Si maintenant vous voulez bien vous rappeler qu'en 1365 on a rétabli sept piliers ronds de 3 pieds de diamètre, avec soubassement de 4 pieds de côté, piliers qu'on retrouve tous les sept dans la nouvelle église, et si vous observez que sur ces sept piliers on a fait reposer sept arcs vous devez conclure qu'il y avait 8 supports.

Conclusions à tirer de ce qui précède. — Voici l'explication qui me paraît résulter de l'examen des lieux actuels et des termes de l'acte de 1365 : L'église primitive de l'Abbaye était en forme de basilique avec nef centrale et bas-côtés ; elle se terminait par un chœur en hémicycle, avec chapelle à droite tout au moins. Un mur séparait la nef du bas-côté de gauche, lequel aurait servi de cloître et aurait eu deux étages au XVᵉ siècle.

Ce mur était décoré du côté de la nef par les huit pilastres dont nous avons constaté les traces plus ou moins bien conservées.

La nef centrale, qui avait 40 pieds de large, était séparée du bas-côté de droite par une rangée de 7 colonnes placées sur l'alignement du pilastre voisin du clocher, pilastre dont la largeur, 3 pieds, était égale au diamètre des colonnes, tandis que le soubassement de ces colonnes avait 4 pieds de largeur comme les sept pilastres qui leur faisaient face.

Le bas-côté était fermé par un mur parallèle au rocher, et la largeur de cette nef latérale était la même que celle du cloître du côté opposé, c'est-à-dire 12 pieds.

Exécutés au XIVᵉ siècle, les arcs qui reposaient sur ces colonnes étaient sans doute en forme d'ogive.

Quant aux deux arcs transversaux qui semblent avoir été destinés à supporter la charpente, ils devaient être faits sur le modèle de celui qui était conservé à l'entrée du chœur et en plein cintre conformément aux termes de l'acte de 1365 : « Item fera le dit maître au travers de l'église deux arcs de tuf doubles ronds. »

Tel paraît être le plan de l'église reconstruite en 1365 sur les fondations de celle qui l'avait précédée.

Fouilles à faire pour retrouver l'ancien pavement. — Peut-on déterminer la position du pavement de cette église ? D'après le traité de 1365, les colonnes devaient avoir 11 pieds à main, soit environ 3^m,135, y compris les chapiteaux. Comme elles reposaient sur un soubassement qui devait avoir au plus 4 pieds, soit 1^m,120, il semble probable que l'ensemble ne devait pas dépasser 4^m,300 ; et, si mes conjectures sont justes, les chapiteaux des colonnes devaient être à la même hauteur que le cordon des pilastres, que l'on voit encore dans la cour du Martolet. Ce cordon est à 2^m,60 au dessus du sol ; par conséquent le pavement est au plus à 1^m,70 au dessous du sol actuel de la cour, peut-être même n'est-il qu'à 1^m,40 ou 1^m,50 en contrebas.

Il semblerait de la plus haute importance de faire deux ou trois fouilles pour s'assurer de l'exactitude de cette appréciation, et cela permettrait de se rendre compte de la dépense que nécessiteraient des travaux de recherche méthodiques pour reconnaître les dispositions en plan de l'ancien édifice et retrouver peut-être des richesses artistiques ou archéologiques, enfouies sous les ruines successives qui ont provoqué son abandon.

Le relèvement du sol se reconnaît d'ailleurs facilement. Le corridor de l'Abbaye, formé par le cloître de l'ancien bas-côté, est à 1^m,75 en contrebas du sol de la cour ; on y descend par 4 marches. Dans ce corridor, on trouve un sommier en libage sur lequel s'élevait un contrefort de 4 pieds de large, placé au droit du sommier qui devait recevoir la retombée du premier des deux arcs transversaux mentionnés dans l'acte de 1365.

Si le libage est encore visible, c'est que le sol de l'ancien bas-côté devait être peu différent de celui du corridor actuel, et le pavé de l'église ne pouvait être beaucoup plus bas.

Cependant l'entrée du clocher, avec son grand cintre dont les naissances sont enfouies, se trouvait beaucoup plus bas. On est ainsi amené à supposer que le pavé de l'église a subi deux relèvements depuis la construction du clocher, et il conviendrait de pousser un des puits de reconnaissance à peu près jusqu'au niveau du palier intérieur du clocher pour savoir s'il n'y a pas eu un pavement voisin de ce niveau. Ce qui porte à le croire c'est que les arcs du XIVe siècle, comme ceux qui les avaient précédés immédiatement, paraissent avoir été posés sur des colonnes bien courtes.

Je ne m'étendrai pas davantage sur les conjectures auxquelles peuvent donner matière la construction du clocher et l'âge relatif des différents restes de maçonnerie qui existent encore à droite et à gauche de ce clocher. Cela pourra faire l'objet de nouvelles recherches et de nouvelles observations.

Puissé-je vous avoir, pour le moment, persuadé de l'urgence qu'il y aurait à exécuter quelques travaux de recherche, qui seront sûrement une occasion d'intéressantes découvertes pour l'histoire de l'Abbaye de Saint-Maurice.

APPENDICES

I

Origine des diverses mesures linéaires fondamentales en usage depuis l'antiquité jusqu'à nos jours

La faculté de mesurer est un des attributs de l'homme. Elle le distingue nettement de l'animal. Avez-vous jamais vu un singe armé d'un mètre comparer sa taille avec celle d'un de ses compagnons ? Tandis que, dès l'origine des sociétés, l'homme a éprouvé le besoin de prendre des mesures, et s'est créé des unités de longueur pour servir de termes de comparaison ; soit qu'il s'agit de tisser des étoffes, de les vendre ou de les acheter, soit qu'on voulut bâtir une maison, tracer l'enceinte d'une ville, ou mesurer la surface d'un champ, il fallut des unités de mesure entre lesquelles on établit des rapports simples.

De là sont nés, dès la plus haute antiquité, des systèmes de mesure rigoureusement définis, dont la simplicité savante nous étonne, quoique leur histoire se perde dans la nuit des temps.

La personne humaine base de la numération et des unités linéaires. — Placé en face de la nature, c'est à sa personne même que l'homme a dès l'abord demandé les termes de comparaison pour mesurer les longueurs. C'est ce que font encore les enfants dans leurs jeux. Les unités linéaires primitives ont été empruntées à quelque dimension du corps humain dont elles ont d'ailleurs gardé le nom : *Coudée, pied, aune, pas, brasse,* etc.

Vous ne vous étonnerez pas de ce choix des dimensions du corps humain comme bases de la métrologie ancienne ; ne savez-vous pas que si nous comptons par dizaines et par centaines, ce qui s'appelle le système de numération décimale, c'est parce que le bon Dieu nous a donné cinq doigts ; grand grief de la part des savants mathématiciens, qui regrettent de ne pouvoir diviser cinq par deux, et qui voudraient que l'on comptât comme les marchands de pommes, par douzaines, pour rendre les calculs plus faciles. Le malheur est que nous n'avons pas six doigts à chaque main.

La statue de Goudeah. — Dès l'aurore des civilisations dont quelques monuments sont parvenus jusqu'à nous, nous pouvons reconnaître l'usage de mesures déjà très perfectionnées. Il y a dans le Musée du Louvre à Paris un personnage auquel je vais rendre visite de temps en temps. On me plaisante quelquefois, à ce sujet, dans ma famille ; on dit que je vais voir mon ami M. Goudeah. Or, M. Goudeah est un ingénieur qui vivait, à ce que l'on croit, environ 2,000 ans avant Jésus-Christ, dans la Chaldée, dans le pays d'où sortit plus tard Abraham. C'est vous dire que ce n'est pas Goudeah en personne que je vais voir, mais sa statue, belle statue en basalte noir ; sur ses genoux est étalé un plan où est tracée l'enceinte d'une ville fortifiée. A côté du dessin est représentée une règle divisée, tout à fait semblable à celle dont se servent les dessinateurs de nos jours et que dans ma jeunesse on appelait un *Kutsh*, du nom du fabricant qui en avait fait sa spécialité. Il n'y a rien de nouveau sous le soleil !

L'origine de la coudée égyptienne et de la coudée assyrienne. — Deux peuples fameux dans l'antiquité ont été les initiateurs de la civilisation occidentale. Nous leur devons nos sciences, nos arts, et j'ajouterai, nous leur avons emprunté nos systèmes de mesures, jusqu'au jour où nous les avons remplacés par le système basé sur la longueur du mètre. Ces deux peuples sont les Egyptiens et les Assyriens ou Chaldéens. Tous deux avaient pour unité linéaire primordiale une *coudée*, mais ces deux coudées n'avaient ni même origine, ni même longueur et c'est à tort qu'on leur a donné le même nom. Celle des Egyptiens avait environ 0^m,450 de longueur, celle des Assyriens valait environ 0^m,640.

Voulez-vous vous rendre compte de cette différence ? Cherchez à vous représenter comment, à l'origine, on a dû définir l'une et l'autre coudée.

Allez chez une marchande mercière, dans une petite ville, et demandez-lui 4 à 5 m. de longueur de ruban. Si elle n'a pas son mètre sous la main, ce qui peut lui arriver, vous la verrez prendre le bout du ruban entre les doigts de la main gauche; avec la main droite elle déroulera le ruban en l'appliquant sur l'avant-bras replié jusqu'au coude. Elle recommencera dix fois le même manège, et vous remettra votre marchandise, qui aura 4,50 de longueur. Elle a opéré comme ses collègues des bords du Nil, il y a quatre à cinq mille ans; à chaque opération elle a mesuré une coudée, la coudée égyptienne de $0^m,45$, et finalement vous a donné dix coudées égyptiennes de ruban.

Voulez-vous, au contraire, 3 mètres à 3 ½ mètres d'étoffe de drap, vous allez chez le voisin de la mercière. Lui aussi il a égaré son mètre; mais pourquoi s'embarrasser ? Il prendra le bout de l'étoffe des doigts de la main gauche; avec la main droite il l'appliquera sur le bras tendu jusqu'au défaut de l'épaule; il répétera cinq fois cette opération, comme l'eut fait un contemporain de Goudeah, et il vous donnera cinq coudées assyriennes, c'est-à-dire environ 3^m20 d'étoffe.

Ces deux systèmes de mesures linéaires se sont partagé le monde ancien. Les Hébreux, qui ont tant emprunté aux Egyptiens, avaient naturellement adopté la coudée égyptienne, c'est à elle que se rapportent les mesures données dans la Bible, et c'est aussi la coudée égyptienne qui, sous la forme d'une de ses fractions et sous le nom de *pied*, a dominé en Grèce et à Rome.

Quant à la coudée assyrienne, elle paraît se retrouver dans l'Inde, où la *Hasta* de 24 pouces représente une longueur de $0^m,64$, et dans la Chine, où l'on se sert d'un pied de $0^m,320$ qui ne serait autre chose qu'une demi-coudée assyrienne et nous la retrouvons aussi dans le pied gaulois de $0^m,322$ dont se servaient vos ancêtres les Helvètes avant la domination romaine.

Les divisions de la coudée. — Une des conditions essentielles de tout système de mesures, c'est de pouvoir se subdiviser facilement en parties et de comporter des multiples d'un usage commode. Les sous-divisions, comme l'unité linéaire primitive elle-même, ont cherché leur origine et pris leur dénomination dans diverses parties du corps humain.

Retournons chez la marchande de rubans; vous n'en voulez qu'une longueur de $0^m,30$. Regardez-la faire; elle roulera quatre fois le ruban autour de la main étendue, en tenant le bout avec le pouce; vous avez alors comme longueur de ruban ce que les Egyptiens appelaient quatre *palmes* de $0^m,075$. La *coudée vulgaire* en contenait six. Quant au *palme*, il était naturellement divisé en quatre *doigts*. Voilà un système complet [1].

Il paraît s'être maintenu sans mélange, jusqu'au moment où les rapports forcés avec l'Assyrie, qui avait créé *le pied* comme l'équivalent de la demi-coudée de $0^m,64$, ont amené en Egypte l'usage d'une mesure à peu près égale, qu'on a appelé *pied philetérien*. Ce pied avait quatre palmes et 16 doigts. Il équivalait à 2/3 de coudée égyptienne; c'est de là que procède le pied grec divisé lui aussi en 16 doigts, et le pied romain qui fut, à l'origine, divisé en 16 doigts, puis plus tard en 12 pouces, sous l'influence de l'Asie où dominait le système duodécimal. Car la coudée assyrienne s'est divisée en deux pieds et le pied en 12 pouces. Il y avait 24 pouces dans la coudée assyrienne, comme 24 doigts dans l'égyptienne.

Les exemplaires des mesures anciennes. — Comment, me direz-vous, connaît-on si bien ces longueurs? Les anciens nous ont-ils donc laissé des étalons de leurs unités linéaires? Malheureusement non! Mais il nous reste, dans les monuments ou dans les musées, le moyen de nous fixer, approximativement, au moins, sur la valeur des anciennes unités linéaires.

Ainsi il existe des coudées égyptiennes, règles en bois divisées en palmes et en doigts, au musée de Paris et au musée de Turin; de plus, dans l'île d'Elephantine, on a trouvé une échelle graduée pour mesurer les hauteurs des crues du Nil; comme l'échelle qui est au pont du Rhône, à Saint-Maurice, sert pour les crues du Rhône. Seulement le Nilomètre était gravé sur le marbre, et il nous est parvenu intact après 2500 ans.

Dans l'Assyrie, les innombrables briques qui ont servi à bâtir les palais de Ninive ou de Babylone ont généralement $0^m,32$ de côté. Il suffirait d'en juxtaposer deux pour donner au mur l'épaisseur d'une coudée. C'est ainsi que de nos jours les briques de Bourgogne ont $0^m,055$ d'épaisseur, $0^m,11$ de largeur et $0^m,21$ de longueur de sorte qu'il suffit d'en employer deux, l'une en largeur, l'autre en longueur pour avoir un mur de un pied d'épaisseur.

En ce qui concerne le pied grec, nous pouvons nous reporter

---

[1] Dans cet exposé général je n'ai pas à faire figurer la coudée royale ou sacrée que l'on a composée de sept palmes, pour répondre à une préoccupation astronomique qui a joué un grand rôle dans les civilisations orientales. La coudée royale valait environ $0^m,54$.

à la longueur de la façade du Parthénon, ce chef-d'œuvre de l'architecture grecque. Il était connu dans l'antiquité sous le nom d'*Hecatonpedon*, le temple de 100 pieds : tout comme on pourrait dire de l'église de Saint-Maurice, l'église de 60 pieds. En mesurant le Parthénon et d'autres monuments de la Grèce, on est arrivé à déterminer la longueur du pied grec qui devait être de $0^m,304$ à $0^m,308$.

Quant au pied romain sa longueur nous est connue par trois règles graduées qui se trouvent dans les musées et par des pieds gravés sur des tombeaux. Sa longueur paraît avoir varié entre $0^m,294$ et $0^m,297$.

Le pied gaulois et le pied de roi. — Le pied romain s'est imposé comme mesure linéaire internationale à presque tous les peuples qui ont formé l'ancien Empire. Toutefois les Gaulois paraissent avoir gardé, à côté de la mesure légale, à côté du pied officiel, leur unité nationale, le pied de 0,322. Lorsque l'édifice de l'Empire romain s'écroula, l'ancienne mesure vulgaire reparut et devint, sous le nom de *pied de roi*, la mesure officielle du nouvel Empire d'Occident soit au temps de Charlemagne, soit sous ses successeurs.

Le pied de roi n'empêcha pas cependant le pied romain de subsister, à son tour, en France même, à côté de la mesure légale. On le retrouve dans l'aune [1], chère à nos mères, et dans le côté de l'arpent des eaux et forêts, ou arpent d'ordonnance [2]. Dans le reste de l'Europe, c'était encore jusqu'au milieu du XIXe siècle la mesure la plus répandue.

Cependant à partir du XVIe siècle, le pied de roi, sous le nom de pied de Paris, est venu disputer au pied romain la préémi-

---

[1] *Aune* vient de *ulna*, avant-bras. C'est un mot qu'on aurait pu tout aussi bien traduire par *coudée*.

[2] En 1557, une ordonnance de Henri II dit que : « Pour l'arpentage les terres se mesureront à la perche de 22 pieds. » L'*arpent d'ordonnance* était un carré dont le côté avait 10 perches de 22 pieds de roi. Il valait 51 ares 7 centiares. L'adoption d'une perche de 22 pieds, dérivée d'un multiple de 11, serait tout à fait inexplicable, si l'on n'observait que 11 pieds de roi équivalent à 12 pieds romains de $0^m,297$. Par conséquent, l'arpent d'ordonnance n'est autre qu'un carré ayant 240 pieds romains de côté. C'est la mesure connue dans l'antiquité sous le nom d'*Heredium*. Elle a persisté à travers tout le moyen âge jusqu'à nos jours.

nence en Europe. Il aurait peut-être fini par l'emporter et par devenir la véritable mesure internationale, à cause de sa fixité relative et de la notoriété scientifique que lui ont value les grands géomètres du XVIIᵉ et du XVIIIᵉ siècle [1], si on n'avait, à la fin du siècle dernier, créé de toutes pièces un nouveau système basé sur une unité linéaire empruntée à la géographie physique, et non plus à quelque dimension du corps humain comme on l'avait fait jusqu'alors. Je veux parler du système métrique.

Le mètre. — Qu'est-ce que le mètre ? Lorsque j'étais jeune, on enseignait que le mètre est la dix millionième partie du quart du méridien terrestre, et on célébrait le génie des hommes qui avaient créé de toutes pièces un système complet de mesures, où tout se tenait, où le kilogramme était le poids d'un litre d'eau, etc. On ajoutait qu'il suffirait de mesurer à nouveau un méridien pour retrouver le mètre et le kilogramme, s'ils venaient à se perdre. Qu'y a-t-il de fondé dans ces appréciations données souvent sous forme lyrique ?

D'abord, a-t-on pu mesurer le méridien terrestre lui-même ? Évidemment non. Il aurait fallu passer par les pôles, où jamais personne n'a pu aborder. On s'est contenté de mesurer un arc de méridien de Paris. Alors le mètre serait seulement la 10,000,000ᵉ partie du quart du méridien de Paris, car rien ne prouve que tous les méridiens terrestres sont égaux. Et de plus tous les arcs du méridien de Paris sont-ils égaux à celui qu'on a mesuré ? Cela n'est rien moins que sûr. Enfin les mesures ont été prises avec des instruments et des méthodes qu'on a perfectionnées depuis et qu'on perfectionnera encore. Ajoutez à cela qu'on paraît à peu près certain qu'il s'est glissé quelques fautes de calcul dans les opérations, confiées cependant à des savants éminents, et vous ne serez pas étonnés, si je vous dis qu'il faut en rabattre de la définition donnée par mon maître d'école, et qu'il faut se contenter de définir le mètre : *une barre de platine conservée dans une armoire du bâtiment des Archives nationales à Paris.* On pourra dire alors, si l'on veut, que la longueur d'un méridien terrestre est égale à 40 millions de mètres environ.

---

[1] À la fin du XVIIIᵉ siècle, la mesure officielle en France était la toise dite du Pérou. L'étalon, visé par la déclaration du roi de 1766, avait servi à la mesure d'un arc de Méridien au Pérou. La toise se divisait en 6 pieds de roi.

Quant à la supériorité du système métrique basée sur l'enchaînement savant de toutes ses parties, il ne faudrait pas croire que ce fût une nouveauté dans le monde. Les Grecs aussi avaient établi des relations entre les unités de poids et les unités de volume. Ils avaient même été plus loin que nous dans le rapprochement : ils leur avaient donné le même nom. De nos jours encore en Grèce, en Turquie et sur les bords du Danube, on se sert de l'*oka* volume et de l'*oka* poids, qui représentent à peu près l'équivalent du litre et du kilogramme.

Avantages du système métrique. — Après avoir ramené la définition du mètre à sa véritable signification, et fait justice des hyperboles de ses admirateurs, je dois vous montrer les avantages réels, très réels en définitive, du système métrique. En premier lieu, il est conforme pour les divisions et les multiples au système de numération décimale, économisant ainsi un temps précieux dans tous les calculs où entrent les mesures, c'est là sa grande supériorité sur tous les autres systèmes; c'est là ce qui le fera adopter finalement, avant qu'il soit longtemps, par les nations les plus réfractaires à son emploi, comme l'Angleterre et les Etats-Unis [1].

Puis il repose sur une base aujourd'hui bien précise, sinon absolument scientifique : un étalon dont la longueur a été reproduite à 30 exemplaires, vérifiés, à l'aide des moyens les plus parfaits dont on puisse disposer aujourd'hui, par les soins du Bureau international des poids et mesures qui siège à Paris.

Enfin le dirai-je, le système métrique a encore un grand avantage ; c'est un système révolutionnaire. Il a changé les noms des unités de mesure en même temps que leur valeur. Or, pour imposer l'uniformité des mesures, il faut rompre avec les habitudes invétérées de tout un peuple. Les gouvernements les plus éclairés en France et en Angleterre ont échoué dans les tentatives réitérées qu'ils ont faites à ce sujet pendant plusieurs siècles [2]. L'introduction du système métrique, au contraire, a réussi partout

---

[1] Une commission du parlement britannique a proposé récemment de rendre le système métrique légal en Angleterre dans le délai de deux ans.

[2] En France, sans remonter jusqu'à Charlemagne, dont les Capitulaires ont insisté à plusieurs reprises sur la vérification des poids et des mesures, on trouve des ordonnances de Philippe-le-Long, de Charles-le-Bel (1320 et 1321) qui prescrivent l'uniformité des poids et des mesures.

où on l'a proposé. Les populations se sont familiarisées promptement avec son usage, et les générations nouvelles ne se doutent plus du labeur énorme qu'imposaient à leurs devanciers les calculs compliqués des anciennes mesures, et des difficultés que créait la variété des unités, dont la valeur changeait d'un pays à un autre; on pourrait même dire d'un village à un autre.

Le mètre est donc en voie de devenir la mesure de longueur internationale. Il remplace le pied et la coudée; mais il ne doit pas faire oublier les services qu'ont rendus ces unités linéaires dans le passé. C'est ce qui m'a porté à vous parler d'elles un peu trop longuement peut-être.

II

Nous ajouterons ici quelques indications sur les églises qui, depuis le IVme siècle, se sont succédé dans cet emplacement situé entre le clocher de l'Abbaye et le chemin de fer; nous y joindrons le texte de la convention de 1365.

I

Basilique du IVme siècle construite par saint Théodore en l'honneur des Martyrs thébéens. Elle est adossée au rocher avec un toit à un seul pan... *in quorum honorem cum extrueretur Basilica, quæ vastæ adjuncta rupi, uno tantum latere adclivis jacet,* etc. [1].

Basilique de la restauration de Saint-Sigismond, roi de Bourgogne. Elle est construite, dans cette première moitié du

---

Les plus grands efforts dans le même sens ont été tentés par Louis XII, François Ier et ses successeurs.

En Angleterre, dès 1215 la *Magna Charta* prescrivait l'uniformité des mesures. De 1339 à 1359, Edouard III rendit plusieurs ordonnances à ce sujet. En 1495, Henri VII fit distribuer les étalons des mesures légales, et en 1636 une ordonnance de Charles Ier imposait « un seul poids et « une seule mesure, pour la commodité de vendre et d'acheter dans tout « le royaume. »

Donné par M. le chanoine Bourban.

[1] Eucherius, *Passio sanctorum Mauricii, et sociorum ejus martyrum.*

VIme siècle, par l'abbé saint Ambroise. La basilique a un toit à deux pans... *denuo ædificata biclivis esse dignoscitur*. Les deux rainures que l'on voit encore dans le rocher, ont probablement été taillées à cette époque pour recevoir, à l'extrémité de la basilique, ces deux pans du toit.

Cette nouvelle construction répondait par sa richesse à l'œuvre du *Laus perennis*, de la psalmodie perpétuelle.

Il y avait aussi des catacombes [1].

Le monastère d'Agaune est dévasté par les Lombards, en 574. Le roi saint Gontran les met en pièces à Bex et reconstruit *a fundamentis* le monastère d'Agaune [2].

Charlemagne, dont le parent saint Althée était abbé de Saint-Maurice, aurait fait reconstruire l'église.

Au Xme siècle, près de la basilique, il y avait une grotte creusée dans le rocher. Elle servait de chapelle du Trésor. Des fouilles pratiquées près du rocher permettraient certainement de la retrouver [3].

La basilique du Xme siècle contenait le tombeau de Rodolphe Ier. C'est dans cette église qu'il avait été couronné roi de Bourgogne.

Dans la première moitié du XIme siècle, l'église est rebâtie par Burkard, abbé de Saint-Maurice et archevêque de Lyon. C'est probablement à cette construction qu'il faut rattacher celle de la belle tour romane qui existe encore.

En 1148, le pape Eugène III consacre, *ministerio proprio*, l'église de l'Abbaye. Brûlée dans le même siècle, elle est rebâtie, puis consacrée par l'archevêque de Vienne [4].

L'église menaçait ruine en 1237. Le pape Grégoire IX fit un appel aux fidèles des diocèses de Lausanne, de Sion et de Genève pour les engager à concourir de leurs aumônes à la reconstruction de l'église des Martyrs.

---

[1] Voir pour ces deux basiliques et les catacombes, *Le Bon Pasteur et l'Ambon de l'antique monastère d'Agaune*, par M. le chanoine Bourban. Fribourg 1894.

[2] Gregorii Ep. Turonensis *Historia Francorum epitomata*, cap. LXVIII. — *Marii Aventicensis Chronicon*. — Jodocus Quarterius, Abbas S. Mauricii, *Nomenclatura Abbatum*.

[3] Voir *Le Bon Pasteur et l'Ambon de Saint-Maurice*.

[4] Bulle de Célestin III. *Dilectis filiis*. Original, aux archives de l'Abbaye.

En 1259, nouvel appel du pape Alexandre IV, à la générosité des fidèles des diocèses de Tarentaise et de Besançon pour la construction d'une belle église abbatiale. On veut, cette fois, la construire loin du rocher.

L'acte de 1365, reproduit ci-après, nous fait voir que faute de ressources, on ne parvint pas à réaliser ce beau projet. La basilique devait rester près du rocher, jusqu'au XVIIme siècle.

En 1383, Amédée VI, comte de Savoie, lègue par testament les fonds nécessaires pour la reconstruction complète de l'église abbatiale de Saint-Maurice [1].

II

« L'an de grace, mil trois cenz sixante et cinq, le II iour de septembre au traitie de nous pierre du pont et guillaume wichart et en notre presence pour faire et accomplir la reparation de liglise du monestier de saint mauris ont este fait patz et conuenances entre Reverent pere monsieur Jehan par la grace de Dieu Abbe, et les freres de la dite religion dune part et maistre Jehan devens Manczon et Maistre de tallierie dautre, par la maniere qui sensient.

« Premierement le maistre doit a sa mission derrochier les pilers et tout le mur qui est sus cez pilers dis la chappele de monsieur benoit iusques au grant arc qui est entre le cour et le grant auter et le derrochera par maniere que domage nen viegne.

« Item au dit lieu fera le dit maistre sept pilers rionz de pierre de marbre dont chascone pierre sera dune piesce si large quelle tiendra tout le riont du piler et sera chascon piler gros de trois piez a main et de unze piez daut enclos les bases et les chapisteaux. Et seront les bases chascune dune piesce de marbre et passeront tout lenuiron du piler dimie pie a une torche rionde enuiron, et les chaspiteaux respondanz a les bases. Et ourera toutz les ditz pilers a la maniere dun piler dessoutz le letrin lequel li a este monstrez, qui est p..... grenez. Ft serchera les fondemanz pour le dit pilers, et sil nestoient bien..... il les emendera si comme besoign sera.

« Item fera le dit maistre surs les ditz pilers sept ars dobles de tous [2] gros chascon de deux piez a main, et seront les premiers

[1] Guichenon, *Histoire de la Maison de Savoie*, Preuves, p. 218.
[2] Tuf.

ars de tous entiers, et sus les ditz ars feira le mur iusque au teit gros de deux piez a main et tant de lonc comme besoign serra.

« Item ferra le dit maistre au trauers, de leglise la ou lon li ordonera deux ars de tous dobles rionz et bon someirs de pierre pour les sustenir, et tiendra de lun mur a lautre a la maniere de lautre grant qui est. Et a lendroit des ditz ars de chascoune partie autres petit ars cest assauoir quatre, et un autre iusques a la roche. Et au dessus cez ars ferra les murs iusques au toit si comme dessus est dit.

« Item le dit maistre pouruerra et traira les pierres tant de tous [1] comme de marbre et autres que necessaires seront pour les ditz ourages, et menera en lieu ou les chers puissent aler. Et les pontz et les cyndres que besoig feiront ensemble touz les ourages et les chouses dessus dites doit faire le maistre bien et sauament et a regart de bons oureirs a ses propres missions et despens, excepte tant seulement ce que monsieur labbe ly doit ministrer si comme il est dessoutz escript. Et a ces chouses ourera contenuellement soy cinquens a tout le moins.

« Item monsieur labbe a sa mission et ses depens doit ministrer chaux et arene et fuste, et doit faire charreir la dite chaux et arene et fuste et les tous et pierres grosses et menues et sognieir fuste pour cyndres et pontz et corde pour tirieir la matiere sus les pontz, et tout le charrey insques dedanz le crimistiere... Aioste touteffois que se le maistre pouruoit par maniere que sen puisse mener chers dedanz leglise, lon li dege charreieir dedans leglise les grosses pierre de taille. Et pour ces chouses ensifaire monsieur labbe donra au maistre quatre cent florins dor, dont len li feira de presant aucon prest pour sa pourueance et du quel prest sera plage monsieur pierre du pont. Et le demorant len li paiera de mois en mois, ou de semaine en semaine par la maniere et ensi comme monsieur labbe et le maistre ordoneront et manderont ensamble. »

Original ou copie du XIVme siècle aux Archives de l'Abbaye.

[1] Tuf.

WINDTHORST

WINDTHORST

PAR

L'Abbé TAPONIER

FRIBOURG
IMPRIMERIE ET LIBRAIRIE DE L'ŒUVRE DE SAINT-PAUL
259, RUE DE MORAT, 259

1896

WINDTHORST [1]

Chacun se rappelle dans quelle situation pleine de périls se trouvèrent, il y a vingt-cinq ans, les catholiques d'Allemagne. Les victoires de 1870 venaient de donner à la Prusse la prépondérance en Europe, et le nouvel empire allemand, proclamé et acclamé à Versailles, ne cherchait guère à dissimuler ses origines et ses aspirations luthériennes. Aucun obstacle, en effet, ne semblait plus s'opposer à l'achèvement de l'œuvre soi-disant nationale commencée en Allemagne par la Réforme. Les grandes nations catholiques, la France et l'Autriche, étaient vaincues, désarmées, réduites à l'impuissance, et le Souverain-Pontife lui-même, le Chef visible de l'Eglise, se trouvait à la merci d'un prince étranger, usurpateur du patrimoine de saint Pierre. Est-ce que l'heure n'était pas enfin venue de rendre à l'Allemagne reconstituée cette unité religieuse, si nécessaire aux grands Etats, et dont la privation, dans le passé, lui avait été si funeste? Il faut reconnaître que la tentation était forte, surtout au lendemain des plus prodigieux succès politiques et militaires et en face d'adversaires qui, selon toute apparence, ne pouvaient être capables d'une résistance prolongée. Les catholiques allemands, depuis les événements de 1848,

---

[1] Discours présidentiel prononcé à la réunion de la *Société helvétique de Saint-Maurice*, le 3 octobre 1895.

n'avaient pas eu besoin de se grouper et de s'organiser pour la lutte ouverte. La liberté de leur culte était pleinement respectée ; et leurs princes, catholiques et protestants, éclairés par de récentes expériences, n'avaient guère envie de persécuter l'Eglise. Il n'y avait donc, en Allemagne, aucune trace d'un parti catholique ; et ceux qui auraient pu le constituer suivaient librement, au point de vue politique, leurs préférences personnelles et leurs intérêts particuliers. Nulle cohésion sous ce rapport, nulle organisation qui pût permettre aux catholiques de se rapprocher les uns des autres et de résister sans retard aux premiers chocs de l'ennemi. L'heure semblait par conséquent favorable aux aspirations du protestantisme allemand, et d'autant plus qu'à ses yeux un excellent prétexte s'offrait de livrer un assaut décisif à l'Eglise. Elle venait, au Concile du Vatican, de proclamer le dogme de l'infaillibité pontificale, ce qui était assurément une provocation directe à l'esprit moderne, et en même temps la preuve évidente que, malgré les progrès de la civilisation, elle s'obstinait à vouloir ramener les peuples à la servitude et aux ténèbres du moyen âge. Il fallait donc, et à tout prix, délivrer l'humanité et surtout la grande Allemagne victorieuse, de la domination tyrannique de Rome ; il fallait que, sur toute l'étendue du territoire du nouvel Empire, il n'y eût plus qu'un seul clergé, un clergé national, catholique ou protestant. La science, le progrès, l'esprit moderne, tout le réclamait impérieusement, et c'est ainsi que, sous couleur d'un combat pour la civilisation, le *Culturkampf*, la Prusse se mit en devoir d'anéantir le catholicisme en Allemagne.

Elle a échoué dans son entreprise, vous le savez ; elle a dû battre en retraite, et rendre les armes ; pourquoi ? Les catholiques en Allemagne n'étaient pas organisés en parti politique et ils n'exerçaient sur la marche des affaires publiques qu'une influence médiocre, mais, grâce à la liberté dont jouissait depuis longtemps l'Eglise au milieu d'eux, ils étaient animés d'une vie religieuse peu bruyante et peu expansive, il est vrai, mais très intense. Il y avait eu sans doute, par suite du Joséphisme et du Fébronianisme, des abus très regrettables en certaines parties de l'Allemagne, mais, outre qu'ils étaient très vivement combattus et en voie de disparaître, ils n'avaient pas existé partout, et en particulier dans les provinces du Nord. La sève catholique, on peut le dire, ne s'était pas conservée moins riche et moins généreuse en Westphalie et au pays rhénan qu'à l'extrémité méridionale de l'Allemagne, en Bavière et en Tyrol. Là aussi on pouvait trouver des chrétiens complets, tout d'une pièce, ignorants l'art de se dédoubler et de n'être catholiques qu'à leurs moments perdus. A une foi profonde et sans réserve, ils savaient joindre, sans respect humain, la pratique assidue des devoirs religieux. Ils priaient, ils assistaient aux offices de l'Eglise, ils s'approchaient souvent des sacrements. De là chez eux une énergie singulière de vie surnaturelle qui, se manifestant seulement par des vertus de l'ordre privé, avaient pu échapper jusque-là à l'attention des hommes d'Etat prussiens, mais qui, dès leurs premières menaces de persécution, s'affirma également et sans retard dans l'ordre public. Une phalange d'hommes dévoués à la cause de l'Eglise put se grouper immédiatement et de la manière la plus spontanée. Ces catholiques clairvoyants avaient aperçu d'emblée le péril et ils poussèrent aussitôt de tous côtés le cri d'alarme. « Plus de divergences politiques entre nous ! s'écrièrent-ils, il s'agit avant tout de défendre nos intérêts religieux »; et ils rédigèrent, pour les élections du premier Reichstag allemand, un programme dont les principes n'ont pas eu besoin jusqu'ici d'être modifiés. Ils n'entendaient pas former un parti confessionnel, mais un parti politique, un parti ouvert à tous ceux, catholiques ou protestants, qui voudraient défendre la liberté religieuse menacée et en même temps le bien moral et matériel de toutes les classes de la société. Pour atteindre ce double but, absolument neutres et animés du même esprit de justice à l'égard de tous les autres partis, ils se placèrent en quelque sorte au milieu de la mêlée politique et prirent le nom significatif de fraction du Centre. Les hommes qui signèrent ce programme si habile, les Mallinkrodt, les Savigny, les Windthorst, les Frankenstein, les Reichensperger, j'en oublie, ont tous mérité la reconnaissance du peuple catholique allemand, et leurs noms illustres et vénérés, ne s'effaceront jamais de sa mémoire. Tous, les uns et les autres, ont réalisé noblement l'idéal du champion de la cause catholique à notre époque, et cependant l'un d'entre eux qui, au début, en sa qualité de Prussien de fraîche date, se dissimulait au second rang, acquit peu à peu, par son savoir, son éloquence et son habileté parlementaire, un tel ascendant sur ses collègues qu'il devint bientôt aux yeux de tout le monde le chef incontesté de la fraction du Centre. Cet homme, vous l'avez nommé, c'est Windthorst, qui va nous occuper maintenant d'une manière plus particulière.

Louis Windthorst, né en 1812, dans le royaume de Hanovre, appartenait à cette forte race des catholiques de l'Allemagne du Nord, chez qui la foi est encore, comme au moyen âge, le principe déterminant de toute la vie. Il avait fait brillamment ses premières études dans un gymnase catholique, et plus tard, près avoir fréquenté les universités de Göttingen et de Heidelberg, il était venu s'établir comme avocat à Osnabrück, une des villes les plus importantes du royaume. Là, ses rares mérites ne tardèrent pas à le mettre en évidence, et en 1849, à l'âge de trente-sept ans, il reçut de ses compatriotes le mandat de député. Ses études spéciales, sa parole claire et incisive, sa bonne humeur enjouée, tout devait l'aider à réussir dans la carrière parlementaire. Il sut se faire estimer et aimer de tous ses collègues, parmi lesquels il prit de plus en plus une place considérable. Aussi, déjà en 1851, le roi Georges V ne craignit pas, malgré les préjugés dominants, de l'appeler à faire partie du ministère. C'était la première fois, depuis la Réforme, qu'un catholique recevait en Hanovre un pareil honneur. Placé à deux reprises à la tête de la justice, Windthorst rendit, de l'aveu de tous, de très grands services à son pays, et il devint et resta populaire dans la meilleure acception du mot. Le roi, de son côté, lui témoignait beaucoup de confiance, et sa confiance était bien placée, car Windthorst fut toujours à son égard un modèle de loyalisme et de dévouement. Par malheur pour Georges V, il avait affaire aux intrigues des partisans de l'hégémonie prussienne, et, aveugle dès l'âge de dix ans, il n'était guère en mesure de sauver sa couronne au milieu de circonstances si critiques. La guerre de 1866, où la Prusse fut victorieuse de l'Autriche, eut pour conséquence immédiate l'écroulement du royaume de Hanovre. Le roi se retira en France, et Windthorst, devenu Prussien, vit ainsi s'élargir devant lui la carrière où il avait déjà remporté tant de succès. Sincèrement attaché à la vieille dynastie hanovrienne, il eut néanmoins le bon sens de s'incliner devant des faits irrévocables, et, envoyé comme député à Berlin, il n'hésita pas à prêter serment à son nouveau souverain. Il prit une part active aux délibérations du Landtag prussien, ainsi qu'à celles de l'assemblée constituante de l'Allemagne du Nord, et sur ce théâtre plus vaste, en face d'adversaires plus marquants et plus redoutables, il sut retrouver la haute considération dont il avait joui au parlement de Hanovre. On apprécia tout de suite son expérience consommée, son éloquence pleine d'humour, sa parfaite droiture; on sentait qu'il avait mis la main aux affaires publiques, et qu'il était en possession d'une science de bon aloi. On se souvenait aussi qu'il avait été revêtu de la dignité ministérielle, et, moitié respect, moitié sympathie familière, on se plut à le désigner sous le titre de sa « petite excellence. » Pour les députés catholiques de l'ancienne Prusse, ils reçurent avec joie, comme on pense, ce nouveau collègue, et dès les premiers jours, en pleine Chambre, l'un d'entre eux l'appela du nom de son district électoral la « perle de Meppen. » Il faut avouer, du reste, que l'annexion du Hanovre avait été très avantageuse pour la Prusse au point de vue de la vie parlementaire. « Les trois députés les plus remarquables au parlement de Berlin — disait en 1867 un des chefs du parti libéral, Georges de Vincke — ce sont trois Hanovriens annexés; le premier, c'est Bennigsen, il est très fort; le second, c'est Miquel, il est encore plus fort que le premier; mais le troisième, c'est Windthorst, et il est encore plus fort que les deux autres ensemble. »

Je viens de prononcer le mot de « petite excellence »; il ne sera peut-être pas inutile, si je m'en rapporte à cette épithète, de donner ici quelques détails sur la personne même de l'illustre chef de la fraction du Centre. Il était de taille fort médiocre, personne ne l'ignore, et sa tête, relativement énorme, ne rachetait pas par la noblesse des lignes ce qu'elle avait d'excessif au point de vue des proportions. Une bouche très grande, presque fendue jusqu'aux oreilles, lui donnait, en soulignant deux gros yeux cachés derrière des bésicles, une vague ressemblance avec le batracien bien connu, roi de nos étangs. Il est vrai que ces yeux pétillaient de malice et que cette bouche, même en s'ouvrant toute large, conservait toujours une expression de bonté exquise, mais Windthorst ne pouvait se faire aucune illusion; il n'avait pas le moindre

droit à la palme de la beauté. Aussi, quand le moment fut
venu pour lui de songer à constituer une famille, eut-il
beaucoup de peine à se faire agréer de la jeune personne,
objet de ses vœux. Dès les premières ouvertures, elle partit
d'un éclat de rire, et quoique son père fût très favorable à
l'union projetée, elle semblait fort décidée à persister
toujours dans son refus. Windthorst, par bonheur, était
doué d'une force de volonté peu commune, et il se promit
que, sans être un Adonis, il aurait en cette affaire le
dernier mot. Il apprit que la jeune cruelle avait un goût
prononcé pour la musique et qu'elle raffolait surtout d'un
instrument, aujourd'hui bien délaissé, la guitare. Aussitôt
Windthorst se mit fiévreusement à l'étude, et sous la
direction d'un excellent professeur, il parvint en quelques
semaines à se mettre en état de jouer assez bien quelques
morceaux sur l'instrument en question. Alors, fier de son
nouveau talent et le cœur ouvert à l'espérance, il se rendit
par un beau soir d'automne sous les fenêtres de sa Dulcinée
récalcitrante, et placé à une certaine distance, au fond d'un
bosquet, il se mit à faire résonner sa guitare avec une
ardeur et une vigueur toujours croissantes. Soudain, une
fenêtre s'ouvre, la figure aimée apparaît, et le musicien,
suffoqué par l'émotion, recule à la hâte de quelques pas...
et tombe dans un ruisseau assez profond qu'il n'avait pas
aperçu derrière lui. Des cris se font entendre, on accourt,
on se précipite, et on relève le pauvre avocat mouillé
jusqu'aux os, mais serrant toujours avec passion, sur son
cœur, sa guitare plus ou moins endommagée. Que faire ?
Pouvait-on résister à une pareille preuve d'amour ?
Windthorst fut donc autorisé, en récompense de son zèle
musical, à revenir à la maison comme fiancé. Le mariage
fut très heureux d'ailleurs, comme on sait, et les époux
eurent la joie, en 1888, de pouvoir célébrer, dans l'union
la plus intime, leurs noces d'or. Windthorst, si favorisé sur

d'autres points par la nature, prenait très crânement son parti de ses désavantages physiques, et en plaisantait tout le premier de la manière la plus charmante. Un jour, au Reichstag, on lui avait reproché de s'être fait contre l'Empire le porte-drapeau des Polonais. « Ces Messieurs, répondit-il, ne m'ont jamais sans doute regardé avec attention, car autrement ils auraient bien vu que je suis incapable de porter un drapeau, même celui de la Pologne. » Peu de temps avant sa mort, il avait fait une chute dans le grand escalier du Reichstag, et forcé de garder la chambre durant quelques jours il avait écrit à sa femme pour la rassurer. « Tu peux être tout à fait tranquille, lui disait-il dans sa lettre, quand je reviendrai à Pâques à la maison, tu pourras voir que ma beauté n'a pas souffert le moins du monde. »

Telle était la bonne humeur habituelle de Windthorst, et, malgré les tristesses de la persécution, elle ne fut jamais altérée outre mesure. La guerre était cependant menée contre les catholiques avec une habileté et une perfidie sans égales. Il n'entre pas dans notre dessein d'analyser ici ces fameuses lois de mai qui constituèrent le principal arsenal des armes forgées contre l'Eglise. Il suffira de rappeler qu'elles avaient surtout pour but de la placer définitivement dans une sorte de servitude vis-à-vis de l'Etat. On chassait les prêtres de l'école ; on jetait à la frontière les religieux ; on réduisait à rien ou presque à rien le droit des évêques dans la formation des clercs et leur nomination aux diverses fonctions ecclésiastiques. Et pour les prêtres et les évêques qui refusaient d'obéir à ces lois iniques, c'était l'amende et la confiscation du traitement, c'était même souvent la prison ou l'exil. La situation des catholiques était d'autant plus périlleuse qu'ils avaient affaire à un homme d'Etat en possession d'un prestige immense et encore intact. Il ne faut pas oublier qu'à cette époque Bismarck continuait de passer aux yeux de bien des gens pour invincible. Il n'avait cessé jusque-là de marcher de succès en succès et il était l'arbitre incontesté de la politique européenne. Un tel adversaire, qui se plaisait d'ailleurs, avec sa stature de colosse, à apparaître au Reichstag revêtu de son uniforme de cuirassier blanc, avait donc de quoi effrayer les plus intrépides, mais sa petite excellence Windthorst, comme autrefois David devant Goliath, n'eut garde de céder à la peur et affronta la lutte avec vaillance. Dès qu'après la mort du regretté Hermann de Mallinkrodt, il eut pris en mains la direction de la fraction du Centre, il se préoccupa avant toute chose de maintenir l'union dans son armée. Et la chose n'était pas aussi facile qu'on pourrait le croire à première vue. Sans doute les députés du Centre avaient été envoyés au Reichstag pour y défendre la cause catholique, mais venus à la hâte des quatre points de l'horizon, ils n'avaient pas été formés de la même manière et ne partageaient pas, tant s'en faut, les mêmes vues politiques. Les uns appartenaient à la vieille aristocratie terrienne ; les autres, fonctionnaires, ecclésiastiques, avocats, industriels, étaient d'origine plus modeste ; il y avait même, dans les rangs du Centre, un certain nombre de simples cultivateurs. On conçoit que pour rapprocher et grouper étroitement tant d'éléments divers — que séparait encore le particularisme des races, car, à côté des Rhénans, il y avait des Westphaliens, des Silésiens, des Bavarois, des Souabes — il fallait une dextérité et une prudence peu communes. Windthorst fut à la hauteur de cette tâche, et pour la bien remplir, il n'eut qu'à fixer et à faire observer deux principes sans lesquels tous les efforts du Centre eussent été stériles.

Le premier de ces principes, c'est que les députés catholiques, chargés avant tout de la défense des intérêts religieux, devaient faire abstraction complète, tant que les lois de mai n'étaient pas abrogées, de leurs idées particulières et de leurs préférences personnelles. Ils s'engageaient à former entre eux une phalange serrée, compacte, indépendante, ayant ce premier but fondamental à atteindre : le rétablissement de la paix confessionnelle en Allemagne. La fraction du Centre par conséquent ne devait et ne pouvait, sous aucun prétexte, se laisser engager sur le terrain de la politique pure, et encore moins se lier à la fortune et se traîner à la remorque d'un parti quelconque. Engager la lutte sur ce terrain, c'est-à-dire entrer dans la voie des petites intrigues parlementaires, c'eût été pour elle non seulement une maladresse insigne, mais une évidente trahison des intérêts religieux confiés à sa garde ! Le second principe, qui peut étonner tout d'abord et qui est pourtant un complément nécessaire du premier, c'est que la fraction du Centre, comme on l'avait compris d'emblée, ne devait pas être un parti confessionnel, mais un parti politique. Son premier et principal devoir sans doute était de réclamer la liberté religieuse pour les catholiques, mais elle devait défendre en même temps toutes les causes justes, et dans la poursuite de ce double but, elle avait à s'appuyer sur le droit commun, sur la constitution de l'Empire, sur l'égalité qui doit exister entre tous les citoyens d'un même pays. Le Centre évitait de la sorte, comme on le voit, le danger d'être une réédition germaine de la Ligue et il pouvait accueillir dans ses rangs bon nombre de protestants modérés et amis sincères de la liberté religieuse. Bien plus, ce principe lui permettait de prendre position dans toutes les grandes discussions politiques et de jeter dans la mêlée, au moment du scrutin, l'appoint souvent décisif de ses suffrages. Il constituait ainsi une force parlementaire avec laquelle tout le monde, et en premier lieu le gouvernement, était tenu de compter, et comme il demeurait en même temps vraiment neutre et indépendant en face des partis, désireux d'être juste envers les uns et les autres et votant toujours en faveur des véritables intérêts du peuple, il devait devenir tôt ou tard, par la marche naturelle des choses, l'arbitre du Parlement et conquérir aussi peu à peu les sympathies des masses et de tous les citoyens amis du droit et des libertés publiques.

La fraction du Centre avait donc un caractère essentiellement politique, mais Windthorst, dans le combat de résistance active livrée au Culturkampf, ne repoussait pas pour autant la haute direction des évêques et du Pape. « C'est la cause de Dieu que nous défendons », disait-il souvent à ses collègues, et il était bien éloigné de vouloir diminuer le rôle de ceux qui ont mission de représenter cette cause sur la terre. On ne saurait croire avec quelle activité infatigable il s'employa, dès le début de la lutte, à amener entre les évêques d'Allemagne cette parfaite cohésion et cette unité de vues qui devaient assurer la victoire. Les prélats se rassemblaient chaque année à Fulda, près du tombeau de saint Boniface, et de leurs délibérations, tenues secrètes, sortait le mot d'ordre général qui indiquait à tous, députés et simples fidèles, la ligne de conduite à suivre. L'esprit de foi et l'amour de l'Eglise, ravivés par le combat, rendait à chacun la soumission facile, et, avant même qu'une solution fût donnée, on peut dire que tous étaient déjà d'accord en principe et sur les choses essentielles. Windthorst eut toujours à cœur de maintenir l'union, une union étroite, entre le peuple et le clergé allemands. Il y voyait une condition nécessaire à la défense de l'Eglise à notre époque, et il voulait que les prêtres ne craignissent pas de s'engager généreusement dans la mêlée. « Le clergé, disait-il, doit avant tout prêcher clairement et nettement sur les dix commandements du Décalogue, mais comme ils embrassent toute l'activité morale de l'homme, il doit en faire aussi l'application aux choses de la politique... Le clergé, selon moi, ne doit pas se désintéresser des élections, car des élections sortent les représentants du peuple qui ont une part de la souveraineté pour la confection des lois... Or, les lois ne touchent que trop souvent aux affaires religieuses et ecclésiastiques, et, par conséquent, les prêtres doivent exercer leur influence pour que les élections soient bonnes... En France, on a relégué les prêtres à la sacristie, et au siècle dernier, Voltaire se moquait des Bretons et des Vendéens parce qu'ils étaient trop soumis à leurs curés ; aujourd'hui ses successeurs ont trouvé des guides moins commodes ; hier, c'étaient les communards, demain ce sera peut-être les socialistes. » Il est facile de comprendre, après ces paroles, qu'il était heureux de compter, parmi ses collègues au Reichstag, un si grand nombre d'ecclésiastiques. Leur présence lui semblait de nature à maintenir, de la manière la plus heureuse, le niveau intellectuel et moral de la fraction du Centre. Grâce à leur science, à leurs vertus professionnelles, à leur détachement des choses de ce monde, ils permettaient à Windthorst de résister plus facilement à deux causes de désorganisation possible pour le Centre, je veux dire le désir prématuré de la paix et la nostalgie de la politique pure. Il était à craindre, lorsque le gouvernement entra dans la voie des mesures réparatrices à l'égard des catholiques que la joie du succès et la lassitude du combat ne vinssent énerver et affaiblir peu à peu l'esprit de résistance même chez les meilleurs combattants. « La victoire est à nous, nous pouvons déposer les armes », telle était la tentation subtile à laquelle certains députés pouvaient succomber, et Windthorst, dans ses efforts énergiques pour la repousser, n'eut jamais de meilleurs alliés que les ecclésiastiques du Reichstag. Ils comprenaient à merveille les raisons de ne pas désarmer trop tôt devant la persécution, et en même temps ils étaient moins accessibles que d'autres aux considérations personnelles et intéressées. Il ne faut pas oublier que pour conserver, sur le terrain politique, l'union entre tous les membres du Centre, le génie particulier de Windthorst fut de savoir toujours trouver la ligne intermédiaire et conciliatrice — *die Mittellinie* — qui pouvait permettre aux députés catholiques, malgré la divergence de leurs vues particulières, de voter d'un commun accord pour ou contre un projet de loi. Combien d'exemples d'abnégation n'a-t-il pas donnés sous ce rapport! Il était toujours disposé, pour le bien de la paix, à sacrifier ses idées personnelles, et à cet égard encore, personne n'était plus prompt à suivre son exemple que les représentants du clergé au Reichstag.

Soumis à la haute direction de l'épiscopat et du Saint-Siège, et favorisant de toutes ses forces l'union du clergé et des fidèles, Windthorst n'avait garde aussi, comme député, de perdre le contact nécessaire avec le peuple. « A vivre trop longtemps dans l'atmosphère parlementaire, disait-il, on oublie peu à peu qu'on représente le peuple, on fait bon marché de ses réclamations, et la conscience s'émousse... Il n'y a qu'un remède à cela, c'est de venir souvent se retremper au sein des masses et d'y reprendre ses forces comme Antée en touchant la terre. » Windthorst a été l'âme, on peut le dire, pendant plus de quinze ans, de ces assemblées générales des catholiques allemands, dont l'éloge n'est plus à faire et qui restent le modèle du genre. Il y assistait du premier jusqu'au dernier jour, et, dans le discours de clôture, dont il était toujours chargé, il résumait les idées des orateurs et en tirait un enseignement général. On ne saurait, sans en avoir été témoin soi-même, se faire une idée de la puissance fascinatrice qu'il exerçait sur ces immenses auditoires. On venait, comme en pèlerinage, de tous les points de l'Allemagne, pour voir et entendre, une fois dans sa vie, l'illustre chef du Centre catholique. Son discours durait parfois plus de deux heures, mais personne ne donnait le moindre signe de fatigue, et chacune de ses phrases, ou peu s'en faut, était couverte d'applaudissements enthousiastes. On sentait qu'entre l'orateur et ceux qui l'écoutaient il existait une parfaite communauté de croyances et d'idées. « Nous nous réunissons chaque année, disait Windthorst, pour inspecter l'horizon à notre point de vue, entre nous catholiques, et sur notre propre terrain... Nous venons discuter l'orientation la meilleure pour l'avenir, et en même temps nous encourager à tenir bon dans la lutte et resserrer, s'il est nécessaire, les liens d'affection qui nous unissent. » C'était là le thème principal des discours de Windthorst aux assemblées générales des catholiques, et il insistait particulièrement, surtout dans les dernières années, sur l'obligation de lutter jusqu'au bout et de ne pas se contenter d'un demi-succès. « Nous avons obtenu, c'est vrai, disait-il, quelques mesures de réparation, et nous en remercions le gouvernement, mais cela ne suffit pas ; nous voulons le rétablissement du *status quo ante*, nous voulons que le gouvernement fasse volte-face, et non pas un quart de tour, mais un demi-tour complet... Toutes les lois par lesquelles on a cherché à asservir l'Eglise, nous voulons qu'on les rapporte, et sans exception, et aussi longtemps que ce but ne sera pas atteint, nous ne devons avoir aucun repos ; aucun de nous ne pourra s'endormir en paix dans le tombeau, s'il n'a pas lutté jusqu'au dernier moment pour la liberté complète de l'Eglise. » Windthorst excellait ainsi, par les chauds accents de son éloquence, à ranimer le zèle des catholiques allemands, et il y parvenait d'autant mieux qu'en rendant compte au peuple de la manière dont il avait rempli son mandat, il ne pouvait qu'exciter dans les cœurs les plus légitimes espérances. Que de chemin parcouru en quelques années ! Quelles défaites infligées coup sur coup au gouvernement persécuteur ! On ne pouvait donc douter de la supériorité de sa tactique, et Windthorst, préparant de loin les étapes de la campagne, avait soin de ne laisser sommeiller aucune question importante. Tour à tour, dans les assemblées générales des catholiques, il traitait des Ordres religieux, de l'école chrétienne, de la situation du Saint-Siège, et il exposait hautement et sans se lasser les revendications du peuple catholique. On sait que sur les deux premiers points, à l'exception seulement du rappel des Jésuites, il a fini par obtenir gain de cause, mais sur la question du pouvoir temporel, il ne sera pas inopportun peut-être en ce moment de citer quelques-unes de ses paroles à Francfort et à Amberg. « Un fils aimant ne quitte jamais la maison sans jeter un dernier regard à son père..., il convient donc qu'avant de nous séparer nous disions encore quelques mots de Notre Saint-Père, le Pape Léon XIII. Le Pape doit être indépendant... Nous protestons, par conséquent, contre l'acte de violence par lequel on lui a arraché le patrimoine de saint Pierre... On en donne pour seule raison qu'il y a des Italiens à Rome comme dans le reste de l'Italie, et qu'ils ne doivent tous former qu'un seul peuple puisqu'ils parlent tous la même langue... Dans ce cas, il nous faudrait demain matin marcher sur Vienne et l'annexer, parce qu'on y trouve des Allemands comme dans le reste de l'Allemagne... Napoléon, la plus grande force matérielle de ce siècle, a essayé tout ce qui était possible pour renverser le Saint-Siège : il fit de son fils le roi de Rome ; qu'est-il devenu, ce fils ? Napoléon retint plusieurs années le Pape à Fontainebleau et lui-même alla plus tard contre son gré à Sainte-Hélène... Seulement Fontainebleau n'était qu'une prison, et le Pape en est sorti, tandis que Sainte-Hélène fut un tombeau ; cela doit donner à réfléchir... Nous protestons donc et ne cesserons jamais de protester contre l'acte de violence accompli à Rome, et quand nos lèvres se seront tues pour toujours, nos fils continueront à leur tour de protester, et si cette protestation se perpétue et se propage en d'autres pays, et surtout si elle est toujours accompagnée de l'esprit de prière, alors, soyez-en sûrs, le monde verra restaurer encore une fois la souveraineté temporelle des Papes. »

On aurait tort de croire, à cause des citations que je viens de faire, que l'éloquence de Windthorst, dans les congrès catholiques, se plût aux grandes périodes oratoires et vibrantes. Elle y gardait volontiers, au contraire, son ton habituel de malicieuse bonhomie. Elle soulevait autant d'éclats de rire que de bravos, et même Windthorst n'oubliait pas, à l'occasion, d'adresser aux dames quelques paroles gracieuses. Je me reprocherais à ce propos de ne pas vous citer un passage de son discours sur l'école chrétienne à Bonn en 1881. « Et maintenant encore un mot sur la maison, le foyer domestique, la première école de l'homme... On me permettra de traiter ce sujet d'une voix un peu plus forte, afin qu'elle puisse être entendue dans les tribunes où j'aperçois une si belle guirlande d'aimables personnes : c'est pour elles que je vais parler. Messieurs, l'influence des femmes en ce monde est énorme... Il suffit d'étudier un peu sérieusement l'histoire pour se convaincre qu'elle l'emporte de beaucoup sur la nôtre, à nous, orgueilleux fils d'Adam... Il y aurait un prix à fonder pour le jeune historien qui traiterait le mieux ce sujet : de l'influence de la femme sur les événements de ce monde depuis Eve jusqu'à nos jours... A cet égard je ne citerai, comme exemple, que deux noms, celui de sainte Elisabeth de Thuringe, cette fleur incomparable de piété chrétienne, et celui d'Elisabeth, reine d'Angleterre, que je m'abstiendrai de qualifier par respect pour ces dames... Quelle influence en sens divers ces deux femmes ont exercée ! Mais c'est surtout au foyer domestique que la mission de la femme est importante. C'est elle qui est chargée d'y faire régner la pureté des mœurs et le véritable sentiment religieux... Qu'y a-t-il de plus instructif pour l'enfant, de plus touchant et de plus saisissant pour son cœur que le spectacle de sa mère agenouillée et priant? Et c'est pourquoi si ces dames me demandaient dans quelle attitude elles doivent se faire photographier, je dirai à celles qui sont mères de famille : Faites-vous photographier au moment où vous interrogez vos enfants sur le catéchisme..., et à celles qui ne sont pas mariées et qui attendent de prendre le voile de la religieuse ou celui de l'épouse, je leur dirai : Faites-vous photographier avec le chapelet dans vos mains... Il y a quelques années, quand on retira aux ecclésiastiques le droit d'inspection dans les écoles, je fus chargé de porter un toast aux dames, et je le fis en déclarant qu'elles seraient désormais, sans crainte de révocation possible, nos véritables inspectrices des écoles... Les mères de famille, en effet, doivent non seulement apprendre à prier à leurs enfants, mais surveiller l'instruction qui leur est donnée et leur adresser chaque jour, matin et soir, cette question : Enfants, qu'est-ce que votre maître vous a enseigné sur tel ou tel point? Car il arrive souvent de nos jours que les maîtres enseignent à l'école des choses qui ne sont guère conformes au catéchisme. »

On voit, par ces citations, qu'il m'en coûte d'avoir à abréger, combien Windthorst attachait d'importance à se maintenir en communication directe et intime avec le peuple. Il traitait, devant ses chers auditeurs, toutes les questions à l'ordre du jour, sachant unir la sûreté impeccable de la doctrine au sens pratique le plus délié. On aurait dit, à l'entendre sur certains points d'une nature délicate, un père de famille au milieu de ses enfants, ou mieux encore un directeur spirituel parlant avec autorité à toute l'Allemagne catholique. Au Reichstag et au Landtag prussiens, sa parole n'avait pas sans doute le même caractère paternel, mais c'était toujours, avec les formes et le ton de la discussion parlementaire, la parole d'un docteur, à la fois canoniste et théologien. On pourrait composer, avec des extraits de ses discours, tout une suite de traités excellents et définitifs sur les grandes questions politico-religieuses agitées à notre époque. Il savait arriver, par la connaissance approfondie du sujet, et la logique irrésistible de son esprit éminemment juridique, à une clarté d'exposition et à une vigueur d'argumentation qu'aucun orateur politique de nos jours n'a possédées au même degré. Il y aurait assurément profit pour nous à le suivre dans toutes les manifestations de son activité oratoire, mais il faut savoir se borner et nous nous contenterons d'analyser brièvement ses principaux discours sur la question sociale. Personne n'a mieux évité, en traitant ce sujet épineux, les exagérations où l'on peut se porter si aisément dans un sens ou dans l'autre. Il recherche d'abord, avec son esprit toujours méthodique, en quoi consiste le socialisme et quel est son véritable but. C'est une théorie, d'après lui, essentiellement basée sur l'athéisme et se proposant, en dernière analyse, sous prétexte d'émancipation de la classe ouvrière, d'établir sur la terre une société humaine en dehors de toute règle et de toute autorité divine, une société où il n'y aurait plus ni religion, ni famille, ni propriété individuelle. « Le socialisme est une vraie peste, disait-il, et tant que j'aurai un souffle de vie je le combattrai de toutes mes forces... Je sais bien, ajoutait-il, que ces Messieurs du parti socialiste se contentent de faire le procès à la société actuelle, et se gardent avec soin de nous dire ce qui se passerait au lendemain de leur victoire, mais il est facile de le deviner d'après leurs principes, et, en tout cas, puisqu'ils ne veulent plus de l'ordre ancien établi par nos pères, on ne saurait leur permettre de l'attaquer sans qu'ils aient d'abord quelque chose de meilleur à nous offrir. » Windthorst estimait donc et disait sans ambages que le socialisme, malgré ses déclamations en faveur du peuple, est une vraie maladie de la société actuelle qu'il faut combattre à tout prix et sans retard; mais comment ? Un bon médecin, pour guérir une maladie, cherche avant tout à en discerner les véritables causes. Or, pour Windthorst, la première cause du socialisme, c'est le triomphe du libéralisme en matière économique. On a proclamé, depuis plus d'un siècle, la liberté absolue du commerce, de l'industrie, de l'agiotage et il n'est pas surprenant que, dans la lutte effrénée et effroyable des intérêts, les petits de ce monde, incapables de se défendre, en aient souffert un peu plus que de raison. « L'apparition du socialisme, dit Windthorst, a coïncidé avec ces phénomènes particuliers à notre époque, l'inégalité criante dans la répartition des biens de ce monde, la domination du capital, les excès de l'usure, et surtout le traitement de moins en moins chrétien du peuple travailleur. » L'ouvrier aurait peut-être supporté plus longtemps ce que Léon XIII a appelé une misère imméritée, si une seconde cause du socialisme, selon Windthorst, n'était venue se joindre à la première. Les mêmes hommes qui avaient fait triompher le libéralisme dans le domaine économique n'ont rien négligé en même temps pour détruire l'esprit religieux et chrétien dans les masses. Ils ont poussé de toutes leurs forces d'abord à l'école mixte et ensuite à l'école sans Dieu, et non contents de ces premiers exploits, ils ont cherché par des lois tyranniques à enlever à l'Eglise sa salutaire influence sur le peuple. « Partout où l'Eglise, dit Windthorst, a pleine liberté d'agir, les socialistes essaient en vain de propager leurs funestes doctrines... mais quand on voit, comme en Allemagne, le Culturkampf priver les paroisses de leurs pasteurs, jeter les évêques et les prêtres en exil ou en prison, comme de vulgaires malfaiteurs, il est impossible de maintenir le peuple dans la soumission à n'importe quelle autorité. » Windthorst, ayant précisé la nature du socialisme et les causes profondes de cette maladie de la société humaine, a pu facilement indiquer les remèdes capables de la guérir. Et tout d'abord il rejette les lois d'exception basées sur la force matérielle, les lois de police et de contrainte. « Les baïonnettes, dit-il, ici sont impuissantes. Elles forceront le mal à se dissimuler, c'est vrai, mais il gagnera alors en intensité et son virus n'en sera que plus violent. Ces sortes de plaies sociales, il faut les mettre à découvert ; elles se guérissent par le grand air et par le soleil. » Les vrais remèdes à apporter au socialisme doivent être proportionnés, disait Windthorst, à la nature et aux diverses causes du mal. De là la nécessité pour l'Etat, pour l'Eglise et pour les particuliers de mettre également la main à l'œuvre, chacun dans sa sphère et selon ses forces. Que l'Etat eût le droit et même le devoir, en cas de nécessité, de faire des lois pour protéger les ouvriers, c'est ce dont il n'a jamais douté un seul instant. « Je suis d'avis, Messieurs, disait-il à ses collègues du Reichstag, que nous ne pouvons combattre avec succès le socialisme qu'en étudiant sans parti pris et de bonne foi sur quels points il peut avoir raison... Oui, ce qu'il y a de vrai dans les thèses du socialisme, nous devons le chercher nous-mêmes et le mettre en lumière et lui donner satisfaction... Le socialisme alors périra, car il n'aura plus à son service que des thèses fausses et des utopies... En venant spontanément en aide aux classes travailleuses, nous enlèverons au socialisme les gens qui composent son armée. » Windthorst, il n'est pas besoin de le dire, vota des deux mains toutes les lois favorables à la protection des ouvriers et il exprima souvent le désir que le Reichstag pût aller jusqu'au bout dans cette voie et ne laisser aucun grief sérieux aux mains des meneurs du parti de la révolution sociale. Il ne repoussait donc pas aveuglément l'intervention de l'Etat, mais il réclamait aussi le concours et la libre activité de l'Eglise. « Les mauvaises doctrines sociales, disait-il, ne pourront être complètement vaincues que sur le terrain religieux... Il faut à tout prix réapprendre aux hommes l'amour de la croix, la charité fraternelle, le respect de l'autorité... Et que fait-on ? C'est le moment que l'on choisit pour persécuter l'Eglise... Vouloir asservir l'Eglise et en même temps vaincre le socialisme, c'est agir aussi follement que les géants qui voulaient escalader le ciel. » Enfin, à côté de l'Etat et de l'Eglise, Windthorst n'oubliait pas les particuliers, et il voulait qu'ils eussent à cœur de prendre part à la croisade contre le socialisme. « Il faut revenir, disait-il, à la simplicité des anciens temps ; aimer le travail régulier, l'ordre en toute chose, l'économie, et en même temps perfectionner les métiers le plus possible, afin de mieux résister à la concurrence étrangère... Et les classes riches, ajoutait-il, doivent faire aussi leur petit examen de conscience. La religion, il ne faut pas seulement l'apprendre aux autres, il faut la pratiquer soi-même et donner à tous le bon exemple... Sans doute le péché originel peut pousser les ouvriers à la paresse, à l'ivrognerie, à la révolte, mais il existe aussi chez les riches et il ne les pousse que trop souvent à l'orgueil, à l'avarice, à la dureté. » Tel était Windthorst, traitant de la question sociale, exact, pondéré, faisant la part de chacun, et suivant à la lettre, et mieux qu'aucun autre, à notre avis, le programme tracé par le Souverain-Pontife Léon XIII.

La lecture des discours de Windthorst est une joie pour l'esprit et un apaisement pour le cœur. On est heureux de voir la vérité mise en si belle lumière, et on voudrait pouvoir la communiquer aux autres avec cette même large bienveillance. Au Reichstag, les adversaires de Windthorst, vaincus par la clarté et la force intime de ses arguments, étaient forcés, pour le combattre et diminuer son prestige, de l'attaquer d'une manière personnelle et déloyale. Ainsi le prince de Bismarck, chancelier de l'Empire, ne cessait de le poursuivre de ses insinuations malveillantes. Il l'accusait d'abord de manquer de patriotisme, d'être un ennemi secret du nouvel Empire, et de travailler à la restauration de la monarchie de Hanovre. A cette première accusation, Windthorst répondait avec son éloquence et son esprit accoutumés. « Pourquoi serais-je ennemi du nouvel Empire ? Parce qu'il a à sa tête un prince de confession évangélique ? Pas le moins du monde ! car le nouvel Empire n'est pas un Empire évangélique pour autant... Il est constitué de telle sorte que, si demain l'empereur était catholique, il n'y aurait pas un iota de changé dans la constitution. Est-ce que M. le chancelier s'imagine que les princes sur le trône ont une telle étroitesse de cœur que, pour être fidèles à leur foi religieuse, ils se croient obligés de persécuter celle des autres ? C'est le grand privilège des monarques, au contraire, d'être les protecteurs naturels des minorités. » Au sujet de son attachement à la famille royale de Hanovre, les paroles de Windthorst n'étaient pas moins fermes et pleines de dignité. « Je reconnais, dit-il un jour, que je nourris dans mon cœur des souvenirs et des espérances à cet égard... Je serai fidèle jusqu'au tombeau à la vieille famille royale de Hanovre, mais je sais en même temps quels sont mes devoirs de sujet du roi de Prusse et je défie qui que ce soit de prouver que j'y aie jamais manqué le moins du monde... Il faudrait une guerre pour relever le trône de Hanovre, et pour ma part je n'y consentirais jamais, jamais... J'espère que ces déclarations contenteront M. le chancelier, car il doit savoir — ses sentiments monarchiques étant bien connus — qu'on ne renie pas un prince qu'on a servi aussi facilement qu'on change de veste. » Une accusation répétée aussi à satiété contre Windthorst, surtout après les premières mesures de réparation accordées aux catholiques, c'est qu'il cherchait à prolonger la lutte parce qu'il y trouvait, comme chef du Centre, gloire et profit. Le gouvernement vous promet, lui disait-on, de ne plus appliquer les lois de mai ; acceptez donc la paix qui vous est offerte et ne continuez pas une opposition inutile. « Je désire la paix plus que personne, répondait-il, et si vous voulez la conclure à la condition que je me retire, je suis prêt... je suis prêt à rentrer et de grand cœur dans l'obscurité de la vie privée... Vous pouvez croire à ma parole, mais soyez sûrs en même temps que ni mes amis ni moi nous ne cesserons le combat tant que les lois de mai ne seront pas rapportées... Vous nous offrez la paix, nous ne voulons pas que ce soit la paix des morts dans un cimetière... Nous ne nous laisserons pas endormir et enliser dans la vase des lois de mai. » Une dernière accusation et la plus perfide de toutes, fut souvent lancée par Bismarck contre le chef du Centre catholique. Il le représentait comme poursuivant une politique contraire aux avis et aux prescriptions du Souverain-Pontife. Et, de fait, il parvint à deux ou trois reprises, et en particulier à l'occasion de la loi sur le septennat, à obtenir du Saint-Siège des déclarations qui semblaient une condamnation de l'attitude de Windthorst. Le Pape recommandait aux catholiques de céder aux désirs du gouvernement impérial, tandis que leur chef politique insistait pour qu'ils tinssent bon dans la résistance, l'arme au bras et la poudre sèche. La contradiction néanmoins n'était qu'apparente. Windthorst agissait en cette circonstance en excellent tacticien, laissant à Léon XIII le soin de négocier pour le mieux des intérêts de l'Eglise, tandis que lui gardait intactes et sous sa main les forces de l'armée dont la fermeté avait fini par en imposer à l'ennemi. Cette tactique, d'ailleurs, fut bientôt justifiée par les résultats et chacun put voir que Windthorst, en ne rendant pas les armes avant l'heure, n'avait pas cessé d'être un enfant soumis et un des plus vaillants soldats du Pape.

En politique, comme chacun sait, on juge de tout par l'événement. Le succès est le grand criterium et à cet égard, Windthorst ne saurait se plaindre de la destinée. Il a eu la consolation, avant sa mort, de voir l'édifice des lois de Mai ruiné de fond en comble. Et cette victoire complète, et qui a dépassé toutes les espérances, comment Windthorst, dans la mesure où elle peut lui être attribuée, l'a-t-il rendue, non seulement possible, mais facile et prompte ? Comment a-t-il su, en toute circonstance, déjouer les ruses perfides de l'ennemi et indiquer la voie la meilleure à sa propre armée ? Quelle promptitude de coup d'œil ! Quelle énergie dans les décisions ! Quelle activité infatigable ! Sans doute, il avait reçu de la nature les dons les plus rares et il les avait cultivés avec une laborieuse persévérance ; mais ces dons, en des circonstances si difficiles, n'auraient pas suffi à assurer le succès, si Windthorst n'y avait joint des lumières et des forces surnaturelles. Il était ce que les Allemands appellent un homme complet, *ein ganzer Mann*, et, ce qui vaut mieux encore, un chrétien catholique dans toute la force du terme, c'est-à-dire instruit et pénétré de ses devoirs, et vivant avant tout de la vie de la grâce. Combien de fois n'a-t-il pas recommandé aux catholiques d'Allemagne de ne pas négliger la piété et la fréquentation des sacrements ! Il n'oubliait jamais, à la fin de ses grands discours, où il avait déployé tant d'éloquence, de se recommander humblement à leurs prières. Au Reichstag même, il avait parfois des accents d'apôtre ; il osait exposer en docteur à ses collègues les grands principes du catholicisme, et telle était l'évidence de sa droiture et de la sincérité de ses convictions religieuses que personne alors n'aurait songé à les suspecter ou à les tourner en dérision. Catholique avant tout et intransigeant sur les principes, il était d'une affabilité extrême envers les personnes, et, sans excepter même ses plus grands adversaires, il ne comptait que des amis parmi ses collègues. Une de ses dernières photographies le représente s'appuyant sur le bras de son compatriote Miquel, et c'est un touchant spectacle de voir si intimement rapprochés de la sorte ces deux hommes que séparaient à la fois la politique et la religion. Combien de problèmes compliqués se dressaient devant Windthorst, et dont il n'aurait pas, s'il n'eût été chrétien, trouvé facilement la solution ! Maintenir dans l'union, malgré leurs divergences de vues, les membres de la fraction du Centre ; sacrifier lui-même, en mainte circonstance, ses idées personnelles pour le plus grand bien de la paix ; demeurer fidèle à la maison de Hanovre sans jamais oublier en quoi que ce soit ses devoirs de sujet prussien ; constituer un parti politique dont le but principal était la défense de l'Eglise et des intérêts religieux ; enfin mener à bien une entreprise si ardue sans avoir jamais cédé à la haine ou à l'orgueil et conquérant peu à peu l'estime et l'affection de tous, de ses adversaires comme de ses amis, quel ensemble de qualités morales et de vertus chrétiennes cela suppose ! Le fond même du caractère de Windthorst, et la grande cause de l'ascendant qu'il exerçait sur les autres, c'était son désintéressement absolu et à toute épreuve. Il avait tout sacrifié à sa cause, son temps, sa fortune, ses forces, et il aurait rougi jusqu'au fond de l'âme d'en tirer le moindre avantage humain. Un jour les catholiques d'Allemagne, reconnaissants des immenses services qu'il leur avait rendus, vinrent lui offrir une somme considérable pour qu'il pût avoir ici-bas une demeure digne de sa gloire. D'autres, déjà riches et parvenus au fermeté avait fini par en imposer à l'ennemi. Cette tactique, d'ailleurs, fut bientôt justifiée par les résultats et chacun put voir que Windthorst, en ne rendant pas les armes avant l'heure, n'avait pas cessé d'être un enfant soumis et un des plus vaillants soldats du Pape.

En politique, comme chacun sait, on juge de tout par l'événement. Le succès est le grand criterium et à cet égard, Windthorst ne saurait se plaindre de la destinée. Il a eu la consolation, avant sa mort, de voir l'édifice des lois de Mai ruiné de fond en comble. Et cette victoire complète, et qui a dépassé toutes les espérances, comment Windthorst, dans la mesure où elle peut lui être attribuée, l'a-t-il rendue, non seulement possible, mais facile et prompte ? Comment a-t-il su, en toute circonstance, déjouer les ruses perfides de l'ennemi et indiquer la voie la meilleure à sa propre armée ? Quelle promptitude de coup d'œil! Quelle énergie dans les décisions! Quelle activité infatigable! Sans doute, il avait reçu de la nature les dons les plus rares et il les avait cultivés avec une laborieuse persévérance ; mais ces dons, en des circonstances si difficiles, n'auraient pas suffi à assurer le succès, si Windthorst n'y avait joint des lumières et des forces surnaturelles. Il était ce que les Allemands appellent un homme complet, *ein ganzer Mann*, et, ce qui vaut mieux encore, un chrétien catholique dans toute la force du terme, c'est-à-dire instruit et pénétré de ses devoirs, et vivant avant tout de la vie de la grâce. Combien de fois n'a-t-il pas recommandé aux catholiques d'Allemagne de ne pas négliger la piété et la fréquentation des sacrements! Il n'oubliait jamais, à la fin de ses grands discours, où il avait déployé tant d'éloquence, de se recommander humblement à leurs prières. Au Reichstag même, il avait parfois des accents d'apôtre ; il osait exposer en docteur à ses collègues les grands principes du catholicisme, et telle était l'évidence de sa droiture et de la sincérité de ses convictions religieuses que personne alors n'aurait songé à les suspecter ou à les tourner en dérision. Catholique avant tout et intransigeant sur les principes, il était d'une affabilité extrême envers les personnes, et, sans excepter même ses plus grands adversaires, il ne comptait que des amis parmi ses collègues. Une de ses dernières photographies le représente s'appuyant sur le bras de son compatriote Miquel, et c'est un touchant spectacle de voir si intimement rapprochés de la sorte ces deux hommes que séparaient à la fois la politique et la religion. Combien de problèmes compliqués se dressaient devant Windthorst, et dont il n'aurait pas, s'il n'eût été chrétien, trouvé facilement la solution ! Maintenir dans l'union, malgré leurs divergences de vues, les membres de la fraction du Centre ; sacrifier lui-même, en mainte circonstance, ses idées personnelles pour le plus grand bien de la paix ; demeurer fidèle à la maison de Hanovre sans jamais oublier en quoi que ce soit ses devoirs de sujet prussien ; constituer un parti politique dont le but principal était la défense de l'Eglise et des intérêts religieux ; enfin mener à bien une entreprise si ardue sans avoir jamais cédé à la haine ou à l'orgueil et conquérant peu à peu l'estime et l'affection de tous, de ses adversaires comme de ses amis, quel ensemble de qualités morales et de vertus chrétiennes cela suppose ! Le fond même du caractère de Windthorst, et la grande cause de l'ascendant qu'il exerçait sur les autres, c'était son désintéressement absolu et à toute épreuve. Il avait tout sacrifié à sa cause, son temps, sa fortune, ses forces, et il aurait rougi jusqu'au fond de l'âme d'en tirer le moindre avantage humain. Un jour les catholiques d'Allemagne, reconnaissants des immenses services qu'il leur avait rendus, vinrent lui offrir une somme considérable pour qu'il pût avoir ici-bas une demeure digne de sa gloire. D'autres, déjà riches et parvenus au faîte des choses humaines, n'avaient pas refusé de tels présents ; lui, Windthorst, demeuré pauvre, répondit à ses coréligionnaires : Je vous remercie, mais avec cet argent, si vous voulez m'être agréables, construisez une seconde église catholique dans ma chère ville de Hanovre. Et ce désir a été exaucé, et aujourd'hui l'église Sainte-Marie est achevée, et c'est sous ses voûtes élancées, merveilles de l'architecture chrétienne, que reposent les restes mortels de Windthorst, le vainqueur à jamais illustre du Culturkampf. Toute l'Allemagne, on peut le dire, l'accompagna en quelque sorte à sa dernière demeure ; souverains, ministres, députés, tous les hommes ayant part aux pouvoirs publics, voulurent s'incliner devant son cercueil et lui rendre les honneurs suprêmes. Aucune voix discordante ne vint troubler le concert unanime d'éloges qui s'éleva de tous les points de la patrie germanique, fière d'avoir donné le jour à ce grand homme de bien. Et à côté des honneurs officiels et qui passent, combien de souvenirs pieux dans les cœurs catholiques, combien de prières émues dans les églises et les sanctuaires ! L'Eglise universelle s'est associée aussi à ces hommages et à ces regrets, car, même de loin, avec son instinct si sûr, elle avait reconnu en Windthorst un de ces hommes que Dieu prépare et envoie pour le salut de son peuple. Windthorst, père de quatre enfants, avait eu la douleur d'en perdre trois, parmi lesquels un jeune homme, âgé déjà de 25 ans, et qui donnait les plus belles espérances. Quel coup terrible pour son cœur aimant ! mais un de ses condisciples, devenu un haut dignitaire ecclésiastique, lui écrivit à cette occasion : « As-tu bien réfléchi aux raisons pour lesquelles Dieu peut-être t'a repris tes enfants ? Dieu veut te rendre ainsi plus libre, afin que dans le combat terrible qui se livre en Allemagne, tu puisses avec toutes tes forces te consacrer à la défense des droits de l'Eglise. Il me semble que plus que jamais tu dois envisager cette tâche comme une mission que t'imposent les dispensations de la Providence. » Windthorst, à coup sûr, comprit ces grandes paroles qui éclairent et résument si bien sa noble vie, et c'est pourquoi le peuple catholique, saluant en lui un des saints laïcs de notre époque, le place, dans sa reconnaissante vénération, à côté des O'Connel et des Garcia Moreno.

LA COUPE

DITE

DE CHARLEMAGNE

DU

TRÉSOR DE SAINT-MAURICE

La Coupe dite de Charlemagne.

LA COUPE

DITE

DE CHARLEMAGNE

DU

TRÉSOR DE SAINT-MAURICE

PAR

Fr. J.-J. BERTHIER

DES FRÈRES PRÊCHEURS

FRIBOURG

IMPRIMERIE ET LIBRAIRIE DE L'ŒUVRE DE SAINT-PAUL

259, RUE DE MORAT, 259

1896

LA COUPE

DITE

DE CHARLEMAGNE

DU

TRÉSOR DE SAINT-MAURICE

I. Description générale.

Deux ciboires sont dits de Charlemagne dans le Trésor de Saint-Maurice ; mais l'un d'eux s'appelle aussi la Coupe de saint Sigismond : il s'agit ici de celle qui se nomme simplement la Coupe de Charlemagne [1].

Ce ciboire est en argent doré ; il est formé de deux hémisphères qui dans la même mesure s'aplatissent aux pôles, se renflent au-dessus et au-dessous du cercle médial des deux bandeaux, et offrent ainsi le même profil. Il est supporté par un pied circulaire en doucine allongée. Sa hauteur est de $0^m 213$, non compris le centaure qui vient

---

[1] M. Ed. Aubert l'a décrite en deux pages de son beau volume *Le Trésor de l'Abbaye de Saint-Maurice*, p. 172. Mais cette description n'est détaillée ni pour le texte, ni pour les dessins ; et puis il s'y trouve quelques erreurs, en particulier sur l'origine et l'usage du centaure qui se voyait jusqu'ici dans l'intérieur du ciboire, et dont nous parlerons tout à l'heure.

d'être remis à sa place sur le couvercle, et la circonférence aux bandeaux qui terminent le couvercle et la coupe est de 0^{m}492.

L'hémisphère supérieur est surmonté d'un petit groupe représentant le centaure Chiron qui porte sur son dos le jeune Achille.

Il est orné de cinq médaillons circulaires appliqués contre l'ossature, et encadrés dans une double moulure qui enserre un chapelet de petites perles d'argent.

Les médaillons représentent :
L'Annonciation de la Vierge,
La Visitation,
L'Ange annonçant aux Bergers la naissance du Messie,
La Naissance du Messie,
L'Adoration des Mages [1].

Dans les espaces laissés vides par la partie inférieure des médaillons sont cinq triangles avec l'angle aigu en haut, dont les lignes suivent les contours des médaillons et du bandeau, et qui reste néanmoins séparés des médaillons par une petite plate-bande en pointillé ornée de rinceaux de feuillage. Chaque triangle porte un ange, toujours le même, vu à mi-corps et de face, les bras étendus, tenant de la droite un livre fermé, de la gauche un volume déployé, les ailes s'ouvrant toutes grandes au-dessus de la tête et formant pyramide pour remplir l'angle supérieur.

Le bandeau du couvercle est en retrait sur le profil accentué de la partie supérieure, et même des deux petites moulures qui l'encadrent ; il va se retrécissant légèrement de haut en bas, et est orné d'une délicieuse guirlande de feuillage sur fond pointillé.

Le bandeau de l'hémisphère inférieur ressemble exacte-

---

[1] On observera que les sujets ne sont pas rigoureusement dans l'ordre chronologique.

ment à celui que nous venons de décrire. Il porte également cinq médaillons semblables aux premiers, qui représentent :
Les Mages à cheval, marchant à la suite de l'étoile,
Les Mages chez Hérode,
Le massacre des Innocents,
La Présentation de Jésus-Christ au temple,
Le Baptême de Jésus-Christ [1].

Les espaces laissés vides par la partie supérieure des médaillons sont occupés par cinq anges également semblables entre eux, placés dans des triangles comme les premiers. Ils sont à mi-corps et de face, et tiennent la gauche étendue en orante, tandis que la droite tient un rouleau déployé. Le grand côté du triangle se trouve nécessairement en haut, et les ailes ont été déployées dans le sens horizontal de façon à remplir tout l'espace.

Le pied du ciboire se rattache à la coupe par une simple et étroite bague de perles.

A partir du petit ressaut qui termine la naissance, le pied est orné de trois médaillons elliptiques portant au milieu une figure de saint toujours la même. Le saint est assis, et regarde un peu sur sa droite. Sa main droite abaissée le long du corps tient une petite boule, la gauche ramenée sur la poitrine porte un livre fermé. L'espace laissé libre par les ellipses est occupé dans la partie supérieure par des tiges gravées que terminent des quatrefeuilles, dans la partie inférieure par des anges vus à mi-corps et encadrés dans un triangle dont les côtés suivent le contour des ellipses et de la circonférence du pied. L'un d'eux a disparu, et il ne devait pas différer des deux autres qui se ressemblent exactement. Ils ont les ailes mi-ouvertes et les bras abaissés.

---

[1] Pour s'expliquer complètement la présence de ce sujet parmi les autres, qui tous se rapportent à l'enfance du Sauveur, il faut se rappeler que l'Eglise célèbre, le jour de l'Epiphanie, la mémoire du Baptême divin.

Telle est la description générale de ce magnifique travail d'orfèvrerie, au point de vue matériel de sa construction que j'appellerai architectonique.

Dans l'ensemble, il est exquis d'élégance et de richesse bien comprise. Le profil est noble et parfaitement proportionné; l'ornementation, quoique abondante, ne crée aucune surcharge et ne nuit nullement à l'idée principale.

II. Documents historiques.

Malgré son nom, notre ciboire, il va sans dire, ne remonte aucunement jusqu'à Charlemagne.

Et d'abord les documents historiques où quelque mention s'en trouve, ne sont que d'une ancienneté fort relative.

Le premier est l'inventaire écrit de la main de l'abbé Milès (1550-1572) [1];

Le second est l'inventaire du 28 août 1659 [2];

Le troisième est l'inventaire de J. de l'Isle, abbé de Saint-Léopold de Nancy, et transmis aux Bollandistes, qui l'ont imprimé au 22 septembre [3].

L'inventaire de l'abbé Milès porte au n° 9, cette mention:

« Reliquiare sancti Caroli Magni, ecclesiæ datum, super quo victos infideles jurare faciebat ad fidem ei servandam [4]. »;

Celui de 1659, disait : « Crater quem dicunt fuisse

---

[1] Voir Ed. Aubert, *op. cit.*, p. 238.
[2] Aubert, *op. cit.*, p. 247.
[3] Aubert, *op. cit.*, p. 249.
[4] « Reliquaire de saint Charlemagne, donné à l'église, sur lequel il faisait jurer aux infidèles vaincus de lui conserver fidélité. »

Caroli Magni ; intro habet centaurum. Olim in eo fiebat vinagium [1] » ;

Celui de J. de l'Isle : « Crater Caroli Magni, vermiculatus [2]. »

Ces textes nous rapportent des faits légendaires, des faits probables, des faits certains.

Les faits légendaires sont que le ciboire vient de Charlemagne, et que celui-ci obligeait les infidèles à jurer sur ce ciboire de lui conserver fidélité.

Les faits probables sont qu'on y faisait le « vinagium » et même qu'on s'en servait pour une sorte de serment militaire, d'après les mœurs du moyen âge.

Les faits certains sont que dès 1550 ce ciboire était transformé en reliquaire, et que dès 1659 le centaure se voyait à l'intérieur.

Quant aux faits légendaires, ils n'ont aucune preuve en leur faveur. Les témoignages sont trop récents pour mériter même une prudente créance. Il en a été à Saint-Maurice comme ailleurs : on a attribué au grand empereur les belles œuvres anonymes qu'on ne savait attribuer à d'autres.

Au surplus le style de ce travail contredit absolument ces imaginations, comme nous verrons plus loin.

Le premier fait probable, est qu'on se servait de ce ciboire pour le « vinagium. »

Le mot « vinagium » a une signification multiple dans les documents du moyen âge. Il signifiait la burette du vin

---

[1] « Coupe qu'on dit être de Charlemagne. A l'intérieur, il y a un centaure. Autrefois, on y faisait le « vinagium. »

[2] « Coupe de Charlemagne, ornée de reliefs. » Le mot « vermiculatus » est employé ici dans une signification un peu singulière et très improprement. Il se dit plutôt des œuvres ornées de mosaïques, de marquetterie.

pour la messe, et on le faisait venir alors de « vinum » et « gero » ; il signifiait vinaigrier, et on le faisait venir de « vinum » et « acidum » ; il signifiait un impôt sur les vignes, ou encore la portion de vin que le vigneron devait donner au propriétaire, ou enfin toute espèce de prestation [1], et on le faisait dériver de « vinum » et « agere ».

Enfin il signifiait du vin bénit ou par des prières, ou par le contact de reliques ou de quelque image sainte. On le faisait dériver dans ce cas de « vinum » et ἅγιον, ou plus doctement de οἶνος et ἅγιος. M. Aubert qui mentionne uniquement cette signification, la seule d'ailleurs qui se rapporte à son sujet, en cite deux exemples : « Mulier ab inflammatione nimia sanatur sumpto vinagio..... Lijart, de Castellione super Sequanam, cœca illuminatur, oculis ad portam monasterii vinagio lotis [2]. » Dans les vieux rituels on trouve la *Benedictio vinagii*.

Est-ce que notre ciboire a servi pour cet usage ?

La tradition écrite l'affirme, depuis des siècles, la tradition orale le confirme, et il n'y a nul motif de le nier. Cette tradition conserve donc toute sa valeur.

En second lieu, si l'on se demande à quel autre usage il aurait pu être destiné, on ne voit pas qu'un autre puisse s'imposer. Il faut exclure l'idée d'un ciboire eucharistique, spécialement à cause du petit centaure qui primitivement était fixé sur le couvercle et servait à l'ôter : il y a trop de contraste entre un usage aussi sacré et le sujet du centaure.

Enfin, l'habitude que l'on a prise de conserver dans l'intérieur un certain nombre de reliques isolées en petits paquets, alors qu'on n'eût pas manqué de les enfermer dans des châsses et dans de véritables reliquaires, s'il n'y

---

[1] Cf. Ducange, *Gloss.*, voc. *Vinagium*.
[2] Aubert, *op. cit.*, p. 247. Il emprunte ces exemples à Ducange qui cite aussi D. Martène, *Anecd.*, t. III, col. 1893. On peut en voir d'autres chez Ducange, *Gloss.*, voc. *Vinagium*, 4, édit. Favre.

avait eu une raison de les conserver libres, nous confirme pleinement dans la pensée que la tradition est fondée au sujet du « vinagium ».

Quant au serment militaire ou civil qu'on aurait prêté sur ce ciboire, et que l'abbé Milès, dès 1550, fait remonter à Charlemagne, nous pouvons croire à une réalité cachée sous la légende. Tout en laissant de côté Charlemagne, nous devons nous rappeler qu'au moyen âge les chefs, surtout les chefs militaires, usaient effectivement de ce moyen, pour obtenir le serment de fidélité. Lorsque Dante, dans son *Purgatorio*, XXXIII, affirme que l'aigle de l'Empire « non teme suppe, » il fait allusion à cet usage, ou même à un fait spécial se rapportant à cet usage, nous voulons dire au vin que Philippe-Auguste fit boire à ses vassaux, avant la bataille de Bouvines, considérant cette participation à la même coupe comme un serment de fidélité.

Enfin nos documents, disions-nous, nous apprennent aussi des faits absolument certains.

Et d'abord dès le milieu du XVIe siècle ce ciboire était considéré comme un reliquaire. Etant donnée l'explication que nous venons d'indiquer au sujet du « vinagium », nous savons en quel sens il convient d'entendre l'expression « reliquaire. » On conservait des reliques dans l'intérieur soit pour sanctifier comme habituellement cette coupe, soit pour les approcher du vin dont on la remplissait lorsqu'on en faisait usage. C'est à raison de ce fait que ce soi-disant reliquaire n'était pas scellé, et qu'il nous fut si facile de l'ouvrir pour voir l'intérieur, lorsqu'il y a deux ans nous eûmes la pensée d'en prendre plus minutieusement connaissance.

Nous ferons remarquer en passant que l'abbé Milès employant l'expression de « reliquaire » sans aucune restriction ni explication, nous apprend implicitement qu'à son époque le ciboire était déjà rempli de ces reliques, mais que l'usage du « vinagium » n'existait plus depuis longtemps. Il semble qu'on avait perdu de vue le motif qui explique clairement et logiquement la présence de ces reliques dans ce reliquaire, présence manifestement insolite, si on ne se reporte à l'antique usage dont nous avons parlé.

Un autre fait certain c'est que dès 1659 le centaure se trouvait soudé dans l'intérieur du ciboire. Il est de toute vraisemblance que ce fait remonte à l'époque où le ciboire cessa de servir pour le « vinagium » et devint simplement reliquaire.

Tels sont les faits que racontent nos documents.

III. Antiquité du Ciboire.

Il nous reste à dire un mot de l'antiquité du ciboire.

M. Aubert a parfaitement exposé et résolu la question, et nous lui cédons la parole.

« Les archéologues qui ont admiré cette belle pièce d'orfèvrerie ne sont pas d'accord, m'a-t-on dit à l'Abbaye, sur l'époque à laquelle appartient sa fabrication. Les uns adoptant aveuglément la tradition, veulent y voir une œuvre du IXe siècle ; d'autres la rajeunissent outre mesure, et prétendent y trouver l'empreinte évidente de l'art de la première moitié du XVe siècle. Je crois qu'il faut chercher la vérité entre ces deux exagérations, et le Trésor de Saint-Maurice peut nous fournir déjà les moyens d'établir d'utiles rapprochements. Les médaillons de notre ciboire sont certainement postérieurs au bas-relief qui décore la base du chef de saint Candide : les costumes des personnages, la manière dont le métal est traité, l'ampleur des rinceaux, tout enfin nous en donne la preuve. En étudiant avec attention le travail fin et délicat des figures et des ornements du ciboire, le dessin de ces tiges surmontées de quatre feuilles, et en dernière analyse ce qui, je pense, est l'argument le plus concluant, les vêtements des personnages, je retrouve des analogies frappantes avec la châsse exécutée au temps de l'abbé Nanthelme. Les rois de la coupe portent la même couronne que les rois de la châsse; les costumes sont disposés de la même façon, et l'ordonnance des compositions a été conçue dans le même esprit [1]. » Nous ajouterons que les ornements sont de même goût et de même style. Or la châsse admirable, donnée par l'abbé Nanthelme, est datée; elle appartient à l'an 1225. La date de notre ciboire ne saurait donc descendre jusqu'au XVe siècle; la date du reliquaire de saint Candide appartient au XIe siècle, comme le démontre M. Aubert [2] : notre ciboire, qui lui est certainement postérieur, ne saurait donc remonter à Charlemagne. Si après cela on tient compte des ressemblances qui se remarquent entre la châsse datée de l'abbé Nanthelme, on peut conclure que notre ciboire appartient à la même période, si non au même artiste.

Puisque nous parlons du style de notre monument, nous ferons remarquer ici que l'orfèvre pour l'exécution des bas-reliefs s'est manifestement inspiré de l'antique. Non seulement il nous représentera dans le groupe du centaure un sujet exclusivement païen; mais sa manière de traiter les figures, dans ce groupe surtout, le costume absolument romain des rois, c'est-à-dire la tunique et le pallium agrafé

---

[1] Aubert, *op., cit.*, p. 147.
[2] *Op. cit.*, p. 161.

sur l'épaule ; les attitudes, l'ampleur des formes dans [...]
ques médaillons, tout nous démontre qu'il avait l'ima[gi]-
nation remplie des formes antiques. Et ceci est l'u[n des]
côtés les plus remarquables de notre monument.

Il nous faut arriver maintenant à la description [des]
détails.

IV. Description des détails.

1. **Le groupe de Chiron et d'Achille.** — Le petit gr[oupe]
du centaure, portant un enfant sur son dos, qui se [voit]
maintenant sur le couvercle et sert à l'enlever, se trouva[it]

Le groupe de Chiron et d'Achille.

jusqu'à ces derniers temps fixé au fond de la coupe [au]
moyen de trois rivets en fer, dissimulés dans la p[artie]
inférieure de la base circulaire.

C'est là que le vit M. Aubert, qui en parle en ces termes :
« A l'intérieur de ce monument, auquel je donne le nom de ciboire, parce que, malgré sa destination actuelle, sa

Le centaure dans le ciboire.

forme ne permet pas de le désigner autrement, à l'intérieur, dis-je, se trouve un objet bien peu en harmonie avec la composition éminemment chrétienne des sujets contenus dans les médaillons, et bien fait pour déconcerter les archéologues. Je veux parler d'une petite figurine fondue, ciselée et dorée, qui est fixée au fond de la coupe inférieure, et représente un centaure portant en croupe un jeune

Le ciboire sans le centaure.

enfant. Que signifie ce souvenir païen de l'éducation d'Achille ? [1] »

Lorsqu'il y a deux ans bientôt il nous fut donné d'examiner de plus près ce ciboire, nous remarquâmes nous

[1] *Op. cit.*, p. 174.

aussi au sommet du couvercle une sertissure dentelée, entourée d'un rang de petites perles, et restée vide. Nous en étions à nous demander comment elle avait été remplie jadis : par une pierre, par un médaillon ? C'était l'hypothèse de M. Aubert. Nous étions à la discuter avec nousmême comme un peu étrange pour un sommet de couvercle, lorsqu'ayant constaté que le reliquaire n'était point scellé, nous l'ouvrîmes pour voir l'intérieur. Ayant enlevé les paquets de reliques, nous trouvâmes le petit centaure fixé dans le fond, et sur un petit socle rond qui reproduisait à première vue les dimensions de la sertissure, et portait sur le bord les marques de grappins très fins qui l'avaient maintenu ailleurs que dans cette coupe. Une pensée nous surgit spontanée et évidente, savoir que le centaure avait été jadis placé sur le couvercle, que le socle en avait rempli la sertissure, et qu'enfin tout le mystère était expliqué. Quelque saint homme ne pouvant admettre le contraste entre ce sujet païen et ceux des médaillons, songea à y remédier, et ne trouva rien de mieux que de cacher le centaure dans l'intérieur et parmi les reliques. Heureusement il n'eut point l'idée de le détruire !

Il y a quelques mois, M. le chanoine Bourban, à qui l'histoire et l'archéologie de Saint-Maurice restent si grandement redevables, faisait remettre le groupe à sa place naturelle, où il se voit maintenant. Le monstre est au repos, arrêté sur ses quatre pieds, la queue tombant lentement jusqu'à terre. Il est ceint d'une sorte de collier, à la hauteur des épaules, là où commence la partie humaine. Il relève vivement le buste et la tête, se tournant à gauche avec affection et autorité, vers l'enfant son disciple. De la main droite il élève une coupe jusqu'à la hauteur de la poitrine, tandis qu'il reporte la gauche en arrière et se l'appuie sur la croupe. Le petit Achille vêtu simplement d'une courte tunique, et à califourchon sur le dos, saisit des deux mains le bras gauche de son maître, et le regarde avec affection et confiance.

Le corps du centaure est lourd, sans modelé ; les extrémités sont informes ; mais la tête, avec la barbe et les cheveux courts, la figure avec l'expression très caractérisée, l'enfant tout entier nous reportent en plein dans les souvenirs de l'art greco-romain. A n'en pas douter l'artiste connaissait des modèles antiques, de même qu'il empruntait à l'antiquité le sujet même de son travail.

Au surplus ce sujet n'était point rarement traité à cette époque. On le trouve parfois dans les miniatures du temps. Dante met des centaures à l'entrée de son enfer des abrutis, c'est à dire de ceux qui furent moitié hommes, moitié bêtes.

Dans notre monument, le groupe sert fort bien pour son usage, et s'harmonise très heureusement au point de vue des lignes, avec tout l'ensemble. Il mesure $0^m,043$ de hauteur, la base circulaire non comprise. Le diamètre de cette base entourée d'un anneau perlé est de $0^m,049$.

2. L'Annonciation. — La Vierge est debout et apparaît de face. Elle porte une longue tunique, ornée au dessous des genoux d'une large bande horizontale de broderie : un noble manteau lui enveloppe les épaules comme un pallium, et lui retombe sur les bras. La tête est entourée d'un voile. De la main gauche elle tient devant la poitrine un livre fermé, de la droite elle fait vers l'ange un geste explicatif. L'ange est également debout, et vu aux trois quarts, les grandes ailes mi-ouvertes. Il est vêtu d'une tunique et d'un vaste pallium. De la main gauche il relève un pli de son manteau ; de la droite il fait, l'index étendu et un peu élevé, un geste démonstratif à la Vierge.

L'artiste a traduit sans doute ce dialogue rapporté par saint Luc : Comment cela se peut-il faire, disait la Vierge ?

je ne connais point d'homme. — Rien de ce qui peut se concevoir n'est impossible à Dieu, répondait Gabriel. La puissance du Très-Haut descendra sur vous.

Au point de vue esthétique, nous ferons observer la vie

L'Annonciation.

et le saisissant de la scène ; au point de vue artistique, et en notant ce qu'il y a de trop grêle dans certaines parties, par exemple dans les bras des deux personnages, nous ferons remarquer encore combien la Vierge dans l'ensemble rappelle le style romano-byzantin, combien chez l'ange le corps qui apparaît puissant et fort sous les plis des draperies, nous reporte à la manière antique.

3. **La Visitation de la Sainte Vierge**. — Sous un portique roman les deux parentes se sont rencontrées et s'embrassent. La Vierge, la plus jeune des deux, est à gauche du spectateur.

L'empressement, la cordialité sont empreints dans les gestes et les attitudes. Elles sont toutes deux vêtues de la tunique et du manteau, et ont la tête couverte d'un voile semblable.

On voit ici tout le faire de l'artiste, qui entendait à

La Visitation de la Sainte Vierge.

merveille l'art des draperies, et était si habile à accuser les membres sous les plis. A ce point de vue, il n'a rien à envier aux anciens. La richesse et la vigueur des formes et des mouvements sont accusées avec une vérité bien comprise et très remarquable.

4. **L'Ange et les Bergers.** — La scène est sur une montagne. L'esprit céleste, malgré ses puissantes ailes, fait un grand pas en avant pour gravir le sommet, et rencontrer trois bergers qui se voient de l'autre côté.

L'ange les regarde, leur parle, et de la droite leur montre Bethléem. Les bergers sont éblouis. Deux sont debout et portent au front la main renversée comme pour s'abriter

L'Ange et les Bergers.

contre la lumière ; un troisième, plus jeune est assis plus bas, et lève le bras droit vers l'ange.

Les bergers sont vêtus de tuniques courtes, serrées par une ceinture, et les deux premiers portent en plus sur les épaules et la tête une sorte de byrrhus très naturellement plissé. Les démarches et les gestes des pâtres sont agités et violents, comme il convient à leur caractère. Le troupeau de moutons et de chèvres se voit en bas le long de la montagne. Une chèvre grimpe contre un petit arbre qui s'élève vers le milieu, un mouton se repose à gauche, d'autres broutent l'herbe : tout cela est d'un naturel excellent.

Ce bas-relief est l'un de ceux où s'accusent moins les

souvenirs anciens. On les retrouve néanmoins dans les formes puissantes de l'ange, qui rappelle la victoire antique, et dans le byrrhus des bergers.

5. La naissance du Sauveur. — Au premier plan la Vierge-Mère est couchée sur le flanc droit, regardant le spectateur, sur un lit que recouvrent de riches étoffes.

La naissance du Sauveur.

Elle a la tête appuyée sur la main droite, et soutenue par un coussin brodé en quadrillé; la main gauche est étendue le long du corps. Le vêtement et les couvertures laissent apparaître exactement la forme des membres.

Au second plan, dans une sorte de corbeille oblongue, placée sur un beau coffre, apparaît l'Enfant couché. Aux pieds est debout un ange qui des deux mains encense le nouveau-né; de l'autre côté saint Joseph médite assis et la tête appuyée sur sa main droite.

La scène, on le voit, est d'un réalisme absolu. La tête de la Vierge, encadrée dans ses longs cheveux est très belle, et rappelle les têtes romaines.

6. **L'adoration des Mages.** — La Vierge-Mère est assise sur un noble siège, tenant sur son genou droit le divin Enfant. Les trois princes sont devant lui, couronne en tête, vêtus de la tunique courte et du pallium.

Le plus âgé, qui se distingue par sa barbe plus longue,

L'adoration des Mages.

a fléchi un genou devant le Sauveur et lui offre son présent que l'Enfant reçoit d'une main, tandis que de l'autre il donne la bénédiction latine. Les deux autres sont debout et attendent leur tour. Ils élèvent la droite à la hauteur de l'épaule et font un geste de surprise ; de la gauche, recouverte d'un pan du pallium, ils tiennent leurs présents dans un récipient de forme arrondie.

26   LA COUPE DITE DE CHARLEMAGNE

Toute la scène est dominée par la main de Dieu qui apparaît d'un nuage et donne pareillement la bénédiction latine.

Le naturel et la vie des attitudes caractérisent toute la scène. Le groupe de la Vierge et de l'Enfant est de très grand style.

La main bénissante de Dieu nous reporte au moyen âge, les mains recouvertes par respect appartiennent plutôt à l'antiquité.

7. **Les Mages à la suite de l'étoile.** — Ils sont beaux et pleins de vie nos cavaliers royaux. Deux sont, l'un après l'autre, au premier plan ; le troisième, le plus jeune, est au

Les Mages à la suite de l'étoile.

second plan. Ils ont tous la couronne souveraine, à trois fleurons, sur la tête.

De la gauche, ils tiennent la bride de leurs chevaux, et de la droite ils montrent l'étoile. Les chevaux, magnifiquement harnachés, vont au galop, et le premier menace de se lever sur ses pieds d'arrière, mettant en péril l'équilibre du cavalier. La tête et le poitrail de ce cheval sont vraiment beaux de vigueur et de dessin.

On pourrait se demander si les Mages se rendent à Jérusalem ou s'ils s'en éloignent. Assurément ils s'y rendent, puisque le médaillon suivant représentera leur audience chez Hérode, et que l'étoile les guide.

8. **Les Mages devant Hérode**. — Le souverain couronne en tête, est assis, sur son trône. Il est vêtu de la tunique

Les Mages devant Hérode.

et du pallium ; il pose très naturellement la main droite sur son genou et tient l'autre à la ceinture. Un serviteur est debout derrière lui, faisant un geste vers les Mages. L'attitude et la physionomie du roi indiquent une attention pleine d'inquiétude et de colère.

Les trois Mages sont debout devant lui, portant également la couronne, et sont vêtus de tuniques courtes et du pallium. Le plus âgé parle à Hérode et lui fait de la droite un geste explicatif, mais il tient la gauche enveloppée dans un pan du manteau. Les deux autres ont une main enveloppée de la même manière : détail qui nous reporte encore vers l'antiquité.

Le second Mage écoute avec calme l'entretien, mais le troisième se retourne comme pour s'éloigner et fait de la gauche un geste d'effroi.

Le personnage le plus expressif et le plus beau est Hérode, très remarquable par son attitude d'homme inquiet et violent.

9. **Le massacre des Innocents.** — Le spectacle est atroce. Hérode, couronne au front, vêtu d'une tunique brodée et d'un pallium qui lui ceint le corps, est assis sur un coussin orné. Il fait de la droite un geste impératif, et appuie la gauche au flanc. L'attitude est raide, comme il convient à son caractère et à sa besogne. Il a devant lui un serviteur assis par terre, qui tient des deux mains par la pointe du fourreau et élève devant lui un glaive romain.

Au second rang apparaissent trois soldats en cotte de mailles. L'un porte au bout de sa lance un enfant enfilé par les reins, et le pauvre petit agite violemment pieds et mains ; un autre regarde férocement le spectacle et porte une hache sur l'épaule ; le troisième étrangle un nouveau-né, que la mère désespérée et renversée au premier plan, cherche à lui arracher. On remarque aussi à gauche un petit cadavre décapité, la tête jetée à ses pieds.

C'est la brutalité bestiale, dans son expression la plus simple et la plus terrible. L'attitude d'Hérode est particulièrement frappante. Son geste de la droite commandant le massacre est effrayant de calme et de cruauté.

Nous ne saurions oublier que ce bas-relief a une importance à part pour résoudre la question chronologique.
Ailleurs déjà nous avons énoncé notre pensée ; il faut

Le massacre des Innocents.

redire ici que le costume des soldats nous reporte exclusivement au XIIIme siècle.

En même temps la forme du glaive droit, à poignée et
garde droites, porté par le serviteur devant Hérode nous
apprend de nouveau que notre orfèvre avait sous les yeux
ou dans la mémoire des modèles antiques.

10. **La Présentation de Jésus-Christ au temple** [1]. — Le
prêtre est debout à côté d'un autel ; il est tête nue et étend

---

[1] Aubert croit qu'il s'agit ici de la Circoncision. Cf. *Op. cit.*, p. 137.
M. — L'offrande des colombes montre que notre bas-relief figure plutôt
la Présentation.

en avant pour recevoir l'Enfant ses deux mains. La gauche est couverte des pans de son manteau, en signe de respect. La Vierge, voilée cette fois, se présente et offre son Enfant qui tend les bras au vieillard. Elle est suivie de saint

La Présentation de Jésus-Christ au temple.

Joseph qui sur son bras droit, pareillement couvert du manteau, tient son offrande, c'est-à-dire une colombe.

Une jeune femme vient ensuite, qui porte elle aussi une colombe de la main droite, également recouverte.

Le modelé est très puissant, et l'ensemble plein d'harmonie et de grandeur. La Vierge surtout, par la force et la vigueur du style, mérite d'attirer l'attention.

La jeune femme qui termine le cortège est très gracieuse et pleine de naturel dans la démarche. On remarquera avec quel art l'orfèvre lui fait rejeter en arrière le bras gauche qui porte l'offrande, pour rendre l'action visible et remplir le vide dans le médaillon.

11. **Le Baptême de Jésus-Christ.** — Le Christ est plongé jusqu'à mi-corps dans l'eau amoncelée devant lui. Il a à sa gauche saint Jean-Baptiste qui, penché en avant, lui appuie la gauche sur l'épaule, et de la droite lui verse l'eau sur la tête : à sa droite est debout un ange aux grandes ailes qui

Le Baptême de Jésus-Christ.

tient la tunique du divin Maître. Le Sauveur serre les deux mains élevées devant sa poitrine. La figure du Précurseur est pleine de force et d'énergie.

Dans l'eau on voit nager des poissons de diverses espèces et fort reconnaissables : le turbot, l'anguille, la scie, etc.

C'est le dernier bas-relief de cette très belle série.

12. **Les anges et les saints.** — Il resterait à nous demander si les trois séries d'anges qui ornent le couvercle, la coupe et le pied du ciboire offrent une autre idée que celle d'une simple ornementation. Si l'on veut faire

soi-même et supposer chez l'artiste un peu de théologie scholastique et de symbolisme, il n'est pas impossible de l'affirmer. Et en effet, les anges du couvercle tiennent de

Un ange du couvercle.

la droite un livre, de la gauche un rouleau déployé ; ceux de la coupe tiennent de la droite un rouleau, et élèvent la gauche qui ne porte rien ; ceux du pied abaissent les deux mains et ne tiennent ni volume ni rouleau. Il semble manifeste qu'il y a dans cette différence une intention chez l'artiste.

Le livre et le rouleau signifient d'ailleurs science et contemplation : la main vide et le geste signifient l'activité. Nous avons donc ici un mélange de contemplation et d'activité diversement combinées.

En second lieu, les ailes, par leur direction diverse,

offrent une signification analogue. Chez les anges de la série supérieure, elles s'élèvent vers le ciel, chez ceux de la série moyenne, elles s'élèvent horizontalement, chez ceux de la série inférieure, elles s'abaissent vers la terre. Nous avons ici, dès lors, une confirmation de l'idée

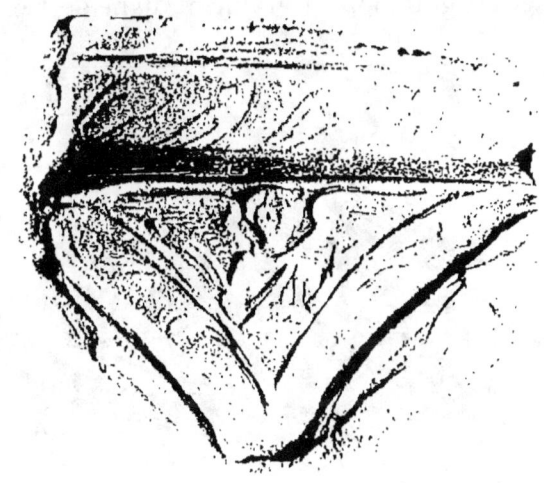

Un ange de la coupe.

symbolisée par les bras. Si l'on combine cette idée avec le fait que nous avons ici trois séries, et que la contemplation s'affirme chez les anges de la série supérieure, l'action chez ceux de la série inférieure, l'une et l'autre chez ceux de la série moyenne, nous avons précisément une doctrine analogue à celle que l'on invoque pour diviser les anges en trois hiérarchies : la première, qui contemple les raisons des choses en Dieu lui-même ; la seconde, qui les considère dans les lois universelles ; la troisième, qui en dirige les applications particulières [1]. Nous croyons,

[1] Cf. *Sum.*, I', q. 108, a. 6.

par conséquent, que notre artiste a voulu symboliser les trois hiérarchies célestes.

Les figures qui remplissent les médaillons elliptiques du pied nous montrent sans doute les saints et les élus. Nous avons ainsi les anges et les saints qui entourent et adorent le Verbe incarné, représenté dans les grands médaillons.

La pensée est grandiose et vraiment digne de l'exécution.

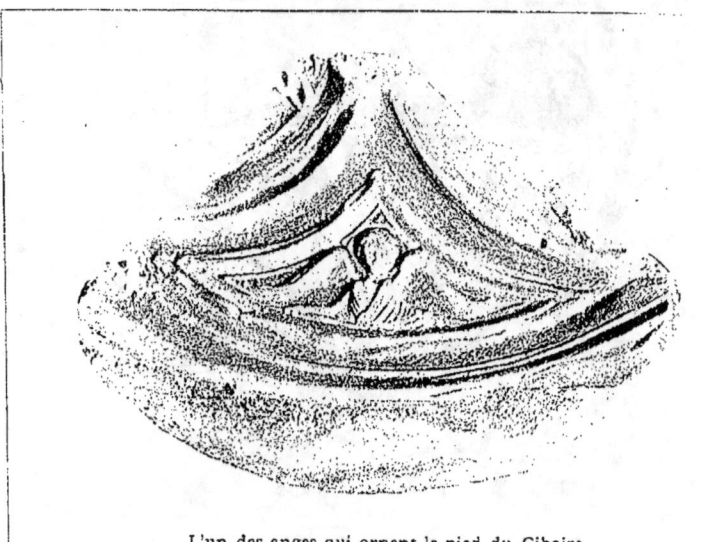

L'un des anges qui ornent le pied du Ciboire.

Heureux le temps où les artistes n'auraient pas consenti à consacrer leur talent et leur travail à des œuvres sans pensée, ou à des œuvres inspirées par des pensées viles ou coupables! Heureux encore le temps où les artistes, réalistes au vrai sens du mot, non contents de nous représenter la beauté spécifique, avec sa froideur sans vie et sans expression, cherchaient cette beauté sans doute, mais à l'imitation de Dieu, s'efforçaient en même temps de lui donner une expression individuelle et vivante, remplissant ainsi une lacune dans l'idéal des anciens, bien inférieur sous ce rapport à l'art inspiré par la civilisation chrétienne.

L'un des saints qui ornent le pied du Ciboire.

Le monument que nous venons d'étudier est remarquable à ce point de vue.

Le Ciboire de Charlemagne est ainsi l'un des joyaux du Trésor si riche de Saint-Maurice.

Il convient de rendre ici hommage à la prudence séculaire, aux soins intelligents avec lesquels ces objets ont été conservés.

C'est grâce à cette sollicitude traditionnelle que le Trésor de Saint-Maurice résume admirablement l'histoire de l'orfèvrerie depuis le Ve siècle jusqu'à l'époque récente.

APPENDICE

Dessin à l'intérieur de la coupe de saint Sigismond. — Nous disions au début de cette étude que l'on conserve dans

Dessin à l'intérieur de la Coupe de saint Sigismond.

le Trésor de Saint-Maurice un autre ciboire dit Coupe de Charlemagne, et aussi Coupe de saint Sigismond. Il a là forme et l'âge du précédent, mais il n'est orné de l'extérieur que de feuillages tracés en demi-cercle, sur le bandeau central, et de douze arcs de cercle sur les renflements des hémisphères. M. Aubert les a décrits et gravés dans son livre sur le Trésor de Saint-Maurice[1].

Mais dans sa description il ajoute : « On dit que l'intérieur du ciboire, devenu reliquaire, est orné de dessins gravés et dorés d'un goût exquis. Je n'ai pu le vérifier [2]. » Nous avons été plus heureux que lui. Il y a effectivement deux dessins presque identiques à l'intérieur dans le fond de la coupe et dans le fond du couvercle. Celui du couvercle a été détérioré, et on en a enlevé les gracieuses extrémités ; l'autre au contraire est fort bien conservé, et nous sommes heureux de mettre sous les yeux du lecteur une reproduction de cette ornementation que nous aussi nous trouvons exquise. On dirait, à certains points de vue, une œuvre arabe [3], bien que les autres dessins soient romans.

[1] *Trésor de l'Abbaye de Saint-Maurice*, p. 175, et pl. xxxv.
[2] *Op. cit.* p. 176.
[3] Voir le marteau de la mosquée de Bou-Médine, dans le *Tour du monde*, vol. xxx, p. 327.

L'ENSEIGNEMENT A ST-MAURICE

DU

V^e AU XIXe SIÈCLE

L'ENSEIGNEMENT

A

SAINT-MAURICE

DU

V^E AU XIXE SIÈCLE

PAR

PIERRE BOURBAN

CHANOINE DE L'ABBAYE DE SAINT-MAURICE
PROFESSEUR DE THÉOLOGIE ET ARCHIVISTE

FRIBOURG

IMPRIMERIE ET LIBRAIRIE DE L'ŒUVRE DE SAINT-PAUL
259, rue de Morat, 259

1896

L'ENSEIGNEMENT A ST-MAURICE

DU Vᵉ AU XIXᵉ SIÈCLE [1]

Si nous jetons un regard sur l'histoire de la vie monastique, à travers les âges, nous voyons toujours les Ordres religieux naître en face des grands besoins d'une époque, en présence des grandes calamités que les pouvoirs civils ne pouvaient conjurer par leurs propres forces. Ainsi il en a été des Moines d'Orient et des Moines d'Occident; des Ordres de chevalerie aux croisades et des Ordres prêcheurs au moyen âge.

Les fondateurs d'Ordres, doués par la Providence d'une admirable perspicacité sur les besoins des temps et d'une profonde connaissance du cœur humain, ont légué aux générations futures des Règles ou codes de vie, qui les ont fait placer bien au-dessus des plus sages législateurs de leur temps.

Dans son grand et bel ouvrage sur *La Chevalerie*, Léon Gautier a dit avec raison : « On peut dire, en effet, que tout institut monastique a été conçu dans le génie d'un seul homme. » Pour atteindre les fins diverses des Ordres monastiques, il fallait, quoique à des degrés différents, la

---

[1] Communiqué à la réunion générale de la *Société helvétique de Saint-Maurice*, le 3 octobre 1895.

science. C'est pourquoi ils sont devenus les grandes écoles du haut moyen âge. C'est là que les sciences sacrées et profanes se sont réfugiées, à l'invasion des Barbares. Des raisons spéciales mettaient les moines dans la nécessité constante de l'étude. D'abord la méditation des Livres Saints a été un des grands leviers spirituels employé dans tous les Ordres. Ces livres, pour les avoir, il fallait les transcrire. Leur lecture continuelle offrait un perpétuel objet d'étude.

Nous ne devons pas oublier ensuite que les bibliothèques des monastères et des églises cathédrales étaient les seules possibles à cette époque. Le prix des manuscrits était si élevé que les plus riches mêmes ne pouvaient se les procurer en nombre un peu considérable.

Les moines produisaient eux-mêmes leurs rayons de bibliothèque comme les ruches d'abeilles produisent leurs rayons de miel.

Les études avaient donc, par la force des choses, pour centre d'activité et de rayonnement, les bibliothèques monastiques.

Avec les documents qui nous restent encore, nous voudrions jeter un rapide coup d'œil sur le rôle de l'Abbaye de Saint-Maurice dans l'enseignement, à travers les âges.

A cet effet, nous indiquerons, à grands traits, les contributions intellectuelles et matérielles que cette Abbaye, aux temps de ses prospérités ou de ses vicissitudes, a apportées à l'édifice de l'enseignement.

Le Ve siècle et les premières années du VIe

(PREMIÈRE PÉRIODE MONASTIQUE A AGAUNE)

Dès le Ve siècle, nous trouvons des relations intimes entre Saint-Maurice et l'Abbaye de Condat, plus tard de Saint-Claude, dans le Jura. Un moine contemporain des premiers Abbés saint Romain, saint Lupicin et saint Oyan, écrit leur vie. Il la dédie aux moines d'Agaune, Jean et Armentaire, qu'il considère comme des maîtres. C'est à leur prière qu'il a entrepris cette œuvre. Les Moines d'Agaune voudront bien être pleins d'indulgence pour les défauts littéraires de son travail. Mais il ne peut résister à leurs supplications [1].

A la fin du Vᵉ siècle, vivait à Saint-Maurice un Abbé illustre par les guérisons presque sans nombre que Dieu opérait à sa demande. C'était saint Séverin. Le médecin de Clovis, après avoir épuisé les ressources de l'art auprès de son royal malade, fait chercher saint Séverin à Agaune, pour l'amener à Paris. A la prière du saint Abbé, Clovis recouvre miraculeusement la santé.

La vie du grand thaumaturge est écrite par Fauste, disciple de saint Séverin [2]. Ce qui prouve que pendant l'invasion des Barbares, Agaune restait la gardienne des lettres.

De la fondation de saint Sigismond à la fin du règne de Charlemagne

(DEUXIÈME PÉRIODE MONASTIQUE A AGAUNE)

Une fondation d'un nouveau genre allait éclipser tout ce qui avait été fait jusqu'alors autour des ossements des Thébéens.

Sigismond, le jeune roi de Bourgogne, venait d'abjurer l'arianisme et d'être associé à la royauté de son père. Saint Avit, archevêque de Vienne, et saint Maxime, évêque de

---

[1] *Acta Sanctorum*, Bolland., 28 februarii. *Praefatio Auctoris*.
[2] Mabillon, *Acta Sanctorum Ordinis S. Benedicti. Vita S. Severini*, pag. 568.

Genève [1], le pressaient d'organiser en l'honneur des Martyrs thébéens à Agaune, une œuvre digne d'une main royale.

Sigismond convoque, en effet, en 515 (ou 516) à une assemblée solennelle à Agaune, un grand nombre d'évêques et de comtes de son royaume.

Aidé de leurs conseils, le jeune roi se dépouille d'une partie de ses domaines, pour établir autour du sépulcre déjà glorieux des Thébéens, la psalmodie perpétuelle, ce *Laus perennis* qui durait sans interruption le jour et la nuit.

L'œuvre de saint Sigismond enthousiasmait le royaume de Bourgogne. Pour la réaliser, il fallait avoir recours aux grands monastères des contrées voisines. Cinq légions de moines partaient à la fois des plus illustres monastères des Gaules pour venir se fixer autour de la basilique des Thébéens. Des Abbés placés à la tête de monastères florissants, confiaient leur charge à d'autres, et accouraient pour se faire moines à Agaune. De ce nombre étaient saint Hymnemodus de Grigny (Vienne en Dauphiné) et saint Ambroise de l'Ile-Barbe, à Lyon. Et comme la science s'était réfugiée dans les monastères, Saint-Maurice devenait, par cette heureuse immigration, le grand centre où s'étaient réunies les connaissances sacrées et littéraires du royaume burgonde.

Dans ses *Moines d'Occident*, Montalembert a dit, avec raison, d'Agaune : « Il fut dès lors la métropole monastique du royaume de Bourgogne tant de fois détruit et tant de fois restauré [2]. »

L'enseignement devint une nécessité pour renouveler,

---

[1] *Charte de fondation*, copie du XIIe siècle aux Archives de l'Abbaye. — *Vitae primorum Abbatum Agaunensium*, par un moine d'Agaune, leur contemporain, apud Bolland. — *Acta SS.*, 2 Nov.

[2] Le comte de Montalembert, *Les Moines d'Occident*, page 257.

par de nouvelles recrues, cet immense peuple de moines. De plus, les nombreux livres d'église que réclamait le *Laus perennis*, devaient maintenir une activité fébrile chez de nombreux copistes.

La vie des quatre premiers saints Abbés de l'institution de saint Sigismond, écrite par un contemporain, nous a laissé quelques renseignements sur l'illustre maître Achive. Grand par sa sainteté, il était par ses vastes connaissances la merveille de son siècle. « La crainte du Seigneur, y est-il dit, avait façonné à la fois son esprit et sa chair. Parmi les bienfaits qu'il avait mérités du ciel, on admirait sa prodigieuse mémoire. Elle était si fidèle qu'elle retenait intégralement tout ce qu'il lisait. Il arriva ainsi qu'il sut par cœur à peu près tous les livres ecclésiastiques. Les interprétant avec une sainte ardeur, il devint un maître illustre [1]. C'était aussi un prédicateur distingué, qui joignait à ses manières une exquise bonté et un grand amour pour les âmes. »

La mort avait, en quelques années, couché dans la tombe deux Abbés illustres par leur sainteté et leur talent organisateur. Les moines élevèrent Achive au siège abbatial. Il continua sa vie de maître; et, sur son tombeau, on joignit aux autres louanges ces mots : *Abbas electus docuit* [2], devenu Abbé, il resta professeur [3].

Son successeur Probus, d'un caractère à la fois gai et

---

[1] *Vita primorum Abbatum Agaunensium* a monacho coævo, apud Bolland. 2 Nov.

[2] *Ibidem*.

[3] Avant la publication des *Actes* de saint Achive, par les Bollandistes, l'Abbaye de Saint-Maurice avait conservé dans ses chroniques et ses traditions le souvenir de la sainte et vaste érudition de ce moine. L'Abbé Jodoc de Quartéry, dans sa *Nomenclatura Abbatum Cœnobii Sancti Mauricii Agaunensis*, nous a laissé ces paroles : « ... Jam odor ejus sanctitatis ubique diffusus erat ita ut appelaretur pater futuri

bon, était le grand inspirateur de la musique. Sa vie, écrite en vers, nous le dit :

> Pulchra mansit semper lætanti pectore fides
> Et caritatis tenor persistens corde sagaci.
> Noctibus insomnis, vigil divina gratia psalmos
> Cithara decem chordarum psallebat consona corde
> Dulciter consensu mentis sonabant tympana choro

Mais, dans ce VIe siècle où les documents sont si rares que chacun vaut tout un trésor, après avoir parlé des maîtres d'Agaune, tâchons de signaler quelques élèves de cette école monastique.

N'est-ce pas à cette école qu'il faut attribuer la formation de cet anonyme probablement moine qui, dans le milieu du VIe siècle, donnait, dans un beau latin encore, une nouvelle rédaction aux *Actes des Martyrs thébéens* ? Conserver une pareille élégance latine au milieu des déformations barbares presque générales, c'était rendre un haut témoignage au goût et au niveau intellectuel du milieu dans lequel il avait été formé.

L'historien des Gaules, saint Grégoire de Tours, consacre dans ce VIe siècle à un élève d'Agaune presque tout un chapitre dans son ouvrage *De gloria Martyrum*.

« De grands prodiges, nous dit-il [1], s'opèrent autour du tombeau de saint Maurice et de ses compagnons. Je renonce à les raconter tous et je me bornerai à un petit nombre. Une femme amena un jour, au monastère d'Agaune, son fils unique tout jeune encore. Elle le confia

---

seculi. Contemplationi summe deditus fuit ex qua facies ejus sæpe in solem mutata est. Omnes nodos Scripturæ sacræ potuit solvere; et in fine ita concludebat : Ego enim accepi a Domino quod et tradidi vobis. »

[1] Gregorius Turonensis *De gloria Martyrum*, I, LXXVI. *De sanctis Agaunensibus*.

à l'Abbé pour qu'il l'instruisît. La bonne mère voulait que son fils fût préparé à la cléricature, et qu'il fût consacré tout entier à célébrer les louanges des Martyrs thébéens [1]. Déjà le jeune homme a acquis au monastère d'Agaune la science des lettres sacrées. Au chœur, il chante des psaumes avec les moines, lorsqu'il est pris subitement d'une légère fièvre et meurt. »

Montalembert, traduisant Grégoire de Tours, nous a raconté ainsi les larmes et les visions de cette mère éplorée :

« Sa mère, au désespoir, vint l'ensevelir, puis revint chaque jour gémir et pleurer sur sa tombe. Une nuit, elle vit en rêve saint Maurice qui voulut la consoler, mais elle répondait : « Non, non, tant que je vivrai, toujours je pleurerai mon fils, mon unique enfant. — Mais, répliqua le Saint, il ne faut pas le pleurer comme s'il était mort : il est avec nous, il jouit de la vie éternelle, et demain, aux Matines du monastère, tu entendras sa voix parmi le chœur des moines ; et non seulement demain, mais tous les jours et tant que tu vivras. » La mère se leva aussitôt et attendit avec impatience le premier coup de Matines pour courir à l'église des moines. Le chantre ayant entonné le répons, lorsque les moines en chœur eurent repris l'antienne, la mère reconnut aussitôt la voix de son cher enfant. Elle rendit grâces à Dieu, et chaque jour, trompant ainsi sa douleur et sa maternelle tendresse, pendant le reste de sa vie, dès qu'elle s'approchait du chœur, elle entendait la voix de son fils bien-aimé se mêler à la douce et sainte harmonie du chant liturgique [2].

Et nous aussi, il nous semble l'entendre retentir à travers les âges, cette voix de l'enfant, *vocem infantuli*,

---

[1] Le cérémonial pour l'offrande des enfants au service des autels dans les monastères est donné dans la Règle de saint Benoît, chap. LIV.
[2] Gregor. Turon., *De gloria Martyr.*, c. LXXVI.

de toutes les mélodies que l'oreille humaine puisse recueillir, la plus pure, la plus chère, la plus voisine du ciel [1]. »

Un jour, un poète valaisan pleurant sur la tombe d'un fils mort au printemps de la vie, à l'âge de huit ans, chercha à tempérer ses larmes et à guérir la blessure de son cœur. Il chanta, dans une charmante poésie, la sainteté de l'étudiant du monastère d'Agaune, les larmes et les visions de la mère [2].

Le poète, vous l'avez deviné, était un ancien élève de Saint-Maurice, M. Charles-Louis de Bons.

Dans ce même VIe siècle, nous trouvons, à l'école monastique d'Agaune, une autre fleur qui ne fut pas comme la précédente cueillie au printemps de la vie. Elle a eu le temps de s'épanouir et de porter des fruits. C'est saint Amé, le fondateur de Notre-Dame du Sex. Dès le commencement de ses études jusqu'à la maturité de son talent, sa formation est l'œuvre et la gloire exclusive de l'école monastique de Saint-Maurice. L'école d'Agaune avait étendu sa réputation dans tout le royaume de Bourgogne. C'était dans la seconde moitié du VIe siècle. La noblesse et la culture intellectuelle de l'ancienne société romaine revendiquèrent pendant longtemps une place spéciale dans la société organisée par les Barbares. Pour les premiers Abbés venus à Agaune après la restauration de saint Sigismond, on indiquera si leur origine est romaine ou barbare. Il en sera de même pour l'élève. Il est d'origine romaine. Dans un bourg de la célèbre cité de Grenoble, vit une noble famille romaine. Le père s'appelle Héliodore. C'est un chrétien fervent. Il a un fils du nom d'Amé qu'il voudrait voir livré aux veilles monastiques. Le jeune homme est ainsi offert à la

---

[1] Montalembert, *Les Moines d'Occident*, t. II, page 305.
[2] *Almanach de l'Institut*, 1875.

basilique de Saint-Maurice comme un don agréable à Dieu.

« Peu de temps après, le jeune Amé prend place parmi les étudiants de l'école d'Agaune. Il est le premier parmi les meilleurs... *Inter scholares imbutus, primus in bonis habetur.* »

Sa vocation répondait aux désirs de son père. Il se fit moine dans la basilique de Saint-Maurice.

Déjà il avait passé trente ans dans la psalmodie perpétuelle, le *Laus perennis* de saint Sigismond, lorsque pressé par le désir d'une solitude plus profonde, il monta à travers des roches escarpées et alla se fixer sur une esplanade du rocher, à cent mètres environ de hauteur. Ses Actes, écrits par un contemporain, nous disent les rudes austérités de sa vie et les miracles opérés à sa prière.

Trois ans de sainteté passés dans cette solitude avaient fondé le pèlerinage de Notre-Dame du Sex et préparé Amé à un nouveau champ d'activité.

Toute sa formation est due à l'école monastique d'Agaune. Il est le grand orateur de son époque. Sa parole éloquente et facile est admirablement servie par une haute sainteté, un visage serein et un aspect d'une gaîté attrayante [1].

De son éloquence, il remue les villes d'Austrasie. Un personnage de la cour, du nom de Romaric, renonce aux grandeurs et aux vanités de ce monde et se fait disciple de saint Amé. Les deux saints fondent à Remiremont, dans les Vosges, deux grands monastères. Dans le monastère des religieuses, saint Amé parvient à introduire la psalmodie perpétuelle du monastère d'Agaune.

Après une vie pleine de prières, d'austérités, d'œuvres et de miracles, celui que l'école d'Agaune avait formé, laissa l'administration de ses œuvres et de ses monastères

---

[1] Bolland., *Acta SS.*, 13 septembre.

à saint Romaric. Saint Amé avait été son maître ; il l'avait amené des splendeurs de la cour d'Austrasie aux rudes pénitences de son institution monastique.

Pendant une longue période, les documents traitant directement de l'école d'Agaune, nous manquent entièrement. Nous serons obligés d'y suppléer par la législation sur l'école, et de montrer que ces lois ont dû avoir leur application à Saint-Maurice.

Nous sommes à l'époque de Charlemagne. Tout le monde sait que cet empereur fut non seulement un grand conquérant, mais aussi un protecteur zélé de l'instruction à tous les degrés, depuis l'Ecole palatine, la *Schola palatina*, jusqu'aux écoles populaires.

Dans les *Capitulaires* de Charlemagne, nous trouvons une loi qui oblige toutes les églises épiscopales *et tous les monastères* d'avoir une école pour les jeunes gens. Nous y voyons les grandes lignes du programme de l'enseignement : on leur apprendra « les psaumes, les notes, le chant, le calcul et la grammaire [1]. »

L'empereur demandait que la plus grande surveillance fût exercée sur les livres. Il leur faut des livres catholiques bien corrigés et contrôlés, afin que les jeunes gens ne s'exposent point à dire des choses indignes de la Majesté divine. Les maîtres auront soin d'empêcher leurs élèves de corrompre le sens des livres, soit qu'il s'agisse de la lecture, soit qu'il s'agisse de la transcription [2].

---

[1] « Et ut scholæ legentium puerorum fiant, psalmos, notas, cantus, compotum, grammaticam *per singula monasteria*, vel Episcopalia discant. » Capitula Regum Francorum, lib. I, cap. LXXII.

[2] Sed et libros catholicos bene emendatos habeant, quia sæpe dum bene aliquid Deum rogare cupiunt, per inemendatos libros male rogant, et pueros vestros non sinatis vel legendo vel scribendo corrumpere. Et si opus est Evangelium et Psalterium, et Missale scribere, perfectæ ætatis homines scribant cum omni diligentia. » *Capitula Regum Francorum*, lib. I, cap. LXXII.

Charlemagne a dû tenir particulièrement à l'exécution de cette loi dans les monastères qui étaient l'objet de sa spéciale sollicitude. Or de ce nombre était le monastère de Saint-Maurice d'Agaune. Son cousin, saint Althée, y était Abbé. Il reçut l'Empereur qui passa quinze jours dans la prière, à la basilique des Martyrs thébéens, et donna au monastère d'immenses possessions en France. Le prieuré de Semur, au diocèse d'Autun, possédé par l'Abbaye de Saint-Maurice jusqu'au XVIIe siècle, a été fondé avec les largesses de Charlemagne. L'Empereur avait pris saint Althée pour l'accompagner dans un de ses voyages de Rome [1].

Nous pouvons donc considérer l'école monastique d'Agaune bien vivante et pleine de l'impulsion donnée par la législation de Charlemagne.

La loi avait été si bien exécutée dans le nouvel empire d'Occident, que l'école publique, l'*école monastique* et les leçons privées données par les prêtres étaient signalées comme une chose partout existante. D'après le Concile de Mayence, convoqué par Charlemagne en 813, c'est à ces écoles que les parents doivent envoyer instruire leurs enfants. Les chrétiens qui, par leur faute, n'auront pas l'instruction religieuse nécessaire, seront punis par le jeûne ou par d'autres peines. Ceux qui ne peuvent pas l'apprendre dans la langue *latine*, l'étudieront dans la langue *vulgaire* [2].

---

[1] Bulle du Pape Adrien Ier, précédée d'une notice historique sur le passage de l'Empereur à Saint-Maurice. Copie du XIIe siècle, aux Archives de l'Abbaye.

[2] ... « Nolumusque ut disciplinam condignam habeant; qui haec discere negligunt, sive jejunio, sive alia castigatione emendentur. Propterea dignum est, ut filios suos donent ad *scholam,* sive *ad monasteria,* sive *foras presbyteris,* ut fidem catholicam recte discant, et orationem dominicam, ut domi alios edocere valeant. Et qui aliter non potuerit, vel in sua lingua hoc discat. » *Concilium Moguntiacum,* Can. XLV, *Concilia,* edit. regia., t. XX.

De l'époque carlovingienne au XIIᵉ siècle

(TROISIÈME PÉRIODE DE L'HISTOIRE DE L'ABBAYE D'AGAUNE)

Charlemagne était resté l'âme de cet empire créé par son génie. Sa pensée religieuse et politique animait, vivifiait et soutenait puissamment cette œuvre colossale. Sa mort fut une irréparable perte. Dès que le puissant élan imprimé par son génie cessa d'agir sur les hommes et sur les institutions, l'édifice s'ébranla et ne tarda pas à s'écrouler.

Louis-le-Débonnaire donna l'Abbaye de Saint-Maurice, que son père avait protégée, en commende à son fils illégitime Arnoul, qui devait la ruiner.

Les moines fervents furent dispersés. Et là où l'on n'entendait que le chant et la prière, Arnoul, qui n'était qu'un prince séculier avec des mœurs très légères, installa le luxe et le plaisir.

L'école monastique avait disparu.

Louis-le-Débonnaire, pressé par la responsabilité qui pesait sur sa conscience, chassa son fils de l'Abbaye, et y établit, en 824, avec des chanoines vivant en communauté, la règle qu'il venait de faire promulguer au concile d'Aix-la-Chapelle, en 816.

Cette Règle des chanoines fut scrupuleusement appliquée à la restauration de Saint-Maurice. Pour la vie de communauté [1] nous en avons la preuve dans l'acte de la cession de la vallée d'Abondance [2]. Quant à l'hôpital [3] demandé par la règle pour loger gratuitement tous les voyageurs

---

[1] *Concilium Aquisgranense,* cap. CXVII, CXXIII, CXLIII et CXLIV.
[2] Original aux Archives de l'Abbaye.
[3] *Concilium Aquisgranense,* cap. CXLI.

pauvres, nous en avons la preuve dans l'hôpital que l'Abbaye possède encore aujourd'hui et dont la destination est restée la même à travers les âges.

Nous voyons donc aussi revivre l'école sous le régime du chapitre cxxxv de cette règle des chanoines :

Ut erga pueros, qui nutriuntur vel erudiuntur in congregatione canonica, instantissime sit adhibenda custodia.

Cette règle, sagement sévère, nous a laissé le régime de la surveillance des étudiants dans les cloîtres à cette époque. Les jeunes gens, en face des passions naissantes, sont exposés à de grands dangers. La surveillance des élèves devra donc s'étendre à tous les instants. Elle sera confiée à un chanoine d'un âge avancé et d'une vertu éprouvée. En le regardant, les étudiants doivent voir en lui le maître de la doctrine et le miroir de la vertu. Il ne sera pas cependant toujours obligé de donner les leçons lui-même.

Les étudiants prendront leur récréation dans une grande cour intérieure sous le regard de leur maître. Si celui-ci ne s'acquitte pas fidèlement de ses devoirs, il sera impitoyablement destitué [1].

Cette organisation selon la règle canoniale du concile d'Aix-la-Chapelle, n'avait pu empêcher le régime des Abbés commendataires de s'y introduire ni de produire, à Saint-Maurice, les fâcheux résultats qu'il produisait ailleurs.

Dans la première moitié du XIIe siècle, le jeune prince Rainaud, frère du duc de Savoie, Amédée III, était prévôt commendataire de l'Abbaye de Saint-Maurice dont il préparait la ruine.

Saint Hugues, évêque de Grenoble, qui venait de donner les montagnes de la Chartreuse pour la fondation de saint

---

[1] *Concilium Aquisgranense*, cap. cxxxv, *Concilia*, edit. reg., tom. XX.

Bruno, s'émeut de l'esclavage et des malheurs de l'antique monastère d'Agaune. De concert avec Amédée III, duc de Savoie, et les chanoines de Saint-Maurice, il introduit à l'Abbaye, avec l'approbation du pape Honorius II, la règle des chanoines réguliers de saint Augustin. Le célèbre monastère est ainsi délivré à tout jamais du régime désastreux des Abbés commendataires [1].

L'Eglise redoubla, à cette époque, la sollicitude qu'elle avait du reste toujours eue pour l'instruction de la jeunesse et en particulier des enfants pauvres. Toute une législation est éditée par les conciles et par les papes dans cette partie du moyen âge qui est l'apogée de la civilisation chrétienne.

« L'Eglise de Dieu, comme une pieuse mère, est tenue à pourvoir à ce que l'accès des études soit rendu possible aux jeunes gens pauvres qui ne peuvent pas être aidés des ressources de leurs parents. Chaque église cathédrale devra, en conséquence, consacrer une prébende à un maître qui instruise gratuitement les clercs de l'église et les étudiants pauvres. »

La liberté d'enseignement et le contrôle de la capacité des maîtres sont admirablement organisés.

Aucune rétribution, aucun impôt ne seront imposés pour la licence d'enseigner. Tout acte contraire est regardé comme un crime et presque comme une violation sacrilège; car il est écrit dans les Livres-Saints : Vous avez reçu gratuitement, vous devez aussi donner gratuitement, *Gratis accepistis; gratis date.* Si on néglige de nommer les maîtres dans l'enseignement au temps fixé, l'évêque les nommera de sa propre autorité [2].

La reconnaissance publique et la sagesse des ducs de

---

[1] *Gallia Christ.*, XII, 430 et Guichenon, IV, 31. Archives de l'Abbaye.
[2] *Corpus juris canon. Decretales Gregorii IX*, lib. V, tit. v. *De Magistris et ne aliquid exigatur pro licentia docendi.*

Savoie, se rappelant les services que l'Abbaye de Saint-Maurice avait rendu à l'instruction de la jeunesse, lui confièrent la direction et le gouvernement des écoles, à tous les degrés, dans le Chablais, depuis le Mont-Joux (Grand Saint-Bernard), jusqu'à l'Eaufroide, près de Villeneuve.

Plusieurs documents originaux, conservés aux Archives de l'Abbaye, attestent l'exercice de ce droit, comme celui de la Chancellerie, dans le Chablais.

Qu'il nous suffise d'en citer quelques-uns et de donner le texte des deux principaux :

En 1367, l'abbé Jean Bartholomei, qui avait reçu à Saint-Maurice l'empereur Charles IV, nomme, sur la demande des bourgeois d'Aigle, Humbert, son économe à Aigle, professeur du collège établi dans cette ville. Cette nomination est faite après un examen sérieux des qualités du titulaire. Voici le texte du document :

« Nos Johannes bartholomei dei et apostolice sedis gracia
« abbas monasterii sancti mauricii agaun. Notum facimus
« uniuersis presentes litteras inspecturis quod nos ad
« supplicationem quorundam burgensium allyi dilecto
« nostro humberto econo de allyo clerico, commitimus
« per presentes officium studii gramatice [1] in allyo exer-
« cendum et tenendum per tres annos continuos a data
« presencium numerandos. Quem humbertum reperimus

---

[1] Le mot *grammatica* avait, au moyen âge, un sens plus étendu qu'aujourd'hui. Il comprenait aussi les humanités, l'art d'écrire, les lettres. On peut en voir l'explication dans un ouvrage d'un dominicain du XIII⁰ siècle, la *Summa quae vocatur catholicon* edita a fratre Johanne de janua († 1298) Vox, Grammatica.

Du Cange, dans son *Glossaire* sur le latin du moyen âge, nous dit pareillement que *Grammaticus* n'était pas seulement le professeur de grammaire de notre époque, mais aussi le professeur des lettres. *Grammaticus disciplinis liberalioribus instructus, eruditus. Alias Grammaticus est Professor litterarum.* Du Cange, *Glossarium ad Scriptores mediæ et infimæ latinitatis.*

« sufficientem et ydoneum ad dictum officium exercendum.
« Datum cum apposicione sigilli nostri, die XXIIII mensis
« Julii. Anno domini, millesimo CCC^{mo} sexagesimo
« septimo [1]. »

Infatués de notre régime et de notre suffisance moderne, oublieux des facilités merveilleuses qui nous ont été apportées par l'imprimerie, nous sommes facilement portés à juger avec dédain l'organisation de cette époque. Un document que je vais rapporter prouvera que l'organisation était admirable, vu les conditions de ce temps. Ainsi le Grand Ecolâtre du Chablais, l'Abbé de Saint-Maurice, Michel Bernardi d'Allinges, était docteur en droit, conseiller et secrétaire privé du duc de Savoie. Il déléguait cette fonction du gouvernement des écoles dans le Chablais à Déodat Chenut qui était un maître reconnu versé dans les lettres et la philosophie. Il était *Maître* dans les *Arts libéraux qui sont au nombre de sept*, de l'Université de Paris, et bachelier en droit canonique. Mais hâtons-nous d'en venir au texte lui-même :

« Nos michael dei et apostolice sedis gracia humilis
« abbas monasterii sancti Mauricii agaunensis Sedunensis
« diocesis [2]. Notum facimus uniuersis presentibus et futuris.
« Quod nos visis, consideratis etiam auditis et inspectis
« sciencie luminibus atque doctrine moribus et presertim
« gramatice et philosophie facultatum ut verius autem
« artes liberales que sunt septem fulgeant claritate quod
« visibili ac luminis fulgencia lucescant, verum etiam
« considerantes sacrosanctam decretalem in quinto decre-
« talium [3] sedentem capitulo primo, rubrica : de magis-

---

[1] Original aux Archives de l'Abbaye, Tir. 47 ; sceau pendant à une queue de parchemin.
[2] Voir ma brochure : *L'Eglise et la question sociale*, p. 27.
[3] *Decretales Gregorii IX*, lib. V, tit. v.

« tris, ne aliquid exigant pro licentia docendi, ritum et
« eius insequi volentes ac ordinis seriem. *Desiderantesque*
« *pauperibus indoctis sic cauere adjutorio aut aliqua facul-*
« *tate docendi subuenire caritatis radio,* et per venera-
« bilem et egregium virum magistrum deodatum chenuti
« arcium liberalium pariensem magistrum decretorumque
« bachalarium fratribus nostris presentibus atque mere
« volentibus et consencientibus dedimus concessimus tota-
« libus vicibus ac totaliter totalius ac totalissime remi-
« simus onus honorem disciplinam ac regulam scolarum
« et scolarium scolas sequencium ut ville sancti mauricii
« agaunensis ac aliorum locorum villarum opidorum in
« quibus ex nostro *dominio spirituali* seu temporaliter
« donacio nobis competit seu competi posset in presenti
« aut quomodolibet in futurum per ducatum chablasii et
« alibi prout damus donamus concedimus totaliter ut
« supra et remittimus predicto venerabili magistro presenti
« hic in nostro capitulo petenti stipulanti modo premisso
« et recipienti per ipsum regendarum aut per alium sub
« se subalternum sufficientem ad hoc ydoneum ut moris
« est gramatice. Juramento suo promisit et juravit bene
« et fideliter regere juxta formam et tenorem dicte decre-
« talis. Nos eciam sibi promittentes manutenere via juris
« et racionis.

« In quorum promissorum verificacionem et testimo-
« nium jussimus et fecimus sigillorum nostrorum abbacie
« et conuentus appencionibus presentes litteras siue presens
« publicum instrumentum communiri et per dilectum
« nostrum gerardinum de sancto lupo, notarium publicum
« subscribi et signari, Presentibus venerabilibus et reli-
« giosis viris dominis nicodo grassi vicario nostro in
« spiritualibus et temporalibus, Johanne combassie Bar-
« tholomeo boueri et pluribus aliis testibus ad promissa
« vocatis specialiter et rogatis. Datum et actum in capitulo

« nostro in loco dicto claustro antiquo more solitari con^{to}
« die penultima mensis maii, anno domini millesimo
« quadringentesimo quadragesimo octauo.

« Et me girando de sancto Lupo
Signum notarii. « remensis diocesis clerico auctauritate
« Imperiali atque curiarum Illustrissimi
« principis domini nostri Sabaudie ducis
« Jurato et Notario. Qui promissis omnibus et singulis dum
« sic fierent et agerentur una cum dictis testibus presens
« fui et dudum atque rogatus recepi et in hanc publicam
« formam redegi aliisque occupatus negociis per alium
« scribi feci atque hic subscripsi et signo meo manuali
« solito signavi. In testimonium omnium promissorum [1]. »

Dans les années 1475 et 1476, la Savoie perd le Bas-Vallais, qui est occupé par les Patriotes des sept dizains du Haut-Vallais, les vainqueurs de la Planta.

En 1536, par contre, quarante-sept communes ou villages de la Savoie se réunissent au pré de l'Abbaye, à Saint-Maurice, pour se donner au Vallais. Ils échappent ainsi à la domination bernoise et à l'hérésie.

Le collège de Saint-Maurice avait été conservé à travers ces transformations politiques. Mais en 1559, il ne se trouvait plus à la hauteur des besoins des temps ni du pays. La Diète réunie au château de l'Evêque, à la Majorie, s'en occupa et prit les décisions que voici :

Saint-Maurice, situé dans un lieu charmant et salubre, se prête admirablement pour le collège. Il sera, par conséquent, augmenté et amélioré, afin que les jeunes gens du pays ne soient pas obligés de faire de lourdes dépenses

---

[1] Original aux Archives de l'Abbaye. — Dans les *Minutes* du XIIIe du XIVe siècle, plusieurs recteurs des écoles de Saint-Maurice paraissent comme témoins.

pour leurs études dans des collèges étrangers. Les étudiants des contrées voisines peuvent s'y rendre facilement à cause de la facilité des communications.

Mais comment une nouvelle organisation du collège sera-t-elle dotée? La bourgeoisie est pauvre. L'Abbaye est riche! C'est une belle œuvre que celle du collège! La Diète décrète donc que ce sera l'Abbaye qui paiera le surcroît des dépenses. Et pour que l'injustice de cette imposition soit un peu voilée, voici comment on stipulera le décret :

La Diète n'entend pas porter atteinte au droit de l'Abbaye, mais elle *ordonne*, en suppliant d'une manière *stricte* et *absolue*, ce qui suit :

1º L'Abbé livrera annuellement à un maître du collège un char de vin, mais du vin bon, pur et immaculé.

2º Le sacristain livrera pareillement un char de vin ; ce vin devra être bon et convenable.

3º Le recteur de l'hôpital Saint-Jacques, à Saint-Maurice, donnera six coupes de froment [1].

Le maître, qui avait sa pension sur les contributions imposées à l'Abbaye, ne voyait arriver, paraît-il, que lentement les chars de vin.

L'Abbé s'était présenté lui-même devant la Diète et avait protesté contre cette imposition, décrétée avant que l'Abbaye fût entendue. Son prédécesseur, du reste, n'a jamais livré plus de dix setiers de vin. Le sacristain en a livré le même nombre.

La Diète du 16 décembre 1575 décide que l'Abbé livrera, pour un professeur du collège, dix setiers de vin, le chanoine sacristain dix, l'aumônier cinq, le portier trois. Le professeur n'aura rien à réclamer au-delà de ces vingt-huit setiers [2].

---

[1] Copie vidimée aux Archives de l'Abbaye.
[2] *Liber Agaunensis*, copie vidimée, fol. 25.

Le même ordre fut renouvelé par la Diète en 1586, le 19 novembre, de la même façon pour l'Abbaye ; mais on n'y oublia pas, comme dans le décret précédent, les six coupes de froment imposées à l'hôpital de Saint-Jacques. Les ressources antérieures du collège ne suffisaient plus ; on y ajouta donc, à cette occasion, deux muids, un de froment et l'autre d'orge ou de blé mélangé, payables par le gouverneur de Monthey ; deux pistoles pour chaque bannière du Bas-Vallais, et quatre pistoles pour les syndics et les procureurs de Monthey [1].

Nous arrivons au XVIIe siècle. Ici nous pouvons nous rendre compte, jusqu'à un certain point, des bâtiments du collège.

Martin Zeiller, Martinus Zeillerus, dans son tome XVII, *Topographia Helveticæ confederatæ*, édité à Francfort, a donné une vue de Saint-Maurice. Nous y voyons les bâtiments du collège avec sa tour. Ils étaient situés dans le verger actuel de la famille Ch. de Stokalper, sur l'avenue de la gare, en face du théâtre construit sur l'ancienne souste [2].

La *Chronique* de Gaspard Bérodi nous fournit des détails sur la réparation de ces bâtiments en 1622.

« En septembre 1622, la tour du gymnase d'Agaune fut réparée sous les syndics, noble Pierre de la Pierre et Jean Cattellani, le jeune, tous deux notaires. L'entrepreneur fut maître Pierre Minoya, tailleur de pierre, du diocèse de Novarre. Pour la restauration de cette tour, on employa non seulement des clefs en fer fixées aux poutres, mais

---

[1] Copie vidimée aux Archives de l'Abbaye.
[2] Cette maison avait dû appartenir, au moyen-âge, aux nobles d'Allinges de Cluses. Elle a été l'objet d'une transaction en 1483. (Archives de la ville de Saint-Maurice, série B.) Cette tour, dite *Tour de Noville*, appartenait à l'Abbaye en 1407, qui la louait à la ville pour les écoles.

encore des ciments très durs. A cause de la disette de cette année, le prix de la restauration s'est élevé à 1,200 florins. Les grandes ardoises carrées qui servaient à cette tour furent enlevées et servirent à couvrir la maison de ville. La tour du Collège eut une toiture plus légère en tuiles [1]. »

Deux ans plus tard, maître Nicolas Guyon, de Bourgogne, vitrier et bourgeois de Saint-Maurice, est chargé de faire les fenêtres (en verre) de la chambre supérieure de la tour du gymnase. Elles coûtent à la bourgeoisie 25 florins [2].

Et maintenant que nous avons vu les bâtiments, venons à celui qui fut, pendant de longues années, non seulement l'âme du Collège, mais aussi de la poésie et de l'art dramatique en Vallais. Vous avez deviné le nom du chroniqueur Gaspard Bérody, notaire, professeur, puis prêtre, Prieur de l'Abbaye et notaire apostolique.

En 1610, le notaire Gaspard Bérody est, à la satisfaction de l'Evêque de Sion et aux applaudissements des bourgeois de Saint-Maurice et des patriotes du Vallais, nommé professeur et recteur du Collège de Saint-Maurice.

Il nous a laissé le catalogue alphabétique de tous les élèves qui ont fréquenté ses cours.

Les étudiants appartenaient aux diverses paroisses du Vallais, et un grand nombre venaient de la Savoie et du Faucigny.

C'est sous Gaspard Bérody que l'art dramatique prit un grand essor à Saint-Maurice. Il était lui-même le poète et l'auteur dramatique à cette époque. Il communiqua ses goûts à la population et aux élèves.

En 1609, il écrivit en latin une pièce dramatique sur

---

[1] Bourban, *Chronique de G. Bérody. Le Mystère de Saint-Maurice*, page 62.
[2] *Ibid.*, page 74.

la Légion thébéenne. Le texte original est conservé dans la bibliothèque de M. Antoine de Riedmatten, ancien conseiller d'Etat, à Sion.

En 1612, il composa et fit représenter deux pièces en latin :
De perditis Annibalis moribus.
De bello inter Martem et Apolinem gesto [1].

Le jeune professeur se maria en 1613 et fit, en souvenir de son mariage, donner sur la place de l'Abbaye, *Les Noces de Cana*.

Mais il voulait aller au peuple avec sa pièce de saint Maurice. En 1618, il avait terminé son *Mystère de Saint-Maurice et de la Légion thébéenne*, en vers français, qui fut imprimé à Fribourg, la même année, et représenté à Saint-Maurice, avec un succès immense, en 1620.

Il fit représenter d'autres pièces encore, mais comme il n'est pas sûr qu'il en fût lui-même l'auteur et qu'elles ont été représentées après qu'il eût quitté l'enseignement, nous ne croyons pas devoir les énumérer dans cette notice.

Dans sa *Chronique*, Bérody raconte aussi plusieurs représentations données par les élèves du gymnase de Saint-Maurice, depuis qu'il a quitté l'enseignement [2].

Il donne la nomination, avec des titres laudatifs, de plusieurs professeurs pendant cette première moitié du XVIIe siècle [3].

Vers la même époque, l'abbé Oddet [4], ancien juge au tribunal, avant d'être prêtre, s'occupa activement à la pros-

---

[1] Bourban, *Chronique de G. Bérody. Le Mystère de Saint-Maurice et de la Légion thébéenne*, pages 10 et 28.

[2] *Ibid.*, pages 41-52-196 et seq.

[3] Bourban, *Berodi Chronica*, passim.

[4] L'abbé Odet fut un des personnages influents de la Suisse à cette époque. Le Nonce l'avait fait son Vicaire Général et lui avait confié la charge de Visiteur pour toute la Suisse. (*Gallia christiana, Abbatiæ Galliarum*, page 17.)

périté du Collège. Nous voyons dans ses lettres que l'Abbé était, en partie du moins, en possession de ses anciens droits.

Il faisait des sacrifices pour le Collège, mais il avait une large part, sinon la principale, dans la nomination des professeurs [1].

Maurice Cattelani, chanoine-sacristain de l'Abbaye, fit à Saint-Maurice une belle fondation en faveur des étudiants pauvres. Elle est connue sous le nom de *Fondation des Macchabées*.

Mû d'un saint zèle pour le triomphe de la cause de la sainte Eglise, qui requiert des prêtres pieux et instruits, du consentement de l'Abbé et du Chapitre de Saint-Maurice, il légua un capital de 10,000 florins [2] en faveur des jeunes gens de la ville ou paroisse de Saint-Maurice aspirant à la carrière ecclésiastique.

L'Abbé, le Chapitre de Saint-Maurice et deux syndics de la ville se réuniront à la fête de saint Michel, et parmi les jeunes gens qui, à Saint-Maurice, aspirent à la vocation ecclésiastique, ils en éliront deux.

Ils choisiront les plus « capables et *braves esprits* qu'ils pourront recognoitre. »

Si dans les familles Cattellani et Dufour, auxquelles appartenait le testateur, il se trouvait des jeunes gens revêtus des qualités et dispositions requises, la jouissance des revenus de la fondation des 10,000 florins leur serait spécialement réservée.

Les jeunes gens élus jouiront pendant six ans d'études, des revenus de la dite fondation.

---

[1] *Liber Agaunensis*, Archives de l'Abbaye.
[2] C'était l'Abbaye qui, au point de vue du droit, faisait cette fondation. Lors de son entrée en religion, en 1613, Maurice Cattellani avait légué tous ses biens à l'Abbaye qui lui permit ensuite d'en disposer pour cette œuvre si éminemment utile.

Ils seront appelés *Macchabées*, afin qu'ils se rappellent qu'ils sont destinés pour la plus sainte des causes, à la défense de la loi de Dieu.

S'ils abandonnent leur vocation, ils seront tenus à restituer tout ce qu'ils ont reçu. Les cas d'infirmité et de mort sont exceptés.

..... « J'oblige, déclare le pieux fondateur, les dits Macchabéens de dire *pro remedio animæ meæ et predecessorum meorum,* une fois la semaine, l'office de Notre-Dame, et tous les Quatre-Temps, l'office des Morts.

Idem, quand ils seront prêtres, tous les Quatre-Temps, une messe *pro remedio animæ meæ et prædecessorum meorum.* »

Cette fondation des Macchabées est du 10 juin 1631. Elle fut reconnue par une sentence de la Diète du Vallais, le 14 décembre 1656, ainsi que la large part que l'Abbaye devait avoir dans l'administration des fonds [1].

Mais dans la première moitié de ce siècle, ces fonds se trouvaient entièrement entre les mains de la ville qui obtint de l'Evêque de Sion la permission de détourner les revenus de l'intention du donateur. La ville pouvait, d'après ce décret, les employer pour les écoles primaires et sa part à payer pour le Collège de Saint-Maurice [2].

Pendant près d'un demi-siècle nous verrons l'Abbaye, malgré les lois de l'Eglise et les privilèges que lui donnait sa dépendance immédiate du Saint-Siège, soumise à des contributions très onéreuses pour la fondation du Collège de Brigue et pour la continuation de celui de Saint-Maurice.

En 1660, Leurs Excellences du Vallais fondèrent le Collège des Jésuites à Brigue, qui devait grandir au détriment de celui de Saint-Maurice.

---

[1] Archives de l'Abbaye.
[2] Archives de la ville.

L'Abbaye avait l'habitude, pour captiver la bienveillance des patriotes, de payer, à la Diète de mai, un dîner à tous les députés.

Le même argument était employé, tous les deux ans, envers le gouverneur que les sept dizains du Haut-Vallais envoyaient au château de Saint-Maurice. Le gouverneur, avec sa suite très nombreuse, avaient le premier souper servi gratuitement à l'Abbaye.

Ces actes de bienveillance furent considérés par les patriotes comme une obligation dont les intérêts pourraient être transférés de l'estomac du gouverneur et des seigneurs patriotes au Collège de Brigue. Ces Messieurs s'engagèrent donc à renoncer à leur dîner, en faveur du Collège, et l'Abbaye dut, de ce chef, payer pour le nouvel établissement des sommes considérables [1].

Les rentes assignées au Collège de Saint-Maurice furent transférées à celui de Brigue. L'Abbaye, qui livrait les 28 setiers de vin et les 6 coupes de froment pour le Collège de Saint-Maurice, fut condamnée à payer, à la place de cette contribution annuelle, environ 300 pistoles, pour la fondation du Collège des Jésuites à Brigue [2].

Mais ce qu'il y a de plus étrange, c'est que, après cette contribution très onéreuse en faveur du nouvel établissement, sur la requête des bourgeois de Saint-Maurice, la Diète condamna l'Abbaye à contribuer, comme par le passé, pour le Collège de Saint-Maurice.

Le chanoine Hilaire Charles, l'érudit archiviste de l'Abbaye, au siècle dernier, après l'analyse des pièces, nous a laissé une addition des sommes fournies par

---

[1] Voir *Mémoire* envoyé au Nonce de la part de l'Abbaye. Archives de l'Abbaye.

[2] Charles, *Répertoire analytique des Archives de l'Abbaye*, tome I, page 326.

l'Abbaye pour le Collège de Brigue. Il arrive à ce résultat : « Ces quatre articles bien justifiés font seuls la somme de pistoles 612 [1] ». Puis il continue : « Si à cette dernière somme, on ajoutait : 1° La pistole payée annuellement à la ville de Sion pour sa cote part depuis 1684 jusqu'en 1714, c'est-à-dire pendant trente ans ; 2° les censes des sommes que l'Abbaye a été obligée d'emprunter pour s'acquitter des susdits capitaux ; 3° les argents qu'il a fallu débourser pour voyages et frais nécessaires à l'occasion de toutes ces difficultés, on est persuadé que l'affaire du Collège de Brigue a coûté plus de 800 à 900 pistoles d'Espagne, sans en retirer cependant d'autre avantage que celui d'être affranchi d'un repas à la Diète de mai, que l'Abbaye n'a encore jamais envisagé comme réellement dû, ainsi qu'il en constatera assez clairement par ce que l'on dira ci-dessous N° 12 [2] ».

Il paraît étrange, à regarder de l'époque où nous vivons, qu'un gouvernement catholique fît, en pleine paix, peser des contributions de ce genre sur l'Abbaye de Saint-Maurice.

Mais ces décrets eux-mêmes contre lesquels peuvent s'élever nos sentiments d'indignation, nous disent la gloire de l'Eglise.

On ignorait, dans les âges chrétiens, la fondation d'un établissement d'instruction publique, sans une large participation de sacrifices de la part de l'Eglise.

Nous trouvons au milieu de ce XVIIIe siècle, un professeur qui a laissé à Saint-Maurice un traité sur l'histoire

---

[1] La pistole de Savoie valait, en 1755, 180 baches. « Que les nouvelles espèces de Piémont, tant d'or que d'argent, soyent reçeues et débitées en ce païs suivant le taux que le Roy leur a donné, à sçavoir la pistole à 180 baches, la demy à 90, etc. » Diète du Vallais, 16 mai 1755.

[2] Hilaire Charles, *Répertoire analytique des Archives de l'Abbaye*, tome I, page 85.

et la géographie du Vallais. Ce travail, rédigé par demandes et par réponses, n'est pas toujours un modèle de critique historique; mais il ne fait pas moins, sous divers rapports, honneur à notre laborieux pédagogue vallaisan [1].

Mais un professeur, d'une plus large envergure, a illustré à cette époque le Vallais, son pays d'origine. C'était Veguer, chanoine de l'Abbaye de Saint-Maurice.

François-Joseph Veguer était né le 4 novembre 1712, au village de Geschinen, dans la vallée de Conches. Il fit ses études littéraires au Collège des Jésuites à Brigue. Il alla poursuivre ses études de philosophie et de sciences au Collège des Jésuites de Soleure, d'où il apporta de brillants témoignages [2].

Veguer prononça ses vœux solennels de chanoine religieux de l'Abbaye de Saint-Maurice, le 1er novembre 1730. Il poursuivit ses études de philosophie sous la direction du chanoine Charles Odet. Il se livra ensuite pendant trois ans à l'étude de la théologie. Son maître était le P. Ravil, docteur en théologie, appelé de Chambéry pour enseigner cette branche à l'Abbaye de Saint-Maurice.

L'abbé Claret, qui était docteur en droit canonique et en droit civil, envoya, en 1737, son jeune chanoine à l'Université de Vienne, pour y étudier le droit canonique. Veguer se livra aussi à l'étude du droit romain et du droit féodal. Il brilla parmi les élèves les plus distingués de l'Université.

Un personnage de la cour de l'impératrice Marie-Thérèse, le comte de Harach, lui confia l'éducation de ses fils. Le chanoine de Saint-Maurice y réussit si bien, que l'impératrice prit la résolution de lui confier ses

---

[1] Chanoine Bourban, *Le Valais au milieu du XVIIIe siècle, Journal du dimanche*, supplément à la *Gazette du Valais*, août et septembre 1895.
[2] Archives de l'Abbaye.

enfants. En 1746, Marie-Thérèse l'attachait à la cour en le nommant professeur de latin de sa fille, l'archiduchesse Marie-Anne, née le 6 octobre 1738 [1].

L'admiration pour Veguer allait grandissant à la cour. L'année suivante, 1747, l'impératrice Marie-Thérèse remet entre les mains de Veguer cet enfant qu'au moment d'un péril suprême, en présence de l'Europe conjurée contre elle, fugitive en Hongrie, elle avait montré aux quatre Ordres de l'Etat assemblés à Presbourg, et dont la vue avait arraché, en faveur de sa mère, ces enthousiastes acclamations : *Moriamur pro rege nostro Maria-Theresia.*

Le chanoine Veguer réussissait admirablement auprès de son élève. Il savait à la fois captiver son attention et gagner son cœur. Mais la mort allait bientôt le frapper et briser son œuvre.

Veguer suivait la cour à Presbourg, lorsque la mort vint le frapper à la fleur de l'âge. C'était en 1751; l'archiduc Joseph n'avait encore que dix ou onze ans.

L'impératrice était inconsolable de la perte du chanoine Veguer [2]. Elle avait pu apprécier ses hautes qualités de précepteur et elle avait comme un vague pressentiment des mauvaises influences qui allaient s'emparer de son fils.

Marie-Thérèse fut circonvenue. L'archiduc Joseph fut livré à des précepteurs jansénistes qui en firent *le frère-sacristain* du roi de Prusse et le persécuteur perfide de l'Eglise en Allemagne.

Dans la seconde moitié du XVIIIe siècle, le Collège de Saint-Maurice eut un moment de prospérité toute spéciale. On y enseignait non seulement les lettres, mais aussi le

---

[1] Lettres patentes par lesquelles l'abbé Claret permet à son chanoine d'accepter ce poste de haute distinction. *Liber Capituli Agaunensis,* pages 104-106.

[2] Une biographie complète du chanoine Verguer est en préparation.

droit, à partir de 1766. — C'est un élève fribourgeois, devenu chanoine de Saint-Maurice, l'archiviste Hilaire Charles, qui nous l'apprend :

« Ainsi il y eut durant plusieurs années un régent de grammaire, un autre de petite et de grande syntaxe, un professeur d'humanités et de réthorique et même un professeur de droit. — Mais le Collège se vit bientôt après réduit à un ou deux professeurs, non par le manque d'argent, mais faute d'écoliers. Je faisais les humanités dans ce Collège, au moment le plus brillant de son existence. »

La Révolution était triomphante en France. Elle avait renversé les anciennes institutions et croyait avoir, dans sa haine, fait disparaître Jésus-Christ et son Eglise. La Suisse était devenue l'objet de ses convoitises. C'était le chemin par où la Révolution pouvait passer pour aller porter par la guerre sa domination en Allemagne et en Italie.

Le Directoire chargeait les résidents français auprès des petits Etats confédérés ou alliés des Suisses, de fomenter la Révolution parmi le peuple et de préparer la guerre.

Le résident français en Vallais était Mangourit. Il parvint à soulever le Bas-Vallais qui expulsa ses gouverneurs. Mais bientôt de sages magistrats surent, malgré Mangourit, s'emparer du mouvement et le baptiser dans les traditions chrétiennes. Le Haut-Vallais, dans un élan de sage prudence, vint leur tendre une main fraternelle. Le 5 février, dans une assemblée générale tenue à Saint-Maurice, tous les Bas-Vallaisans furent déclarés un peuple libre et indépendant.

Le pays se donna une constitution républicaine qui arracha, en faveur du Vallais et de son Evêque, des éloges publics à Mangourit. Ce qui n'empêcha pas cependant le démagogue diplomate de travailler à asservir et à ruiner le Vallais.

Si notre pays avait voulu se donner une constitution républicaine, il avait voulu aussi de toute son âme rester catholique comme dans le passé.

Aussi, dès le 26 février 1798, un *Règlement du Collège de Saint-Maurice,* installé cette fois dans l'intérieur même de l'Abbaye, nous a laissé un précieux témoignage des convictions catholiques de nos pères, en face du despotisme révolutionnaire. Le Règlement est approuvé par le comité laïc.

En voici l'analyse :

Règlement du Collège de Saint-Maurice.

Il débute par un prélude où l'on recommande avant tout, aux jeunes gens qui se destinent à la connaissance des belles lettres, l'amour et la crainte du Seigneur. Ils doivent pratiquer l'obéissance et la subordination qui assurent le bonheur de la famille et de la société.

Suivent seize articles dans lesquels rien n'est oublié, depuis les exercices de piété jusqu'aux avertissements sur les défauts un peu toujours les mêmes chez les jeunes étudiants. Puis il se termine par ces admirables paroles :

« Enfin un étudiant doit se ressouvenir que si l'on donne plus de soin à son éducation, il doit montrer par sa conduite qu'il en profite. Il doit être prévenant, honnête et respectueux envers tout le monde ; ne manquer jamais à personne, mais surtout aux vieillards et aux pauvres. Il doit se ressouvenir que le but de la science est de nous rendre sages et prudents en toutes circonstances, ne jamais oublier que la vie ne nous est donnée que pour nous préparer à la mort, que nous appartenons à Dieu avant que d'appartenir aux hommes, et qu'il faut être bon chrétien avant d'être homme de lettres, et qu'ainsi nous devons commencer et finir nos travaux, notre journée, notre vie, par la prière et la résignation à la volonté de

Dieu ; puisque c'est à lui que nous devons nos premiers services, ensuite à nos parents, à la société et à l'Etat.

« Approuvé par le comité de.....

le 26 février 1798. Chapellet.....

BERTRAND.....
secrétaire [1]. »

Au printemps de 1798, pendant que l'assemblée représentative de la République du Vallais était réunie dans la grande salle du château de Saint-Maurice pour des travaux législatifs, elle apprit son arrêt de mort.

La volonté de Mangourit en fit un canton de la République helvétique une et indivisible. Le sort de cette République helvétique sera d'être la grande esclave exploitée par la rapacité du Directoire français.

Rapinat, ce Verrès de la Suisse, osait écrire aux yeux de toute la nation, que le pouvoir exécutif ne devait s'exercer que sur des objets d'administration, *que les caisses publiques étaient une propriété française par droit de conquête* [2].

Les Vallaisans, comme les héros des cantons forestiers, cherchèrent à ressaisir leur indépendance. Le Directoire français, avide de carnage, promena dans notre pays le pillage, le fer et le feu. Le Haut-Vallais n'était plus, à la fin de juin 1799, qu'un vaste désert.

L'année suivante, au printemps de 1800, le Bas-Vallais fut inondé des troupes que Bonaparte jetait sur l'Italie, par le Grand Saint-Bernard.

Pendant ces années, l'Abbaye avec ses dépendances furent converties en casernes et en écuries. Les contributions militaires furent immenses.

Cependant le Collège installé à l'Abbaye avec le Règlement

---

[1] Archives de l'Abbaye.
[2] Boccard, *Histoire du Vallais*, page 293.

que nous avons vu plus haut, fut conservé avec un religieux dévouement.

Deux professeurs y enseignèrent pendant trois ans [1] sans que l'Abbaye reçut le moindre traitement.

Une ère nouvelle allait s'ouvrir pour le Vallais. Depuis son passage pour Marengo, Napoléon en convoitait la possession [2]. N'ayant pu l'annexer à la France, il déclara le Vallais République indépendante alliée de la Suisse et de la France [3].

Le 30 août 1802, au Nom du Dieu Tout-Puissant, le Vallais se donnait une constitution dont le premier titre (article unique) était ainsi conçu :

« La sainte religion catholique, apostolique et romaine

---

[1] Mémoire de l'abbé Esquix à la Chambre administrative, le 4 octobre 1800.

[2] Le premier consul avait, dès ce moment, songé à réunir, comme il le fera plus tard, les revenus de l'Abbaye de Saint-Maurice à ceux du Grand-Saint-Bernard, afin d'assurer l'hospitalité militaire sur les grandes routes qu'il élargissait ou traçait à travers les Alpes. C'est l'ex-résident français en Valais, Mangourit, qui nous l'apprend. Pendant qu'il était à Saint-Maurice, sa diplomatie vis-à-vis de l'Abbaye avait été vaincue par celle de l'abbé Exquix. A Mangourit, dont on savait prévenir les désirs, l'Abbé avait offert un magnifique cheval ; à Madame, de belles fleurs et surtout des oiseaux qui chantaient à ravir.

En 1801, Mangourit n'avait pas encore oublié ces attentions délicates. Il écrivait :

« *Paris, le 17 Germinal, 7 avril, an 9.*

« ..... Vous ne m'avez point rappelé l'abbé Exquix, parce que je m'en souviens souvent. J'ai bien gravé dans ma mémoire le fromage grillé à la petite ferme (c'est là que les élèves du Pensionnat vont, tous les ans, manger du raisin et *la brisolée* de châtaignes), et ces belles fleurs de l'Abbaye et son bon esprit. Si j'avait un conseil à lui donner, en cas qu'il veuille la conservation de sa famille chérie, ce serait d'émettre au premier consul son vœu de réunion au monastère du Mont-Saint-Bernard ; voilà deux nouveaux établissements de ce genre, au Simplon et au Mont-Cenis.....

On peut m'adresser ce vœu de réunion si j'ai conservé quelque confiance. MANGOURIT.

[3] De Rivaz. *Mémoires historiques sur l'occupation militaire en Valais*. Boccard, 328 et seq., *Recueil des lois*.

est la religion de l'Etat : elle a seule un culte public ; la
loi veille à ce qu'elle ne soit troublée ni dans sa doctrine,
ni dans son exercice [1]. »

Les sollicitudes du nouveau gouvernement ne tarderont
pas à s'occuper de l'instruction publique.

Le 29 septembre 1802, Monsieur le comte de Rivaz,
conseiller d'Etat, chargé de l'instruction publique, écrivait
à l'Abbaye de Saint-Maurice, au nom du Conseil d'Etat :

Sion, le 29 septembre 1802.

« *Le Conseiller d'Etat chargé du Département de la
Justice et de l'Intérieur, à son Illustre Révérence
Monsieur l'Abbé de Saint-Maurice.*

MONSIEUR,

« Chargé par les attributions du Département auquel j'ai
été appelé, du soin de veiller à l'instruction publique,
cette vocation m'autorise à commencer avec votre illustre
Révérence une correspondance qui me sera d'autant plus
précieuse, que je connais déjà d'avance les dispositions
dont elle est animée à cet égard, et qu'il me sera bien
doux de seconder les vues salutaires qui la dirigent.

« C'est au sujet du Collège de Saint-Maurice que je
m'empresse de les réclamer. Votre maison a déjà suppléé
avec un zèle bien honorable aux moyens qui manquaient
d'ailleurs pour y entretenir l'instruction de la jeunesse
pendant les dernières années qui viennent de s'écouler.
Le Conseil d'Etat espère que, dans le nouvel ordre des
choses où la Providence nous a si heureusement replacés,
les mêmes intentions que vous avez manifestées ne feraient
que recevoir un nouveau motif d'encouragement pour y per-
sévérer. L'indépendance du Valais promet à votre maison

---

[1] *Recueil des lois.*

une stabilité que tout bon Valaisan verra avec joie assurer à un établissement aussi ancien et aussi digne d'être généralement respecté que l'est l'Abbaye de Saint-Maurice, et la confiance que vous prendrez vous-même dans cette stabilité fera faire à votre chapitre de nouveaux efforts pour lui rendre tout son lustre en lui agrégeant des sujets de mérite capables de soutenir avec éclat son ancienne réputation, ainsi que pour concourir, autant qu'il dépendra de votre maison, à la prospérité d'un pays qui place en elle des espérances pour former des sujets utiles à la religion comme à l'Etat.

« J'ai en conséquence l'honneur de proposer à votre illustre Révérence la continuation des classes dans le Collège de Saint-Maurice, et de lui demander quelles seraient les intentions, tant sur le moyen de salarier les professeurs qui y sont employés, que sur les mesures que son zèle lui inspirerait pour y perfectionner et améliorer l'instruction. Je me ferai un devoir de mettre ses idées sous les yeux du Conseil d'Etat, et de concourir, de mon côté, en ce qui dépendra de mon ministère, pour assurer à cet établissement d'instruction tous les succès qu'il sera possible d'obtenir. Je sais combien les vues de votre illustre Révérence sont d'accord avec mes vœux à cet égard, et j'attends d'elle, avec la plus entière confiance, les propositions qu'elle voudra bien me faire dans cette intention.

« Veuillez agréer les assurances de ma vénération la plus respectueuse.

Le conseiller d'Etat
chargé du Département de la Justice et de l'Intérieur,
DE RIVAZ. »

Les contributions militaires qui avaient pesé et pesaient encore lourdement sur l'Abbaye, la mettaient toujours dans l'impossibilité de réaliser ses projets favoris pour le développement du Collège. Le gouvernement, comme on le verra par la lettre suivante, le regrette et cherche à gagner du temps :

Sion, le 14 octobre 1802.

« *Le Conseiller d'Etat chargé du Département de la Justice, de la Police, de l'Intérieur et de l'Instruction publique, à son Illustre Révérence, Monsieur l'Abbé de Saint-Maurice.*

Illustre Révérence,

« J'ai mis sous les yeux du Conseil d'Etat la lettre que votre illustre Révérence a eu la bonté de m'écrire en date du 6 de ce mois. Il a partagé mes sentiments ainsi que mes regrets à la vue de l'affligeant tableau que vous m'y avez fait des embarras et des charges qui ont pesé sur votre maison, mais il espère et croit pouvoir vous faire espérer que ce genre de peines touche à son terme, et cette perspective doit efficacement contribuer à fermer les plaies qu'elles avaient ouvertes. Nous nous flattons, avec confiance, que la France ne tardera pas à prendre des mesures pour délivrer soit les particuliers de l'embarras des logements, soit la République du fardeau des subsistances et charrois militaires. Dès que cette mesure sera réalisée, comme nous n'en doutons point, d'après les dispositions du premier consul, le premier objet de vos inquiétudes sera dissipé. D'ailleurs, si contre notre attente le pays devait encore rester en souffrance à cet égard, le Conseil d'Etat est très disposé à faire excepter votre maison des logements militaires, soit pour lui donner d'autant plus de facilité à s'occuper sans distraction de l'éducation publique, soit pour qu'elle puisse employer à cet usage les sommes que les logements militaires sont dans le cas de lui coûter, c'est tout ce que l'état des finances de la République lui permet de faire pour l'encouragement de cet utile établissement. Mais le Conseil d'Etat n'en espère pas moins, qu'à votre exemple, Messieurs vos Chanoines feront tous leurs efforts pour remplir à cet égard les désirs du gouvernement. La Diète cantonale de 1801 avait déjà manifesté formellement son intention d'engager votre Abbaye à se charger du Collège de Saint-Maurice moyennant les fonds qui sont affectés par la ville. Le gouvernement croit que cette décision sera toujours maintenue comme la seule qui puisse assurer l'enseignement et l'amélioration de l'enseignement dans la dite ville. Il pense de même aussi que le concours de votre maison est le moyen le plus sûr de l'entourer de l'opinion publique, et d'assurer ainsi, d'une manière plus efficace, sa stabilité. Persuadé que votre illustre Révérence n'a rien de plus à cœur que de seconder ce double but, il continuera toujours à se reposer sur vos soins actifs des moyens de recommencer, à l'ouverture des études, les leçons publiques dans le dit Collège, et que, successivement à mesure que vous aurez pu vous procurer de nouveaux sujets, vous emploierez leurs talents pour donner à ce Collège la perfection dont il peut être susceptible. C'est d'après cette persuasion qu'il croit inutile d'entrer dans des détails ultérieurs sur cet objet, qu'il se borne à recommander aussi particulièrement qu'il est possible à la sollicitude éclairée de votre illustre Révérence. Elle peut être convaincue que le Conseil d'Etat saura apprécier, comme il le doit, tout ce qu'elle aura fait pour se conformer à ses vues, et que ce sera pour lui une satisfaction réelle que de pouvoir, en d'autres occasions, lui donner des preuves de sa sensibilité à cet égard.

« Je prie de nouveau votre illustre Révérence d'agréer l'assurance de la très respectueuse vénération à laquelle j'ai l'honneur d'être son très humble et très obéissant serviteur.

De Rivaz. »

L'Abbaye de Saint-Maurice se hâtait de transmettre à l'Etat un *Mémoire* dans lequel elle exposait ses projets de fondation d'un nouveau Collège et demandait la haute protection du gouvernement pour le réaliser.

Le voici :

SUPPLIQUE

DE L'ABBAYE DE SAINT-MAURICE

à Messieurs les Représentants du Conseil souverain et du Conseil d'Etat, réclamant leur illustre protection pour établir sur le Collège de Saint-Maurice un meilleur ordre de discipline et pour y perfectionner les études [1].

MESSIEURS,

« Les nuages qui planaient depuis longtemps sur notre hémisphère politique sont dissipés, une brillante aurore nous annonce les douceurs de la paix et celles d'un gouvernement sage et heureux ; elle jette déjà au loin ses rayons bienfaisants. Que ne peut-on pas espérer de ceux que la Providence a choisis pour nous régir ?

« La religion, la justice, la prudence, les lumières, toutes les vertus morales, politiques et chrétiennes distinguent nos augustes Chefs, elles leur ont gagné tous les cœurs et mérité le dévouement d'un peuple que les vexations n'ont pu ni étouffer, ni ralentir.

« A l'exemple de ses gouvernants, l'Abbaye de Saint-Maurice, animée du désir du bien public, reconnaît de plus en plus la nécessité de rectifier l'éducation de la jeunesse qui lui a été confiée.

« Cependant, malgré l'empressement de mériter la pro

---

[1] Archives de l'Abbaye ; Archives de l'Etat. Elle n'est pas datée, mais elle doit être postérieure au 24 octobre.

tection et la bienveillance de son souverain, elle sentirait encore trop son impuissance et la faiblesse de ses moyens, si ses magistrats ne lui tendaient une main secourable : elle ose donc soumettre à leur sagesse les considérations utiles et réfléchies qu'elle a conçues pour le bien de la religion et de l'Etat.

« L'Abbaye de Saint-Maurice espère avec la plus vive confiance que ceux qui ont établi pour base de leur gouvernement la justice et les bonnes mœurs, que ceux qui protègent les sciences, qui les cultivent avec éclat, voudront bien accueillir des vues qui en favoriseront les progrès.

« Il serait inutile d'exposer à vos lumières que les études sont le berceau des connaissances humaines, que c'est une mine intarissable de richesses pour un pays, qu'elles offrent une source d'où l'on voit éclore l'homme d'Etat, le guerrier, le magistrat, l'artiste, le bon citoyen ; les différents gouvernements ont si bien senti ces vérités, qu'ils ont toujours protégé les maisons d'éducation, rédigé de sages règlements et veillé à leur exécution. Encouragée par tant de motifs, l'Abbaye de Saint-Maurice a l'honneur de soumettre à l'approbation de Messieurs les Représentants du Conseil souverain et de l'État, le plan et les règlements suivants pour le Collège de cette ville.

« 1° D'établir un institut où les jeunes gens du pays et les étrangers seront invités à venir puiser les connaissances nécessaires à former des ministres à la religion, des citoyens utiles à la patrie. — Les pensionnaires seront logés et entretenus dans l'enceinte de l'Abbaye, qui fera tous ses efforts pour préparer de bons maîtres à cette instruction.

2° On a lieu d'espérer que, l'Abbaye faisant tous les sacrifices qui sont en son pouvoir pour le bien commun, destinant ses logements à l'utilité publique, sera exemptée de les fournir aux militaires : condition sans laquelle l'institut ne pourra s'ériger, ni l'éducation se rectifier. Les muses fuient le bruit des armes ; elles sont ennemies de Mars et de Bellone.

« 3° Que la police et l'inspection du Collège seront uniquement adjugées à l'Abbaye. Il n'appartient qu'à ceux qui sont chargés de l'éducation, qui étudient le caractère, qui connaissent les dispositions naturelles des élèves, de récompenser ou de proportionner les peines d'une manière convenable à la faiblesse de l'âge, à la nature de l'action. On excepte les cas graves où le délinquant serait soumis aux règlements de police civile statués par le Conseil d'Etat.

« 4° Que les professeurs seront exempts de conduire leurs élèves soit le samedi, soit le dimanche, aux offices de la paroisse ; mais qu'ils seront tenus à les faire assister aux offices de l'Abbaye qui deviendrait la paroisse pendant leurs cours d'études. — On espère que Sa Grandeur ne mettra aucun obstacle à un règlement de collège qui ne porte nulle atteinte à sa juridiction épiscopale. Il est d'usage, dans tous les collèges bien réglés, que les écoliers soient instruits des vérités et des connaissances de la religion, qu'ils en remplissent les devoirs dans le lieu où ils reçoivent l'instruction des sciences profanes.

« 5° Pour donner plus d'encouragement et consolider davantage l'instruction publique, on demande que nulle école particulière soit tolérée en cette ville, exceptons les enfants de l'autre sexe. L'éducation a des conséquences trop grandes pour l'abandonner indistinctement aux caprices des parents et des personnes non revêtues de la confiance publique. Les enfants appartiennent plus à la République qu'à leurs pères et mères. C'est donc par des maîtres communs et sous une même discipline qu'on inspirera de bonne heure aux jeunes gens l'amour de la patrie, le respect pour les lois du pays, le goût et les principes de l'Etat dans lequel ils ont à vivre.

« 6° Que tous les revenus affectés au Collège de Saint-Maurice seront exactement payés par le conseil de cette ville, qui en gardera l'administration. L'Abbaye, jalouse de sacrifier son intérêt particulier au bonheur général, ne pourrait, néanmoins, supporter les dépenses qu'entraînera son établissement projeté, sans le concours des revenus affectés au Collège.

« Tels sont les points généraux sur le Collège que l'Abbaye de Saint-Maurice soumet aux Représentants souverains et au Conseil d'Etat pour en demander la sanction. Elle soumettra de même son plan d'études qu'elle exécutera l'automne prochain. Il serait donc bien avantageux pour l'Abbaye d'en connaître la décision ; elle ordonnerait les préparatifs nécessaires à l'établissement de cet institut.

« Les religieux de cette ancienne maison, de concert avec leur chef, feront tous leurs efforts pour mériter de plus en plus la protection et la bienveillance de leur souverain.

« Un moyen assuré sera de former des sujets qui connaissent qu'ils ont une patrie à aimer, à servir et à défendre, qu'ils ont une religion qui leur impose des devoirs, et que c'est en les pratiquant qu'on trouve le vrai et le seul bonheur de l'homme. L'Abbaye forme le doux espoir que le nouvel établissement sera une pépinière qui fournira à l'Eglise des ministres exemplaires et à l'Etat des citoyens vertueux.

« L'Abbaye ne cessera d'adresser chaque jour des vœux à Celui qui tient les rênes des gouvernements, qu'Il daigne bénir les travaux des législateurs et des gouvernants de ce pays, pour son bonheur et sa prospérité. C'est avec ces sentiments que nous vous prions, Messieurs les Représentants du Conseil souverain et Messieurs du Conseil d'Etat, d'agréer les hommages de notre vénération et du profond respect avec lesquels nous serons toujours, Messieurs, vos très humbles et très obéissants serviteurs,

Gaspard-Joseph Exquix, *Abbé*.

Emmanuel-Nicolas Pierraz,
chanoine régulier, procureur et vice-secrétaire [1]. »

Le 9 janvier 1803, les soldats français n'avaient pas encore quitté l'Abbaye. Nouvelle requête de sa part au gouvernement. L'Abbaye poursuit ses projets, si chers à l'Etat, du développement du Collège. Elle voudrait, de plus, établir un pensionnat dans son enceinte.

« Nous nous proposions d'établir dans notre maison un pensionnat pour donner plus de facilité à l'étude et plusieurs jeunes gens s'étaient déjà présentés à cet effet; mais il nous a été impossible de les recevoir, ayant sans cesse des militaires français à loger, obligés de leur donner les chambres que nous destinions à cet usage; et les logements que nous supportons, toujours très nombreux et souvent répartis avec partialité excédant presque toujours notre contingent. Et outre cela, on vient exercer la troupe dans nos corridors, le bruit et le tapage qu'on y fait dans ces intervalles nuisent beaucoup à l'instruction, nous ignorons si le Conseil d'ici a cherché à les empêcher. De sorte qu'au moment où nous comptions, en mettant sur un certain pied l'enseignement et le Collège, répondre aux bonnes intentions du gouvernement, nous nous voyons traversés dans nos entreprises, frustrés de nos espérances, et obligés de négliger cet objet pour suivre les circonstances des temps où nous jettent les mêmes difficultés et les mêmes embrarras toujours renaissants. »

---

[1] Original, aux Archives de l'Etat.

Le 26 mai 1803, le comte de Rivaz, conseiller d'Etat, écrivait à l'Abbé de Saint-Maurice :

« Quant au projet de votre Révérence pour la restauration du Collège de Saint-Maurice, le Conseil d'Etat se trouvait bien disposé à seconder vos vues et un projet de décret se trouvait tout prêt à être porté à la Diète pour y donner satisfaction, lorsque des observations de M. le vice-conseiller d'Etat de Quartéry ont fait craindre qu'il ne survînt des réclamations postérieures de la part de la Bourgeoisie. »

La ville de Saint-Maurice, disait-on, aurait pu réclamer en sa faveur le droit d'ériger un Collège. Elle prétendrait tenir ce privilège des ducs de Savoie. L'Etat réclamait donc une entente préalable avec la ville de Saint-Maurice. Le comte de Rivaz ajoutait :

« Le Conseil d'Etat, dans son projet, réserverait au gouvernement la même inspection sur le Collège de Saint-Maurice que sur les autres, autoriserait l'enseignement *de toutes les sciences*, à la charge de ne salarier que jusqu'à la rhétorique inclusivement, et de n'enseigner la théologie à des étudiants destinés pour le clergé séculier, que du consentement de l'Evêque. D'ailleurs, il accédait à ce que votre église fût la paroisse des étudiants pendant leurs études. »

Au premier septembre 1804, les choses n'avaient pas avancé d'un pas. Le Collège restait dans un état rudimentaire, malgré les efforts persévérants de l'Abbaye.

Le chapitre de Saint-Maurice adresse à Son Excellence le grand Baillif et à Messieurs les Conseillers d'Etat un Mémoire dans lequel il rappelle les sacrifices faits par l'Abbaye pour le Collège installé dans son enceinte selon les désirs et les prières du gouvernement, les dépenses causées par l'établissement du Convict, etc.

L'année précédente déjà, un Mémoire a été envoyé au

Conseil d'Etat, pour être présenté à la Diète. Il est resté sans réponse. Dès lors, la ville de Saint-Maurice s'est cru plus autorisée encore dans ses revendications des fonds de l'ancien Collège, et en particulier du testament de M. Charletti.

L'Abbaye déclare que depuis trois ans, elle n'a rien reçu des rentes du Collège, et que par conséquent, à moins que le Conseil d'Etat n'intervienne, l'Abbaye, malgré son grand désir d'être utile à la religion et au pays pour l'instruction de la jeunesse, sera obligée d'abandonner le Collège [1].

L'appui du gouvernement vint relever les courages abattus : une lettre du Nonce apostolique au grand Baillif ne dut pas peu contribuer à une résolution définitive de la part de l'Etat. Le 21 mars 1806, en effet, le Nonce apostolique adressait de Lucerne la lettre suivante à Son Excellence M. Augustini, grand Baillif du Vallais, à Sion :

« Excellence,

« C'est avec le plus grand plaisir que j'apprends du Prélat de Saint-Maurice, qu'il se propose d'établir incessamment un Collège pour l'éducation de la jeunesse, afin d'utiliser de plus en plus son couvent et d'acquérir de nouveaux titres à l'appui de votre Excellence, comme aussi du gouvernement dont vous êtes le chef. Les religieux de cette maison se voueront tout entiers, disent-ils, au bien public, et se soumettront de bon cœur à tout ce qui est compatible avec leur saint Institut. De semblables dispositions ne sauraient manquer d'être agréées de votre Excellence. Comme je connais par expérience l'intérêt que vous portez aux monastères, et la protection

---

[1] Archives de l'Etat.

que vous aimez à leur accorder, j'ose recommander à votre bienveillance particulière Saint-Maurice, qui par sa vénérable antiquité et les services pour lesquels il a constamment bien mérité et de la religion et de l'Etat, se rend d'ailleurs infiniment recommandable par lui-même. Aussi me flatté-je de l'espoir que vous soutiendrez constamment cette illustre maison à laquelle je m'intéresse spécialement sous divers rapports.

« J'ai l'honneur d'être avec une haute considération, de votre Excellence, le très humble et obéissant serviteur,

« F., ARCHEVÊQUE DE BERYLE
ET NONCE APOSTOLIQUE [1] ».

L'Abbaye, de sa part, tenait fidèlement ses promesses et se livrait avec un saint enthousiasme à la poursuite de cette belle œuvre.

Voici l'analyse d'une lettre, qu'elle adressait, à cet effet, sous la date du 17 avril 1806, à M. Derivaz, conseiller d'Etat, ministre de l'Intérieur et de l'Instruction publique, chevalier de l'Ordre de Charles III.

Le Chapitre de l'Abbaye, selon le désir manifesté en 1805, par M. Derivaz, conseiller d'Etat, se hâte de travailler à l'organisation du Collège. L'enthousiasme dans le dévouement de l'Abbaye va grandissant. L'Abbé charge le secrétaire du Chapitre, M. Gallay, d'annoncer à l'Etat la nomination de quatre professeurs : M. Franc ; M. Perrot, curé de Salvan ; M. Grillet, curé de Finshauts ; M. Barman, élève de théologie.

On attend avec impatience un dernier mot de l'Etat pour commencer les classes.

[1] Original, aux Archives de l'Etat.

Nous tâcherons, selon nos ressources et nos facultés, d'établir insensiblement le pensionnat [1].

Les négociations pour l'établissement définitif du nouveau Collège avaient duré un peu longtemps. Ce ne fut qu'en 1806 que l'Abbaye parvint à réaliser ses desseins. Mais son personnel ne suffisait point pour donner tous les cours. Le Collège de Sion venait de passer aux Pères Jésuites. M. Amstaad, prêtre séculier, tenu en haute estime par ses connaissances, y avait enseigné la philosophie. Sur la demande de l'Abbaye, il vint en 1806 enseigner la philosophie et les mathématiques à Saint-Maurice. Il était en même temps préfet du Collège.

Un traité conclu entre l'Abbaye et le gouvernement mettait à la charge de celle-ci l'enseignement de toutes les classes ; par contre, l'Etat s'engageait à fournir une rente annuelle de 30 louis pour le traitement des professeurs.

L'Abbaye ne voyant que son zèle, fut large dans ses dépenses. Elle organisa des salles d'étude, des chambres de classe, bâtit un petit théâtre dans la cour, vers la porte cochère, et aménagea un pensionnat dans les bâtiments qui sont au-dessus des archives et de la bibliothèque.

Elle annonçait solennellement son œuvre au public par ce programme :

« Le souverain Etat du Vallais, toujours animé par des vues d'utilité les plus conformes au bien public, envisage l'éducation de la jeunesse comme un des points les plus essentiels à la postérité et à la gloire de la patrie. Il emploie toute sa sollicitude à former de dignes sujets à la religion et à l'Etat ; les plus grands sacrifices ne lui coûtent rien pour parvenir à cette fin. Prévoyant l'avantage qu'il résulterait de l'érection d'un Collège dans l'enceinte de l'Abbaye de Saint-Maurice au Bas-Vallais, il

---

[1] Original, aux Archives de l'Etat.

a manifesté ses vues au chef de cette maison, l'assurant de sa protection dans tout ce qui pourrait favoriser le nouvel établissement.

« L'Abbaye de Saint-Maurice, jalouse de mériter la confiance de son souverain, animée par elle-même à concourir avec empressement à tout ce qui peut tendre au bonheur de la religion et de la société, s'empresse de déférer aux vues utiles de l'Etat.

« Elle a donc la satisfaction d'annoncer au public qu'elle ouvrira un cours d'études pour le 1er novembre prochain. On enseignera dans son Collège, les rudiments, grammaire, syntaxe, humanités et rhétorique; et comme il y aura un professeur de physique et de mathématiques pour les religieux de l'Abbaye, on admettra volontiers à ces leçons tous ceux qui voudraient les fréquenter, ainsi qu'il a été pratiqué jusqu'à présent. Dans ces diverses branches d'instruction, la religion catholique tiendra le premier rang. On enseignera les langues française, allemande et latine, l'arithmétique, l'histoire et la géographie.

« Ceux qui désireront se former au plain-chant, prendre des leçons de clavecin et d'orgue, auront un maître habile en ce genre, mais les leçons de musique seront payées.

« Il est à observer que l'érection de ce Collège paraît d'autant plus avantageuse qu'il n'en existe point dans le Bas-Vallais, et que la ville de Saint-Maurice est assez bien située pour la commodité des Dizains environnants; l'air y est pur et le plus salubre que l'on puisse respirer dans la plaine du pays. Ses habitants, en grande partie personnes de condition, sont d'un accès facile, aisés, polis et très honnêtes envers tout le monde.

« L'Abbaye, voulant répondre aux vues du public, manifestées par plusieurs de ses membres les plus distingués, forme en outre un pensionnat, qui sera ouvert pour la rentrée des classes. Ses bâtiments, vastes et commodes, fournissent de très belles chambres, salles d'étude qui seront chauffées, des dortoirs bien aérés, des corridors spacieux et agréables, un verger qui offre des promenades riantes.

« Chaque pensionnaire aura son lit particulier dans un dortoir commun, présidé par un professeur qui veillera au bon ordre, nuit et jour, pouvant de son cabinet voir et entendre ce qui se passe dans la salle.

« La pension sera de dix écus par mois et se payera par trimestre. L'Abbaye se chargera du blanchissage et du luminaire.

« Chaque pensionnaire se pourvoira d'un service de table et de tout le linge nécessaire pour être vêtu proprement; il n'aura, par conséquent, pas moins de six chemises.

« Les frais de maladie sont à la charge des parents; de même que les livres, encre, plumes, papier, etc.

« On ne recevra au Collège et au pensionnat que les enfants qui savent lire et écrire. Chaque écolier se fournira d'un manteau. Les pensionnaires pourront, avec l'agrément de leurs parents, rester au pensionnat pendant les vacances.

« Pour mériter la bienveillance de son souverain et du public, l'Abbaye de Saint-Maurice fera tous ses efforts pour faire fleurir la vertu et la religion dans le cœur des enfants qui seront confiés à ses soins. Elle propose un préfet et des professeurs qui sont connus par leurs talents et leur mérite. La jeunesse sera surveillée avec le plus grand soin. Un règlement bien établi fixera l'heure des différents exercices et soutiendra la discipline scolastique à laquelle tous les élèves seront assujettis; leurs études et leur conduite seront dirigées par un maître constamment occupé à cette fin.

« Chaque jour on fera aux écoliers des instructions

sur le catéchisme; mais particulièrement les dimanches et fêtes, dans l'église de l'Abbaye qui deviendra leur paroisse et dans laquelle ils entendront tous les jours la sainte Messe. L'on aura soin de leur faire fréquenter les Sacrements tous les mois.

« L'enseignement public sera gratis, hormis 6 baches par Quatre-Temps, tirés sur chaque écolier pour un petit honoraire au professeur. »

On était allé généreusement pour la fondation du nouveau Collège et du pensionnat; mais l'Abbaye se vit dans l'impossibilité de continuer son œuvre sans de nouveaux secours pécuniaires. Un Mémoire fut envoyé à l'Etat de la part de la ville de Saint-Maurice et de l'Abbaye, en vue d'obtenir une augmentation de 50 louis pour le traitement annuel des professeurs (80 louis au lieu de 30).

La question fut examinée à la Diète de novembre 1807. Une lettre confidentielle informait l'Abbaye que l'augmentation des 50 louis serait accordée.

Le 22 décembre 1807, la République du Vallais, l'Abbaye et la bourgeoisie de Saint-Maurice passaient une convention qui devait être la charte de fondation du Collège de Saint-Maurice.

La voici :

RÉPUBLIQUE DU VALLAIS

CONVENTION

ENTRE LE CONSEIL D'ÉTAT, LA ROYALE ABBAYE ET LA BOURGEOISIE DE SAINT-MAURICE

« La royale Abbaye de Saint-Maurice ayant exposé au Conseil d'Etat qu'elle était dans l'intention de se rendre

utile à l'éducation de la jeunesse et d'établir à cet effet
dans son sein un Collège et un pensionnat, dont elle
ferait elle-même les plus grands frais, si elle pouvait
obtenir du gouvernement et de la noble bourgeoisie de
Saint-Maurice des secours proportionnés à l'intérêt que
l'un et l'autre sont dans le cas de prendre à cet établissement, il avait été fait entre le Conseil d'Etat, l'Abbaye
et la bourgeoisie de premières conventions, sur la foi
desquelles l'Abbaye a ouvert un Collège dès le commencement de l'année scolastique 1807, et ces conventions
avaient été passées par écrit et signées le 23 mai 1807.
Mais l'Abbaye ayant représenté depuis au Conseil d'Etat
les grands frais qu'elle avait faits, et ceux qu'elle était
encore dans le cas de faire de nouveau, notamment,
pour l'établissement d'un théâtre, et la bourgeoisie de
Saint-Maurice s'étant réunie avec elle pour solliciter une
augmentation de pension annuelle pour l'entretien des
professeurs, offrant dans ce cas de faire ensemble l'une
et l'autre toutes les avances de la construction de ce
théâtre, le gouvernement a accueilli favorablement cette
demande et ces offres, et a bien voulu augmenter la
pension annuelle, qui avait été promise à l'Abbaye par
la convention du mois de mai, en y ajoutant diverses
conditions. En conséquence, il a été passé un nouvel
acte entre le Conseil d'Etat, l'Abbaye et la bourgeoisie
de Saint-Maurice pour réunir les conventions faites en
mai et celles qui doivent y être ajoutées comme il suit :

Art. 1. — L'Abbaye de Saint-Maurice s'engage à tenir
un Collège, où les jeunes gens du pays sont admis soit
comme pensionnaires, soit comme externes.

Art. 2. — Il y sera tenu les classes suivantes : le
rudiment, la grammaire, la syntaxe, l'humanité, la rhétorique, la philosophie, la logique et la physique. Ces
classes seront tenues par des professeurs de capacité et

en nombre suffisant, à la satisfaction du gouvernement; ils seront pris dans le sein de l'Abbaye ou hors de son sein et à ses frais.

Art. 3. — Conjointement avec la langue latine, on enseignera aux élèves, suivant le degré de leurs classes, la langue française par principes, l'histoire, la géographie et l'arithmétique.

Art. 4. — L'Abbaye fournira à ses frais les prix à distribuer aux élèves pour la valeur au moins de 5 louis d'or annuellement, le chauffage des classes, les frais de théâtre et de comédie de chaque année.

Art. 5. — L'Abbaye et la bourgeoisie s'obligent, conformément à leurs offres contenues en leur pétition du mois de novembre dernier, à fournir un local et un théâtre pour les exercices annuels des écoliers et pour les représentations, que le gouvernement et l'Abbaye jugeront convenable de leur faire faire, et elles ne pourront réclamer de l'Etat aucun secours, ni pour construction des bâtiments, ni pour dépenses annuelles à ce relatives.

Art. 6. — L'Abbaye s'oblige aussi à établir dans son intérieur, et à ses frais, un pensionnat où les élèves seront logés, nourris et surveillés convenablement et à la satisfaction du gouvernement.

Art. 7. — Les écoliers paieront au Collège une rétribution annuelle de 6 batz par tête.

Art. 8. — La police et l'inspection du Collège appartiendront uniquement au Conseil d'Etat qui se réserve d'en établir un inspecteur.

Art. 9. — Les professeurs seront exempts de conduire leurs élèves aux offices de la paroisse.

Art. 10. — Nulle école ne sera tolérée dans la ville de Saint-Maurice, excepté celle des filles et celle des garçons pour les premiers principes, jusqu'à ce qu'ils soient en état d'entrer en rudiment.

Art. 11. — La bourgeoisie de Saint-Maurice, en faveur de cet établissement et en outre des engagements portés en l'art. 5, s'oblige de fournir annuellement à l'Abbaye la somme de 40 louis d'or, payables en deux termes, moitié au 15 mars, moitié au 15 août, et de faire tenir l'école des principes.

Art. 12. — Le Conseil d'Etat, en considération des engagements pris par l'Abbaye dans le présent acte, et de ceux pris par la bourgeoisie envers l'Abbaye pour le Collège s'oblige, en vertu de l'autorisation de la Diète, à fournir à l'Abbaye pour l'entretien des professeurs et de l'instruction telle qu'il l'exige, la somme de quatre-vingt louis d'or annuellement, payables moitié au 15 mars et moitié au 15 août, au moyen de laquelle le gouvernement sera déchargé de tous frais quelconques, que pourraient exiger l'établissement et l'entretien du Collège.

Art. 13. — L'Abbaye sera, en outre, exempte des logements militaires, lorsqu'il n'y aura pas plus de 200 hommes logés en ville; mais s'il y a de la cavalerie, elle ne sera pas exempte de fournir des écuries.

Art. 14. — La bourgeoisie de Saint-Maurice ne pourra ni cesser le paiement de quarante louis d'or annuels ci-dessus stipulés, ni refuser de concourir aux frais convenus par l'art. 5, tant que le Conseil d'Etat continuera le paiement de la rétribution annuelle de quatre-vingt louis au nom de l'Etat. En cas de difficulté entre l'Abbaye et la bourgeoisie, il en sera déféré au Conseil d'Etat.

Art. 15. — La rétribution annuelle de quatre-vingt louis de la part de l'Etat cessera au cas où les engagements contractés par l'Abbaye ne seraient pas remplis à la satisfaction du gouvernement, que le Collège et le pensionnat ne seraient pas soignés, et l'instruction donnée de manière à remplir les vues d'utilité publique pour l'enseignement, la religion et les mœurs, que le gouvernement s'est proposées en favorisant cet établissement.

ART. 16. — La présente convention n'aura d'exécution qu'autant qu'elle aura été ratifiée et signée au bas du présent original au nom de l'Abbaye et de la bourgeoisie de Saint-Maurice, d'ici au 1ᵉʳ janvier prochain, après laquelle ratification, il en sera délivré expédition par le Conseil d'Etat à l'Abbaye et à la bourgeoisie de Saint-Maurice.

« Fait en Conseil d'Etat à Sion, le 22 décembre 1807.

Le grand Baillif de la République,
DE SÉPIBUS.

Par le Conseil d'Etat :
Le Secrétaire d'Etat,
TOUSARD D'OLBEC.

« La présente convention a été ratifiée par le Chapitre de Saint-Maurice, ce 27 décembre 1807.
« Pour foi.

COTTER. C., R., *administrateur.*
GALLAY, *Chan. rég., Secrét. capitulaire.*

« Le présent a été ratifié par la bourgeoisie de Saint-Maurice en Conseil général, assemblé le 27 décembre 1807.
« En foi de quoi.

DE NUCÉ, *Président.*
Par le Conseil général :
BIOLLAY, *Secrétaire.*

« Le Conseil d'Etat de la République du Vallais certifie la présente copie authentique et conforme à son original demeuré aux Archives du Conseil d'Etat.

« Donné à Sion, le 8 février 1808.

Le grand Baillif de la République,
De Sépibus.

Par le Conseil d'Etat :

Le Secrétaire d'Etat,
Tousard d'Olbec.

Déjà en 1808, les imprimeurs étaient au service des élèves de physique du nouvel établissement. Des thèses sur la physique et les mathématiques étaient défendues publiquement au théâtre provisoire du Collège, par deux jeunes chanoines de l'Abbaye qui achevaient leurs études de lycée.

En voici le titre et la dédicace :

THESES EX PHYSICA

QUAS

IN LYCÆO AGAUNENSI

PRÆSIDE

JOHANNE BAPTISTA AMSTAAD

PHILOSOPHIÆ PROFESSORE

Publice propugnandas susceperunt

REVERENDI AC RELIGIOSI DOMINI

FRANCISCUS DE RIVAZ

ET

PETRUS MEILLAND

CAN. REGUL. ABBAT. REG. SANCTI MAURITII
PHYSICÆ STUDIOSI

DIE 18 MENSIS AUGUSTI 1808

SEDUNI

EX TYPOGRAPHIA ANTONII ADVOCAT

ILLUSTRISSIMIS

MAGNIFICIS ET EXCELLENTISSIMIS

DOMINIS DOMINIS

MAGNO BALLIVO

ET

CONSILIARIIS STATUS

REIPUBLICÆ VALLESIÆ

DE SCIENTIARUM AC ARTIUM LIBERALIUM INCREMENTO

SUMMOPERE SOLLICITIS

PRIMITIAS PHYSICI ET MATHEMATICI LABORIS

SUMMA CUM VENERATIONE

DEDICANT

ac

MÆCENATES ILLUSTRISSIMOS

ABBATIÆ ANTIQUISSIMÆ

ET

COLLEGII AGAUNENSIS

RECENS INSTITUTI

CONTINUAM PROTECTIONEM

FLAGITANT

D. D. Defendentes.

L'année suivante ce fut le tour de la philosophie; les thèses données avec non moins d'apparat sont défendues par les mêmes élèves.

Une lettre très flatteuse de la part du Conseil d'Etat, accompagnée d'un don en argent, apporta la jubilation dans le cœur des jeunes philosophes.

En voici la teneur un peu solennelle :

Le Grand Baillif de la République, au Révérend Monsieur de Rivaz, Chanoine de la Royale Abbaye de Saint-Maurice,

Révérend Chanoine,

« En acceptant les thèses de philosophie que vous lui avez dédiées, le Conseil d'Etat a été charmé de pouvoir donner à votre vénérable Abbaye une preuve de son désir de voir le goût des études se ranimer dans son sein, et à vous, Monsieur, une marque de l'intérêt qu'il prenait à vos succès. La manière distinguée dont vous avez soutenu ces exercices conjointement avec M. le Chanoine Meilland et les connaissances que vous y avez déployées, ont répondu à ses espérances, et promettent des sujets qui seront l'ornement de cette antique et illustre maison.

« Le Conseil d'Etat en a ressenti une grande satisfaction, et m'a chargé de vous en donner un témoignage honorable par la présente lettre et d'y joindre en même temps une gratification.

« Puisse votre exemple inspirer de l'émulation à ceux qui vous suivront dans cette carrière. Puissent ceux qui seront agrégés à votre Corps, répondre comme vous aux soins de son Révérendissime Chef, et chercher à soutenir par leurs lumières l'honneur d'un des plus anciens et des plus illustres monastères de la chrétienté. Je suis charmé, Monsieur, d'avoir à remplir une commission aussi flatteuse

pour vous, et de pouvoir vous donner personnellement
l'assurance de ma due vénération.

« Sion, le 25 décembre 1809.

DE SÉPIBUS. »

Pour l'histoire du Collège de là à 1815, nous reproduisons les notes de ce même chanoine de Rivaz qui fut plus tard Abbé de Saint-Maurice.

Nous y intercalerons le texte d'un Mémoire à Napoléon.

« Outre ces thèses publiques qui augmentèrent la réputation du Collège, l'Abbaye ne négligeait aucun genre de dépenses pour répondre à l'attente du public et à la bonne opinion que le Gouvernement avait d'elle. Elle fit bâtir son pensionnat dans son intérieur; elle construisit un théâtre aux portes cochères en 1807, un autre à la Maison de Ville en 1809, et le troisième à la Chapelle de Saint-Laurent en Pré en 1810. Le tout pour se conformer aux autres collèges du canton, et pour ne rien négliger de ce qui pouvait concourir à exciter l'émulation de la jeunesse.

« Les choses marchèrent ainsi pendant cinq ans avec une amélioration toujours progressive et glorieuse jusqu'au moment où le Valais fut réuni à l'Empire français en 1810. Le Décret de l'empereur Napoléon, publié le 4 janvier 1811, à Sion, par le général Berthier, déclarait, Chapitre V, art. 10, que les trois Collèges existants à Sion, à Brigue et à Saint-Maurice étaient conservés [1]. Mais on n'autorisait

---

[1] ART. 10. Les trois collèges existants à Sion, Brigue et Saint-Maurice sont conservés.

Des maîtres de langue française y seront établis, ainsi que dans toutes les écoles de tous les degrés, selon le nombre des élèves.

les classes dans les Collèges de Saint-Maurice et de Brigue que jusqu'aux Humanités inclusivement.

« Le Décret qui supprimait en même temps notre maison en la réunissant à la Communauté du Grand-Saint-Bernard [1], nous dérouta complètement. Néanmoins l'Abbaye qui n'avait plus qu'une ombre d'existence, continua à faire pour l'instruction publique tout le bien qu'elle pouvait. Malgré cet article 10 du *Décret impérial sur l'organisation du Département du Simplon*, le Collège de Saint-Maurice se trouvait menacé dans son existence.

« L'arrêté du 7 août 1811, par lequel le Préfet du Simplon annonçait que M. le Prévôt du Grand-Saint-Bernard était chargé de prendre possession de l'Abbaye de Saint-Maurice, disait :

Art. 9. — La partie de ces bâtiments réservée au pensionnat et au collège de la ville de Saint-Maurice, conservera jusqu'à nouvel ordre sa destination actuelle.

Art. 10. — M. le Prévôt pourvoira, de concert avec M. l'Abbé Pierrat, à la continuation des études jusqu'à l'époque où l'organisation de l'instruction publique aura lieu dans ce Département, d'après les dispositions de Son Excellence le Grand-Maître de l'Université impériale. »

C'est pour empêcher que cette nouvelle organisation projetée ne devînt une suppression, que l'Abbaye, avant la mise en possession du Révérendissime Prévôt, rédigea un mémoire qui est un petit chef-d'œuvre de diplomatie en faveur de l'enseignement à Saint-Maurice.

Le voici :

---

[1] Ibid. Titre V. *Du culte*. Art. 54. L'Abbaye de Saint-Maurice sera réunie aux monastères du Simplon et du Saint-Bernard.

Département du Simplon

INSTRUCTION
PUBLIQUE
▼

MÉMOIRE A L'EMPEREUR

Sire,

« Lorsque les intérêts de votre Empire prescrivant à Votre Majesté la réunion de quelque nouvelle province, votre première pensée sans doute est de veiller au bonheur des peuples qui vont vivre sous vos lois. De tous ceux que Votre Majesté gouverne, les Valaisans sont peut-être les plus dignes de ses bontés par leurs mœurs, leur simplicité, nous dirons même leur pauvreté. Avant l'ouverture de la route du Simplon, le Valais était presque sans communication avec le reste de l'Europe ; mais s'il était resté en arrière sous le rapport des sciences et des arts qui font la gloire des nations policées, du moins il avait su se garantir de leur corruption.

« Un nouvel ordre de choses vient de s'établir, nous sommes devenus Français. C'est à nous à nous mettre au niveau de la nation en conservant nos mœurs et notre religion sainte que Votre Majesté professe, qui est à la fois la plus sûre garantie de l'obéissance des sujets et de la justice des souverains. L'instruction publique est sans doute le meilleur moyen de parvenir à ce but ; mais il faut qu'elle soit mise à notre portée. Nous sommes pauvres, Sire, et nos facultés ne permettent point aux pères de famille d'envoyer leurs enfants à des écoles éloignées et dispendieuses ; l'habitude et les souvenirs d'une vie patriarcale repousserait une éducation qui placerait les enfants à une trop grande distance de la maison et de la surveillance paternelle. D'après ces principes, les chanoines de Saint-Maurice s'offrent avec confiance à Votre Majesté pour lui demander de continuer à travailler à l'éducation publique comme ils l'ont fait par le passé en se soumettant toutefois aux règlements de l'Université qu'ils se feront un devoir de respecter.

« L'intention de Votre Majesté en réunissant l'Abbaye de Saint-Maurice à celle du Saint-Bernard a été d'augmenter les ressources d'une maison qui rend aux voyageurs des services importants. Mais cette réunion laisse dans l'instruction publique un vide difficile à remplir, déplace des hommes qui, par de longues études, s'étaient préparés à ce service et que leurs habitudes sédentaires rendent peu propres à supporter les fatigues d'un climat rigoureux qui abrège la vie des jeunes gens les plus robustes. Si Votre Majesté en voyant la chose sous ce nouveau point de vue jugeait convenable de rapporter ou de modifier le décret qui réunit l'Abbaye de Saint-Maurice à la maison du Saint-Bernard, les chanoines consacreraient également leurs travaux au bien public; mais d'une manière plus conforme à leurs talents et non moins utile à leur pays; rarement des hommes déplacés rendent de véritables services. Ils quittent une carrière dans laquelle ils s'étaient engagés par goût pour en suivre une autre à laquelle ils n'ont point d'aptitude et où ils ne peuvent réussir parce qu'ils y marchent à regret. Votre Majesté jugera dans sa sagesse s'il ne vaudrait pas mieux laisser à leurs premières fonctions des hommes qui possèdent déjà la confiance de leurs concitoyens et qui feront tous leurs efforts pour mériter celle de Votre Majesté; son intention n'est pas sans doute de priver le Valais du bienfait de l'instruction publique : dans ce cas, une maison toute formée doit paraître préférable à un nouvel établissement. L'Abbaye offre un local bâti capable de loger . . élèves et la grandeur des salles d'étude permettrait d'y ajouter . . externes. Les revenus de la maison qui s'élèvent au plus à . . . . . . de rente, seraient employés à l'entretien des chanoines actuels qui rempliraient les fonctions de professeurs et qui, au besoin, en prendraient le titre ; ils s'adjoindraient un maître de dessin et *un officier instructeur,* enfin ils se soumettraient à tous les règlements de l'Université. Ils pensent que le prix modique de 450 fr. suffirait pour la pension annuelle d'un élève qui d'ailleurs apporterait son uniforme et son trousseau, ou qui le recevrait de la maison, au prix coûtant. L'enseignement consistera dans l'étude de la grammaire française, du latin, de l'allemand et de l'italien ; les relations du Simplon avec la France, la Suisse et l'Italie rendent ces trois langues nécessaires. On enseignerait encore l'histoire, la géographie, les éléments de mathématiques et de physique : la maison possède déjà un cabinet fourni de tous les instruments nécessaires aux expériences. Si le nombre des élèves s'augmentait, on pourrait établir encore une chaire d'éloquence et une autre de belles lettres. Nulle part, sans doute, on ne pourrait rassembler autant d'instruction pour un prix si modéré ; mais ici les instituteurs ne sont point guidés par l'amour du gain. Ils se croiront trop récompensés s'ils conservent l'estime de leurs concitoyens et parviennent à mériter la protection de Sa Majesté.

« On objectera peut-être que tous les Français étant appelés à l'état militaire par la conscription, il n'est pas convenable que leur éducation soit confiée à une Congrégation religieuse. Mille faits répondent à cette objection : sans parler des grands hommes en tout genre qui ont reçu l'éducation dans une société devenue fort célèbre ; combien de généraux, dont plusieurs sont encore à la tête des armées de Votre Majesté [1], n'ont-ils pas été élevés dans les écoles de Metz, de Sorèze et de Juilly qui étaient dirigées par des religieux de l'Ordre de Saint-Benoît ? Des hommes voués par état et par religion à l'instruction de la jeunesse peuvent s'y livrer sans réserve ; dégagés des soins d'une famille tous leurs moments sont consacrés à leurs élèves, ils donnent aux études préparatoires le temps qui n'est pas employé à l'enseignement et l'espoir d'une récompense céleste est leur unique ambition. Cependant la jeunesse pourrait contracter *les habitudes militaires*. Un officier instructeur lui apprendrait le maniement des armes et tous les exercices s'annonceraient *au son du tambour*.

« En offrant de travailler à l'instruction publique, les Chanoines de Saint-Maurice osent croire qu'ils entrent dans les vues bienfaisantes de Sa Majesté qui déjà, dans d'autres circonstances, a laissé à des peuples réunis à son Empire leur ancien mode d'instruction [2]. Les Valaisans seront sensibles à la confiance que l'Empereur daignera leur témoigner en leur laissant des Instituteurs qui ne leur sont pas étrangers et qui se feront un devoir d'inspirer à la jeunesse l'attachement pour leur nouvelle patrie et le respect qu'ils doivent à la personne de Votre Majesté. »

La communauté du Saint-Bernard, qui prit possession de notre maison, conformément au décret du nouveau monarque, ne s'opposa pas à ce que l'Abbaye continuât également et à ses frais, d'enseigner toutes les classes, à part la logique et la physique, par la raison que M. Amstaad fut chargé d'enseigner la théologie aux jeunes religieux des deux communautés.

En 1814, le Vallais recouvre sa liberté, notre maison

---

[1] Le général Marmont, duc de Raguse, employé aujourd'hui en Espagne, a été élevé aux Bénédictins de Metz.

[2] Genève a conservé son ancien Collège à la réunion.

rentre dans ses droits et notre Collège reprend son ancienne vigueur. L'Abbaye, par un *Prospectus,* avertit le public qu'on allait reprendre le cours de toutes les classes comme ci-devant et sur le même pied, que son pensionnat était bien établi, que chaque écolier, par l'autorisation du gouvernement, donnerait 20 baches en entrant, pour les Quatre-Temps, et que le Collège offrait un préfet et des professeurs connus par leurs talents.

Ce fut aussi la même année que M. Amstaad, par un *Mémoire* qu'il fit présenter à la Diète, par M. le président de la Pierre, obtint du gouvernement *un subside annuel* de 300 fr. suisses, tant pour améliorer le cabinet de physique que pour former une bibliothèque pour le Collège [1].

En 1815, le Vallais devenait un canton suisse. La constitution valaisanne de 1815 n'apportait aucune modification au Collège-Lycée de Saint-Maurice. Mais il était dit à l'art. 56 : « L'Etat supporte les frais de l'instruction publique dans les collèges de Sion, Saint-Maurice et Brigue. »

L'application de cet article constitutionnel a été que, ni les sommes livrées par l'Etat n'ont été augmentées, ni les contributions et le dévouement de l'Abbaye diminués.

Le Collège de Saint-Maurice, nous dit encore M. le chanoine de Rivaz, n'avait rien à envier aux deux autres collèges du canton, tenus par les Révérends Pères Jésuites. A Saint-Maurice, la physique et les mathématiques étaient même enseignées d'une manière supérieure.

---

[1] Ce mémoire fort intéressant, donné avec une magistrale ampleur, est transcrit de la main de M. de la Pierre, alors président de Saint-Maurice. Archives de l'Etat.

Histoire du théâtre du Collège

A l'entrée de Saint-Maurice, dans l'angle formé par la grande route et l'avenue de la gare, on aperçoit un long bâtiment qui n'a rien d'architectural à l'extérieur ; mais qui offre à l'intérieur un charmant théâtre dont pourraient être jalouses des villes bien plus importantes : c'est le théâtre du Collège de l'Abbaye. Longue est son histoire. Il doit son existence à un procès entre l'Abbaye et la bourgeoisie.

A une époque reculée, dans des années de disette, l'Abbaye aurait, après la première récolte de foin, permis aux habitants de Saint-Maurice, de faire paître leur bétail sur le *Champ des Martyrs,* sur une vaste prairie appelée Vérolliez.

Avec le temps, l'origine de ce bienfait fut oubliée et la bourgeoisie de Saint-Maurice considéra ce *parcours* du bétail comme un droit légitimement acquis.

Mais la loi du 24 mai 1808, dans l'intérêt du pays, supprimait les parcours. Elle déclarait tous ces droits rachetables à l'instar des redevances signalées dans l'article 22 de la Constitution valaisanne. Une loi du 30 mai 1809 établit d'une manière détaillée les bases du rachat des droits de parcours [1].

C'est ici que commencent les grandes difficultés entre l'Abbaye et la bourgeoisie.

Celle-ci poussait ses prétentions jusqu'à réclamer la copropriété du fonds.

L'Abbé Exquix, qui avait assisté à tant de troubles, en fut effrayé, et se mit à traiter de gré à gré avec la bourgeoisie.

---

[1] *Recueil des lois,* tome II.

Accompagné du Procureur de l'Abbaye, il fit avec elle, le 10 février 1810, un contrat qui, selon les règles du droit canonique, était nul de plein droit ou qui, du moins, n'aurait eu force de loi qu'avec l'approbation du Saint-Siège. Une grande partie du *Champ des Martyrs* était livrée à la bourgeoisie pour le rachat du droit de parcours. La bourgeoisie prit possession, dès le printemps, de cette immense et fertile propriété. Elle la divisa en portions que plusieurs bourgeois se faisaient un scrupule d'accepter.

Le notaire fit cet aveu à un chanoine de l'Abbaye : « Plusieurs de nos bourgeois disaient, quand j'ai fait cet acte avec votre Abbé, que je me damnais en prenant le bien des religieux pour le donner à la bourgeoisie. Et ils n'ont pas craint de se damner tous avec moi. »

La perte que l'Abbaye subissait par cette cession illégale était évaluée à 800 louis environ. La bourgeoisie avait joui pendant sept ans de ce terrain divisé en portions. La permission du Saint-Siège qui avait été expressément réservée et qui seule pouvait donner force de loi à ce contrat, n'avait pas été demandée. Mais un jeune chanoine de l'Abbaye, qui se préparait, à l'Université de Turin, pour devenir avocat en droit civil et en droit ecclésiastique, vint à examiner cet acte.

Il n'eut pas de peine à démontrer que c'était un instrument de nulle valeur. On commença à l'Abbaye à réfléchir sur les pertes que l'on avait subies par la cession à la bourgeoisie d'une partie considérable du *Champ des Martyrs*.

Le Chapitre de l'Abbaye, qui n'avait pas été consulté sur cette aliénation, porta ses revendications devant le Nonce apostolique, à Lucerne. Le Nonce reconnut la nullité de cette aliénation faite sans la permission du Souverain Pontife et les dommages qui en étaient résultés pour l'Abbaye. Mais il voulait, tout en sauvegardant les droits de l'Abbaye, éviter un procès retentissant.

C'est alors que l'on en vint au projet de destiner à la construction d'un théâtre pour le Collège les sommes qui seraient restituées par la bourgeoisie de Saint-Maurice. Il y eut le 14 mars 1819, un projet de convention pour être présenté à l'approbation du Saint-Siège. Mais comme il accordait à la ville de Saint-Maurice *une clé* du théâtre et qu'il ne revêtait pas suffisamment le caractère d'une *restitution* en faveur de l'Abbaye, il fut rejeté par le Nonce.

La ville de Saint-Maurice dut, par conséquent, faire des offres nouvelles. Par l'organe de son Président, M. de Macognin de la Pierre, elle fit dans une lettre à la Nonciature la déclaration suivante : *Ce théâtre est destiné uniquement et exclusivement à l'usage du Collège*. On retrancha ce que le Saint-Siège n'avait pas voulu accepter ; et sur le conseil du Nonce, on ne mit pas dans la convention le terme de théâtre, mais *grande salle destinée* à donner des *Pièces dramatiques et comiques* par les étudiants du Collège de l'Abbaye.

On conclut, le 25 octobre 1819, la convention suivante qui fut rédigée par le chanoine de Rivaz, présentée au Pape Pie VII et approuvée, avec délégation spéciale, par l'Internonce Aloysius Fabricius Faliscus.

« Très Saint Père,

« Une contestation s'est élevée depuis deux ans entre la royale Abbaye des Chanoines Réguliers de Saint-Maurice en Valais, et la noble bourgeoisie de cette ville, que les soussignés viennent soumettre à Votre Sainteté, et dont voici le sujet :

« Par suite d'une transaction faite le 13 février 1810, l'Abbaye cède à la bourgeoisie 25 seyteurs de terrain sur son domaine de Vérolliez pour le rachat du droit de parcours, dont la bourgeoisie jouissait sur le dit domaine depuis la Saint-Jean du mois de juin jusqu'à la fin des pâturages. Par cette cession, la portion de l'Abbaye fut réduite à 31 seyteurs sur 56 que contenait tout le domaine, mais délivrée par ce contrat de toute servitude. Ce partage s'opère la même année, et chaque particulier cultive sa portion pendant sept ans, sans avoir préalablement obtenu la ratification du Saint-Siège.

« Le Chapitre général de l'Abbaye, assemblé le 26 août 1817, ayant observé que par cette transaction de 1810 les droits de la Maison étaient lésés, en porta ses plaintes à la Sacrée Nonciature, et l'approbation de l'acte fut refusée. Dès lors on vit naître différentes questions sur les dédommagements que l'Abbaye avait droit de réclamer. On traite d'abord à l'amiable ; 18 mois se passent en offres d'accommodement de part et d'autre, sans pouvoir s'entendre ; la contestation est portée devant l'Evêque diocésain, dont la médiation fut également inutile pour opérer une conciliation. Tout espoir d'accommodement s'étant évanoui, l'Abbaye se disposait à actionner juridiquement la bourgeoisie et revendiquer son domaine en entier par la voie des tribunaux, lorsque Monsieur l'Internonce Belli, délégué à ce sujet par son Excellence le Nonce actuel, Monseigneur Macchi, archevêque de Nisibe, se rendit sur les lieux, le premier janvier de l'année courante, pour traiter cette affaire en personne ; il s'en est occupé pendant deux jours entiers avec un zèle signalé lequel n'a pas été sans succès, et dont le résultat a été un accommodement à la satisfaction des deux parties contractantes.

« Pour concevoir les dédommagements que l'Abbaye reçoit par ce nouveau contrat, il faut observer qu'en 1807, le gouvernement du Valais établit un Collège dans notre ville, destiné aux études de la jeunesse. Ce Collège fut confié aux Chanoines de la dite Abbaye ; à cette fin, il le dota convenablement, en s'obligeant annuellement envers l'Abbaye d'une somme de 120 louis aussi longtemps qu'elle serait chargée de l'enseignement, et mit pour condition dans l'acte d'érection, que l'Abbaye formerait, de concert avec la bourgeoisie, un établissement consacré aux exercices des étudiants, et aux beaux arts. Dès lors plusieurs petits bâtiments furent successivement élevés pour cet objet aux frais communs de l'Abbaye et de la bourgeoisie, et détruits tour à tour par différentes causes. Pour éviter désormais ces vicissitudes également dispendieuses, on a convenu de bâtir un nouvel édifice en murailles, qui soit solide et durable, non loin de l'Abbaye, hors de tout danger d'incendie et dans un emplacement très commode, surtout pour les expériences solaires en plein air, et dans une entière indépendance.

« Dans cet édifice, il doit y avoir 1º un cabinet de physique et de chimie pour la conservation des instruments et autres objets analogues ; 2º deux petites chambres pour costumer les élèves ; 3º un salon décoré qui servira pour les exercices publics des écoliers, tels que des expériences, des examens, des thèses à défendre, la distribution des prix, la représentation de quelques pièces tragiques ou comiques à la fin de l'année scolastique, au choix des professeurs du Collège, dans l'unique but de rendre la distribution des prix plus solennelle, d'exciter par là même de plus en plus l'émulation, et d'apprendre aux jeunes élèves l'action oratoire en les accoutumant à parler en public, comme il est pratiqué dans plusieurs cantons de la Suisse, et notamment par les RR. PP. Jésuites dans les Collèges de Fribourg, Sion et Brigue ; 4º enfin, une vaste salle tant pour les examinateurs que pour les spectateurs.

« Il est encore utile d'observer que par le dit contrat stipulé en 1807, entre l'Abbaye, la bourgeoisie et l'Etat, la bourgeoisie n'avait contracté aucune obligation de concourir aux frais de la bâtisse d'un cabinet de physique, de manière qu'en s'y soumettant actuellement, cette augmentation du nouvel édifice mettra à la disposition de l'Abbaye deux ou trois chambres qui jusqu'ici ont été occupées par les instruments de physique, appartenant en partie au Collège. C'est particulièrement sur ces deux objets qu'est basé le nouveau contrat d'accommodement, fait du consentement des deux parties, sous la médiation de Monsieur l'Internonce Billi, et qui consiste dans les articles suivants :

« NOUVELLE TRANSACTION

« La bourgeoisie de la ville de Saint-Maurice voulant mettre fin à toutes les disputes sur la cession de la susdite partie de la prairie de Vérolliez, et procurer de quelque autre manière à l'Abbaye un gain réel et un dédommagement convenable, est convenue avec elle comme suit :

« Art. 1. — La bourgeoisie de Saint-Maurice cède un terrain vaste et commode avec tous les matériaux d'un ancien bâtiment appelé la Souste, murs, planches, fers, madriers, etc., pour la construction du susdit édifice à l'usage du Collège.

« Art. 2. — La bourgeoisie livrera 200 louis à l'entrepreneur avant que l'Abbaye y contribue en rien de ses deniers ; le reste des frais de la bâtisse, non compris les fournitures mentionnées à l'article premier, seront supportés par égale portion, de manière que sur la somme de 400 louis en argent que coûtera tout l'édifice, compris le cabinet de physique, 300 seront aux frais de la bourgeoisie et une centaine à la charge de l'Abbaye.

« Art. 3. — La bourgeoisie se charge exclusivement des frais concernant le maintien de la toiture de tout le bâtiment.

« Art. 4. — La bourgeoisie se charge également d'une main d'œuvre, soit d'un déblayement dans l'intérieur de la Souste, qui doit faire gagner deux pieds de murailles tout autour de l'édifice, et qui, en même temps, en diminue les frais de construction.

« Art. 5. — Si, contre toute attente, le Collège venait à être supprimé ou séparé de l'Abbaye, pour lors le nouveau bâtiment lui deviendrait entièrement inutile et à pure perte; c'est pour prévenir cette perte que la bourgeoisie se soumet en pareil cas de rembourser à l'Abbaye non seulement cent louis, mais encore la moitié de la somme qui résulterait de l'évaluation de tout l'édifice faite par des experts neutres et non intéressés ; il serait cependant libre à la bourgeoisie d'acquitter ces deux sommes ou en argent comptant, ou en lui en passant une obligation au cinq pour cent, aussitôt qu'elle en serait requise.

« Art. 6. — La bourgeoisie se charge de payer le travail du commissaire liquidateur des fiefs, opéré en faveur de l'Abbaye en 1814, sur le territoire de la bourgeoisie de Saint-Maurice.

« Art. 7. — La bourgeoisie consent à ne point imposer de maxe (travaux publics) les 25 seyteurs de terrain que l'Abbaye aura droit d'acquérir sur le territoire de la bourgeoisie, par suite de la condition apposée à la cession de la partie de Vérolliez. En conséquence, le 9me article de la transaction de 1810, qui soumet ces 25 seyteurs à la maxe bourgeoisiale, est déclaré par le présent acte comme nul et non-avenu.

« A ces conditions, l'Abbaye renonce à toutes les prétentions qu'elle pourrait avoir sur la partie du domaine de Vérolliez que Messieurs les bourgeois possèdent actuellement, le tout sous la réserve expresse de la ratification du Saint-Siège.

« Pour plus amples éclaircissements sur la nature de ce

contrat, il ne sera peut-être pas hors de propos de réunir sous un coup d'œil les sacrifices que fait la bourgeoisie pour dédommager l'Abbaye de la perte en question. Comme on vient de le voir, l'Abbaye a cédé à la bourgeoisie, par la transaction de 1810, un fonds de terre contenant 25 seyteurs; ces 25 seyteurs se réduisent à 23 au profit de la bourgeoisie, par la raison qu'un chemin à char de près de 2 seyteurs de contenance, qui sépare la portion de l'Abbaye d'avec celle de la bourgeoisie, se trouve totalement sur la portion bourgeoisiale.

« Maintenant la bourgeoisie dédommage l'Abbaye pour ces 23 seyteurs : 1° par l'extinction totale du parcours dont le rachat sur tout le domaine aurait pu porter approximativement une somme de 200 à 500 louis, et qui rend par ce moyen à l'Abbaye sa portion de 31 seyteurs, franche, libre de toute servitude, et susceptible, par les soins de l'agriculture, d'une grande amélioration et d'un rapport bien plus lucratif pour l'Abbaye que n'était, avant la suppression du parcours, la jouissance de tout le domaine; 2° en livrant 100 louis pour l'Abbaye à l'entrepreneur du bâtiment sus-mentionné à l'usage du Collège; 3° en cédant à l'occasion de ce bâtiment du terrain et des matériaux pour la valeur de 50 louis pour les frais du cabinet de physique; 5° en acquittant 48 louis pour la liquidation des fiefs; 6° en exemptant de toute corvée publique 25 seyteurs de terrain que l'Abbaye a droit d'acquérir, et dont une partie est déjà acquise; 7° en prenant à sa charge le maintien du toit de tout l'édifice destiné aux exercices des étudiants, ce qui n'est pas un petit avantage dans une ville telle que Saint-Maurice, aussi sujette à la violence des vents; 8° en courant le hasard de tenir compte à l'Abbaye, outre la somme de 100 louis, de la moitié de la valeur d'un vaste bâtiment qui serait également inutile à la bourgeoisie, en cas que le Collège vint à être supprimé par l'autorité de l'Etat.

« A ces avantages pour l'Abbaye se joint encore celui de terminer de longues et pénibles discussions, et de ramener la paix et l'union entre les deux parties contractantes, qui osent espérer que Sa Sainteté daignera donner sa sanction à ce nouveau contrat, et aux articles qui le concernent.

« Ainsi fait et convenu de part et d'autre à Saint-Maurice, le 25 octobre l'an 1819.

L. S. « DE MACOGNIN DE LA PIERRE,
N. Burg. *Vice-Président.*

« DE RIVAZ,
*Chanoine Régulier de l'Abbaye de Saint-Maurice
et Professeur de rhétorique.* »

« Je soussigné, atteste que Monsieur de Rivaz, Chanoine Régulier de l'Abbaye de Saint-Maurice, et Professeur de rhétorique, signé ci-dessus, a été délégué par le Chapitre général, et muni de plein pouvoir pour traiter et terminer avec la noble bourgeoisie toutes les difficultés dont il est fait mention dans le présent contrat ; c'est pourquoi les présentes ont été munies du sceau de notre Chapitre général.

« Donné à Saint-Maurice, l'an et jour que dessus.

L. S. « GALLEY,
Abbatiæ *Chanoine Régulier de l'Abbaye de Saint-Maurice,
Chevalier de S. M. et L.,
Secrétaire du Vén. Chapitre.* »

NOS

Aloysius Canonicus Nevi, Fabritius Faliscus, Sacræ Theologiæ Doctor, Legationis apostolicæ apud christianissimum Galliarum Regem auditor, ac Sanctæ Sedis ad Helvetios, Rhetos, ac Valesianos, Constantien., Basilien., Sedunen., Curien., et Lausanen., Civitates et Diœceses

Inter-Nuntius

Visis et examinatis a SS^{mo} Domino Nostro Pio PP. VII transactione inita jam die 13 februarii anni 1810 Insignem Abbatiam Agaunensem inter et nobilem burgesiam pariter Agaunensem super Prato Verolliez nuncupato, inita, necnon altera posteriori concordia inter memoratos contrahentes super eodem prato similiter inita die 25 octobris 1819, aliis additis in hac secunda conditionibus a burgesia Agaunensi favore dictæ Insignis Abbatiæ, SSmus Dominus hujusmodi transactionem Ecclesiæ utilem ac favorabilem esse judicans, benigne annuit pro ejus approbatione, ac confirmatione, nobisque illam approbandi et confirmandi facultatem impertiri dignatus est per veneratissimas litteras Emi Cardinalis a Secretis Status nobis datas sub die 27 novembris 1819.

Nos itaque de speciali et expressa apostolica auctoritate nobis ad hoc delegata, Capitulares omnes et singulos præfatæ Abbatiæ Agaunensis, caterosque quoscumque a censuris et poenis Ecclesiasticis, sive a jure, sive ab homine, quavis occasione vel causa latis, si quas ob præmissa quomodolibet incurrerint, vigore præsentium, quatenus opus sit, absolventes et absolutos fore censentes, retroscriptam novam concordiam juxta omnem illius formam ac tenorem initam die 25 octobris anni 1819, attenta ejus utilitate favore Monasterii Canonicorum Regularium Agaunensium, et Ecclesiæ, eadem apostolica speciali et expressa auctoritate confirmamus, et approbamus; nec non transactionis prius initæ die 13 februarii 1810 tenorem, et res inter utramque partem per illam conventas, in iis in quibus per posteriorem concordiam derogatum non est, benigne sanamus. Præfatam perinde transactionem anni 1810, et posteriorem concordiam die 25 octobris 1819, dicto superius modo, ratas, firmas, et in perpetuum validas esse et fore in utroque foro decernimus ac declaramus.

Datum Lucernæ ex Nostra Residentia, sub signo sigilloque Nostris, die 3^{tia} januarii 1820.

L. S.
Internuntii.

Aloysius,
Canonicus Nevi, Internuntius apost.

Ch. Eglin,
Protonot. apostolicus et Cancellarius.

Le chanoine de Rivaz qui avait été l'âme de cette conciliation, avait su amener l'eau à son moulin. Professeur de rhétorique et directeur des représentations données à la clôture des cours, presque chaque année il avait le souci d'un théâtre toujours provisoire. Dans ses notes, il nous raconte comment il est devenu l'architecte d'un théâtre définitif.

« Nous avions résolu de bâtir un théâtre, et pas une âme ni de la ville ni de l'Abbaye n'était à même de donner une idée exacte de l'entreprise que nous allions faire. Il s'agissait cependant de contracter avec un entrepreneur; et on ne pouvait pas marchander avec un entrepreneur quelconque, sans connaître la chose dont il s'agissait. La bourgeoisie me laissait toute cette besogne. J'avais vu à la vérité, les théâtres des principales villes de France; mais lorsque je visitais ces bâtiments, je ne pensais guère que je serais dans le cas de m'occuper d'un édifice de ce genre et encore moins de le construire ; de manière que je ne conservais de mes observations à cet égard que des idées bien superficielles.

« Pour en avoir une idée plus exacte, je me transportai à Lausanne ; j'examinai le théâtre de cette ville construit sur le modèle de celui de Genève. M. Duplex, propriétaire de cet édifice, me donna avec beaucoup de complaisance toutes les explications qui étaient à sa portée. De là je me rendis chez M. Bergos qui en avait été le directeur et l'architecte. »

De retour à Saint-Maurice, le chanoine de Rivaz fait le plan du nouveau théâtre. Il le fait approuver par le Chapitre et la ville de Saint-Maurice. Un contrat pour la bâtisse est conclu avec Eggen, entrepreneur à Bex.

Les peintures et les décors sont confiés au peintre Du Puy.

Dès 1821, le Collège de Saint-Maurice fut doté d'un charmant et vaste théâtre où les représentations dramatiques, pour la clôture des cours, ont été données sans interruption, jusqu'à nos jours.

Par contre, après de grands sacrifices pour les constructions, les salles destinées au cabinet de physique et au laboratoire de chimie sont restées presque inoccupées depuis que la loi du 31 mai 1849 est venue décapiter le Collège de Saint-Maurice en y supprimant le Lycée. C'est une des libertés que le gouvernement de 1848 a octroyées à son cher Bas-Valais.

Nous donnons ci-après la liste des pièces jouées, dans ce siècle, par les étudiants du Collège [1] :

---

[1] Les représentations et les séances littéraires ou musicales données dans le cloître de l'Abbaye ne sont pas comprises dans cette énumération.

1807 *Sémiramis,* tragédie en 5 actes. — *L'avocat Patelin,* comédie en 3 actes (21 et 23 août).

1808 . . . . . Théâtre provisoire aux portes cochères de l'Abbaye.

1809 . . . . . Théâtre provisoire à l'Hôtel-de-ville.

1810 . . . . . Théâtre provisoire à la chapelle de Saint Laurent qui avait cessé de servir au culte.

1811 *Le Comte de Waltron* ou *La subordination militaire,* trag. en 5 actes (15 et 18 août).

. . . .

1816 *Artaxercès,* trag. en 5 actes. — *Le Voyageur,* com. en 2 actes (15 et 18 août).

1817 *Le triomphe de la religion,* trag. en 3 actes. — *Le Gourmand pris pour dupe,* com. en 1 acte (15 et 17 août).

1818 *Absalon,* trag. en 5 actes. — *L'Hypocrite corrigé,* com. en 1 acte (13 et 16 août).

. . . .

1820 *Athalie,* trag. en 5 actes. — *Connaxa,* com. en 3 actes (13 et 17 août).

1821 *Saint Louis,* trag. en 5 actes. — *Les Plaideurs,* com. en 3 actes (16 et 19 août).

1822 *La Mort de Robespierre,* trag. en 3 actes. — *Le Pèlerin blanc,* com. en 3 actes (15 et 18 août).

1823 *David,* trag. en 5 actes. — *Les Vendangeurs,* com. en 1 acte (15 et 17 août).

1824 *Mérope,* trag. en 5 actes. — *Le Médecin malgré lui,* com. en 3 actes (15 et 16 août).

1825 *Le Fanatisme* ou *Mahomet le prophète,* trag. en

5 actes. — *Les Fourberies de Scapin*, com. en 3 actes (14, 15 et 16 août).

1826 *Artaxercès*, trag. en 5 actes. — *Les deux Frères*, drame en 4 actes (13, 15 et 16 août).

1827 *Guillaume Tell*, trag. en 5 actes (22 et 25 février). — *Rome sauvée*, trag. en 5 actes. — *Retour imprévu*, com. en 1 acte (12, 15 et 16 août).

1828 *Athalie*, trag. en 5 actes. — *Le Pèlerin blanc*, com. en 3 actes (15 et 17 août).

1829 *Joseph*, drame en 3 actes. — *Les Plaideurs*, com. en 3 actes (26 février et 1er mars).

1830 *Trebellius*, drame en 3 actes. — *L'Orgueilleux corrigé*, com. en 3 actes (8, 15 et 16 août).

1831 *L'Orphelin muet*, drame en 3 actes. — *Guliver chez les Liliputiens*, com. en 1 acte (14, 15 et 16 août).

1833 *Agapit*, trag. en 3 actes. — *Les deux Frères*, drame en 4 actes (11, 15 et 16 août).

1834 *L'Enfant prodigue*, drame en 3 actes. — *Les Incommodités de la grandeur*, com. en 5 actes (10, 15 et 17 août).

1835 *L'Homme de la Forêt-Noire*, drame en 3 actes. — *L'Hypocrite corrigé*, drame en 1 acte (9, 15 et 16 août).

1836 *La vallée de Barcelonnette*, com. Vaudeville en 1 acte. *Deschalumeaux*, com. en 3 actes (14, 15 et 16 août).

1837 *Marius à Minturnes*, trag. en 3 actes. — *L'avocat Patelin*, com. en 3 actes (13, 15 et 16 août).

1838 *Guillaume Tell*, trag. en 5 actes. — *Le Sourd* ou *l'Auberge pleine*, com. en 3 actes (12, 15 et 16 août).

1839 *Louis IX*, trag. en 5 actes. — *Le Bourgeois gentilhomme*, com. en 3 actes (4 et 5 août).

1840 *L'Orphelin muet*, drame en 3 actes. — *Le Malade imaginaire*, com. en 3 actes. — *Les Deux petits Savoyards*, en 1 acte (26 juillet, 2 et 4 août).

1841 La Malédiction, drame en 3 actes. — Le Collège et le Monde, com. en 3 actes (1er et 8 août).

1842 Sildac, drame en 3 actes. — L'Avare, com. en 3 actes (10 et 17 juillet).

1843 Artaxercès, trag. en 5 actes. — Le Financier, Vaudeville en 1 acte (16 juillet).

1844 L'Homme de la Forêt-Noire, drame en 3 actes. — Monsieur le Pourceaugnac, com. en 3 actes (14 et 21 juillet).

1845 Mahomet le prophète, trag. en 3 actes. — La Chasse d'Henri IV, com. en 3 actes (27 juillet et 3 août).

1846 Les Enfants d'Edouard, trag. en 3 actes. — Le Proscrit, com. en 3 actes (26 juillet et 2 août).

1847 Absalon, trag. en 5 actes. — Les Enfants abandonnés, drame en 3 actes (25 juillet et 1er août).

1848 Saint Maurice, trag. en 5 actes. — Les quatre Sentinelles au même poste, com. en 1 acte. — Les Châteaux en Espagne, com. en 1 acte (23 et 30 juillet).

1849 Mérope, trag. en 5 actes. — Trois mille francs de dot, com. en 1 acte (1er et 8 juillet).

1850 Moïse, trag. en 3 actes. — Les incommodités de la grandeur, com. en 5 actes. — Les Poissons d'Avril (14 et 21 juillet).

1851 Séance académique et musicale suivie de : Les deux Avares, com. en 1 acte (29 juin). — Régulus, trag. en 3 actes. — Les deux Avares, com. en 1 acte. — Le Gastronome sans argent, com. en 1 acte (6 et 13 juillet).

1852 Winkelried, drame en 5 actes. — La vallée de Barcelonnette, com. Vaudeville en 1 acte (4 et 11 juillet).

1853 Saül, trag. en 5 actes. — Les Enfants d'Armagnac, com. Vaudeville en 1 acte. — Laurent le paresseux, com. Vaudeville en 2 actes (3 et 10 juillet).

1854 *Macbeth,* trag. en 5 actes. — *Le Château en loterie,* com. Vaudeville en 2 actes (2 et 9 juillet).

1855 Soirée littéraire et musicale suivie de : *Bébé* ou *le Nain du roi Stanislas,* com. en 1 acte (21 janvier). — *Les Macchabées,* trag. en 5 actes. — *La Chasse d'Henri IV,* com. en 3 actes (1er et 18 juillet).

1856 Académie de Saint-François de Sales et de Saint-Augustin. — *Arthur de Bretagne,* drame en 1 acte. (29 janvier). — *L'Homme de la Forêt-Noire,* drame en 3 actes. — *Les Fourberies de Scapin,* com. en 3 actes (6 et 13 juillet).

1857 *Jean Sans-Terre,* trag. en 3 actes. — *Le Revenant* ou *le Trompeur détrompé,* com. en 3 actes (5 et 12 juillet).

1858 *Baldini* ou *Episode d'un voyage en Italie,* drame en 3 actes. — *Sabre de bois,* com. en 2 actes. — *Le Sourd* ou *l'Auberge pleine,* com. en 1 acte (4 et 11 juillet).

1859 *L'Expiation,* drame en 3 actes. — *Le Départ pour la Californie,* com. en 3 actes (3 et 10 juillet).

1860 *Le Col de Mouzaïa* ou *le Triomphe de la Foi,* drame en 2 actes. — *Le Revers de la médaille,* com. en 1 acte (12 et 19 février). — *Taquinet* ou *le Panier de figues,* Vaudeville en 1 acte. — *L'avocat Patelin,* com. en 3 actes. — *Olivier de Clisson,* drame en 3 actes (1er et 8 juillet).

1861 *Tekèli* ou *le Siège de Mingatz,* mélodrame en 3 actes. — *Candinol, roi de Rouen,* com. Vaudeville en 2 actes (7 et 14 juillet).

1862 Concert vocal et instrumental suivi de deux comédies : *Jocrisse* et *Les deux Aveugles.* (26 janvier et 23 février.)

Il n'y eut pas de représentation de fin d'année. La fièvre typhoïde sévissait à Saint-Maurice.

1863 *Le Page de Jacques V*, drame en 5 actes. — *Les quatre Prunes*, com. en 1 acte (5 et 12 juillet).

1864 *Le dîner de Pantalon* ou *le Plat d'oreilles frites*, com. en 1 acte. — *Les deux Pêcheurs*, bouffonnerie en 1 acte. — *Le Marié*, chanson normande (31 janvier et 7 février). — *La Forteresse du Danube*, mélodrame en 3 actes. — *Grassol embêté par Ravel*, intermède en 1 acte. — *Môsieu mon Fils*, com. Vaudeville en 2 actes (10 et 17 juillet).

1865 *La Somnambule* (18 juin). — *Athalie*, trag. en 5 actes. — *Les Empiriques d'autrefois*, com. Vaudeville en 1 acte (9 et 16 juillet).

1866 *Saint Maurice*. — *La vallée de Barcelonnette*.

1867 *La Réconciliation de deux frères.* — *Les Français à Pékin*.

1868 *Esther*. — *Salsifis*.

1869 *Guillaume Tell*. — *Le Bourgeois gentilhomme*.

1870 *Le martyr d'Agapit*. — *L'Héritage de Rocambole*.

1871 *Les Enfants d'Edouard*. — *L'Ours et le Pacha*.

1872 *Joseph*. — *Le voyage de M. Pelicon à la mer de glace*.

1873 *Moïse*. — *Les Oiseaux de la rue*.

1874 *Absalon*. — *La Chasse d'Henri IV*.

1875 *Saül*. — *Le Château en loterie*.

1876 *Athalie*. — *La vallée de Barcelonnette*.

1877 *Esther*. — *Le Pèlerin blanc*.

1878 *Winkelried*. — *Michel Perrin*.

1879 *Le Mensonge*, drame. — *Les Plaideurs*.

1880 *Helvetia* ou *Nicolas de Flüe*. — *L'Héritage de Rocambole*.

1881 *Le Page de Jacques V*, par Charles-Louis de Bons. — *Les Oiseaux de la rue*.

1882 *Le Martyr du Patriotisme*, par Léon de Roten. — *Les Empiriques d'autrefois*.

1883 *Connor O'Nial*. — *Fra Diavolo*.

1884 Moïse. — Les Chemins de fer.
1885 Louis IX. — Schmierpinsel. — La vallée de Barcelonnette.
1886 Les Enfants d'Edouard. — Le Château en loterie.
1887 L'argent du diable. — La Chasse d'Henri IV.
1888 Le Martyr du Patriotisme. — Les Brigands invisibles.
1889 Le Lis sanglant. — Le Devin. — Quand on conspire.
1890 Les Flavius. — Brouillés depuis 24 heures.
1891 Guillaume Tell. — Le Prince aux pieds d'azur.
1892 Le Fils de Roland, par Bornier. — Le Parrain de la cloche.
1893 Joseph, drame en 3 actes. — L'Anglais qui parle français. — Salsifis ou les Inconvénients de la grandeur.
1894 Christophe Colomb. — La vallée de Barcelonnette.
1895 Saint Louis. — Le Château en loterie, 2 actes.
1896 Le Fils du Croisé. — Les Brigands invisibles.

De 1820 à 1850

La *Constitution du Valais de 1815*, art. 56, disait : « L'Etat supporte les frais de l'instruction publique dans les collèges de Sion, Saint-Maurice et Brigue. » Cet article fut une lettre morte dans la construction du théâtre. On laissa à l'Abbaye et à la ville de Saint-Maurice les charges qui leur étaient imposées par l'article 5 de l'acte de fondation du Collège.

L'article 8 de la même convention disait : « La police et l'inspection du Collège appartiendront uniquement au Conseil d'Etat, qui se réserve d'en établir un Inspecteur. »

En 1821, l'Etat était informé d'un changement qui allait se faire dans le personnel enseignant. Voulant témoigner avec la ville de Saint-Maurice, l'intérêt qu'il portait au développement d'un collège « qui avait déjà obtenu des succès marquants », il proposa, conformément à *l'esprit* du traité, une Commission chargée de la nomination des professeurs.

Cette mesure ne pouvait manquer d'avoir d'heureux résultats dans la formation des professeurs. L'Abbé qui en était de droit le président, agréa cette nouvelle organisation [1].

Le 18 décembre 1821, le Grand Baillif de la République, d'Augustini, informait que la Commission pour le choix des professeurs était ainsi composée, sous la présidence de l'Abbé de Saint-Maurice.

M. Dufay, président du dixain de Monthey;

M. Gallay, curé de Saint-Maurice;

M. de la Pierre, président de la ville, membre de la Diète;

M. Cocatrix, vice-président du dixain.

M. Amstaad, venait, pour raison de santé, de quitter le Collège de Saint-Maurice. Il se retira à Sion avec les chaleureux remerciements du Gouvernement, pour les services rendus à l'instruction publique [2].

Saint-Maurice devint en ce moment un champ de bataille où le *latin* et le *français* se disputèrent la place pour l'enseignement des sciences naturelles.

Cela nous paraît étrange à l'époque où nous vivons. Mais on ne renonce pas du soir au matin à de longues traditions. Jusqu'à la fin du siècle dernier, les notaires stipulaient en latin. Dans la première moitié de ce siècle,

[1] Mais à l'Abbaye, après mûres réflexions on s'aperçut que c'était forcer le texte de l'Acte de fondation et l'on protesta, du moins pour la forme, contre cette décision.

[2] A Saint-Maurice on a vanté son dévouement pour l'œuvre du Collège. Mais on l'accusait d'avoir des idées joséphistes.

le droit était enseigné en latin. Dans bien des Universités, la médecine était pareillement enseignée en langue latine. On était dans l'heureux temps où l'on n'avait pas besoin [1] de surcharger la mémoire de l'étude de plusieurs langues pour parcourir les Universités de l'Europe.

A Saint-Maurice, l'ancien Règlement du Collège, rédigé dans un beau latin, déclarait la langue latine, la langue officielle des étudiants, à partir de la classe de syntaxe. *Omnes a Syntaxistis ascendendo ad Philosophos inclusive latina utantur lingua.*

Napoléon n'avait tenu aucun compte de ces traditions vallaisannes. Il avait rattaché les trois Collèges à l'Académie de Lyon.

L'Annuaire de la Préfecture du Département du Simplon, de 1813, disait : « L'intention bien prononcée du Gouvernement est, qu'à compter du 1er novembre 1815, au plus tard, les régents de ces trois Collèges donnent leurs leçons en français. »

Mais à l'arrivée du terme fatal, le Vallais chantait depuis une année sa liberté et son indépendance.

Le latin restait la langue de la philosophie et des sciences naturelles.

Un jeune chanoine de Saint-Maurice, M. Blanc. avait été envoyé à Paris pour étudier la physique et la chimie, en vue du professorat.

Rentré en Vallais, il donnait les sciences naturelles dans la langue de ses maîtres de Paris. Ce fut une révolution dans l'enseignement. Une requête pleine d'indignation, de la part de la ville de Saint-Maurice, appelle

---

[1] Dans la première année de ce siècle, les juristes et les médecins vallaisans écrivaient le latin avec facilité et élégance. En 1841, le D' Cropt publiait à Sion son volume des *Elementa juris Romano-Valesii ;* et en 1842, le D' Gaspard Joris, d'Orsières, publiait, à Vienne, son *Tractatus anatomico-pathologicus de Tumoribus morbosis.*

l'attention de l'Etat, en faveur du latin, menacé dans la physique et les mathématiques.

En voici la réponse datée du 18 décembre 1821, à l'Abbé de Saint-Maurice :

..... « Le Conseil d'Etat ne tardera pas à faire connaître à la Commission les différents objets sur lesquels ses soins devront s'étendre, en attendant, il juge à propos de prévenir votre Révérence, qu'il voit avec peine que les *Mathématiques* et la *Physique* soient enseignées en langue française ; il conseille de revenir à l'ancien usage et de professer ces sciences en *latin,* comme on le faisait autrefois.

« Pour ne point parler de plusieurs autres motifs qui engageraient à donner la préférence à la langue latine, il en est un qui nous paraît déterminant ; c'est que presque tous les jeunes gens de la partie supérieure du canton ne connaissent que l'allemand et qu'ils se trouveraient dans l'impossibilité de suivre des leçons faites dans une langue qui leur serait *étrangère*.

« Veuillez agréer, etc.

Le Grand Baillif de la République.
D'AUGUSTINI. »

A partir de 1815 il n'y eut plus l'enseignement de la physique et de la philosophie donné conjointement pendant deux ans.

Dans les trois Collèges du Valais, une année était consacrée à la philosophie et une autre à la physique. — Cette division dans l'enseignement a été faite d'un commun accord entre l'Abbaye de Saint-Maurice et les Jésuites qui enseignaient à Sion et à Brigue.

En 1823, le cours de philosophie de l'Abbaye comptait 22 élèves. Le *Prospectus* du Collège et Pensionnat de

Saint-Maurice annonçait, en 1827, que pour faciliter l'accès du Collège à toutes les fortunes, l'Abbaye établissait deux pensions au choix des élèves.

« Le prix de la première pension sera de 20 fr. par mois, et le prix de la seconde, de 14 fr.

« La nourriture sera saine et copieuse. »

Les subsides que l'Etat avait promis pour la bibliothèque du Collège et le cabinet de physique n'arrivaient plus.

L'Abbé de Rivaz envoie à l'Etat, en 1829, un Mémoire dans lequel on trouve de judicieuses et belles considérations sur la nécessité d'une bonne bibliothèque du Collège pour le développement du talent des jeunes gens, ainsi que d'un cabinet de physique suffisamment monté.

L'Abbé ajoutait :

« Nous pensons que cette modique somme (300 fr. annuellement) est imperceptible chaque année dans les finances de l'Etat, et que si le Conseil d'Etat veut bien prendre notre demande en considération, la Diète l'exaucera d'autant plus facilement qu'elle est tout entière dans les intérêts de l'instruction publique, et que l'Abbaye loin d'en toucher une obole, n'a en cela qu'une peine de plus pour la direction et la comptabilité du tout.

« Notre dernière Constitution faite en 1815, en déclarant, art. 56, *que l'Etat supporte les frais de l'instruction publique dans les trois Collèges,* a fait par là même une espèce de novation qui libère l'Abbaye des obligations qu'elle avait contractées par des actes antérieurs ; et par suite, nous serions par conséquent en droit, ainsi que les deux autres Collèges, de porter en ligne de compte au Conseil d'Etat nos frais d'entretien des bâtiments pour les classes, nos frais de représentation pour le théâtre, nos frais d'impression pour les catalogues, nos frais d'emplettes pour les prix, etc. ; parce que toutes ces dépenses entrent dans *les frais* de l'instruction publique, qui, à teneur de l'article précité sont à la charge de l'Etat, depuis 1815. Cependant l'Abbaye que j'ai l'honneur de présider ne pense point à faire cette réclamation. Nous négligeons volontiers la bourse du procureur pour soigner les intérêts du Collège. Il faut convenir que depuis que l'Abbaye est chargée de l'enseignement, elle a constamment fait preuve qu'elle n'épargnait pas les sacrifices pour cet objet, tantôt en bâtissant un pensionnat, tantôt en construisant un théâtre, tantôt en payant, dans des pays étrangers, des pensions dispendieuses à ses religieux, pour prévoir et préparer de loin d'habiles professeurs, tantôt en payant à des prêtres séculiers de riches salaires : le tout dans les intérêts de l'instruction publique et afin de se rendre digne de la confiance dont le Gouvernement l'a honorée, et que je serai, en mon particulier, flatté de maintenir aussi longtemps que je serai à la tête de cette maison » [1].

Le 20 mai 1826, la Diète voulant rendre le mode d'élection uniforme dans tout le pays, porta la *Loi sur les nominations communales et désénales*.

L'auteur du *Démophile,* qui occupait une place en vue dans le camp conservateur, a appelé cette loi : « Loi intempestive si jamais il en fût une. » [2]

Une brochure ne contenant rien de contraire à la foi, mais rédigée avec des termes un peu violents, paraissait à Genève dans le but de battre en brèche ce mode d'élection. L'auteur anonyme se portait comme le défenseur des droits démocratiques méconnus.

On accusa le chanoine Claivaz, sacristain de l'Abbaye, d'être l'auteur de la brochure dont le *Post-Scriptum* annonçait déjà triomphalement l'abrogation de la loi.

Monseigneur de Sion se fit déléguer des pouvoirs spéciaux

---

[1] L'Abbé de Rivaz, *Ms.* in-fol., p. 208.
[2] *Démophile*, p. 5.

par le Nonce pour citer par devant son tribunal un sujet étranger à sa juridiction.

Dans son Mémoire, le chanoine Claivaz fit cette déclaration formelle :

« Loin de redouter un jugement sur les imputations qui m'ont été faites, je désire qu'il soit porté au plus tôt, persuadé qu'il dissipera les préventions que l'on a répandues contre moi dans une affaire *à laquelle je n'ai pris aucune part. Je laisse traiter à d'autres la cause du peuple valaisan dans l'exercice de ses droits politiques et décider si les mandataires du peuple souverain peuvent agir consciencieusement d'une manière opposée à sa volonté.*

« Il me suffira de réfuter les allégations que l'on a faites à ma charge et de produire des preuves contraires, que j'offre pour ma justification » [1].

Outre cette déclaration formelle, on reconnut l'absence de preuve. On constatait seulement que le chanoine défendait quelques idées démocratiques prônées par la brochure. Tout le monde savait, du reste, que ce chanoine n'était point employé à l'enseignement.

Et chose étrange ! voilà que quelques magistrats, oublieux des traités et des sacrifices immenses faits par l'Abbaye pour l'instruction publique, entrèrent dans une conjuration contre le Collège de Saint-Maurice. L'affaire fut présentée à la Diète. Et sur un rapport déloyal, le vent commençait à siffler à la tempête. On croyait arracher par surprise à la Diète, une sentence de mort. Mais comme la chose était pleine de grosses conséquences, un député de Saint-Maurice, M. le Dr Barman, proposa de soumettre l'affaire à une Commission composée d'un membre de chaque dizain. La proposition fut acceptée par la Diète [2].

[1] De Rivaz, *Ms.*, page 219.
[2] De Rivaz, *Ms.*

L'Abbé de Rivaz prie l'avocat Barman de rappeler à la Diète que les contrats lient les individus et les gouvernements. Or, c'est en vertu du contrat conclu entre la Diète et le Gouvernement d'une part, l'Abbaye de Saint-Maurice et la Ville d'autre part, que ces deux dernières, l'Abbaye surtout, se sont imposé de lourds sacrifices.

Jamais aucune plainte n'a pu être formulée contre la bonne marche du Collège ou le bon esprit du Corps enseignant.

L'Abbaye ne pouvait se persuader qu'après la construction du théâtre, du pensionnat, du cabinet de physique, la Haute-Diète pût mettre en délibération de rompre les engagements du contrat concernant le Collège.

La tempête fut bientôt apaisée. Le 11 mai 1832, le défenseur du Collège de Saint-Maurice pouvait écrire à l'Abbé :

« La Commission des treize n'a pas hésité un instant à écarter la motion qui avait pour but d'enlever l'enseignement à l'Abbaye. Il n'y a pas eu *une seule voix discordante* [1] ». La Diète déclare n'avoir aucune raison pour enlever le Collège à l'Abbaye de Saint-Maurice. De fait, l'Abbaye n'avait pas trahit les espérances du Gouvernement, qui peu auparavant écrivait à l'Abbé :

« Ce sera en même temps une nouvelle occasion d'entretenir la Diète du zèle soutenu avec lequel votre Révérence se voue au perfectionnement de l'instruction de la jeunesse dans votre Maison. Ses efforts généreux pour lutter contre les ennemis de la religion et de l'ordre, qui cherchent à pervertir les esprits dès l'âge le plus tendre, sont bien dignes d'intérêt. Le Gouvernement sait les apprécier.

Votre Révérence ne doit pas en douter, non plus que des vœux qu'il faits pour leur heureux succès. C'est une

---

[1] De Rivaz, *Ms.*, p. 216.

cause commune dans laquelle il s'empressera constamment à seconder votre Révérence. [1] »

En 1834, les Collèges-Lycées de Sion et de Brigue, tenus par les RR. PP. Jésuites, coûtaient à l'Etat du Valais, pour le même enseignement :

                    Sion   fr. 9,241 (anciens) [2].
                    Brigue   » 4,107
Le Collège-Lycée de Saint-Maurice, » 1,180 [3].

Il faut ajouter encore que dans ces chiffres ne figurent point les bâtiments. A Saint-Maurice, c'était l'Abbaye qui les fournissait et les entretenait ; tandis que dans les Collèges de Sion et de Brigue tenus par les RR. PP. Jésuites, les bâtiments étaient fournis et entretenus par le Gouvernement.

Avant que les coutumes changent, nous voudrions faire assister à une distribution de prix, après la représentation de la pièce et de la comédie traditionnelles. — Dans cet heureux temps, les professeurs étaient forcément poètes. L'épigramme et le madrigal devaient être leur fort. Et l'élève qui allait recevoir son prix, était exposé à entendre chanter ses qualités et à sentir fustiger ses défauts.

Le latin et le français étaient tour à tour employés.

En voici des exemples :

1817

IN SYNTAXI

Ex progressu annuo.   Bruchez Bagnensis.

« Qui t'inspire autant de courage
Pour paraître ici le premier.

---

[1] De Rivaz, *Ms.*, p. 199.
[2] Le franc ancien = 1 fr. 45 cent.
[3] De Rivaz, *Ms.*, p. 227.

> C'est bien glorieux à ton âge
> De mériter ces beaux lauriers.
> Qui croirait qu'un corps si petit
> Renferme un aussi grand esprit.
> Que cela n'étonne personne
> Sans être un homme grand, on peut être
> Un grand homme. »

IN GRAMMATICA

Ex progressu annuo.　　　　　　　　Duc Contegensis.

> « Voici le plus rusé de tous.
> Pour avoir la première place
> Et pour se donner de beaux jours
> Il fait deux ans la même classe. »

IN SYNTAXI

Ex themate.　　　　　　　　Bochatey Salvanensis.

> « Cet air rusé, cet œil vif et perçant
> Annonce assez ton esprit, tes talents.
> Rien ne serait en toi digne de blâme,
> Si tu n'avais une langue de femme. »

1820

IN RHETORICA PRIMA

Ex progressu annuo.　　　　　　　　Bagnoux.

> « O dies felix ! iteremus hymnos !
> Devenis tandem, faveas juventæ
> Sed pigros temnas, cane diligentes
> 　　Laude perenni
>
> Bagnoux excellit, alios relinquit
> Arduo passu procul insequentes.
> Primus incedit celeri triumpho
> 　　Victor ubique

> Gloriam talem mereare semper,
> Illius dignus valeas haberi,
> Doctus evades, venient labori
> Præmia multa. »

Bagnoud entra à l'Abbaye de Saint-Maurice. Il en devint Abbé en 1834. Grégoire XVI le fit Evêque titulaire de Bethléem, en conférant, en 1840, ce glorieux titre aux Abbés de Saint-Maurice. Mgr Etienne Bagnoud siégea parmi les Pères du Concile du Vatican et signa la pétition qui demandait au Concile de procéder à la définition dogmatique de l'*Infaillibilité pontificale*.

Comme nous le verrons plus loin, dans des temps troublés il sauva et l'Abbaye et le Collège.

1835

Ire RHÉTORIQUE

Progrès :

Adrien de Quartéry de Saint-Maurice.

> « Adrien de Quartéry
> Toujours remporta des prix :
> Partout il s'est couvert de gloire
> Partout il a marché de victoire en victoire :
> Quoique plein de talents et studieux
> Ce n'est pas moins très glorieux
> Pour le cadet de la classe
> D'avoir sept premières places. »

VERS

Adrien de Quartéry de Saint-Maurice.

> « Toujours de tes talents
> Tu feras bon usage,

Tu seras la joie de tes parents.
J'en ai le doux présage.

(Non lu)

On dit que tu t'enorgueillis
De tes talents, de ton esprit.
Rien de pis que cette jactance !
Pour briller dans la société
Il faut à côté de la science
Que l'on trouve l'humilité. »

A. de Quartéry devint ingénieur. Il fut un des plus brillants élèves de l'Ecole polytechnique de Paris. — Le Valais lui doit une savante *Etude sur les mesures et leur conversion*. En France, de Quartéry devint Ingénieur en chef de l'Etat, et pendant quelque temps, il eut sous ses ordres, l'ingénieur Carnot, l'infortuné Président de la République française. — Rentré en Valais, il fit partie du Conseil de l'Instruction publique, donnant à tout le monde l'exemple de l'étude et de la piété [1].

Les Ecoles moyennes au Collège de Saint-Maurice

Les temps avaient marché. Des besoins nouveaux demandaient des fondations nouvelles. Les collèges du Valais gardaient leurs plans d'études classiques. Et cependant le développement des relations commerciales, le

---

[1] M. l'ingénieur de Quartéry vient de rendre son âme à Dieu le jour de l'Assomption. Les dernières années de sa vie ont été employées à l'étude de la *Somme de saint Thomas*, à l'étude des grands problèmes de la philosophie et de la théologie, aux exercices d'une haute piété et à des sollicitudes d'un spécial dévouement pour les pauvres. Avec lui s'éteint une ancienne famille qui a joué un rôle important en Valais. — Elle a donné deux Abbés à Saint-Maurice.

pressentiment de la petite bureaucratie réclamaient impérieusement l'établissement d'une école française secondaire dans un collège. C'est l'Abbaye de Saint-Maurice qui en prit l'initiative.

1838-39. — Pour le commencement de l'année scolaire, l'Abbaye pouvait annoncer au public qu'au prix de nouveaux sacrifices, elle ouvrait une Ecole française dans son Collège.

Le programme du Cours français portait trois ans d'étude.

Les 25 élèves qui s'y présentèrent dès la première année, dirent suffisamment les services que l'Abbaye rendait par cette intelligente innovation.

Le Gouvernement comprit l'importance et la nécessité de ces cours français.

Ils reçurent une garantie de leur existence par l'art. 13 de la *Constitution valaisanne* du 30 janvier 1839 : « Il sera établi une Ecole normale *et une école moyenne.* »

Dès l'été de 1840, l'Etat allouait 400 fr. pour l'Ecole moyenne [1]. — Ce fut un encouragement pour l'Abbaye qui en profita pour une organisation plus parfaite encore.

Dans un *Avis* joint au Catalogue des cours français de 1840, il était dit :

« La Classe française sera, dès cette année, divisée *en deux cours ;*

« La durée de chaque cours est de deux ans ;

« Chaque classe aura un professeur spécial. »

Suit le programme.

---

[1] La *Constitution* de 1839 disait aussi : « Art. 12. L'Etat supporte les frais de l'instruction publique dans les collèges de Sion, Saint-Maurice et Brigue. » Mais pour Saint-Maurice, cet article apportera de la part de l'Etat autant que celui de la *Constitution* de 1815. Et l'Abbaye ne perdra rien de la gloire de son traditionnel dévouement.

Ces cours français avaient à peu près la durée et l'organisation qu'ils ont conservées jusqu'à nos jours.

On y a, sans doute, ajouté les améliorations exigées par le besoin des temps. Mais en 1840 déjà, nous trouvons la *Physique* dans le programme du cours supérieur.

Le Vallais allait être troublé par les agitations politiques de la guerre civile. Dans l'espace de dix ans, le pays verra trois Constitutions qui porteront le caractère bien marqué du parti dominant.

Dans la direction d'un collège où les jeunes imaginations des élèves apportaient les idées politiques de leurs parents, la tâche de l'enseignement n'était pas chose facile.

Les Sociétés secrètes soufflaient, en ce moment, la haine contre les couvents.

Sauver l'existence d'un collège et lui faire réaliser chaque année ce que le pays et la religion en attendaient, était la fin que l'Abbaye devait poursuivre. Elle n'avait pas failli et elle ne faillira pas à sa tâche.

A l'approche des événements qui allaient porter dans le pays le trouble et la désolation, l'Abbaye était comblée des louanges et des témoignages de reconnaissance du Saint-Siège et du Gouvernement pour les services qu'elle rendait à la religion et au pays par son Collège.

En 1840, à la demande du roi de Sardaigne qui portait aussi le titre de roi de Jérusalem, Grégoire XVI conférait à perpétuité aux Abbés de Saint-Maurice, le titre d'Evêque de Bethléem. — Dans le Bref *In amplissimo,* parmi les mérites que le Saint-Siège veut récompenser, sont énumérés le dévouement et les sacrifices de l'Abbaye pour l'éducation profondément chrétienne de la jeunesse studieuse dans notre pays [1].

---

[1] « Quod quidem canonicorum collegium eo in districtu studiorum curam agens omni diligentia et industria prospicit, ut juventus in binis

Les éloges ne seront pas moins ménagés de la part de l'autorité civile [1].

Le 10 mai 1841, le Dr Barman était chargé par l'Etat de visiter le Collège de Saint-Maurice et de faire un rapport détaillé sur l'enseignement.

Le rapport est des plus favorables :

« Les chambres de classes ne laissent rien à désirer; elles sont propres, bien aérées et bien éclairées.

« La division des classes est la suivante :

« Deux cours de classe française : principes, rudiments, grammaire et syntaxe ; deux rhétoriques et alternativement la logique (la philosophie) et la physique.

« Le nombre des étudiants est de 102.

« Il y a six professeurs outre les maîtres d'allemand, de musique et de dessin. »

CLASSE FRANÇAISE

« Cette classe renferme deux cours, le supérieur et l'inférieur ;

« Le supérieur est établi depuis 1839.

« Le professeur reçoit un traitement de l'Etat.

---

præsertim gymnasiis ad pietatem, omnemque virtutem mature fingatur, atque amœnioribus litteris, severioribusque disciplinis rite imbuatur. » Original, aux Archives de l'Abbaye.

[1] Les écoles primaires du Valais doivent leur existence en grande partie au zèle du clergé et leur dotation aux anciens fonds des Confréries. Par suite de la loi du 15 décembre 1828, beaucoup de ces fonds ont été, avec l'autorisation ecclésiastique, détournés de leur destination première.

Aussi, à l'occasion de nouvelles lois scolaires, voyons-nous, en 1829, l'Abbé de Rivaz, de Saint-Maurice, et en 1841, Mgr Bagnoud, sous l'anonymat du clergé du Bas-Valais, plaider devant la Diète ou le Grand Conseil, par de savants Mémoires, les droits de l'Eglise sur l'école. Archives de l'Abbaye.

« Le second a été introduit cette année aux frais de l'Abbaye, il est fréquenté par 17 élèves dont un est étranger au canton. »

(Suit un rapport sur chaque classe).

. . . .

PHILOSOPHIE

« C'est la logique qui est enseignée cette année. Le professeur est M. le professeur Blanc, qui a fait *ses études de physique à Paris.*

. . . .

Comme il se présente des élèves ne connaissant pas le français, l'enseignement doit se faire en latin ; ce qui est un inconvénient difficile à éviter.

Depuis plusieurs années, le nombre des élèves en philosophie est très restreint. On l'attribue au double cours de logique et de physique qui se donnent à Sion en même temps, et à la facilité avec laquelle on reçoit les élèves à l'Ecole de Droit. »

. . . .

PENSIONNAT

« Il a été considérablement amélioré sous l'Abbé actuel. Les élèves internes font beaucoup plus de progrès.

Il y a 56 externes.

La pension de l'Abbaye : Ire, 20 fr. ; IIme, 14 fr. (franc ancien = 1 fr. 45). Dans l'une et l'autre, il y a une alimentation saine et suffisante.

L'Abbaye va établir un Pensionnat entièrement neuf. Il serait déjà fait sans le retard de l'Architecte. »

OBSERVATIONS GÉNÉRALES

« Le Collège de Saint-Maurice est maintenant dans un état beaucoup plus satisfaisant que lorsque je l'ai quitté il y a 23 ans. On y donne plus de soin pour la langue française [1]. »

L'Inspecteur du Collège de Saint-Maurice,
BARMAN, D^r.

La même année la ville réclamait à l'Abbaye une contribution assez élevée pour des embellissements de la place de Saint-Maurice. L'Abbaye prétendit qu'en vertu des anciennes conventions, elle n'y était point tenue. Elle réclama, par contre, pour son Collège, continuateur de l'ancien, les rentes du testament de Maurice-Hyacinthe Charlety, qui, le 23 juin 1750, avait institué le Collège de Saint-Maurice *propriétaire de tous ses biens et avoirs.*

La ville consentit à livrer à l'Abbaye ces 40 louis de rente réclamée ; mais à la condition que l'Abbaye se chargeât de l'école primaire de la ville. Un chanoine de l'Abbaye enseigna dans cette école pendant de longues années. Plus tard la ville résilia le contrat.

Après l'ouverture des cours de 1841-42, le Président Torrent et le Dr Claivaz sont délégués par l'Etat pour l'inspection du Collège de Saint-Maurice. — Ils présentent, le 28 décembre, un rapport détaillé sur le Collège et le Pensionnat.

Le rapport a des conclusions très favorables :

« C'est avec une satisfaction bien grande que nous pouvons annoncer au Conseil d'Etat le progrès sensible et la bonne tenue de cet établissement, l'ordre qui y règne,

---

[1] Archives de l'Etat.

la bienveillance et le zèle des professeurs pour leurs élèves, la docilité et les bonnes dispositions de ceux-ci envers leurs Supérieurs qui de leur côté témoignent le désir de pouvoir introduire dans le Collège toutes les améliorations possibles en rapport avec les besoins des temps. » [1]

En 1844, le Conseil d'Etat communiquant aux trois Collèges du canton une délibération du Grand Conseil, adressait à l'Abbaye cette lettre pleine d'éloges sur son dévouement pour l'instruction publique :

Monsieur le Préfet,

« En vous transmettant ci-joint un extrait des délibérations du Grand Conseil du 3 juin de l'année courante, relatives aux rapports entre l'Etat et les trois Collèges de notre canton, je m'acquitte d'une commission agréable puisqu'elle me fournit l'occasion de vous présenter une nouvelle preuve de la vénération que le Valais vous porte pour le zèle éclairé dont vous faites preuve dans l'instruction religieuse et dans l'enseignement de la jeunesse. Ce témoignage, dû à tant de titres et de vertus, vous l'apprécierez surtout dans un moment où les attaques des ennemis de nos principes religieux s'acharnent à les frapper avec un redoublement de fureur.

« En vous priant, Monsieur le Préfet, d'être l'organe de ces sentiments auprès de Monseigneur le Révérendissime Evêque de Bethléem, je saisis cette circonstance pour vous offrir l'assurance renouvelée de ma vénération toute particulière.

Le Conseiller d'Etat chargé du Département,
G. De Kalbermatten. »

---

[1] Archives de l'Etat.

Pendant que M. le chanoine Blanc rédigeait un volume pour ses cours de physique et de chimie, un autre jeune professeur qui venait de compléter ses études à Turin, se livrait à de laborieuses recherches historiques dont bénéficiaient ses élèves. Nous avons nommé le chanoine Boccard. Il écrivit d'abord l'*Histoire de l'Abbaye* en deux volumes :

Histoire de la Légion thébéenne et *Monuments historiques sur l'antique et royale Abbaye de Saint-Maurice* recueillis par M. Boccard.

Il en fit la dédicace à l'Abbé de Rivaz en 1832. Devenu professeur de littérature et d'histoire, il redoubla ses veilles pour ses recherches favorites. Critique fidèle, il analysait et jugeait les documents avec une précision admirable. A toutes ces qualités, M. Boccard joignait un style clair, à la fois sobre et élégant. En 1844, il donnait au Valais son Histoire. Elle fut imprimée à Genève avec ce titre : *Histoire du Vallais avant et sous l'ère chrétienne jusqu'à nos jours* par M. Boccard, chanoine de Saint-Maurice et de Bethléem, chevalier de l'Ordre des Saints-Maurice et Lazare, correspondant de la Commission royale historique de Turin. Genève, 1844.

Le Valais fut fier de son historien.

Voici la lettre que le Gouvernement adressa, le 13 novembre 1844, au chanoine Boccard qui venait de faire ses adieux au Collège pour consacrer le reste de ses jours au ministère paroissial.

Sion, le 13 novembre 1844.

« *A Monsieur François Boccard, chanoine de la Royale Abbaye de Saint-Maurice, curé de Saint-Maurice.*

Monsieur le Chanoine,

« Au milieu des siècles de barbarie, la science et

l'érudition avaient pris leur refuge sous les dômes des monastères ; elles s'y abritaient comme pour relever l'éclat des vertus austères qui en décorent le séjour. Dans des temps plus heureux, c'est de ces lieux d'étude et de piété qu'elles rayonnèrent et que leur éclat remplit l'Europe et l'univers.

« Mais, semblables au feu qui se communique sans perdre de sa propre intensité, les corporations religieuses répandirent leurs lumières sans en diminuer le foyer.

« Vous en rendez, Monsieur le Chanoine, un brillant témoignage, par l'Histoire du Valais dont vous venez de doter notre pays.

« Cette œuvre éminemment utile aux profondes recherches, à l'esprit élevé et patriotique, est un monument qui vous couvre de gloire.

« En vous félicitant, ainsi que le Valais qui en prend sa part d'honneur, nous vous offrons, Monsieur le Chanoine, l'assurance de notre considération la plus distinguée.

Le Conseiller d'Etat chargé du Département,

G. DE KALBERMATTEN [1]. »

La *Constitution de la République et canton du Valais,* du 14 septembre 1844, portait :

ART. 11. — « L'Etat supporte les frais de l'instruction publique dans les collèges de Sion, de Saint-Maurice et de Brigue.

L'enseignement dans ces trois collèges ne peut être confié qu'à des personnes vouées à l'état ecclésiastique.

ART. 12. — « L'enseignement public sera approprié aux besoins du peuple.

---

[1] Archives de l'Etat.

Art. 13. — « La langue française et la langue allemande sont déclarées nationales [1]. »

Il semble qu'après les lourds et persévérants sacrifices que l'Abbaye de Saint-Maurice s'était imposés pour l'Instruction publique et le monument qu'elle venait d'élever à l'histoire nationale, le Valais lui eût assuré une durable et perpétuelle reconnaissance.

Il n'en sera rien.

L'ingratitude et la spoliation sacrilège seront bientôt la récompense de tant de dévouement.

Les événements avaient marché.

La coalition des cantons catholiques pour défendre et conserver selon la Constitution de 1815, la souveraineté cantonale contre les assauts du radicalisme et l'ambition des grands cantons, était vaincue par son manque d'organisation et la trahison des Puissances, aussi bien que par les troupes fédérales.

Vaincu par ses propres retards à voler au combat et par l'isolement dans lequel l'avait laissé la capitulation de Fribourg, le Valais signa à Bex, le 29 novembre 1847, une convention par laquelle, il déclarait se retirer de la ligue dite le Sonderbund.

Les troupes fédérales devaient occuper le Valais le 30 novembre, au matin.

Dès le 2 décembre, les vainqueurs réunissaient à la *Planta* des électeurs de leur choix. On appela cela l'assemblée populaire, mais devant l'histoire impartiale son nom sera le *scandale populaire*. Plus de la moitié des articles acclamés par cette assemblée, sont dirigés contre l'Eglise. C'est la spoliation [2]. En attendant qu'un Grand Conseil nommé par les mêmes électeurs pendant le

---

[1] *Recueil des lois*, t. VII.
[2] *Recueil des lois*, t. VIII.

désarroi et l'épouvante des vaincus sanctionne ces révolutions sacrilèges, on sommera l'Abbaye de Saint-Maurice, dont presque tous les Chanoines poursuivent leur œuvre de dévouement au Collège, de payer, dans huit jours, 50,000 fr. [1].

Et ce n'était pas assez encore.

Le Grand Conseil qui fut tel que le Gouvernement l'avait désiré, acheva l'œuvre de la spoliation sacrilège, par le Décret du 11 janvier 1848.

Tous les biens meubles et immeubles de l'Evêché, du Chapitre de Sion, du Séminaire, des couvents et des communautés religieuses étaient déclarés la propriété de l'Etat [2].

C'est une tache indélébile dans l'histoire d'un peuple catholique.

Mais venons à ce qui regarde l'Abbaye, et par conséquent le Collège de Saint-Maurice, qui devait disparaître avec elle.

En retour des longs services rendus à l'instruction publique, des lourds sacrifices que l'Abbaye s'était imposés et qu'elle s'imposait tous les jours pour la jeunesse studieuse, après les rapports officiels très élogieux faits à l'Etat, peu d'années auparavant, par les docteurs et les avocats qui étaient les hauts personnages du parti radical, voici les témoignages de reconnaissance de ce nouveau régime :

Abbaye de Saint-Maurice

ART. 14. — « L'Abbaye de Saint-Maurice est maintenue sur les bases qui suivent :

ART. 15. — « Les titulaires actuels, le Révérendissime

---

[1] *Recueil des lois,* t. VIII, page 11.
[2] *Ibid.,* t. VIII.

Abbé excepté, sont mis à la disposition de l'Evêque de Sion ou de l'Etat, pour desservir des bénéfices paroissiaux.

Ils pourront aussi être employés à l'instruction publique.

Dans l'un et l'autre cas, le consentement du Révérendissime Abbé est réservé. En cas de dissidence, le Grand Conseil en décide.

Art. 16. — « Les membres de la corporation auxquels il ne sera point procuré de bénéfices ou emplois convenables, et le Révérendissime Abbé, continueront à vivre en communauté. Un entretien honorable leur est assuré par l'Etat, ainsi qu'aux Curés et Professeurs de l'Abbaye qui résigneraient leurs fonctions par suite de vieillesse ou d'infirmités.

Art. 17. — « Le nombre des membres de cette corporation sera réduit à douze, et maintenu sur ce pied à l'avenir. Ils pourront être employés à desservir un établissement d'instruction publique que l'Etat fondera dans les édifices de l'Abbaye de Saint-Maurice.

Art. 18. — « Indépendamment de la jouissance des bâtiments de l'Abbaye et de son enclos, qui leur sera réservée, une somme de 180,000 fr. en capitaux, au 4 %, qui sera prélevée sur la liquidation de la fortune de cette Abbaye, est affectée pour subvenir aux charges mentionnées aux articles qui précèdent.

Art. 19. — « Sans préjudice de l'administration qui appartient à l'Etat, ces titres sont confiés en dépôt à la bourgeoisie de Saint-Maurice, qui ne pourra s'en dessaisir sans un ordre du Grand Conseil.

« Ces valeurs ne peuvent recevoir une autre destination que celle désignée aux art. 16, 17 et 18.

Art. 20. — « Les dispositions en faveur de l'Abbaye de Saint-Maurice ne sortiront d'effet qu'autant que l'administration de cette maison fournira un *état détaillé de sa fortune et de la gestion des dix dernières années.*

« En cas de soustraction ou de refus de se soumettre aux art. 15 et 17, dans le terme de quinze jours, dès la réquisition, l'Abbaye pourra être supprimée [1] ».

Ce décret sacrilège se passe de commentaire. Il supprimait une Abbaye quinze fois séculaire. Le Collège, prix de tant de sacrifices pour l'instruction publique dans le pays, objet de tant de dévouement, était compris dans cette exécution.

Les intentions des donateurs des biens de l'Abbaye étaient frustrées. Les charges spirituelles de messes, d'offices et de prières que l'Abbaye avait assumées en recevant ces legs pieux ; les avantages que les pensionnaires peu fortunés trouvaient dans un prix très modique pour une pension saine et copieuse, tout était scrupule et bagatelle pour le régime qui venait de s'emparer du pouvoir.

Malgré les multiples et énergiques protestations de l'Abbaye de Saint-Maurice, le Gouvernement s'emparait, le 26 février 1848, de tous les domaines, de tous les avoirs qu'elle possédait dans le canton de Vaud.

Le 2 avril, il s'emparait pareillement de tout ce qu'elle possédait en Valais. On ne fit exception que pour l'Abbaye elle-même [2].

Mais la Providence veillait sur le tombeau des martyrs thébéens et sur le Collège. Elle avait préparé pour gouverner l'Abbaye un prélat d'une haute piété et d'une rare sagacité. Nous avons nommé Mgr Etienne Bagnoud, Abbé de Saint-Maurice depuis 1834, et Evêque de Bethléem depuis 1840.

Ses prières furent si ferventes du côté du ciel et sa diplomatie si habile du côté des hommes du jour, qu'il parvint à sauver l'Abbaye et le Collège.

Après les résolutions de l'Assemblée populaire de la

---

[1] *Recueil des lois*, t. VIII.
[2] Archives de l'Abbaye. Lettre de Mgr Bagnoud au Nonce.

Planta, il écrivait au Nonce apostolique en Suisse, pour l'informer que la suppression des bénéfices de l'Abbaye [1] et de son Collège, était la suppression de l'Abbaye elle-même. Il priait Son Excellence le Nonce de tenter immédiatement une protestation auprès du Grand Conseil du Valais.

Mgr Bagnoud avait pour direction de la part du Saint-Siège, de sauver, même au prix des plus grands sacrifices, l'existence de l'Abbaye. Pour les biens, il devait recueillir les épaves échappées au naufrage.

Il entama des négociations avec le Gouvernement spoliateur ; et, avant la fin de l'année, il parvenait à conclure une convention *sous la réserve expresse de l'approbation du Saint-Siège.*

L'Etat prélevait sur les biens de l'Abbaye pour une valeur de 175,000 fr. (franc ancien 1, 45) ; plus la ferme de Barge à Vouvry, évaluée à 8,000 fr.

Par contre, il signait les articles suivants qui étaient, dans ces temps de calamités, un beau triomphe de la diplomatie de Mgr Bagnoud et de son Chapitre pour la conservation de l'Abbaye :

Art. 7me. — « Les avoirs non prélevés ou réservés par l'Etat forment le fonds destiné à l'entretien de l'Abbaye de Saint-Maurice auquel ils demeurent à perpétuité et exclusivement affectés, sans pouvoir jamais recevoir une autre destination. Il en sera dressé inventaire fidèle. Ce fonds sera administré par un procureur nommé par le Chapitre de l'Abbaye, avec le consentement du pouvoir exécutif. Ce procureur rendra annuellement compte à l'Etat de sa gestion.

Art. 8me. — « L'aliénation des immeubles, à quel titre

---

[1] Art. 5. « La collature des bénéfices paroissiaux dont jouissent l'Abbaye de Saint-Maurice et le couvent du Grand-Saint-Bernard, leur est retirée. » Assemblée populaire de la Planta. — Une question qui ne pouvait être traitée que par le Pape.

que ce soit, ne peut avoir lieu qu'avec l'autorisation du pouvoir exécutif et le consentement du vénérable Chapitre de l'Abbaye [1]. »

Le Collège trouvait dans ces articles une chance de poursuivre sa marche. Mais rien ne lui était assuré de la part de l'Etat.

Par les décrets de janvier 1848, il était de fait supprimé. Mais pendant qu'à Sion le Gouvernement était à discuter la destination que l'on donnerait aux bâtiments du Collège, Mgr Bagnoud faisait, malgré la pauvreté de l'Abbaye et les réclamations des radicaux, continuer le Collège [2].

Il manœuvra tant et si bien qu'il en fit garantir l'existence par la loi du 31 mai 1849.

Au chapitre V, *Collèges*, la loi sur l'Instruction publique dit :

Art. 26. — « Les collèges sont des établissements destinés à continuer et à étendre l'instruction donnée dans les écoles primaires, et à préparer les jeunes gens aux études supérieures du lycée.

Il y en a deux dans le canton : un à Brigue pour la langue allemande ; l'autre à Saint-Maurice, pour la langue française.

Art. 27. — « On y enseigne :

« 1° La religion catholique ; 2° les deux langues nationales ; 3° la langue latine et la langue grecque ; 4° l'histoire et la géographie ; 5° l'arithmétique, ainsi que les éléments d'algèbre et de géométrie ; 6° les belles lettres ; 7° le dessin ; 8° la tenue des livres ; 9° la musique. »

---

[1] Archives de l'Abbaye.

[2] Tandis que, d'après les conditions et la foi des anciens traités, le Collège de Saint-Maurice continué avec l'assentiment donné par l'Etat, aurait dû recevoir chaque année 2,720 fr., il ne reçut pour les années 1847 et 1848 que la modique somme de 800 fr.

Le Lycée de Saint-Maurice était par contre supprimé. Le chapitre VI, porte : *Lycée cantonal.*

ART. 28. — « Il y a à Sion, un lycée destiné aux études supérieures. »

La philosophie et la physique garanties par l'acte de fondation du Collège, par un contrat bi-latéral, par des sacrifices pécuniaires de la part de la Ville et de l'Abbaye pour les bâtiments du cabinet de physique, et par l'acquisition des instruments que l'Abbaye avait faite pour réaliser les conditions du traité, furent, sans autre forme de procès, enlevées à Saint-Maurice.

Le Collège était ainsi amoindri. Mais il existait et son existence était garantie par la loi.

De 1850 à 1896

L'Abbaye continuait son Collège sous les réserves et les garanties de la nouvelle Constitution, lorsqu'une voyageuse, digne des plus grandes attentions, vînt frapper à sa porte et lui demander à être installée dans ses bâtiments : c'était l'*Ecole normale* des régents du canton du Valais. Jusqu'alors elle avait principalement vécu dans les Constitutions. Voici ses principales stations : chapitre III, du *Décret sur l'Instruction publique,* du 15 décembre 1828 ; *Constitution* du 30 janvier 1839, art. 13 ; *Loi* du 31 mai 1844, sur l'*Instruction primaire,* chap. Ier, art. 1er et chap. IV, art. 22-28 ; *Règlement pour le premier cours de l'Ecole normale,* qui devait s'ouvrir la même année à Sion « sous la direction d'un ecclésiastique choisi par le R^{me} Evêque de Sion », donné en Conseil d'Etat, le 9 mai 1846 ; *Loi* du 31 mai 1849, sur *l'Instruction publique,* chap. I et IV [1].

---

[1] *Recueil des lois,* t., V, VI, VII et VIII.

Déjà en 1842, des négociations avaient été entamées, entre le Gouvernement et l'Abbaye, au sujet de l'Ecole normale.

Dans une lettre très flatteuse, adressée au nom du Gouvernement, à Mgr Bagnoud, M. le conseiller d'Etat de Rivaz disait :

« Outre les facilités que présente l'Abbaye pour la pension et le logement des élèves-régents, le Gouvernement a encore un motif tout particulier pour désirer que l'Ecole puisse être établie dans votre maison : il espère y trouver des auxiliaires précieux, tant pour la surveillance que pour la conduite des études, et les élèves y jouiraient peut-être de l'avantage de pouvoir étendre le cercle de leur instruction au-delà des bornes du cours de l'Ecole normale. Nous serions fort obligé à Votre Grandeur, de vouloir bien nous faire connaître jusqu'à quel point les espérances du Conseil d'Etat pourraient être réalisées à cet égard. »

En 1850, mêmes supplications de la part de l'Etat. On voulait en finir avec des essais stériles. Pendant les vacances du Collège de 1850, l'Ecole normale fut fondée à l'Abbaye. L'enseignement fut donné, la première année, par des Frères de Marie. L'année suivante, le Gouvernement fit appel au dévouement généreux des chanoines qui, en clôturant le Collège au milieu des plus grandes chaleurs, ouvraient les cours de l'Ecole normale. Mais on était à se demander, avec raison, si les santés y tiendraient. Une lettre de M. le Dr Claivaz, conseiller d'Etat, datée du 11 juin 1852, à un professeur de l'Ecole normale, nous fait connaître que l'Abbaye n'avait pas engagé ses professeurs à vie.

« N'ayant pas eu l'avantage de vous voir à votre passage à Sion, je viens vous prier de me faire connaître si vous pouvez vous charger de l'Ecole normale des régents comme l'année dernière. M. le procureur étant avec vous, il vous est facile de décider la question tant pour la pension que pour l'enseignement. »

L'Abbaye percevait de l'Etat pour trois professeurs qui enseignaient pendant deux mois et demi à l'Ecole normale, la somme totale de 300 fr., plus 80 fr. pour les leçons de chant.

La maison appauvrie est réduite à crier famine. En 1850 elle est obligée d'adresser un mémoire au Grand Conseil pour obtenir une augmentation du traitement des professeurs du Collège.

« Le Grand Conseil du canton du Valais, dit le mémoire, a alloué, dans sa dernière session, la somme de 200 fr., pour solde annuelle de chaque chanoine, professeur du Collège de Saint-Maurice. Le vénérable Chapitre de cette ville, se voit à regret dans l'impérieuse nécessité de venir supplier la Haute Assemblée, d'augmenter le traitement, de manière à ce qu'il puisse subvenir à l'entretien des chanoines destinés à l'enseignement. L'Abbaye de Saint-Maurice, vous le savez, Monsieur le Président et Messieurs, toujours jalouse de contribuer autant qu'il est en elle, au bonheur et à la prospérité de la patrie, de justifier la confiance du Gouvernement et des pères de famille, n'a jamais reculé devant les sacrifices possibles, surtout lorsqu'il s'est agi de l'avancement moral, littéraire et scientifique de la jeunesse valaisanne. »

Le Chapitre énumère brièvement les sacrifices immenses qu'il s'est imposés dans ce siècle pour l'instruction publique : bâtiments du Collège, pensionnat, théâtre, frais d'études pour les jeunes chanoines envoyés, en vue du professorat, dans les Universités de Paris, de Turin et de Rome. L'augmentation du nombre des élèves et l'établissement de l'Ecole normale à l'Abbaye, ont nécessité pour le pensionnat de nouvelles constructions qui coûtent plus de 400 louis.

Puis le Mémoire continue :

« Le bonheur de l'Abbaye, Monsieur le Président et Messieurs, serait de pouvoir continuer ces sacrifices ; car son dévouement pour son pays est aussi vivace qu'il l'était il y a plus de treize siècles et ne se démentira jamais. Seulement, par suite de l'énorme imposition dont elle a été frappée en 1848, elle se trouve dans l'impossibilité de faire de nouvelles dépenses *en faveur de l'instruction publique*. Cinq chanoines sont exclusivement occupés, aujourd'hui, au Collège ; l'entretien de ces Messieurs ne peut guère être évalué à moins de 2,400 fr. par an. Le traitement serait de 600 fr., déficit : 1,800 fr. au-dessus des revenus, des ressources disponibles du Chapitre ; déficit uniquement causé par l'enseignement ; car, n'ayant pas le Collège, ces Messieurs trouveraient aisément, hors de l'Abbaye, des emplois qui fourniraient au moins à leur strict entretien, ne serait-ce que l'emploi de régent de village dans quelques localités du Bas-Valais.

« Pourquoi, au reste, les chanoines, professeurs du Collège de Saint-Maurice seraient-ils moins rétribués que Messieurs du Lycée et Collège de Sion ou de Brigue ?

« Cette exception n'est, ce semble, ni naturelle, ni juste, ni concevable, etc., etc. »

Le Conseil d'Etat hésitait à présenter ce Mémoire au Grand Conseil. Il décréta sur le champ une augmentation de 600 fr., pour le traitement des professeurs de l'Abbaye. A la communication de sa décision, le Gouvernement ajoutait :

« Le Conseil d'Etat croit vous donner ainsi un témoignage non équivoque de sa sollicitude pour l'institution confiée à Messieurs vos chanoines et de l'intérêt qu'il porte à ceux-ci. Si cependant, vous estimiez que cette augmentation est insuffisante, il sera donné cours à votre pétition, mais notre préavis ne s'écartera pas de ces limites. »

L'Abbaye remercia le Conseil d'Etat et le supplia de porter à 800 fr. cette modeste augmentation de traitement.

Il faut le dire à la décharge du gouvernement radical, il ne porta jamais une main sacrilège sur l'âme de la jeunesse studieuse. Dans les études, une large part d'influence était laissée aux prêtres. L'accomplissement des devoirs religieux était, comme par le passé, exigé par les articles du Règlement.

Le chapitre VI du « Règlement de 1853, pour le Lycée et les Collèges de l'Etat » dit :

ART. 14. — « Les étudiants sont tenus d'assister, avec décence et exactitude, au service divin ; ils doivent y être accompagnés d'un professeur, au moins.

ART. 15. — « Les élèves choisis pour le service de l'orgue ou du chœur, doivent répondre à cet appel.

ART. 16. — « Une fois par mois, chaque élève s'approchera du tribunal de la pénitence, et constatera l'accomplissement de ce devoir par un billet remis au confesseur. Au temps pascal tous les élèves recevront en corps la sainte Eucharistie, au jour qui sera prescrit.

. . . .

ART. 18. — « L'Inspecteur punira, sans indulgence, toute irrévérence à l'église, tout acte immoral ou irréligieux, en quelque lieu que ce soit. »

Dans les questions financières, par contre, le régime radical se montrait toujours implacable. En mars et en avril de l'année 1854, le Gouvernement pressait l'Abbaye de lui solder en argent sonnant ou en titres tout ce qui restait des 175,000 fr. de la contribution imposée en 1848.

Il exigeait de plus, la reddition des comptes pour la gestion intérieure de l'Abbaye.

Mgr Bagnoud répondit, au nom du Chapitre de Saint-Maurice, par un Mémoire qui est un petit chef-d'œuvre :

Monsieur le Président et très honorés Messieurs,

« Avant de répondre article par article à votre office du 9 avril écoulé, le vénérable Chapitre, que j'ai l'honneur de présider, sent, éprouve le besoin de mettre sous les yeux du Haut Conseil d'Etat du Valais, non pas précisément les sacrifices de tout genre qu'il a faits dans les temps antérieurs à 1847, pour la Société valaisanne ; mais seulement un simple exposé des sacrifices faits, des pertes considérables qu'il a essuyées depuis l'énorme imposition dont il fut frappé en 1848. Ce court abrégé, cette rapide esquisse, montrera, nous l'espérons, à nu, au Conseil exécutif, l'état de gêne dans laquelle notre maison se trouve actuellement, et justifiera, au besoin, les légers allégements que nous sollicitons avec instance. »

Le Mémoire rappelle ensuite, en plusieurs articles, les pertes causées à l'Abbaye par la faute du Gouvernement, en dehors de l'imposition des 175,000 fr. anciens. Ces pertes peuvent être évaluées à plus de 25,000 fr. C'est donc une diminution de 200,000 fr. de la fortune de l'antique Abbaye. — Et maintenant l'Etat réclame tous les intérêts des sommes qui n'ont pas été livrées dès 1848. — Or, ces intérêts, l'Abbaye a dû les employer au fur et à mesure, pour nourrir les professeurs du Collège, qui travaillaient au bien du pays.

Puis les articles 8 et 9, nous offrent une brillante et éloquente péroraison :

Art. 8. — « Le vénérable Chapitre voit avec reconnaissance l'intérêt que le Pouvoir exécutif lui marque en lui annonçant officiellement qu'il proposera au Grand Conseil d'augmenter le traitement de Messieurs les professeurs du Collège de Saint-Maurice. Cette augmentation sera pour l'Abbaye d'Agaune un motif de plus pour chercher toujours et toujours davantage à justifier la confiance des pères de famille et répondre à la juste attente du Gouvernement et à bien mériter de la religion et de la patrie.

« Au surplus, ne craignons pas de le dire, puisque c'est la vérité, cette augmentation sera plus qu'utile pour mettre à même l'Abbaye de solder les intérêts des 25,000 fr. qui vont être stipulés en faveur de l'Etat.

ART. 9. — « Le Pouvoir exécutif trouvera ci-joint l'état financier de l'Abbaye. Le Chapitre croit devoir faire observer au Conseil d'Etat qu'il n'est point dit dans la convention du 16 décembre 1848, que ses comptes doivent être soumis au Grand Conseil. Le contraire ressort de la lettre et de l'esprit de tous les articles de cette convention. Le Conseil exécutif comprendra notre juste susceptibilité si l'on en agissait autrement.

« Vous le voyez, Monsieur le Président et très honorés Messieurs, est-il possible que le Chapitre marche, qu'il entretienne honorablement ses chanoines, comme c'est votre intention, avec d'aussi faibles et d'aussi minimes ressources ? *Tolle et lege...*, et vous direz : *Non*. Ce *Non* nous donne le doux espoir que vous voudrez bien écouter favorablement nos justes doléances ; ce *Non* nous donne la confiance que vous accueillerez avec bonté notre supplique ; ce *Non* sera une nouvelle preuve de l'intérêt que vous portez à un Chapitre, dont vous n'avez pas voulu et ne voudrez jamais la ruine ; ce *Non* enfin, mettra un terme, disons le mot, aux pénibles négociations qui nous occupent depuis plus de six ans. Nous sommes d'autant plus autorisés à croire au bon vouloir du Pouvoir exécutif à l'endroit de l'antique et royale Abbaye d'Agaune, que, pour le Gouvernement, les compensations sollicitées par le vénérable Chapitre de Saint-Maurice sont d'une minime valeur, tandis qu'elles sont capitales pour l'Abbaye.

« Dans l'attente que le Conseil d'Etat prendra sous son

haut patronage nos justes et respectueuses réclamations, nous le prions d'agréer, par anticipation, les sentiments de notre plus vive gratitude, ainsi que l'assurance de notre haute considération et du parfait dévouement avec lesquels nous sommes, etc. »

L'Ecole normale organisée pour les mois d'été seulement, ne laissait aucun répit aux professeurs du Collège de Saint-Maurice. Les santés ne pouvaient plus se soutenir sans vacances.

L'Abbaye se vit ainsi forcée de mettre des bornes à son dévouement et de renoncer à l'Ecole normale qui fut transférée à Sion.

De cette lointaine époque de la formation des régents, il reste encore trois professeurs : M. le chanoine Débonnaire, curé de Chœx, ancien inspecteur des écoles des districts de Saint-Maurice et de Monthey ; M. le chanoine Burnier, curé de Vérossaz, inspecteur des écoles des districts de Saint-Maurice et de Monthey, l'éloquent avocat de la dernière augmentation du traitement des régents ; et enfin Mgr Joseph Paccolat, qui s'est arraché avec regret à l'inspection des écoles des districts de Conthey et d'Entremont, pour prendre la crosse et la mitre de Saint-Maurice et de Bethléem.

L'absence d'un cours de philosophie dans un établissement comme Saint-Maurice devenait funeste. La préparation même des jeunes professeurs, on le sentait, eût été amoindrie sans une solide philosophie. L'Abbaye sut le voir à temps ; et dès 1857, elle méditait un coup de maître : le rétablissement de la philosophie à Saint-Maurice. L'Abbaye avait, dans son sein même, un philosophe d'une rare valeur. Nous avons nommé M. le chanoine Gard.

Le chanoine Gard avait, en 1846, obtenu à la Propagande à Rome, le premier prix de philosophie, la médaille d'or [1].

Sa compétence dans la matière était telle que le régime radical lui-même fut heureux de l'obtenir pour enseigner la philosophie au Lycée de Sion. C'est pendant ces sept années d'enseignement qu'il rédigea ses cours.

Mais lorsqu'on espérait faire renaître la philosophie à Saint-Maurice, apparaissait l'arrêté du 18 septembre 1858 sur la réorganisation des Collèges de l'Etat [2].

Le Lycée est réservé à Sion.

Cependant les sentiments catholiques du vrai peuple valaisan, devenu moins timide, étaient parvenus à se manifester.

Le pays s'était donné un pouvoir législatif sincèrement catholique.

Le Grand Conseil, par Décret du 24 mai 1859, rapportait les décrets du 11 et du 29 janvier 1848, sur la confiscation des biens de l'Eglise.

Il était ajouté :

ART. 2. — « L'Eglise est réintégrée dans la possession des immeubles et droits compris dans les décrets et qui n'ont pas été aliénés. »

Hélas ! il n'en restait à peine quelques miettes.

C'est sous ce nouveau courant bienveillant que l'Abbaye rétablit la philosophie dans son Collège. Le Gouvernement pouvait, du reste, en vertu de l'article 30 de la loi du 30 mai sur l'*Instruction publique*, ou étendre, ou modifier la sphère d'enseignement dans les établissements d'instruction publique.

La philosophie figura de nouveau officiellement dans les catalogues de Saint-Maurice à partir de 1859.

---

[1] *Solemnis præmiorum distributio apud Collegium Urbanum de Propaganda Fide*, 1846, page 7.
[2] *Recueil des lois.*

M. le chanoine Gard devint l'âme du Collège. De nombreux élèves se groupèrent, pendant près de vingt ans, autour de sa nouvelle chaire de philosophie et d'histoire de la littérature.

Lorsque ses fonctions de préfet et de professeur lui laissaient quelques loisirs, il les consacrait à des œuvres de charité.

Comme un ancien professeur, le chanoine Blanc, avait établi dans notre pays la *Propagation de la Foi*, il établit dans le Valais la *Sainte-Enfance*. Mais dans le Bas-Valais et dans la Suisse romande, il y avait tant d'enfants abandonnés ! Il fonda, pour les recueillir, l'*Orphelinat de Saint-Maurice* et une Congrégation pour continuer son œuvre.

La *Société helvétique* de Saint-Maurice, dont le but est de grouper les talents catholiques pour travailler au service de la religion, lui doit sa fondation.

Aussi, à la mort du chanoine Gard, le pays sentit vivement la perte qu'il venait de faire. Le Grand Conseil, réuni à Sion, pour sa session de printemps, se leva, comme un seul homme, pour dire son deuil et ses regrets à l'homme de Dieu, de la science et de la charité.

Dans une autre sphère, pendant cette même période, il y avait au Collège de Saint-Maurice, un homme de non moins de valeur : c'était le chanoine Bertrand, directeur du pensionnat de l'Abbaye. Ses nombreux élèves qui l'aimaient comme le meilleur des pères, ont porté son nom à travers la Suisse et même bien au delà de nos frontières, et l'ont proclamé *le roi des directeurs*.

Il y eût bien d'autres talents et de généreux dévouements. Notre intention n'est point de rappeler les mérites des vivants, mais de donner en passant un témoignage de reconnaissance à nos morts.

Nous tenons à le dire aussi, avec un légitime orgueil,

que le Collège de Saint-Maurice fut, pendant de longues années, la principale pépinière du clergé fribourgeois.

Il fut la maison paternelle dans laquelle la jeunesse studieuse du Jura vint abriter sa foi catholique pendant la persécution et se préparer à grossir la phalange de ceux qui, par leur énergique constance, allaient laisser au siècle à venir la gloire du triomphe et le trésor de la foi.

Et le cœur de l'évêque était à l'Abbaye avec cette brillante jeunesse jurassienne.

Dès le début de la persécution, le Chapitre de Saint-Maurice offrit à Mgr Lachat, chassé de son palais épiscopal de Soleure, proscrit de plusieurs cantons de son diocèse, une amicale résidence à l'Abbaye. La réponse du confesseur de la foi fut débordante d'affection et de reconnaissance. Et si le bon prélat ne fixa pas sa résidence à l'Abbaye, il y vint par de fréquentes visites et même une année, par le séjour d'un mois, bénir la jeunesse studieuse de son diocèse.

Mgr Mermillod encourageait pareillement les professeurs et les élèves de Saint-Maurice, de ses sympathiques et délicates attentions. Sur la terre de l'exil, il n'oubliait pas l'Abbaye et son œuvre dans la formation de la jeunesse.

En date du 19 avril 1873, il écrivait à Mgr Bagnoud :

Cher ami et vénéré Monseigneur,

« Votre bonne visite m'avait fortifié et consolé ; Vous avez été l'ange de mon jardin des Olives. Vous viendrez me voir à Fernez ; j'ai une petite cellule et un grand cœur à vous offrir. Priez saint Maurice pour moi ; j'ai besoin de la protection des Saints.

« Dites à vos Messieurs, *à vos élèves* et à mes amis de Saint-Maurice que l'exilé les bénit de toute son âme. »

Nous arrivons aux temps présents. Nous nous bornerons à indiquer brièvement les principales modifications qui ont été introduites au Collège de Saint-Maurice. Et si la génération présente trouve ces lignes superflues, peut-être que la génération future nous saura gré de lui avoir laissé quelques dates pour servir de jalons à une étude sur l'enseignement à notre époque.

Les Collèges du Valais sont régis par la *Loi du 4 juin 1873 sur l'Instruction publique.*

Les principes généraux donnés au chapitre Ier sont :

Art. 1er. — « L'instruction est gratuite dans les écoles primaires et dans les établissements de l'Etat.

Art. 2. — « La liberté d'enseignement est garantie sous réserve des dispositions de la présente loi. »

Le chapitre VII porte :

« *Etablissements cantonaux d'instruction secondaire et supérieure.*

Section I

Etablissements.

Art. 91. — « L'instruction secondaire et supérieure est donnée dans les Collèges et le Lycée, aux frais de l'Etat et sans préjudice aux fonds, subsides et conventions existants, qui doivent recevoir leur application.

Art. 92. — « Il y a un Collège industriel à Sion, un Collège classique dans chacune des villes de Brigue et de Saint-Maurice, et un Lycée à Sion.

Art. 93. — « Les Collèges comprennent chacun six années d'études, et le Lycée au moins deux. »

Au point de vue légal, il n'y avait pour les classes littéraires plus que deux gymnases : celui de Brigue pour la partie allemande du canton et celui de Saint-Maurice pour la partie française.

Sion avait par contre à lui seul le Lycée et le Collège industriel.

Mais la loi avait, au sujet du Collège industriel, comme un pressentiment de porter un mort-né dans ses flancs ; elle ajoutait :

Art. 124. — « Le Collège classique existant à Sion sera maintenu jusqu'à ce que le Collège industriel soit organisé. »

Aucune modification ne fut portée à l'organisation des trois Collèges. La loi ne fut jamais appliquée et de fait elle fut rapportée par les sacrifices immenses que le canton a faits pour construire le Collège de Sion.

Le Scholasticat des RR. PP. Capucins

Les RR. PP. Capucins de la Province suisse possèdent un collège à Stanz, dans l'Unterwald. Il est pour eux une pépinière de vocations. Les Pères de la Suisse française n'ayant pas le même avantage, devenaient peu nombreux et ne pouvaient plus répondre aux réclamations des curés pour les aider dans le ministère paroissial.

Il fallait donc, dans un pays pauvre, songer à favoriser et à multiplier les vocations. On commença par accueillir quelques étudiants aux couvents de Sion et de Saint-Maurice. Mais on s'aperçut que ce n'était là qu'un demi-remède, qu'il fallait avoir recours à une institution plus forte et plus stable.

Sur la demande des RR. PP. Jérémie, gardien à Fribourg, et Sébastien, prédicateur à Fribourg, porteurs des vœux des Pères de la Suisse française, le Chapitre provincial réuni à Lucerne en 1879, décida que l'on établirait, au couvent des Capucins de Saint-Maurice, un *Scholasticat* ou pensionnat pour leurs étudiants.

Ces élèves placés sous la direction d'un Père, devaient se rendre, pour les cours, au Collège de l'Abbaye.

Le R. P. Sébastien fut envoyé à Saint-Maurice pour diriger la construction du Pensionnat qui s'ouvrait sous sa direction, pour l'année scolaire 1880-81.

Il compte une quinzaine d'élèves et a déjà rendu à l'Ordre d'éminents services.

Mais nos bons Pères Capucins nous ont fait sortir de l'ordre chronologique. Nous y revenons.

La Constitution fédérale qui, par son art. 27, assurait au pouvoir central la direction de l'Ecole polytechnique, la fondation d'une Université fédérale et la faculté de favoriser pécunièrement les autres Universités suisses, devait amener des modifications dans la question de l'enseignement.

La loi fédérale du 17 décembre 1877, pour le diplôme fédéral des médecins, des pharmaciens et des vétérinaires, amoindrissait le pouvoir cantonal en cette matière.

Pour obtenir ce diplôme, il fallait renoncer aux Universités étrangères et diriger l'enseignement secondaire à l'admission aux Universités suisses.

C'est pour répondre à ce besoin que l'Etat du Valais, par décret du 13 juin 1890, ajouta à l'ancien témoignage d'études l'*examen de maturité* pour les lettres et les sciences.

Ce fut un puissant moyen d'émulation. L'Abbaye redoubla ses efforts et son dévouement pour sortir du système économique du Valais, de réunir deux classes sous un même professeur.

En 1891, elle sépara la rhétorique des humanités.

Pour réaliser ces projets déjà longtemps caressés, il fallait surmonter les plus grandes difficultés. Les locaux étaient devenus tout à fait insuffisants. Recourir au pays qui venait de faire les plus lourds sacrifices pour construire un vrai palais pour le Collège-Lycée de Sion, c'était renvoyer au siècle futur la construction d'un nouveau Collège à Saint-Maurice.

Se confiant à la Providence et au dévouement de ses chanoines, l'Abbaye contracta une dette énorme et commença, en 1893, la construction de son nouveau Collège.

Dès l'automne 1894, le Collège était installé dans le nouveau bâtiment. Mgr Paccolat, Abbé de Saint-Maurice et évêque de Bethléem, revêtu des habits pontificaux, entouré de ses chanoines et des étudiants, bénit solennellement le nouveau Collège. La même année toutes les classes latines furent dédoublées. Ce qui augmenta encore considérablement les sacrifices de l'Abbaye, au point de vue de l'entretien du personnel enseignant.

Un jour, M. le conseiller d'Etat, Henri de Torrenté, alors président du Conseil des Etats, conduisait à l'Abbaye une Commission nombreuse de députés des Chambres fédérales, chargée d'aller examiner les forts de Saint-Maurice.

En face du Collège, M. de Torrenté dit, avec une certaine fierté, à ses collègues : « C'est un Collège cantonal, et le Valais n'a pas eu un centime à payer pour le construire. Ce sont Messieurs les chanoines qui l'ont construit entièrement à leurs frais. »

Et ce n'est pas seulement dans la question des bâtiments fournis à l'Etat, contre une gratification tout à fait minuscule, que l'Abbaye fait des sacrifices.

Elle ne perçoit guère qu'un quart de traitement pour ses professeurs. On pourra s'en convaincre par un tableau comparatif de la participation des trois Collèges au budget de l'Etat, pour l'année 1895.

Mais nous tenons à le dire d'avance, ce n'est point par un sentiment de jalousie que nous donnons ce talbeau.

Si Messieurs les professeurs des autres collèges sont plus payés que ceux de Saint-Maurice, ils sont loin de recevoir un traitement au-dessus de leur dévouement à la cause commune de la formation de la jeunesse studieuse.

LYCÉE ET COLLÈGE DE SION [1]

FR. C.

Bâtiments fournis et entretenus par l'Etat   18,712 50
Nombre d'élèves : 94.

COLLÈGE DE BRIGUE

FR. C.

Bâtiments fournis et entretenus par l'Etat   13,925 10
Nombre d'élèves : 56.

COLLÈGE DE SAINT-MAURICE

FR.

Bâtiments fournis et entretenus par l'Abbaye   10,210
Nombre d'élèves : 160.
Nombre de professeurs : 17.

Le pays ne méconnaît pas ces généreux sacrifices.

Aussi, chaque année, dans son discours pathétique où respire la foi et le patriotisme, M. Léon de Roten, chef du département de l'Instruction publique du canton du Valais, tient à le rappeler aux étudiants, et au nom du pays, à en témoigner à l'Abbaye sa plus vive reconnaissance.

Dans un avenir prochain, l'Abbaye, devra couronner l'édifice de son dévouement, en complétant son Lycée par le rétablissement de la physique.

Ce qui l'arrête, c'est que l'on se croit encore sous le coup d'une loi qui le prohibe. Or, il n'existe aucune loi ni

---

[1] Voir *Rapport de gestion* de 1895, du département de l'Instruction publique et *Compte rendu de la gestion financière* pour l'exercice de 1895.

aucun décret de ce genre. Ce cours libre serait, au contraire, sous la garantie de l'art. 2 de la loi du 4 juin 1873, sur la liberté d'enseignement.

Il est réclamé par les nombreux élèves étrangers qui viennent faire leur philosophie à Saint-Maurice, il est réclamé par le besoin des temps. Les élèves pourront alors passer directement de Saint-Maurice dans les diverses Universités suisses et spécialement à l'Université catholique de Fribourg dont les collèges catholiques doivent être la pépinière.

ÉPILOGUE

Nous n'avons parlé, et avec intention, qu'incidemment de l'enseignement de la théologie, et nous n'avons pas touché la question des sacrifices que l'Abbaye a faits pour les écoles primaires des filles à Saint-Maurice. Ce sera un thème pour une autre étude.

Nous n'avons pas voulu nous écarter de celui que nous nous étions proposé.

Il est écrit à la tête de la législation ecclésiastique en matière d'enseignement :

« L'Eglise de Dieu, doit comme une bonne mère, déployer tous ses efforts pour faciliter les études et les mettre à la portée des jeunes gens les moins fortunés [1]. »

L'Abbaye de Saint-Maurice, par des sacrifices qui peuvent être appelés téméraires devant la prudence humaine, mais qui seront appelés saints et sages devant les jugements de Dieu, pourra se glorifier, même dans la pauvreté, d'avoir compris le cœur de sa mère, la sainte Eglise, dans la question du dévouement pour l'éducation de la jeunesse.

---

[1] *Decretales Gregorii IX*, lib. V, tit. V. *De magistris…*

OBSERVATIONS

Nous regrettons de n'avoir pas divisé notre petit volume par chapitres, tout en suivant notre division par ordre chronologique. Nous avions été prié par le Département de l'Instruction publique du canton du Valais de préparer pour l'Exposition nationale à Genève, une Etude sur l'enseignement à Saint-Maurice. Le travail devait renfermer environ 20 pages. L'abondance des matériaux a été telle que nous sommes sorti, à nos frais, du cadre proposé.

Le temps pressait. Nous étions obligé de livrer notre composition au fur et à mesure à l'imprimerie. Il nous a été par conséquent impossible de revenir sur nos pas pour perfectionner cette Etude.

Le public voudra bien ne pas nous refuser sa sympathique indulgence.

ERRATA

A la page 18, onzième ligne, au lieu de éditée, lisez *édictée*.

A la page 19, deuxième ligne, au lieu de rendu, lisez *rendus*.

A la page 31, deuxième alinéa, il y a modification à faire. Nous avons été induit en erreur par les témoignages datés de Soleure. Veguer n'a pas étudié à Soleure. Son ancien maître du Collège des Jésuites à Brigue a daté les témoignages de Soleure où il était devenu Recteur. De plus amples détails seront donnés dans notre biographie du chanoine Veguer.

A la page 75, dernière ligne, au lieu de vient, lisez *vint*.

A la page 87, au commencement de la note, au lieu de première année, lisez *première moitié*.

A la page 96, dernière ligne, au lieu de commerciales, le, lisez *commerciales et le*.

A la page 111, dix-huitième ligne, au lieu de vînt, lisez *vint*.

A la page 125, dernière ligne, au lieu de talbeau, lisez *tableau*.

On trouvera ça et là d'autres *errata* de peu d'importance ; l'intelligent lecteur saura les corriger.

LES FOUILLES

SUR

L'EMPLACEMENT

DES

ANCIENNES BASILIQUES

DE

SAINT-MAURICE

PAR

Jules MICHEL

INGÉNIEUR EN CHEF DE LA COMPAGNIE DES CHEMINS DE FER
PARIS-LYON-MÉDITERRANÉE

FRIBOURG (Suisse)

IMPRIMERIE ET LIBRAIRIE DE L'ŒUVRE DE SAINT-PAUL
259, RUE DE MORAT, 259

1897

LES FOUILLES

SUR

L'EMPLACEMENT DES ANCIENNES BASILIQUES

DE

SAINT-MAURICE [1]

Dans une communication faite l'année dernière à la Société helvétique de Saint-Maurice et insérée dans le présent volume sous le N° IX, j'ai proposé un essai de restitution du plan de l'église de l'Abbaye de Saint-Maurice, qui, brûlée en grande partie, dans le courant du XIV° siècle, a été reconstruite sur ses anciennes fondations, en 1365 ; puis s'est effondrée vers la fin du XVI° siècle, a été alors abandonnée, et remplacée par l'église actuelle qui date du premier quart du XVII° siècle.

A la fin de ce travail, je signalais l'intérêt considérable que présenteraient des fouilles exécutées sur l'emplacement attribué par la tradition à l'église du XIV° siècle. Elles devaient permettre de vérifier mes conjectures sur la disposition des nefs antérieures au XIV° siècle, et de mettre au jour, très probablement, les substructions des anciennes basiliques détruites au VI° siècle par les Lom-

---

[1] Cette notice fait suite au N° IX du présent volume. Elle a été publiée dans la *Revue de la Suisse catholique* (N° de janvier 1897).

bards, ou par les Sarrasins dans leurs invasions du VIIIe et du Xe siècle.

Cet appel a été entendu ; le 14 juillet dernier, avec l'assentiment de Mgr Paccolat, évêque de Bethléem et Abbé de Saint-Maurice, les premiers coups de pioche ont été donnés dans la cour du Martolet, au pied des rochers qui dominent l'Abbaye. Il est intéressant d'en faire connaître les résultats, sans plus tarder, car ils sont de nature à faire désirer que les recherches se poursuivent méthodiquement. Elles seront fécondes en surprises pour les historiens et les archéologues de la Suisse tout entière

Avant de donner les détails sur les résultats de ces premières fouilles, il me paraît nécessaire de rappeler en quelques mots les origines de l'Abbaye de Saint-Maurice et de reproduire aussi exactement que possible le texte du traité de 1365, dont la lecture a été le point de départ de mon essai de restitution du plan de l'église de l'Abbaye, antérieure au XIVe siècle.

I

Origine de l'Abbaye de Saint-Maurice.

La petite ville de Saint-Maurice est placée à la sortie du défilé qui commande la route de France en Italie par le Simplon et le Grand-Saint-Bernard : là passait la voie romaine, la plus courte, d'après Tacite, pour aller de Germanie en Italie par Tarnade le Mont-Joux et Aoste.

Tarnadœ ou *Tarnaiœ* était, d'après l'Itinéraire d'Antonin, à XII milles d'Octodure (aujourd'hui Martigny), du côté du lac Léman [1]. L'établissement d'un poste militaire était natu-

---

[1] M. le chanoine Bourban a retrouvé à Saint-Maurice la borne milliaire de l'époque Constantinienne avec son chiffre XII.
Voir dans la *Gazette du Valais* du 2 décembre 1885 une notice sur les monuments historiques découverts à Saint-Maurice.

rellement indiqué par la présence en ce point d'une barrière de rochers à travers lesquels le Rhône s'est frayé un chemin étroit, laissant à peine la place pour la route qui conduisait du lac Léman dans le haut Valais et en Italie.

De plus, une magnifique source, qui sort du rocher à une quinzaine de mètres au dessus du niveau du Rhône, devait avoir déterminé dans le voisinage, dès les temps les plus reculés, l'existence d'une importante agglomération de population. Elle était désignée du nom gaulois d'*Agaune* ou *Acaune,* auquel les Romains avaient substitué celui de Tarnade. — Le nom de Tarnade a disparu, avec la domination romaine, pour laisser place à la seule dénomination gauloise d'Agaune, à laquelle les événements qui ont accompagné l'introduction du Christianisme dans le pays, ont fait accoler le nom de Saint-Maurice. C'est près d'Agaune, en effet, que la tradition place le martyre de Saint-Maurice et de ses compagnons, en l'an 302 après Jésus-Christ.

C'est à Agaune que l'évêque d'Octodure, saint Théodore ou Théodule, éleva une basilique en l'honneur des Martyrs au milieu du IVe siècle.

L'institution monacale s'y est développée et on a vu fleurir au Ve siècle la règle de Tarnade. C'est de là qu'est sorti l'illustre abbé saint Séverin [1].

Enfin, en 515 ou 516, le jeune roi de Bourgogne, Sigismond, établit à Agaune un monastère, qu'il dota généreusement, pour entretenir la psalmodie perpétuelle auprès du tombeau de saint Maurice et de ses compagnons.

Le premier abbé de la fondation de saint Sigismond,

---

[1] Voir pour les origines de l'Abbaye de Saint-Maurice une étude sur *un bon pasteur et un ambon de l'antique monastère d'Agaune* par le chanoine Pierre Bourban. Fribourg, Imprimerie de l'Œuvre de Saint-Paul, 1894.

saint Hymnemodus, venait du monastère de Grigny, près de Vienne en Dauphiné. Son successeur fut saint Ambroise, du fameux monastère de l'Ile-Barbe, près de Lyon.

A partir de ce moment, l'histoire de la ville de Saint-Maurice se confond avec l'histoire de l'Abbaye. Elles passent l'une et l'autre par les mêmes périodes de prospérité et subissent les mêmes désastres [1].

Dans l'état actuel, les bâtiments de l'Abbaye de Saint-Maurice forment un rectangle d'environ 200 pieds de long sur 150 pieds de large, et datent, pour la presque totalité, du XVIIe et du XVIIIe siècle [2]. L'église, consacrée en 1627, forme l'un des côtés du rectangle. Elle est orientée Sud-Est Nord-Ouest. Le rectangle est coupé en son milieu par un bâtiment du XVIIe siècle qui contient la bibliothèque et les archives.

Tout le reste des bâtiments, à l'exception de l'aile Nord-Ouest, a été reconstruit au XVIIIe siècle [3]. L'incendie de 1693, qui a fait de Saint-Maurice un monceau de ruines, n'avait laissé debout que le clocher, l'église, le bâtiment des archives et le bâtiment MM qui forme le côté NO du rectangle, le long de la cour dite du Martolet (voir le plan). Encore ces constructions ont-elles beaucoup souffert, et de nombreuses pierres calcinées conservent le souvenir de ce terrible incendie.

Une tradition constante veut que l'église antérieure au XVIIe siècle fut édifiée dans la cour du Martolet, parallèlement aux rochers qui dominent l'Abbaye. Les témoignages historiques recueillis par M. le chanoine

---

[1] Le trésor de l'Abbaye de Saint-Maurice a été décrit par M. Aubert Paris, Morel.

[2] Je donne ces mesures en pieds, parce que, à dater du XVIe siècle, on s'est servi en Valais du pied de roi, d'environ 0,325 m.

[3] Le marché avec l'entrepreneur pour la reconstruction des bâtiments de l'Abbaye est de 1707 (Archives de l'Abbaye).

Bourban [1] établissent d'ailleurs que les premières basiliques construites par saint Théodore, évêque de Martigny, au milieu du IVᵉ siècle, puis par l'Abbé saint Ambroise au VIᵉ siècle, étaient adossées au rocher.

L'histoire rapporte aussi que le monastère d'Agaune eut à souffrir des invasions des Lombards et des Sarrasins [2], mais il semble que les églises rebâties sur les ruines de celles qui les avaient précédées restèrent sur le même emplacement dans la cour du Martolet jusqu'à la fin du XVIᵉ siècle. C'est donc dans cette cour que devait se trouver l'église qu'il s'agissait de restaurer au XVIᵉ siècle, et qui a fait l'objet du traité de 1365 entre l'Abbé de Saint-Maurice et l'entrepreneur Devens.

II

Le traité de 1365 pour la réparation de l'église de l'Abbaye de Saint-Maurice.

Le texte donné à la suite de ma communication de l'année dernière, malgré les soins apportés à sa reproduction renferme encore quelques erreurs. Reproduit littéralement, ce texte constituera un document de la plus haute valeur pour la forme des mots et l'orthographe de la langue française en Valais au XIVᵉ siècle. Je le ferai suivre d'explications et de rapprochements qui aideront, je l'espère, à mieux comprendre tout l'intérêt qu'il présente.

Le manuscrit sur parchemin, qui se trouve dans les

---

[1] Voir l'étude sur *un bon pasteur et un ambon*, de M. le chanoine Bourban. — Fribourg 1894.

[2] Les Lombards ont dévasté l'Abbaye en 574. L'histoire signale deux invasions principales des Sarrasins, l'une à la fin du VIIIᵉ siècle, l'autre vers 939. A cette époque l'église et le monastère furent brûlés.

archives de l'Abbaye, est écrit d'un seul côté, d'une écriture qui porte bien les caractères du XIVᵉ siècle ; ferme et nette, elle est facile à lire ; le temps ne l'a presque pas altérée.

Sur le verso on lit une suscription qui doit avoir été ajoutée au XVIᵉ ou XVIIᵉ siècle, lors d'un classement de la pièce manuscrite dans les archives de l'Abbaye : *Conventio pro œdificanda sive restauranda ecclesia Sancti Mauricii Agaunensis, anno 1365*. Cette suscription prouve que, si au XIVᵉ siècle on s'est servi de la langue vulgaire pour traiter avec un entrepreneur, le latin était resté en honneur à l'Abbaye, ce que l'on savait d'ailleurs par la *Chronique* du chanoine Gaspard Berodi, écrite entièrement en latin, dans le courant du XVIIᵉ siècle.

On trouvera ci-après le texte du traité de 1365, reproduit aussi fidèlement que possible [1] ; j'ai seulement supprimé les abréviations habituelles de certaines syllabes et ajouté des apostrophes dont on ne faisait pas encore usage à cette époque, ainsi que les accents et les virgules nécessaires pour faciliter l'intelligence du texte ; mais j'ai respecté scrupuleusement l'ordre et l'orthographe des mots. C'est assurément une bonne fortune que de trouver un monument aussi bien conservé de notre vieux langage :

« L'an de grâce mil trois cenz sixante et cinq le IIᵉ iour de septembre, au traitié de nous Pierre du Pont et Guillaume Wichart et en notre présence, pour faire et acomplir la réparation de l'iglise du monestier de saint Mauris, ont esté faitz patz et convenances entre réverent père monsieur Jehan par la grâce de Dieu abbé, et les

---

[1] Il en existe deux copies, toutes les deux fautives, dans les archives de l'Abbaye. Elles paraissent dater du XVIIᵉ et du XVIIIᵉ siècle. L'une d'elles débute ainsi : *L'an du Seigneur*, au lieu de *L'an de grâce*, etc.

frères de la dite religion d'une part, et maistre Jehan Devens manczon et maistre de taillierie d'autre, par la maniere qui s'ensieut.

« Premièrement le maistre doit à sa mission derrochieir les pilers et tout le mur qui est sus cez pilers dis la chappele monsieur Benoit jusques au grant arc qui est entre le cour et le grant auter et le derrochera par maniere que domage n'en viegne.

« Item au dit lieu feira le dit maistre sept pilers rionz de pierre de marbre dont chascone pierre sera d'une piesce si large qu'elle tiendra tout le riont du piler et sera chascon piler gros de trois piez à main et de unze piez d'aut, enclos les basses et les chapisteaux. Et seront les bases chascoune d'une piesce de marbre et passeront tout l'environ du piler dimie pié à une torche rionde environ, et les chapisteaux respondanz à les basses. Et ovrera toutz les ditz pilers à la maniere d'un piler qui est dessoutz le letrin lequel li a esté monstrez, qui est prinement grenez. Et serchera les fondemanz pour le dit pilers, et s'il n'estoient bien..... il les emendera si comme besoign sera.

« Item feira le dit maistre surs les ditz pilers sept ars dobles de tous, gros chascon de deux piez à main, et seront les premiers ars de tous entiers, et sus les ditz ars feira le mur jusques au teit gros de deux piez à main et tant de lonc comme besoign seira.

« Item feira le dit maistre au travers de l'eglise là où l'en li ordonera deux ars de tous dobles rionz et bons someirs de pierre pour les sustenir, et tiendra de l'un mur à l'autre à la maniere de l'autre grant qui est. Et à l'endroit des ditz ars de chascoune partie autres petit ars, c'est assavoir quatre, et un autre jusques à la roche. Et au dessus cez ars feira les murs jusques au teit, si comme dessus est dit.

« Item le dit maistre pourverra et traira les pierres tant de tous comme de marbre et autres que nécessaires seront pour les ditz ovrages, et menera en lieu ou les chers puissent aler. Et les pontz et les cyndres que besoign feiront, ensanble touz les ovrages et les chouses dessus dites doit faire le maistre bien et savament et à regart de bons ovreirs à ses propres missions et despens, excepté tant seulement ce que monsieur l'abbé li doit ministrer, si comme il est dessoutz escript. Et à ces chouses ovrera contenuellement soy cinquens à tout le moins.

« Item monsieur l'abbé à sa mission et ses despens doit ministrer chauz et arène et fuste et doit faire charreir la dite chauz et arène et fuste et les tous et pierres grosses et menues et sognieir fuste pour cyndres et pontz et corde pour tirieir la matiere sus les pontz, et tout le charrey faire jusques dedanz le crimistiere. Ajosté touteffois que, se le maistre pourvoit par maniere que l'en puisse mener chers dedanz l'église, l'en li dege charreieir dedanz l'église les grosses pierres de taille.

« Et pour ces chouses ensi faire monsieur l'abbé donra au maistre quatre cent florins d'or, dont l'en li feira de présant aucon prest pour sa pourveance ; et du quel prest sera plage monsieur Pierre du Pont. Et le demorant l'en li paiera de mois en mois, ou de semaine en semaine par la manière et ensi comme monsieur l'abbé et le maistre ordeneront et conviendront ensemble. »

C'est le bon langage Français de l'époque, langage dont quelques mots, ou quelques tournures ont vieilli. L'orthographe surtout est différente de la nôtre, mais il est facile de rétablir pour des lecteurs du XIXe siècle le contenu de ce document du XIVe.

En voici la transcription en langage moderne :

« L'an de grâce mil trois cent soixante-cinq, le IIe jour de septembre, en l'étude de nous Pierre Dupont et Guillaume Wichart, et en notre présence, pour faire et accomplir la réparation de l'église du monastère de Saint-Maurice, ont été faits pactes et conventions entre Révérend Père monsieur Jehan, par la grâce de Dieu Abbé, et les frères de la dite communauté, d'une part, et maître Jehan Devens, maçon et maître tailleur de pierres, d'autre part, de la manière qui suit.

« Premièrement, le maître doit démolir à ses frais les piliers et tout le mur qui est sur ces piliers, depuis la chapelle Saint-Benoît, jusqu'au grand arc qui est entre le chœur et le grand autel, et le démolira de manière que dommage n'en vienne.

« Item, au dit lieu, fera le dit maître sept piliers ronds de pierre de marbre, dont chaque pierre sera d'une pièce si large qu'elle tiendra tout le rond du pilier, et sera chaque pilier gros de trois pieds à main, et de onze pieds de haut, y compris les bases et les chapiteaux. Et seront les bases chacune d'un morceau de marbre, et dépasseront tout le tour du pilier de demi pied avec un bourrelet rond autour ; et les chapiteaux répondant aux bases. Et il travaillera tous les dits piliers à la manière d'un pilier qui est dessous le lutrin, lequel lui a été montré qui est finement piqué [1]. Et il cherchera les fondations pour les dits piliers, et s'ils n'étaient bien..... il les modifiera comme besoin sera.

« Item fera le dit maître sur les dits piliers sept arcs doubleaux de tuf, gros chacun de deux pieds à main ; et seront les premiers arcs de tuf entiers [2], et sur les dits

---

[1] Dans le texte on lit : *pment grenéz*, qu'il faut lire *prinement grenéz* et traduire par *finement piqués* — expressions de tailleur de pierre pour le travail soigné qu'il fait subir à la pierre de taille. — Dans le patois Valaisan *prin* veut dire *mince, menu*.

[2] Dans le passage : *Les arcs de tuf seront entiers*, la signification du mot *entiers* m'échappe. S'agit-il de l'opposition entre le plein-cintre et l'ogive ? Je ne saurais le dire.

arcs fera le mur jusqu'au toit, gros de deux pieds à main, et tant de long comme besoin sera.

« Item fera le dit maître au travers de l'église, là où on lui ordonnera, deux arcs doubleaux de tuf ronds, et bons sommiers de pierre pour les soutenir. Et les tiendra d'un mur à l'autre à la manière de l'autre grand (arc) qui existe. Et au droit des dits arcs de chaque côté, autres petits arcs, c'est à savoir quatre, et un autre jusqu'à la roche, et au dessus de ces arcs il fera les murs jusqu'au toit, comme dessus est dit.

« Item le dit maître fournira et transportera les pierres, tant de tuf que de marbre, et autres qui seront nécessaires pour les dits ouvrages et les mènera en un lieu où les chars peuvent aller ; les ponts et cintres qui seront nécessaires, ensemble tous les ouvrages et les choses dessus dites, doit faire le maître, bien et savamment et au regard de bons ouvriers, à ses propres frais et dépens, excepté seulement ce que monsieur l'abbé doit lui fournir, comme il est écrit ci-dessous. Et à ces choses il travaillera continuellement, lui cinquième à tout le moins.

« Item monsieur l'abbé, à ses frais et dépens, doit fournir chaux, sable et bois, et doit faire charrier la dite chaux, sable et bois, et les tufs et pierres grosses et menues, et fournir bois pour cintres et ponts et cordes, pour tirer les matériaux sur les ponts, et faire tout le charroi jusque dedans le cimetière [1]. Ajouté toutefois que, si le maître s'arrange de manière que l'on puisse mener les chars dans l'église, on devra lui charrier dans l'église les grosses pierres de taille.

« Et pour ces choses ainsi faire, monsieur l'abbé donnera au maître quatre cents florins d'or, sur lesquels on lui fera dès à présent une avance pour ses fournitures ; duquel

---

[1] Le mot du texte *Crimistière* dont la lecture ne peut faire aucun doute, est probablement incorrect et doit être remplacé par *cimetière*.

prêt sera garant monsieur Pierre Dupont. Et le reste on lui paiera de mois en mois ou de semaine en semaine, de la manière et ainsi que monsieur l'abbé et le maître ordonneront et conviendront ensemble.

Observations sur les formes de langage et sur l'orthographe du XIVe siècle en Valais. — La plupart des expressions de ce document se retrouvent dans les auteurs du XIIe et XIIIe siècle que cite le dictionnaire de Littré.

Telles sont les formes : *sixante* pour *soixante* [1], *s'ensieut* pour *s'ensuit*, *iglise* pour *église*; *teit, lonc, dis* pour *toit, long, depuis*; *ovrera* et *ovriers* pour *ouvrera, ouvriers*, etc.

D'autres s'expliquent par le patois Valaisan, ou le Provençal, comme *cour* pour *chœur*, *serchera* pour *cherchera*, *cinquens* pour *cinquième*.

Le mot *tous* qui doit se traduire par *tuf* se retrouve aussi avec le même son dans le patois valaisan. Mais il a fallu les rapprochements *des pierres tant de tuf comme de marbre* pour conduire à cette interprétation, difficile au premier abord.

Le mot *plage* pour dire *garant*, était encore usité au siècle dernier dans la langue du droit, en France.

Il y a aussi quelques particularités d'orthographe qu'on ne retrouve pas dans les auteurs français du XIIIe siècle et qui étaient sans doute spéciales aux Valaisans de cette époque. Ils se distinguent surtout par l'emploi fréquent de l'*i* [2] expletif.

---

[1] Cette forme *sixante* est un des termes de l'appellation logique des dizaines, encore usitée dans le Valais et le Val d'Aoste, *sixante, septante, huitante* et *neufante*.

[2] La fréquente addition de l'*i* dans la prononciation se retrouve encore de nos jours dans la langue qui est restée la plus voisine du latin. Chez les Valaques ou Roumains, l'*e* se prononce presque toujours *ie*. Par exemple, le nom de la ville de *Bucarest* se prononce *Boucourieste*.

Ainsi *taillierie ; monestieir*, et aux infinitifs *derrochier soignieir, charrieir,* puis *feira, feiront, dimie*, etc.

On remarquera enfin les mots *à une torche rionde ; a* vient de *apud* et veut dire *avec*. On le trouve au XIIe siècle avec le sens. *Torche* vient du latin *torques* et veut dire *bourrelet*. Il se trouve encore dans le patois valaisan. Quant à *rionde* qui n'est pas cité par Littré, on doit le rapprocher de la forme italienne *ritondo* ou bien de la forme du XIIIe siècle *reonde* dans laquelle l'*e* aura été affecté du son de l'*i*, suivant la remarque faite plus haut.

On remarquera aussi que le notaire de 1365 en use d'une certaine liberté avec l'orthographe de plusieurs mots.

C'est ainsi qu'on lit *les basses* et *les bases* pour les bases des piliers ; que le mot *ordonner* est écrit successivement *ordonera* et *ordeneront*. La dernière forme est la plus habituelle jusqu'à la fin du XIVe siècle ; elle est la plus conforme à l'étymologie. Mais déjà sans doute la prononciation *ordonner* avait prévalu au milieu du XIVe siècle en Valais.

On trouve aussi *sus* et *surs ; seira* et *sera ; iglise* et *église ; ensanble* et *ensamble,* variantes qui témoignent de la liberté admise à cette époque dans la manière d'orthographier les mots.

Ces quelques observations suffiront pour montrer quels précieux enseignements on pourra retirer de l'étude du traité de 1365 pour l'histoire de la langue dans le Valais.

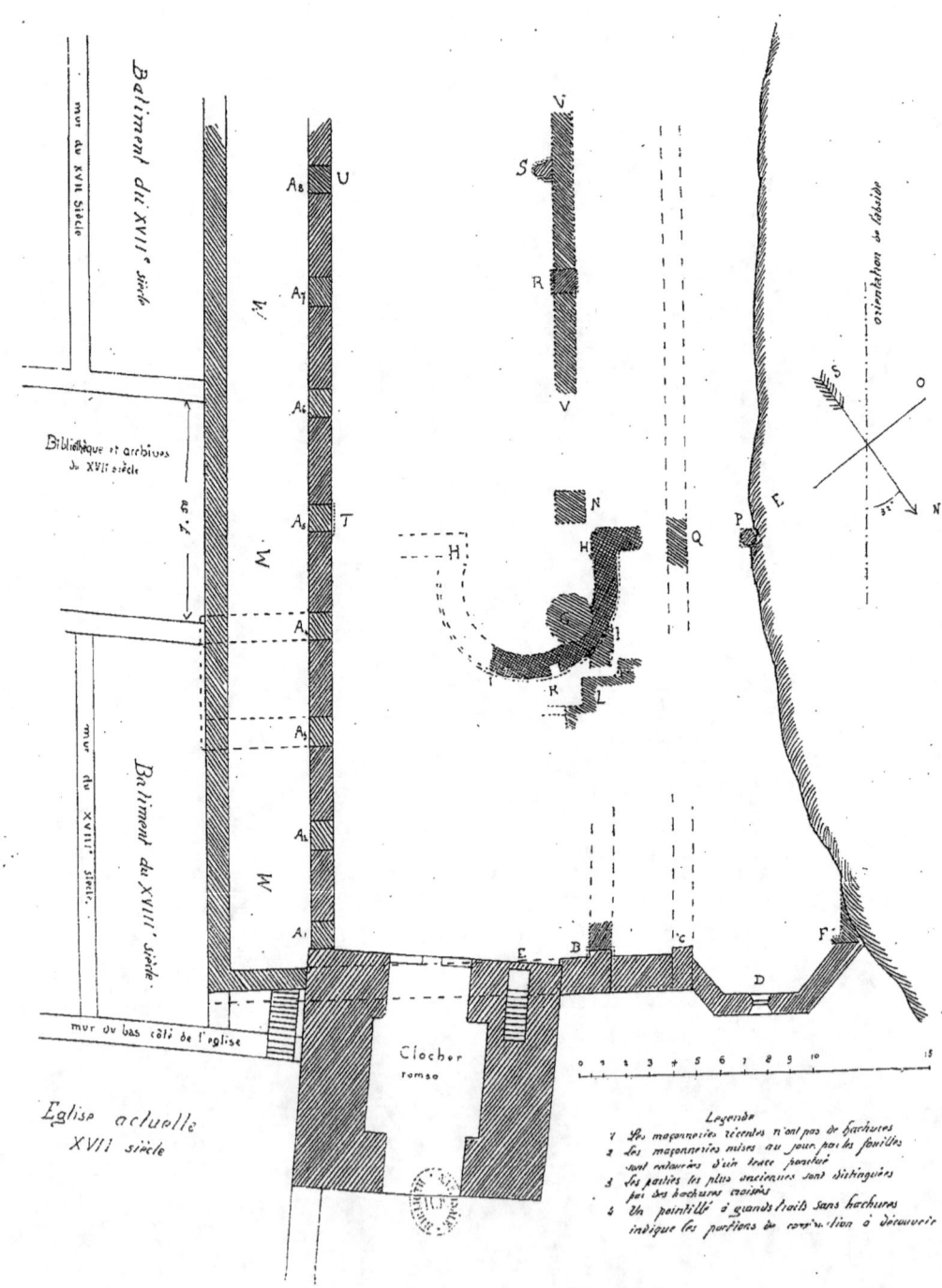

PLAN de la cour du Martolet.

III

Premiers résultats des fouilles entreprises sur l'emplacement des anciennes basiliques de Saint-Maurice.

Le plan joint à cette notice [1] représente la cour de Martolet, où s'élevaient autrefois les anciennes basiliques de Saint-Maurice, dont il s'agissait de retrouver les vestiges enfouis sous les remblais accumulés dans la suite des siècles.

Cette cour est comprise entre l'aile occidentale MM des bâtiments de l'Abbaye et une paroi de rochers à pic.

Au nord-est, elle est limitée par le clocher de style roman qui domine la ville de Saint-Maurice, et par un mur aux contours brisés, qui la sépare d'une propriété voisine.

L'église actuelle est orientée à peu près perpendiculairement à la direction du bâtiment MM.

Etat actuel de la cour du Martolet, à gauche du clocher. — En entrant dans cette cour par le passage ouvert dans le clocher, attenant à l'église actuelle de l'Abbaye, on voit à gauche le mur du bâtiment MM.

Il est facile de distinguer dans ce mur les lignes de huit pilastres de $1,12^m$ à $1,14^m$ de largeur, qui formaient autrefois des supports isolés, dont la section rectangulaire était de $1,14^m$ sur $0,85$. Ils ont été couronnés par des plinthes

---

[1] Le plan et les autres dessins joints à cette notice ont été empruntés à un article qui vient de paraître dans l'*Indicateur des antiquités suisses,* sous le titre de : « Premiers résultats des fouilles entreprises sur l'emplacement des anciennes basiliques de l'Abbaye de Saint-Maurice d'Agaune. » Zurich.

ou sommiers en pierre dont on voit encore quelques traces. Les intervalles entre les trois premiers pilastres sont de 2,97^m ; entre les cinq autres on mesure 3,36^m en moyenne. Ces intervalles ont été maçonnés à une époque ancienne — certainement avant le XVe siècle.

Le bâtiment MM, réduit à sa construction primitive, avait en moyenne 3,36^m de largeur en œuvre, et 5,00^m à 5,20^m de largeur hors œuvre. Il comprend trois étages. D'abord un étage, à l'état de caves, à 4,00^m environ, plus bas que le sol de la cour du Martolet, mais à peu près au niveau des cours intérieures et du rez-de-chaussée des bâtiments de l'Abbaye [1].

Ces caves sont désignées dans les traditions de l'Abbaye et dans quelques textes historiques sous le nom de *Catacombes*. (Voir la coupe.)

A 3,25^m plus haut se trouve un corridor dallé qui dessert les pièces adossées au XVIIe et XVIIIe siècle contre le bâtiment MM. Le dallage est à 0,75^m en contrebas du Martolet.

Un plancher supporte un second corridor, dont le niveau est à 2,60^m environ au dessus du Martolet. Ce troisième étage est couvert sur la plus grande partie de voûtes d'arête assez basses. Dans le voisinage du clocher la voûte se relève. Là se trouvait autrefois une jolie chapelle avec ses quatre travées carrées de 3,36^m de largeur et les nervures ogivales de ses voûtes d'arête. Cette chapelle, dite chapelle du trésor, a été construite par le Pape Félix V, de la Maison de Savoie vers 1448. Elle était éclairée du côté opposé au Martolet, par trois fenêtres ogivales qui furent murées lors des adjonctions du XVIIIe siècle. Dans

---

[1] Le niveau des cours intérieures de l'abbaye n'a pas dû subir de changements notables depuis le temps des Romains. La magnifique source qui alimente l'Abbaye et la ville de Saint-Maurice coule encore aujourd'hui à 0,50^m ou 0,60^m seulement au dessous de ce niveau.

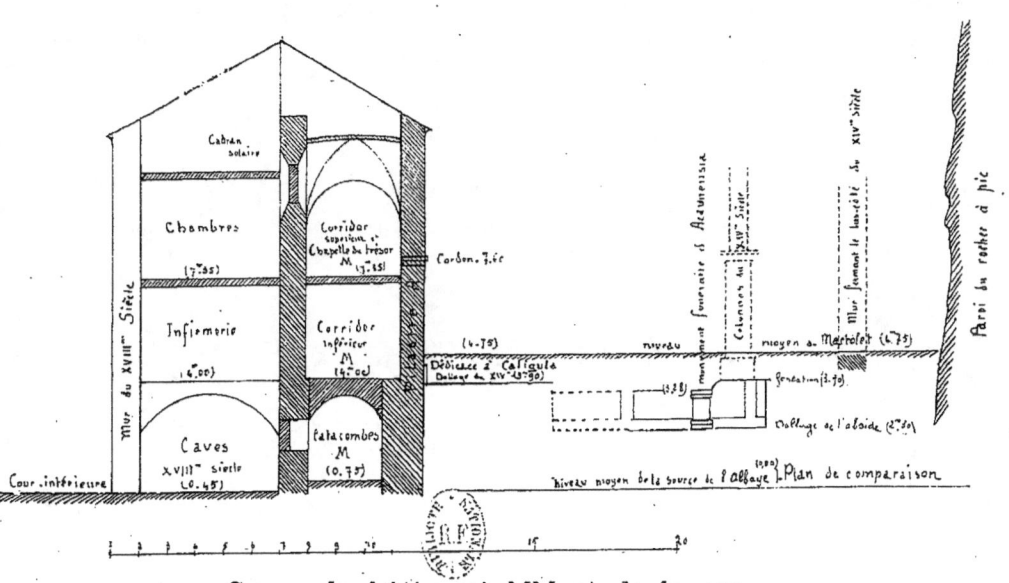

Coupe du bâtiment MM et de la cour.

les combles, qui recouvrent cette partie des bâtiments, on peut voir encore, sur le mur extérieur de la chapelle de Félix V, un cadran solaire avec l'inscription *nascitur et senescit*, qui paraît être du XVIe siècle.

A chacun de ses trois étages, observation importante, le le mur qui termine à l'Est le bâtiment MM vient s'appuyer contre le clocher, en arrière de l'alignement du clocher sur la cour du Martolet, ce qui prouve que les deux constructions n'ont pas été faites en même temps, et l'une pour l'autre. Le clocher fait d'ailleurs un angle prononcé (environ 5°) avec la direction du bâtiment MM.

Restes de constructions à droite du clocher. — A droite du clocher on peut faire également des observations intéressantes.

D'abord un vieux mur, décoré d'un pilastre B avec plinthe saillante à 3,00^m au dessus du sol, vient s'appuyer, avec arrachements dans la maçonnerie, contre l'angle du clocher, sur lequel il est en saillie de 0,24^m. (Voir le plan.)

A 4,00^m plus loin, on voit l'amorce d'un mur C. Entre les deux se trouve une maçonnerie de remplissage où l'on distingue encore un arceau en tuf.

Enfin contre le mur C, vient s'appuyer, sans liaison, la maçonnerie d'une abside à trois pans avec fenêtre encadrée de tuf au milieu. Un cordon en tuf au niveau de la naissance de l'arc de la fenêtre fait le tour de l'abside. L'arc de la fenêtre a disparu, et l'on ne peut savoir pour le moment s'il était en ogive ou en plein cintre. Le niveau du cordon est plus élevé de 1,35^m que la plinthe en ardoise du pilastre B et que les couronnements des pilastres A engagés dans le mur du bâtiment MM.

Conjectures sur la disposition de l'église de 1365. — C'est en partant de ces constatations, et en me basant sur les données du traité de 1365, que j'ai proposé dans le courant du mois de septembre 1895, un essai de restitution du plan de l'église antérieure au XIVe siècle.

J'ai supposé que le bâtiment MM, antérieur au clocher, formait un des bas côtés d'une ancienne basilique ; que les pilastres A devaient séparer ce bas côté de la nef principale.

En 1365, le chœur, qui était resté à peu près intact, devait se trouver vers le SO, du côté opposé au clocher, dont la construction qu'aucun document ne précise, paraît remonter à la fin du XIe ou au commencement du XIIe siècle.

En regard des huit pilastres A du bas côté MM et dans l'alignement du pilastre B, devaient se trouver placées les sept colonnes de trois pieds de diamètre, qui sont mentionnées dans le traité de 1365, et que la tradition suppose transportées dans l'église actuelle.

Le mur C prolongé devait fermer le bas côté de droite de l'église. L'intervalle BC était d'ailleurs sensiblement égal à la largeur du bâtiment MM.

Enfin l'abside à trois pans placée en dehors de l'église devait former une chapelle extérieure, sans doute la chapelle de Saint-Benoît. Car il est dit dans l'acte de 1365 que les sept colonnes seront placées entre la chapelle Saint-Benoît et le chœur où est le grand autel.

J'ajoutais que le niveau de l'église de 1365 devait être à peu près le niveau du corridor dallé, à 0,75m plus bas que la cour du Martolet. Mais que sans doute à un niveau inférieur de 2m à 2,70m on trouverait les restes de basiliques plus anciennes.

Fouilles faites en 1896. — Un premier sondage fut pratiqué en G, le 14 juillet 1896, dans le but de trouver la fondation de la colonne qui devait se trouver en face du pilastre A[4]. (Voir le plan.) A moins de 0,80m au-dessous du niveau du sol, on mit à découvert une fondation en gros blocs de pierres, dont le contour irrégulier représente un cercle d'environ 2,00^m de diamètre.

En dégageant cette fondation, on reconnut qu'elle était à cheval d'un côté sur un mur plus ancien, et qu'elle s'appuyait de l'autre sur un tombeau en pierre, à moitié engagé sous la maçonnerie. Quelques ossements épars se trouvaient dans ce tombeau, qui s'était incliné et fendu sous le poids de la maçonnerie.

Le mur inférieur fut ensuite dégagé, et on vit apparaître le tracé circulaire d'une abside HH, avec trois bandes murales I, K, I, de 0,48^m de largeur, reposant sur un soubassement de 0,50^m de hauteur.

La saillie des fondations du mur de l'abside se trouve à 2,50^m au dessous du sol de la cour. Le mur à l'extérieur était revêtu d'un enduit, qui avait été piqué pour y appliquer plus tard des maçonneries, dont il reste quelques fragments.

Le plan montre en pointillé quel doit être le tracé de cette abside HH dont les deux tiers seulement sont à découvert. Dans l'intérieur de l'abside se trouvent trois tombeaux maçonnés en briques, à peu près au même niveau que le tombeau en pierre déjà mentionné. Le fond est à 0,80^m au dessus de la saillie des fondations de l'abside.

La première conséquence qui se dégage de cette découverte, c'est qu'on est en présence de trois époques successives pour le moins.

Premièrement : construction d'un petit monument orienté NE-SO. Son diamètre extérieur est d'environ 7,50^m, et son axe est à peu près parallèle au rocher et parallèle par conséquent au bâtiment MM. Sur l'emplacement de ce petit monument fut édifiée une église, dont le niveau devait être de 1,60^m plus élevé, puisqu'on a pu placer des tombeaux sous le dallage de cette église.

Plus tard enfin, on est venu bâtir sur ces tombeaux la fondation du pilier G, sans doute pour l'église qu'il s'agissait de réparer en 1365.

Des fouilles nouvelles permettront seules de résoudre les questions qui se rapportent à ces époques successives.

Inscription funéraire romaine engagée dans le mur de l'abside. — Mais ce n'est pas tout ; une des bandes murales K reposait sur un monument funéraire Romain, engagé soigneusement dans le mur.

Ce monument fort bien conservé, dont le relevé est donné Planche II, porte une inscription dont la lecture et l'interprétation ne présentent aucune difficulté :

ACAVNENSIAE FILIAE
AMARANTHVS
AVGVSTI NATVS VERNA VILLICVS
QVADRAGESIMAE GALLIARVM ET
CHELIDON
PARENTES POSVE
RVNT.

Ce qui signifie : *A leur fille Acaunensia, Amaranthus, esclave né dans la maison d'Auguste, fermier du quarantième des Gaules et Chelidon, ses père et mère ont élevé ce monument.*

Cette inscription peut donner lieu à plusieurs remarques. D'abord les noms du père et de la mère ; ce sont des esclaves, qui n'ont point le *nomen* et le *cognomen* des citoyens romains. Ils s'appellent *Amarante* et *Hirondelle*. Un nom de fleur et un nom d'oiseau.

Ils ont appelé leur fille *Acaunensia,* du nom de leur résidence.

On sait que pendant tout le moyen âge l'Abbaye de

Saint-Maurice s'appelait *la célèbre et royale Abbaye de Saint-Maurice d'Agaune* ou *d'Acaune*.

Les Romains avaient donné au poste situé à l'emplacement actuel de Saint-Maurice le nom de *Tarnaiæ* ou *Tarnadæ*; mais le nom gaulois était *Acaune*; notre inscription témoigne qu'il était encore employé au temps des Romains, et il a fini par faire disparaître le nom de *Tarnade* [1].

Enfin il faut noter qu'*Amaranthus* était receveur des douanes sur la route qui menait de Gaule en Italie par le Grand-Saint-Bernard : le *quarantième des Gaules* était un impôt de douanes.

Une fouille, dirigée perpendiculairement à l'axe de l'abside vers le rocher, a montré en Q un mur, qui paraît être le prolongement du mur C, c'est-à-dire du mur extérieur de l'église du XIVᵉ siècle; puis, adossée au rocher, une base de colonne d'origine romaine, de 0,59ᵐ de côté, maçonnée avec soin sur sa fondation [2].

Deux bases tout à fait semblables se trouvent à l'entrée du chœur de l'église actuelle, et supportent les deux colonnes en marbre noir, qui doivent avoir été placées dans les premières années du XVIIIᵉ siècle.

Deux autres sondages ont permis, l'un en E, de déboucher une porte conduisant par un escalier de 0,85ᵐ à l'étage supérieur du clocher, l'autre en F de reconnaître le dallage en plâtre de la chapelle D, les enduits en plâtre peint sur les murs, et une colonnette polygonale en tuf qui en décorait l'entrée.

---

[1] D'après un auteur anonyme du VIᵉ siècle, le mot *Acaune* veut dire *rocher* dans la langue du pays (le celtique).

[2] On remarquera que le côté de cette base 0ᵐ,59 représente deux pieds romains de 0ᵐ,295.

Inscription contenant une dédicace de la Confédération du Valais. — Pour compléter les premières investigations, il fallait s'assurer que les pilastres A répondaient bien à la décoration d'une église dont le niveau était à 0,80m environ au dessous du sol de la cour.

C'est ce qu'ont démontré les sondages T et U. Un soubassement de 0,57m de hauteur faisait saillie tout autour du pilastre.

Mais le dégagement du pilastre A[5] a donné lieu à une trouvaille des plus intéressantes. Depuis longtemps on connaissait une inscription contenant une dédicace au César Drusus par les *civitates IIII Vallis Pœninæ*. Cette pierre est actuellement au pied de l'escalier d'honneur de l'Abbaye.

On y lit : *Druso Cæsari Augusti F. divi Augusti nepoti, divi Iulii pronepoti, auguri, Pontifici, quæstori, flamini augustali Cos II, Tribunicia potestate II   S IIII Vallis Pœninæ* [1].

---

[1] Le mot *civitates* a été martelé et il n'en reste que la dernière lettre. Cette inscription a été reproduite dans le *Corpus* des inscriptions de la Suisse par Mommsen.

On remarquera que le nom d'Auguste y est répété deux fois et s'applique à deux personnages différents :

1° *Augusti Filio*. Drusus Cæsar est fils de l'empereur Tibère, qui n'est pas nommé, mais seulement désigné par sa qualité d'Auguste, équivalente à empereur régnant.

2° *Divi Augusti nepoti*. Il est petit fils de l'empereur Auguste, mis au rang des dieux, et arrière petit fils du divin Jules César.

Ses fonctions sacerdotales sont ensuite énumérées ; il est pour la seconde fois décoré de la puissance tribunitienne, consul pour la seconde fois, ce qui donne à cette inscription la date de l'année 776 de Rome, ou l'an 23 de Jésus-Christ.

Quant aux quatre *civitates* de la vallée Pennine, elles nous sont connues par Jules César (*Commentaires*, liv. I, V) et par Pline le naturaliste (liv. III, 24).

Ce sont les *Nantuates*, habitants du bas Valais avec Saint-Maurice pour capitale. Les *Veragri*, au débouché de la vallée de la Dranse,

Or, le dessus du soubassement du pilastre N° 5 était formé par une pierre calcaire de 0,61ᵐ de largeur et 0,78ᵐ de longueur, qui put être extraite sans peine et sur laquelle on lit l'inscription suivante [1] :

c. cae SARI AVGVSTO
ge RMANICI CAESARF
ger MANICO IMPER
po NTIFICI MAXVMO
trib VNICIA POTESTCoS
civi TATES IIII VALLIS POENI [2] nae

C'est une dédicace à l'empereur Caligula, neveu de Drusus et conçue dans les mêmes termes que la précédente.

Le texte de l'inscription, qui vient d'être découverte, permet de lui assigner pour date l'an 790 de Rome, ou 37 de Jésus-Christ. Elle est en effet dédiée à Caius Cesar Augustus Germanicus, empereur, fils de Germanicus Cesar; plus connu sous le nom de Caligula, surnom que lui donnèrent les soldats, à cause de la chaussure militaire qu'il avait adoptée à son usage.

Il est le troisième fils de Germanicus et d'Agrippine (fille d'Agrippa et de Julie, fille d'Auguste); le neveu par conséquent de Drusus César. Caligula prit le consulat dès son avènement à l'empire en 790; et l'absence de chiffre à la suite du titre COS, semble indiquer que notre inscription date de son premier consulat.

dont le chef-lieu était Martigny. Les *Seduni,* dont Sion a gardé le nom, et enfin les *Viberi,* habitants du haut Valais.

[1] Les premières lettres manquent seules par suite de la rupture de la pierre au droit d'un des tenons en fer qui devait la fixer dans un mur. Les entailles destinées à recevoir deux autres tenons sont encore visibles dans la partie postérieure de la pierre.

[2] Les trois lettres NAE ne figurent pas dans l'inscription, faute de place sur la pierre.

Cette nouvelle inscription, qui prendra place à côté de la dédicace à Drusus, dont elle confirme les indications, paraît être de la plus haute importance au point de vue de l'histoire de la Suisse au temps de la domination romaine. La réunion de ces deux dédicaces semble indiquer que Saint-Maurice était le centre de la Confédération des quatre cités du Valais, et que la station d'Agaune y jouait un rôle considérable.

Fragments divers trouvés dans les fouilles. — Quelques autres objets intéressants ont été trouvés au cours de ces fouilles. Ce sont d'abord beaucoup de fragments de marbre polis pour dallages ou revêtements ; quelques morceaux sont en marbre d'Italie, d'autres en schistes analogues aux marbres de Saillon, venant des carrières de La Batia, près de Martigny, parmi lesquels un fragment de couvercle de sarcophage. Ce fragment porte le trou de louve pour le soulever à l'aide d'un palan au moment de le mettre en place.

Un morceau de marbre d'Italie porte des entrelacements d'un dessin romain. Un morceau de schiste très bien poli porte un fragment d'inscription, où on peut lire sur quatre lignes les mots : VLCRO, E VITA, A REGNA, SVMENS. Ils serait d'un très grand intérêt de trouver les autres fragments de cette inscription. Les lettres de 0,04 de hauteur sont admirablement gravées. Un autre fragment d'une autre inscription porte le mot : FLEBILES.

Enfin un demi disque de porphyre rouge, et de nombreux fragments de briques ou terres cuites. Les unes à rebord étaient sans doute destinées à recouvrir les tombeaux ; d'autres, plus épaisses, devaient former le pavage. Parmi celles-ci s'en trouvait une qui avait été entaillée au ciseau et avait reçu des incrustations en marbre blanc. Le dessin était composé de quatre petits carrés de marbre de $0,58^m$ de côté entourant un fleuron en forme de fleur de lis de $0,125^m$

de hauteur. L'épaisseur inégale par suite de l'usure de ce fleuron ne permet pas de méconnaître l'usage qui en a été fait comme dallage.

De nombreuses pierres de taille de grandes dimensions provenant de constructions romaines ont été utilisées dans les constructions du clocher et de l'Abbaye, ou bien se trouvent éparses dans les remblais de la cour du Martolet.

Ces pierres renfermant de nombreuses traces de fossiles, de l'espèce *chama Ammonia*, proviennent très probablement des bancs de calcaires néocomiens exploités dès le temps des Romains sur les bords du lac de Neuchâtel, carrières qui ont fourni les matériaux des monuments d'Avenches. Des transports étaient donc organisés entre les rives du lac de Neuchâtel et Saint-Maurice, à l'époque de la domination romaine.

Pour donner une idée des dimensions de ces pierres transportées de si loin, je citerai un tambour de colonne de calcaire blanc, trouvé au Martolet, qu'on a scié, poli, et dont on a tiré des tables de marbre de 1^m,20 de diamètre, qu'on peut voir dans les salons de l'Abbaye [1].

Questions à résoudre. — Tels sont les résultats des investigations entreprises sur l'emplacement des anciennes basiliques de Saint-Maurice [2].

---

[1] D'après un renseignement que m'a fourni M. Nœff, architecte, chargé d'exécuter les fouilles et la restauration du château de Chillon, parmi les pierres des monuments Romains mis au jour par les fouilles exécutées à Martigny, dans ces dernières années, on trouve également des calcaires blancs provenant du Jura neuchâtelois.

[2] Le mur VV qui devait former la clôture du sanctuaire du XIVe siècle et le séparer d'une chapelle latérale, dont le dallage existe encore, a été mis à découvert récemment avec les deux bases R et S en regard des pilastres A^7 et A^8. La base S, qui est d'une conservation parfaite, date du XVe siècle, et fait sans doute partie des embellissements ordonnés par Félix V, lors de son séjour à Saint-Maurice.

Ces premières recherches soulèvent plusieurs problèmes :
Quelle est la date d'exécution de l'étage souterrain MM, qui paraît avoir subi plusieurs transformations ?

A quelle époque remonte l'abside, où se trouve la pierre funéraire d'*Acaunensia*.

A quelle époque a-t-elle été détruite et comment a-t-elle été remplacée ?

Quelle est la date de construction du clocher, et comment se fait-il qu'il ne soit pas dans l'alignement du mur qu'on a démoli, tout juste assez pour lui faire place ?

Quelle était la forme de l'abside des églises antérieures au XVIe siècle, en particulier de celle qui a été restaurée en 1365 et dont le chœur subsistait encore à cette époque ?

Enfin, quelle est la date de la chapelle extérieure avec l'abside à trois pans ?

Si l'on poursuit les fouilles pour répondre à ces diverses questions, il n'est pas douteux qu'on trouvera d'autres tombeaux et d'autres inscriptions, surprises fécondes pour les historiens et les archéologues suisses [1].

IV

Appendice.

Inscription romaine inédite, extraite du mur du bâtiment de la bibliothèque de l'Abbaye. — Pour compléter les renseignements sur les antiquités qui viennent d'être mises à jour à

[1] Quelques travaux entrepris en novembre et décembre 1896 ont confirmé ces prévisions et mis au jour entre autres une inscription romaine et la pierre tumulaire de Vulcherius, évêque de Sion et Abbé de Saint-Maurice à la fin du VIIIe siècle (voir la *Liberté* de Fribourg, du mardi 15 décembre 1896).

Saint-Maurice, il me reste à faire connaître une autre inscription romaine inédite. En visitant les bâtiments à l'intérieur de l'Abbaye, mon attention s'est portée sur une pierre de taille, ornée de quelques moulures, engagée dans un mur du XVIIe siècle. Elle avait manifestement subi les effets de quelque incendie, néanmoins elle présentait tout à fait les apparences d'un monument romain. Sur ma demande, cette pierre fut extraite du mur avec précaution. C'est un monument de 0,915^m de hauteur et 0,65^m de largeur à la partie supérieure. (Pl. X.)

Le tableau sur lequel figure l'inscription, entre le soubassement et la corniche, ornés de moulures qui font le tour du monument, a 0,49^m de hauteur et 0,49^m de largeur.

Cette inscription encore facile à lire, malgré les traces d'incendie, est ainsi conçue :

DEO SEDATO
T. VINTELIVS
VEGETINVS
DVVMVIRALIS
DE SVO DONVM DEDICAVIT.

On connaît deux autres inscriptions dédiées à un *deo sedato*, sur les bords du Danube. Ce devait être une divinité locale.

L'expression *duum viralis* veut dire que *Vintelius* était un ancien *duumvir*. On connaissait déjà l'existence de cette magistrature à Saint-Maurice par les deux inscriptions de la famille *Pansa,* qui ont été reproduites dans le *Corpus* de Mommsen, et qui se trouvent actuellement dans le vestibule d'entrée de l'Abbaye. C'est une nouvelle confirmation de l'importance de l'ancienne Station de Tarnade ou Acaune, au temps des Romains.

OBSERVATIONS

On nous reprochera peut-être de n'avoir pas donné à ce volume une pagination commune. La raison provient du mode de publication adopté par la Société. Elle donne d'abord ses travaux dans la *Revue de la Suisse catholique*. Les auteurs font des tirages à part, à leurs frais, et la Société en a fait pour ce volume destiné à ses membres seulement.

Le lecteur saura corriger lui-même quelques *errata*, du reste de peu d'importance.

Le présent volume imprimé jusqu'au N° XIII du *sommaire*, a été envoyé à l'*Exposition nationale* à Genève. Il a obtenu la *médaille d'argent*

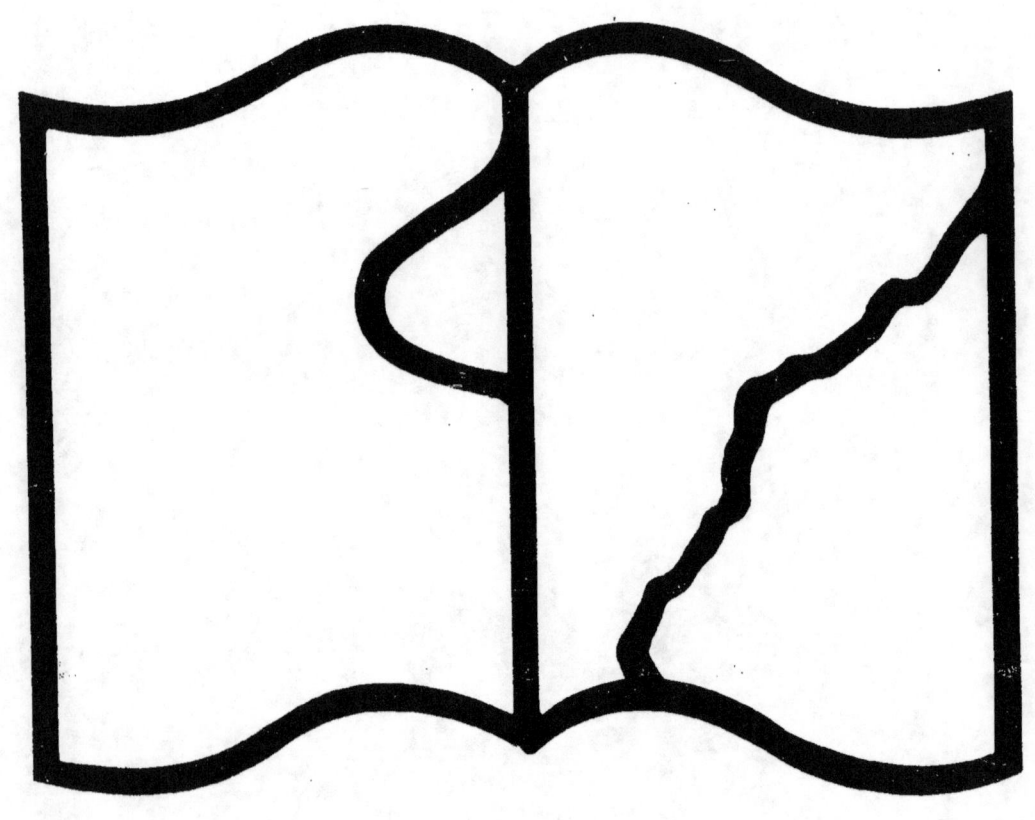

Texte détérioré — reliure défectueuse

NF Z 43-120-11

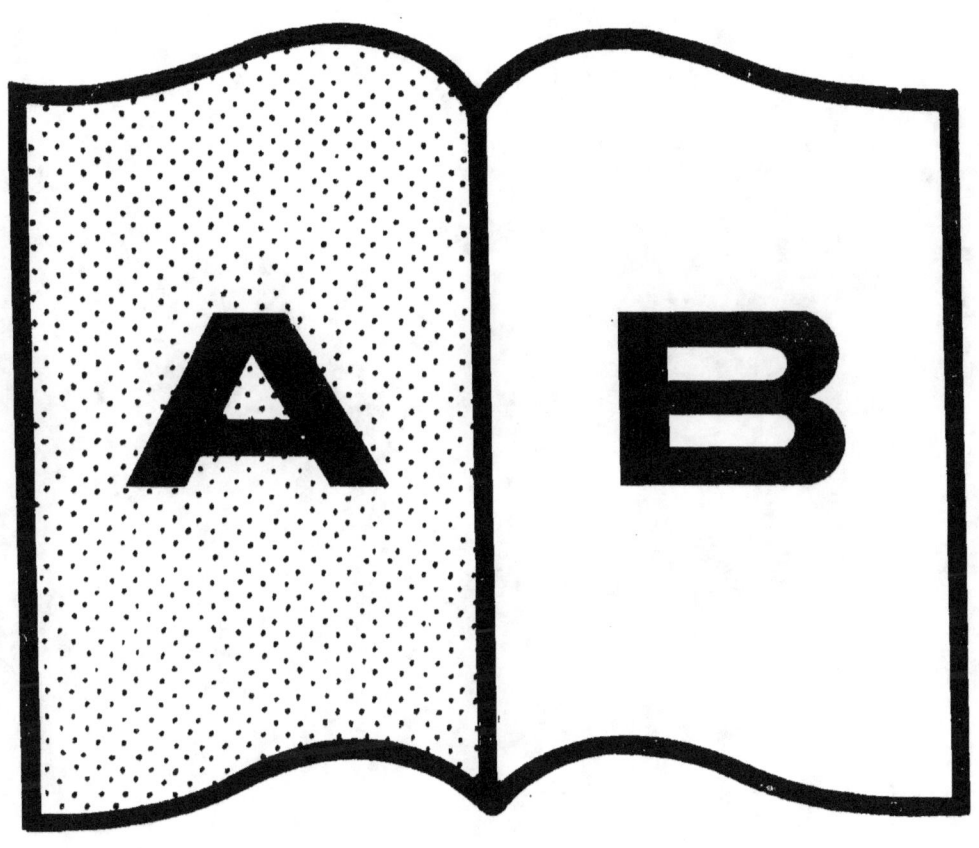

Contraste insuffisant

NF Z 43-120-14

www.ingramcontent.com/pod-product-compliance
Lightning Source LLC
Chambersburg PA
CBHW070332240426
43665CB00045B/1447